태국어 회화사전

พจนานุกรมสนทนาภาษาไทย

김영애

문예림

태국어 회화 사전

초판 2쇄 인쇄 2020년 6월 15일
초판 2쇄 발행 2020년 6월 22일

지은이 김영애
펴낸이 서덕일
펴낸곳 도서출판 문예림

출판등록 1962.7.12 (제406-1962-1호)
주소 경기도 파주시 회동길 366 3층 (10881)
전화 (02)499-1281~2 **팩스** (02)499-1283
대표전자우편 info@moonyelim.com **통합홈페이지** www.moonyelim.com
카카오톡 ("도서출판 문예림" 검색 후 추가)

디지털노마드의 시대, 문예림은 Remote work(원격근무)를 시행하고 있습니다.
우리는 세계 곳곳에 있는 집필진과 원하는 장소와 시간에 자유롭게 일합니다.
문의 사항은 카카오톡 또는 이메일로 말씀해주시면 답변드리겠습니다.

값 29,800원

ISBN 978-89-7482-839-4(13790)

책머리에

자신의 뜻을 상대방에게 전하는 방법은 다양하다. 긴 문장의 말로할 수도 있고, 한 두 마디의 단어로 표현할 수도 있으며 손짓이나 몸짓 또는 눈으로 대신할 수도 있다.

21세기에 들어서면서 세계가, 특히 동남아가 일일 생활권에 편입되면서 태국을 사랑하고 자주 여행하려는 한국인들의 수가 빠르게 증가하고 있다. 태국에서 여행하거나 물건을 살 때 외 마디 태국어로, 아니면 영어를 섞어서 길을 묻거나 흥정을 하는 것이 가능할 수도 있다. 하지만, 태국어를 배우고 익혀 태국어로 된 책이나 신문을 읽을 때에는 그런 대로 이해를 하나 정작 어느 한 경우에 그 경우에 맞는 표현을 간단하게 할 수 있으면 좋겠다는 생각을 할 때가 적지 않음을 순간순간 느낀다. 한국에서 태국어를 전공하여 태국인의 말을 어느 정도는 알아 듣고 하고 싶은 말을 할 수 있다는 자부심으로 여행하는 경우도 역시 그렇다. 이런 경우에 대비해서 이 책은 준비되었다.

이 책은 어느 정도 태국문자(자음과 모음 등)와 성조에 대해 관심을 가지고 있거나 이해하고 있어서 어느 경우에 어떤 발음을 하는가를 아는 분들에게는 매우 유용하고 쉬울 것이다. 실은 그러한 분들을 생각하며 제작되었음을 고백한다. 태국문자를 전혀 모르면서 한국어 표현과 밑에 적혀있는 한글 토만 읽어대면 태국인 100명 중 99명은 분명히 알아듣지 못할 것이다.

보통 많은 한국인들은 태국어는 성조어라서 성조만 제대로 지키면 그 뜻이 다 전달되는 것으로 착각하고 있다. 성조에 못지 않게 중요한 것이 모음의 길이이다. 모음의 길이로 뜻이 달라지는 것은 물론이기 때문이다. 뿐만 아니라 유창한 태국어를 구사하는 경우도 태국인들은 발음, 특히 장단의 구분 능력으로 상대방이 외국인인지 태국인인지 또는 시골서 올라온 태국인인지를 금방 알아챈다.

보다 원활한 발음을 위해, 또 단어나 음절을 밝히기 위해 한국어로 토를 달았다. 다음절 단어의 경우, 처음 나올 경우는 음절을 나누어서 토를 달았으나 두 번째 이후부터는 음절을 모아 단어 별로 토를 달았다.

문장 끝에 붙여 가능성을 타진하는데 많이 사용하는 "다이 마이"는 처음에는 떼어 토를 달았으나 뒤에는 붙였음을 미리 알려둔다.

그리고 모음 발음이 중요함에도 불구하고 모음의 장단 구별을 하지 않았다. 이용할 때 참고하기 바란다.

만일 태국어에 붙인 토를 많이 참고하는 경우에 대비하여 몇 개의 모음과 자음에 대해 유의해 주기를 부탁한다. 그 이유는 토를 다는 과정에서, 저자는 한국어로 표기하기 어려운 발음을 가능한 한 한국어 발음에 가깝게 표기하려고 했으나 약간의 오차가 있음을 고백한다. 즉 한국어의 모음 '으'와 '어'의 중간 음인 'เ-อ', 'เ-อะ', 'เอิ-', 'เ-ย' 등을 한국어 발음 '으'로 표기하였다.

자음의 발음에서도 부탁을 드리는 바가 있는데 그것은 바로 태국어 단어의 초자음으로 사용된 태국어 자음 ง, ฟ, ฝ, ย이다. ง는 'งาน'(일)이나 'ทำงาน'(일하다)에서 사용된 경우 그 발음을 각각 '응안', '탐응안'으로 토를 달았다. ง는 비음이다. 그러므로 'สั่งงาน'(일을 시키다)이라는 단어는 '쌍안'이라고 토를 달았음을 미리 말씀 드린다. 'ㅇ'이 두 번 겹쳐 있으므로. 그리고 영어의 자음 'f'와 비슷한 발음인 ฟ와 ฝ의 경우는 그냥 모두 'ㅎ'으로, 그래서 'ฟัน' 은 '환'으로 'ฝน'은 '혼' 으로 토를 달았다. 초자음 'ย'은 생각 끝에 영어 자음 'y'로 표시하였다. 특히 모음 '으' 와 결합된 자음은 그렇게 했다. 예를 들어 'ยืน'(서다)은 'yeun'으로 'ยืม'(빌리다)은 'yeum'이라고 토를 달았다.

이 책이 나오기까지 여러 면에서 조언과 도움을 준 태국인 유학생 쌍원 팟썬군(한국 이름은 진상원)에게 감사의 마음을 전한다. 진상원군은 태국 씬라빠껀대학교에서 한국어를 전공한 학생으로, 한국외국어대학교에서 석사학위를 받았고 지금은 박사과정을 수료하였다. 논문준비로 바쁜데도 틈을 내어 실용적인 어법으로 표현할 수 있도록 도와주었다. 또한 이 책이 발간되도록 재촉해주신 도서출판 문예림의 서덕일 사장님을 위시하여 읽기도 어려운 문자를 편집해주신 신흥미디어 윤종목 사장님에게도 감사를 드린다. 그리고 목차의 전반적인 틀은 「독일어회화사전」을 참고했다.

2015년 1월초

김 영 애

สารบัญ

สารบัญ

Ⅳ 일상생활에 대한 표현

สารบัญ

VII 편리한 태국 생활을 위한 표현

สารบัญ

VIII 긴급상황에 대한 대처 표현

PART I

만남과 헤어짐에 관한 표현

01 말 걸기와 간단한 인사

사람이 살아가면서 타인과의 만남은 지극히 자연스럽고 일상적이다. 사람을 만났을 때, 그 상대방이 모르는 사람이든 아는 사람이든 태국인들은 가벼운 미소를 짓고 "싸왓디 크랍 / 카 สวัสดีครับ/ค่ะ" 라고 인사를 한다. 이때 보통은 양손을 자신의 가슴 앞에 모으고 가볍게 고개를 숙인다. 이러한 인사법을 "와이 ไหว้ "라고 한다.

그러나 태국에서 "와이"를 할 때 조심해야 할 점이 있다. "와이"는 아랫사람이 먼저 윗사람에게 하는 예법이라는 점이다. 외국인들은 태국인사법이 합장을 해야 한다고만 알고 상대방의 나이와 상관 없이 무조건 "와이"를 하며 먼저 인사를 하는 경우가 많은데 상대방의 나이가 어린 경우에는 실례가 된다는 점을 알아두자. 어린 상대방에게는 그냥 입으로만 "싸왓디크랍/카"를 하면 된다.

태국어에서 말미에 붙이는 "크랍"과 "카"는 언어생활에서 매우 중요하다. 말하는 자신이 남성이면 "크랍"을, 여성은 "카"를 사용한다. 상대방의 성별과는 무관하다. 태국인은 대화에서 "크랍"이나 "카"를 붙이는 것은 자신의 교양은 물론 상대방에 대한 감정(존경)을 나타내는 아름다운 언어생활의 구체적인 예이다. 첫인사에서는 반드시 "크랍/카"를 붙인다. 일상생활에서 이루어지는 대화에서 아랫사람은 반드시 윗사람에게 "크랍" 또는 "카"를 붙여야 한다. 사업상 만났을 경우, 명함을 나누며 악수를 하기도 한다. 이 경우 남성이 여성에게 먼저 악수를 하자고 손을 내미는 것은 결례가 된다.

잠자리에 들기 전에 하는 인사 중 "안녕히 주무세요"라는 인사에 상대되는 태국식 인사는 없다. "자러 간다", 그저 "좋은 꿈 꿔라" 정도이다.

"싸왓디 크랍/카"는 태국에서 지인을 만나거나 초면인 사람을 처음 만나 소개받았을 때, 헤어질 때 사용할 수 있다. 또 하나 화자를 편하게 하는 것은 하루 중 아무 때나(아침, 점심, 저녁, 밤) 사용할 수 있는 시공을 초월한 어구라는 점이다. 아침에 일어나 식구끼리 "안녕히 주무셨어요?" 할 때도 사용한다.

말 걸기 또는 대화를 시도할 때

• 죄송합니다만(실례지만) 여기가 인사동인가요?

ขอโทษครับ/ค่ะ ที่นี่อินซาดงใช่ไหมครับ/คะ

커 톳 크랍/카 티니 인사동 차이마이 크랍/카

• 저… 아주머니, (여기가 인사동인가요?)

ขอโทษครับ/ค่ะ คุณป้า (ที่นี่อินซาดงใช่ไหมครับ/คะ)

커 톳 크랍/카 쿤 빠 (티니 인사동 차이마이 크랍/카)

• 혹시 김범수씨이신가요?

ไม่ทราบว่าคุณคือ(ใช่)คุณคิมบอมซูหรือเปล่าครับ/คะ //

마이쌉 와 쿤 크(차이) 쿤 김범수 르 쁠라오 크랍/카 //

คุณชื่อคิมบอมซูใช่ไหมครับ/คะ

쿤 츠 김범수 차이마이 크랍/카

Tip

우리나라에서는 인척관계가 아닌 사람에 대한 호칭이 다양하다. 상대방을 자신의 나이에 맞추어 남자 어른이면 할아버지나 아저씨, 여자어른이면 할머니나 아주머니라고 부른다. 태국도 마찬가지이다. 다른 점은 외가쪽 호칭을 사용한다는 점이다. 우리말과 비교해서 예를 들면 다음과 같다.

할아버지 **คุณตา** (쿤따), 할머니 **คุณยาย** (쿤야이), 아저씨 **คุณลุง** (쿤룽), 아주머니(아줌마) **คุณป้า** (쿤빠), 얘야 **หนู** (누), 일반적인 경우 **คุณ** (쿤)

คุณ (쿤)은 보통명사로는 '당신'이라는 2인칭대명사이다. 그러나 위처럼 명사(고유명사 포함)앞에 붙여 "…씨"(Mr., Miss, Mrs, Ms)와 같은 역할을 한다. 예를 들어 '탁씬'이라는 이름을 가진 남성을 예의 있게 부를 때 태국에서는 "쿤탁씬"이라고 한다. 태국에서 상대방의 직업을 모를 때는 무조건 이름 앞에 "쿤"을 붙여 부르면 무난하다.

일상적인 인사하기

- 안녕!

สวัสดี // หวัดดี

싸왓디 // 왓디

- 안녕하세요?

สวัสดีครับ/ค่ะ

싸왓디 크랍/카

- 어디 가세요? (인사)

ไปไหนเหรอครับ/คะ

빠이 나이 러 크랍/카

- 진지 잡수셨어요?(인사)

ทานข้าวหรือยังครับ/คะ

탄 카우 르 양 크랍/카

잠자러 가기 전 인사

- 잘 자요.

หลับฝันดีนะครับ/คะ

랍 환디 나 크랍/카

- 잘 자.

หลับฝันดี // ฝันดี // เจอกันพรุ่งนี้

랍 환디 // 환 디 // 쯔깐 프룽니

- 좋은 꿈 꾸세요.

ขอให้ฝันดีนะครับ/คะ

커 하이 환디 나 크랍/카

근황을 물을 때

- 안녕하시죠?

สบายดีหรือครับ/คะ

싸바이디 르 크랍/카

- (아버님) 편안하세요?

(คุณพ่อ)สบายดีหรือครับ/คะ

(쿤 퍼) 싸바이디 르 크랍/카

Tip

남성과 여성의 상대방에 대한 존칭어 "크랍"과 "카"는 긍정문과 부정문에 두루 사용된다. 유념할 것은 여성의 경우 긍정문과 부정문에서는 2성, 의문이나 권유형 문장에서는 3성으로 발음한다는 점이다. 또 하나, 남성의 "크랍"은 "카"이라고 하는 것이 추세라는 점이다.

• 편안하세요. 고맙습니다.

สบายดีครับ/ค่ะ ขอบคุณครับ/ค่ะ

싸바이디 크랍/카 컵 쿤 크랍/카

• 요즘 어떻게 지내십니까?

หมู่นี้เป็นยังไงบ้างครับ/คะ

무니 뻰 양아이 방 크랍/카

• 잘 지냅니다. 당신은 어떠세요?

สบายดีครับ/ค่ะ แล้วคุณล่ะครับ/คะ

싸바이디 크랍/카 래우 쿤 라 크랍/카

• 그럭저럭 지냅니다.

ก็ยังงั้น ๆ (เรื่อย ๆ) ครับ/ค่ะ

꺼 양안양안 (르아이르아이) 크랍/카

• 별로 좋지 않아요.

ไม่ค่อยดีเท่าไรครับ/ค่ะ

마이커이디 타오라이 크랍/카

• 아주 편해요.

สบายมากครับ/ค่ะ

싸바이 막 크랍/카

바쁘냐고 물을 때

• 요즘 (일이) 바쁘세요?

ช่วงนี้ยุ่งไหมครับ/คะ

추엉니 융 마이 크랍/카

• 요즘 일이 많으세요?

หมู่นี้งานเยอะไหมครับ/คะ //

무니 응안 여 마이 크랍/카 //

ช่วงนี้มีงานเยอะหรือเปล่าครับ/คะ

추엉니 미 응안 여 르 쁠라오 크랍/카

• 너 요즘 바쁘니?

ช่วงนี้ยุ่งเหรอ

추엉니 융 르

• 오늘 하실 일이 많으세요?

วันนี้มีงานมากไหมครับ/คะ

완니 미 응안 막 마이 크랍/카

• 오늘 할 일이 많다

วันนี้มีงานเยอะครับ/ค่ะ

완니 미 응안 여 크랍/카

• 내일 시간이 좀 있으세요?

พรุ่งนี้ว่างไหมครับ/คะ

프룽니 왕 마이 크랍/카

상대방의 안색을 보고 말할 때

• 얼굴이 창백해 보여요. 어디 아파요?

หน้าซีดมาก เป็นอะไรหรือเปล่าครับ/คะ

나 씻 막 뻰 아라이 르 쁠라오 크랍/카

• 기분이 별로 좋지 않아요.

อารมณ์ไม่ค่อยดีครับ/ค่ะ

아롬 마이 커이 디 크랍/카

• 컨디션이 좀 안 좋아요.

รู้สึกไม่ค่อยดีเท่าไรครับ/ค่ะ

루쓱 마이커이디 타오라이 크랍/카

• 기운이 없어 보이네요.

คุณดูไม่มีแรงเลยครับ/ค่ะ

쿤 두 마이미 랭 르이 크랍/카

• 얼굴이 참 좋아 보여요. 좋은 일이 많나 봐요.

หน้าตาดูสดชื่นมาก คงจะมีเรื่องดี ๆ เยอะนะครับ/คะ

나따 두 쏫촌 막 콩짜 미 르엉디디 여 나 크랍/카

• 얼굴이 어두워요. 무슨 속상한 일이 생겼어요?

หน้าตาดูไม่สดใสเลย มีเรื่องอะไรเสียใจหรือเปล่าครับ/คะ

나따 두 마이쏫싸이 르이 미 르엉아라이 씨아짜이 르 쁠라오 크랍/카

• 왜 그렇게 시무룩해요? 무슨 일이 있어요?

ทำไมหน้างออย่างนั้น(งั้น) มีเรื่องอะไรหรือ(เหรอ)ครับ/คะ

탐마이 나 응어 양 난 (응안) 미 르엉 아라이 르 (러) 크랍/카

• 무슨 일이 생겼어요?

เกิดอะไรขึ้นหรือเปล่าครับ/คะ

끗 아라이 큰 르 (쁠라오) 크랍/카

• 어디 아파요?

เป็นอะไรหรือเปล่าครับ/คะ // ไม่สบายหรือเปล่าครับ/คะ

뻰 아라이 르 쁠라오 크랍/카 // 마이 싸바이 르 쁠라오 크랍/카

• 누가 섭섭하게 했나요?

ใครทำให้น้อยใจหรือเปล่าครับ/คะ

크라이 탐 하이 너이짜이 르 쁠라오 크랍/카

• 무슨 걱정이 있으세요?

มีเรื่องกลุ้มใจอะไรหรือครับ/คะ

미르엉 끌룸짜이 아라이 르 크랍/카

오랜만에 만났을 때

• 오랜만입니다.

ไม่ได้พบกันนานแล้วนะครับ/คะ

마이다이 폽 깐 난 래우 나 크랍/카

• 어디 갔었어? 통 만날 수가 없으니.

หายไปไหนมา ไม่ได้เจอกันนานเลย

하이 빠이 나이 마 마이다이 쯔깐 난 래우

• 정말 오랜만이다. 어디 갔다 왔니?

ไม่ได้เจอกันนานจริง ๆ หายไปไหนมา

마이다이 쯔깐 난 찡찡 하이 빠이 나이 마

• 아주 바쁘셨나 봐요.

ยุ่งมากใช่ไหมครับ/คะ
융 막 차이마이 크랍/카

• 몇 년만이죠?

ไม่ได้พบกันกี่ปีมาแล้วครับ/คะ
마이다이 폽깐 끼삐 마 래우 크랍/카

• 우리가 (마지막으로) 언제 만났죠? 그 동안 궁금했어요.

เราพบกันล่าสุดเมื่อไรนะครับ/คะ คิดถึงอยู่เหมือนกันนะครับ/คะ
라오 폽깐 라쏫 므어라이 나 크랍/카 킷틍 유 므언 깐 나 크랍/카

• 한 6개월 되나 봐요. 저도 보고 싶었어요.

ประมาณ ๖ เดือนได้แล้ว ผม/ดิฉันก็คิดถึงเหมือนกันครับ/ค่ะ
쁘라만 혹 드언 다이래우 폼/ 디찬 꺼 킷틍 므언깐 크랍/카

• 다시 만나서 반가워요.(기뻐요)

ยินดี(ดีใจ)ที่ได้พบกันอีกครับ/ค่ะ
인디(디짜이)티 다이폽깐 익 크랍/카

• 오랫동안 소식 드리지 못해 죄송합니다.

ขอโทษที่ไม่ได้ติดต่อไปเลยครับ/ค่ะ
커톳 티 마이다이 띳떠 빠이 르이 크랍/카

• 왜 오랫동안 소식이 없었던 겁니까?

ทำไมถึงไม่ติดต่อมาเลยครับ/คะ
탐마이 틍 마이 띳떠 마 르이 크랍/카

• 그 동안 좀 바빴어요. 큰 딸애가 시집을 갔거든요.

ผม/ดิฉันยุ่งมากเลยครับ/ค่ะ ลูกสาวคนโตผม/ดิฉัน
폼 융 막 르이 크랍/카 룩싸우 콘또 폼/디찬
เพิ่งแต่งงานไปครับ/ค่ะ
픙 땡안 빠이 크랍/카

• 무슨 일이 있었어요? 아무 소식이 없어서.

มีเรื่องอะไรหรือเปล่าครับ/คะ เห็นเงียบหายไปเลยครับ/ค่ะ
미 르엉아라이 르 쁠라오 크랍/카 헨 응이압 하이빠이 르이 크랍/카

• 죄송해요. 학교 숙제가 많아서 정신이 없었어요.

ขอโทษครับ/ค่ะ การบ้านเยอะจนไม่มีเวลาเลยครับ/ค่ะ
커톳 크랍/카 깐반 여 쫀 마이미 웰라 르이 크랍/카

• 학기말 시험이라 연락을 못 드렸어요.

เป็นช่วงสอบปลายภาคเลยไม่ได้ติดต่อไปครับ/ค่ะ
뻰 추엉 썹 쁠라이 팍 르이 마이다이 띳떠 빠이 크랍/카

• 요즘 통 뵙기 힘드네요.

ช่วงนี้พบยากมากจริง ๆ นะครับ/คะ
추엉니 폽 약 막 찡찡 나 크랍/카

• 대체 그 동안 어디서 지냈어요?

ที่ผ่านมาไปอยู่ที่ไหนมาครับ/คะ
티판마 빠이유 티나이 마 크랍/카

• 사업차 인도에 다녀왔어요.

ไปทำธุรกิจที่ประเทศอินเดียมาครับ/ค่ะ
빠이 탐 투라낏 티 쁘라텟 인디아 마 크랍/카

• 인도에는 얼마나 계셨어요?

อยู่ที่อินเดียนานเท่าไรครับ/คะ

유 티 인디아 난 타오라이 크랍/카

• 7주간 있다 왔습니다.

ไปอยู่ ๗ สัปดาห์(อาทิตย์)มาครับ/ค่ะ

빠이유 쩻 쌉다 (아틧) 마 크랍/카

• 우리가 보고 싶지 않았나 봐요.

สงสัยจะไม่คิดถึงพวกเราเลยนะครับ/คะ

쏭싸이 짜마이킷틍 푸억라오 르이 나 크랍/카

사업이나 학업에 대한 안부를 물을 때

• 사업이 잘 되세요?

กิจการดีไหมครับ/คะ

낏짜깐 디 마이 크랍/카

• 사업은 어떠세요?

ธุรกิจเป็นอย่างไรบ้างครับ/คะ

투라낏 뻰 양라이 방 크랍/카

• 새로 시작한 사업은 어때요?

ธุรกิจ(กิจการ)ใหม่ที่เพิ่งเริ่มเป็นยังไงบ้างครับ/คะ

투라낏 (낏짜깐) 마이 티 픙 름 뻰 양아이 방 크랍/카

• 사업은 잘 되고 있지요?

ธุรกิจกำลังไปด้วยดีใช่ไหมครับ/คะ

투라낏 깜랑 빠이 두어이 디 차이마이 크랍/카

• 잘 됩니다.

ไปได้ด้วยดีครับ/ค่ะ

빠이다이 두어이 디 크랍/카

• 손님이 많습니다.

ลูกค้าเยอะมากครับ/ค่ะ

룩 카 여 막 크랍/카

• 덕분에 잘 팔리고 있어요.

ขายดีมากครับ/ค่ะ // ขายดิบขายดีครับ/ค่ะ

카이 디 막 크랍/카 // 카이 딥 카이 디 크랍/카

• 불티나게 팔리고 있어요.

ขายดีเป็นเทน้ำเทท่าเลยครับ/ค่ะ

카이 디 뻰 테남테타 르이 크랍/카

• 태국시장에서 인기가 있어요.

ที่ตลาดในเมืองไทยนิยมมากเลยครับ/ค่ะ

티딸랏 나이 므엉타이 니욤 막 르이 크랍/카

• 그럭저럭 지내요.

ก็เรื่อย ๆ ครับ/ค่ะ // ยังงั้น ๆ ครับ/ค่ะ

꺼 르아이르아이 크랍/카 // 양안양안 크랍/카

• 영 안 되네요.

ขายไม่ดีเลยครับ/ค่ะ // ไม่ดีเลยครับ/ค่ะ //

카이 마이디 르이 크랍/카 // 마이디 르이 크랍/카 //

ลูกค้าแทบไม่มีเลยครับ/ค่ะ

룩카 탭 마이미 르이 크랍/카

• 손님이 없어요. 파리 날리고 있어요.

ไม่มีลูกค้าเลยครับ/ค่ะ วัน ๆ นั่งตบยุงอยู่ครับ/ค่ะ

마이미 룩카 르이 크랍/카 완완 낭 똡 융 유 크랍/카

• 새 학교에서 공부하는 건 어때요?

ไปเรียนที่โรงเรียนใหม่เป็นยังไงบ้างครับ/คะ

빠이리안 티 롱리안 마이 뻰 양아이 방 크랍/카

• 할만 해요.

พอถูไถไปได้ครับ/ค่ะ // พอทนได้ครับ/ค่ะ

퍼 투타이 빠이 다이 크랍/카 // 퍼 톤 다이 크랍/카

• 어려워요.

ยากครับ/ค่ะ

약 크랍/카

• 무슨 말인지 알아듣지 못하겠어요.

เค้าพูดอะไรกัน ฟังไม่รู้เรื่องเลยครับ/ค่ะ

카오 풋 아라이깐 황 마이 루 르엉 르이 크랍/카

• 재미있어요. 친구도 많이 생겼어요.

สนุกดี ได้เพื่อนเยอะด้วยครับ/ค่ะ

싸눅 디 다이 프언 여 두아이 크랍/카

• 태국인 친구들이 도와줘서 할만 해요.

พอทำได้เพราะมีเพื่อนคนไทยช่วยเยอะครับ/ค่ะ

퍼 탐다이 프러 미 프언 콘타이 추어이 여 크랍/카

• 새 직장에 적응이 되었어요.

ปรับตัวกับที่ทำงานใหม่ได้แล้วครับ/ค่ะ

쁘랍뚜어 깝 티탐응안 마이 다이 래우 크랍/카

• 여러 분이 도와주셔서 잘 하고 있어요.

มีหลายคนคอยช่วยก็เลยปรับตัวได้เยอะแล้วครับ/ค่ะ

미 라이콘 커이 추어이 꺼르이 쁘랍뚜어 다이 여 래우 크랍/카

• 아니오. 음식을 못 먹어서 힘들어요.

ยังเลยครับ/ค่ะ ลำบากครับ/ค่ะ กินอาหารไม่ค่อยได้

양 르이 크랍/카 람박 크랍/카 낀 아한 마이커이 다이

• 얼른 집에 가고 싶어요.

อยากกลับบ้านเร็ว ๆ ครับ/ค่ะ

약 끌랍 반 레우레우 크랍/카

가족의 안부를 물을 때

• 집안은 두루 편안하세요?

คนในครอบครัวสบายดีไหมครับ/คะ

콘 나이 크럽크루어 싸바이디 마이 크랍/카

• 모두 잘 있어요.

ทุกคนสบายดีครับ/ค่ะ

툭콘 싸바이디 크랍/카

• 아버님은 어떻게 지내세요?

คุณพ่อเป็นอย่างไร(ยังไง)บ้างครับ/คะ

쿤퍼 뻰 양라이 (양아이) 방 크랍/카

• 편안하세요. 아침마다 운동하세요.

สบายดีครับ/ค่ะ ออกกำลังกายทุกเช้า

싸바이디 크랍/카 억깜랑까이 툭차오

• 어머님이 편찮으시다고 들었는데 어떠신가요?

ได้ยินว่าคุณแม่ไม่ค่อยสบาย ตอนนี้เป็นยังไงบ้างครับ/คะ
다이인와 쿤매 마이커이 싸바이 떤니 뻰 양아이 방 크랍/카

• 차도가 있으신가요?

อาการดีขึ้นบ้างไหมครับ/คะ
아깐 디큰 방 마이 크랍/카

• 조금씩 나아지고 계세요.

ค่อย ๆ ดีขึ้นครับ/ค่ะ
커이 디큰 크랍/카

• 여전히 그러세요.

ยังเหมือนเดิมครับ/ค่ะ // อาการยังทรง ๆ ครับ/ค่ะ
양 므언듬 크랍/카 // 아깐 양 쏭쏭 크랍/카

• 더 나빠지고 계세요. 연세가 있으시니까요.

อาการแย่ลงกว่าเดิมครับ/ค่ะ
아깐 얘 롱 꽈 듬 크랍/카

อายุเยอะแล้วก็แบบนี้ล่ะครับ/ค่ะ
아유 여 래우 꺼 뱁니 라 크랍/카

• 애들은 잘 있지요?

ลูก ๆ สบายดีไหมครับ/คะ
룩룩 싸바이디 마이 크랍/카

• 작은애가 축구를 하다가 다쳤어요.

ลูกคนเล็กเล่นฟุตบอลแล้วได้รับบาดเจ็บครับ/ค่ะ
룩 콘렉 렌 훗볼 래우 다이랍 밧쩹 크랍/카

• 그래요? 많이 다쳤나요?

เหรอครับ/คะ บาดเจ็บมากไหมครับ/คะ
르 크랍/카 밧쩹 막 마이 크랍/카

• 아니요. 다리가 좀 골절되었어요. 기브스를 했어요

ไม่ครับ/ค่ะ กระดูกขาหักนิดหน่อย
마이 크랍/카 끄라둑 카 학 닛너이

ตอนนี้เข้าเฝือกแล้วครับ/ค่ะ
떤니 카오흐악 래우 크랍/카

• 안됐군요. 애들은 뛰어 놀아야 되는데… 심심하겠어요.

เสียใจด้วยนะครับ/คะ เด็กต้องวิ่งเล่นแท้ ๆ
씨아짜이 두어이 나 크랍/카 덱 떵 윙렌 태태

คงจะเบื่อแย่เลยครับ/ค่ะ
콩짜 브어 얘 르이 크랍/카

• 집에서 잘 쉬고 있어요. 친구들이 자주 놀러 와요.

ก็พักผ่อนอยู่ที่บ้านครับ/ค่ะ เพื่อน ๆ
꺼 팍펀 유 티반 크랍/카 프언프언

เค้ามาเยี่ยมบ่อยครับ/ค่ะ
카오 마 이얌 버이 크랍/카

• 이젠 논문을 써야 하지요?

ตอนนี้ต้องเขียนวิทยานิพนธ์ใช่ไหมครับ/คะ
떤니 떵 키안 윗타야니폰 차이마이 크랍/카

• 논문계획서는 다 되었나요?

เขียนพรอพเพอซอลเสร็จแล้วหรือครับ/คะ
키안 프로포절 쎗 래우 르 크랍/카

• 요즘 쓰고 있어요.

กำลังเขียนอยู่ครับ/ค่ะ

깜랑 키안 유 크랍/카

• 아직 주제를 결정하지 못했어요.

ยังกำหนดหัวข้อไม่ได้เลยครับ/ค่ะ

양 깜놋 후어커 마이다이 르이 크랍/카

• 아드님이 대학교에 들어간다고 들었는데 어떻게 되었나요?

ได้ยินว่าลูกชายจะสอบเข้ามหาวิทยาลัย

다이인와 룩차이 짜 썹 카오 마하윗타야라이

ผลเป็นยังไงบ้างครับ/คะ

폰 뻰 양아이 방 크랍/카

• 대학에 들어가서 잘 다녀요.

สอบได้แล้ว ตอนนี้ก็กำลังสนุกกับชีวิตมหาวิทยาลัยครับ/ค่ะ

썹 다이래우 떤니 꺼 깜랑 싸눅 깝 치윗 마하윗타야라이 크랍/카

• 무슨 (어느) 대학에 들어갔나요?

เรียนคณะ(มหาวิทยาลัย)อะไรครับ/คะ

리안 카나 마하윗타야라이 아라이 크랍/카

• 학원에서 재수하고 있어요.

กำลังเตรียมสอบเอ็นท์อีกครั้งที่สถาบันกวดวิชาครับ/ค่ะ

깜랑 뜨리암 썹앤 익크랑 티 싸타반 꾸엇 위차 크랍/카

• 부인께서 그림을 하신다고 들었는데…

ได้ยินว่าภรรยาคุณวาดภาพ

다이인와 판야 쿤 왓팝

• 네. 미술대학을 나왔어요.(미술을 전공했어요.)

ใช่ครับ เค้าจบทางด้านศิลปะครับ

차이 크랍 카오 쫍 탕단 씬라빠 크랍

• 지금은 살림만 하나요?

ตอนนี้เป็นแม่บ้านหรือเปล่าครับ/คะ

떤니 뻰 매반 르 쁠라오 크랍

• 전업주부지만, 집에서 작업을 해요.

เป็นแม่บ้านแต่ว่าทำงานวาดภาพที่บ้านครับ

뻰 매반 때와 탐응안 왓팝 티반 크랍

• 그러세요? 좋으시겠어요. 부인이 그림을 그리셔서.

เหรอครับ/คะ ดีจังเลยที่ภรรยาวาดภาพได้ด้วยครับ/ค่ะ

르 크랍/카 디짱 르이 티 판야 왓팝 다이 두어이 크랍/카

• 동양화신가요?

วาดภาพแบบตะวันออกเหรอครับ/คะ

왓팝 뱁 따완억 르 크랍/카

• 아니요. 서양화에요. 집안에 물감 냄새가 늘 가득해요.

ไม่ครับ เป็นภาพวาดแบบตะวันตก มีกลิ่นสีเต็มบ้านเลยครับ

마이크랍 뻰 팝왓 뱁 따완똑 미 끌린씨 뗌반 르이 크랍

• 전시회도 하시나요?

ทำนิทรรศการด้วยหรือเปล่าครับ/คะ

탐 니탓싸깐 두어이 르 쁠라오 크랍/카

• 일년에 한 두 번 해요.

ทำปีละครั้ง 2 ครั้งครับ

탐 삐라 능썽 크랑 크랍

02 소개하고 받을 때

모르는 사람을 만나 소개받았을 때, 태국인들은 보통 "안녕하세요? 만나서 반갑습니다"라는 표현을 즐겨 쓴다. 처음 통성명을 하면서 명함을 주고 받는데, 이때 보통 이름을, 특히 '츠렌 ชื่อเล่น'이라고 하는 애명을 일러주기도 한다. 그 이름을 잘 기억해 두었다가(메모해 두거나) 명함의 이름 대신에 사용하면 편리하다. 그러면 상대방에게 친밀감을 줄 수 있기 때문이다. 외국인이 자신의 이름을 발음하기 쉽지 않다는 것에 대한 태국인의 배려이기도 하다. 우리도 만일 태국이름(애명)이 있거나 서양식 이름이 있는 그 이름을 알려주는 게 예의이다.

태국인들은 보통 "제 소개를 하겠습니다" 또는 "제 소개를 해 올리겠습니다"라는 표현을 사용하지 않는다. 소개할 차례가 오면 일어나서 인사와 함께 이름을 말한다. 만일 사회자 역할을 할 때 경우에는 먼저 자신 소개를 해야 하는데, 이 때는 "제 소개를 하겠습니다"라는 표현을 사용한다.

태국인은 우리와 달리 이름을 먼저, 성은 나중에 쓴다. 이름이나 성이 여러 음절이라서 기억하는 것이 쉽지 않다. 그래서 애명을 알려준 경우 그 이름을 사용한다. 애명은 보통 한두 음절이나 한 음절이 많다. 따라서 중복된 애명을 가진 사람도 많으므로 잘 기억해야 한다. 일상생활에서 태국인들은 성보다는 이름을 부른다.

자기 소개하기

- 제 소개를 하겠습니다. 저는 김진희입니다.

ดิฉันขอแนะนำตัวเองหน่อยนะคะ ดิฉันชื่อ คิมซีนี ค่ะ
디찬 커 내남 뚜어엥 너이 나카 디찬 츠 김진희 카

- 안녕하세요? 제 이름은 박인수이고, 한국에서 왔습니다.

สวัสดีครับ ผมชื่อ ปาร์กอินซู มาจากเกาหลีครับ
싸왓디 크랍 폼 츠 박인수 마 짝 까올리 크랍

- 저는 한국, 부산에서 왔습니다.

ผมมาจากเมืองบูซาน ประเทศเกาหลีครับ
폼 마 짝 므엉 부산 쁘라텟까올리 크랍

- 저는 서울에서 왔습니다. 부모님은 부산에 사십니다.

ผมมาจากกรุงโซลครับ คุณพ่อคุณแม่อยู่ที่เมืองบูซานครับ
품 마 짝 끄룽서울 크랍 쿤퍼쿤매 유 티 므엉 부산 크랍

- 저는 방콕에 공부하러 왔습니다. 집은 서울에 있습니다.

ดิฉันมาเรียนที่กรุงเทพฯ ส่วนบ้านอยู่ที่กรุงโซลค่ะ
디찬 마 리안 티끄룽텝 쑤언 반 유 티 끄룽서울 카

- 저는 회사원입니다. 삼성전기에 근무합니다.

ผมเป็นพนักงานบริษัทครับ ทำงานที่ซัมซุงอิเล็กทรอนิกส์ครับ
폼 뻰 파낙응안 버리쌋 크랍 탐응안 티 삼성일렉트로닉스 크랍

- 저는 방콕 주재, 삼성전자에 근무하는 방만수입니다.

ผมชื่อ พังมันซูครับ ทำงานที่ซัมซุงอิเล็กทรอนิกส์สาขา
폼 츠 방만수 크랍 탐응안 티 삼성일렉트로닉스 싸카

กรุงเทพฯ ครับ
끄룽텝 크랍

• 저는 태국어 어학연수를 온 학생이고, 지금 학교기숙사에 살고 있습니다.

ดิฉันมาเรียนภาษาไทยค่ะ ตอนนี้พักอยู่ที่หอพัก
디찬 마 리안 파싸타이 카 떤니 팍유 티 허팍

มหาวิทยาลัยค่ะ
마하윗타야라이 카

• 저는 미혼입니다.

ผมยังโสดครับ // ดิฉันยังไม่ได้แต่งงานค่ะ
폼 양 쏫 크랍 // 디찬 양 마이다이 땡안 카

• 저는 형제가 여섯입니다.

มีพี่น้องทั้งหมด ๖ คนครับ/ค่ะ
미 피넝 탕못 혹 콘 크랍/카

• 위로 형님(오빠)이 두 분, 누나(언니)가 한 분 계십니다.

มีพี่ชาย ๒ คนและพี่สาว ๑ คนครับ/ค่ะ
미 피차이 썽 콘 래 피싸우 능 콘 크랍/카

• 저는 결혼해서 딸 하나와 아들 둘을 두었습니다.

ผมแต่งงานแล้วมีลูกสาวหนึ่งคนและลูกชายสองคนครับ
폼 땡안 래우 미 룩싸우 능 콘 래 룩차이 썽 콘 크랍

• 딸은 5살이고, 아들은 10살입니다.

ลูกสาว ๕ ขวบและลูกชาย ๑๐ ขวบครับ/ค่ะ
룩싸우 하 쿠업 래 룩차이 씹 쿠업 크랍/카

처음 만났을 때

• 만나서 반갑습니다.

ยินดีที่ได้รู้จักครับ/ค่ะ
인디 티 다이 루짝 크랍/카

• 당신을(어르신을) 만나 뵙게 되어 영광스럽습니다.

รู้สึกเป็นเกียรติที่ได้พบท่านครับ/ค่ะ

루쓱 뻰끼얏 티 다이폽 탄 크랍/카

• 너랑 알게 되어 기뻐

ดีใจมากที่ได้รู้จักคุณ(เธอ)

디짜이막 티 다이 루짝 쿤 (트)

• 여러분을 만나게 되어 반갑습니다.

ยินดีที่ได้พบท่าน(คุณ, นักศึกษา)ทั้งหลายครับ/ค่ะ

인디 티 다이 폽 탄 (쿤, 낙쓱싸) 탕라이 크랍/카

• 오래 전부터 만나 뵙고 싶었어요.

อยากพบเธอ(คุณ)มาตั้งนานแล้วครับ/ค่ะ

약 폽 트 (쿤) 마 땅난 래우 크랍/카

• 여기서 이렇게 만나게 될 줄은 몰랐어요.

ไม่เคยคิดมาก่อนว่า จะได้เจอกันที่นี่แบบนี้ครับ/ค่ะ

마이크이 킷 마 껀 와 짜다이 쯔깐 티니 뱁니 크랍/카

다른 사람을 소개할 때

• 소개할까요?

จะแนะนำให้รู้จักดีไหมครับ/คะ

짜 내남 하이루짝디마이 크랍/카

• 소개해 올리겠습니다./ 소개하겠습니다.

จะแนะนำให้รู้จักครับ/ค่ะ

짜 내남 하이루짝 크랍/카

• 지금 소개해도 될까요?

ให้แนะนำตอนนี้เลยได้ไหมครับ/คะ

하이 내남 떤니 르이 다이마이 크랍/카

• 제 가족을 소개하겠습니다.

จะแนะนำครอบครัวผม/ดิฉันครับ/ค่ะ

짜 내남 크럽크루어 폼/디찬 크랍/카

• 얘야, 와서 어른께 인사 드려라.

ลูก! มาสวัสดี(ไหว้)ผู้ใหญ่ก่อน

룩! 마 싸왓디 (와이) 푸야이 껀

• 제 친구를 소개해 드리고 싶습니다.

ผมอยากจะแนะนำเพื่อนให้รู้จักครับ

폼 약 짜 내남 프언 하이루짝 크랍

• 얘는 나리따이고, 또 얘는 상민인데, 한국 학생이에요.

นี่ นาริตา และซางมิน เป็นนักศึกษาเกาหลีครับ/ค่ะ

니 나리따 래 상민 뻰 낙쓱싸 까올리 크랍/카

• 내가 늘 말하던 김일중씨입니다.

นี่คุณคิมอิลจุงที่ผม/ฉัน/ดิฉันพูดถึงบ่อย ๆ ครับ/ค่ะ

니 쿤 김일중 티 폼 /찬 /디찬 풋틍 버이버이 크랍/카

• 두 사람이 알고 지냈으면 해. 이쪽은 '아리'고, 이쪽은 '교민이야.

อยากให้สองคนรู้จักกันไว้ นี่ อารี และนี่คโยมินครับ/ค่ะ

약 하이 썽 콘 루짝 와이깐 니 아리 래 니 교민 크랍/카

• 엄마, 제 친구 '아리'예요.

แม่ครับ/คะ นี่เพื่อนผม/ดิฉัน ชื่อ อารีครับ/ค่ะ

매 크랍/카 니 프언 폼 /디찬 츠 아리 크랍/카

• 아리는 미나 동생 민수를 알고 있지요?

อารีรู้จักมินซู น้องชายของมีนาใช่ไหมครับ/คะ

아리 루짝 민수 넝차이 컹 미나 차이마이 크랍/카

• 너희 둘은 이미 알고 있는 사이라 소개 안 해도 되지?

เธอสองคนรู้จักกันอยู่แล้ว ไม่ต้องแนะนำก็ได้มั้ง

트 썽 콘 루짝 깐 유 래우 마이 떵 내남 꺼 다이 망

• 너 우리 회사 사장님 아니?

เธอรู้จักประธานบริษัทเราไหม

트 루짝 쁘라탄 버리쌋 라오 마이

• 그 애 본명은 '피싸마이'이고 애명은 '꿍'이야.

คนนั้นชื่อจริงชื่อพิศมัย ชื่อเล่นชื่อกุ้ง

콘 난 츠찡 츠 핏싸마이 츠렌 츠 꿍

소개 받고 응답할 때

• 만나서 반갑습니다.

ยินดีที่ได้รู้จักครับ/ค่ะ

인디 티 다이루짝 크랍/카

• 만나서 반가워요. 난 '미나'예요.

ยินดีที่ได้รู้จัก ดิฉันชื่อมีนาค่ะ

인디 티 다이루짝 디찬 츠 미나 카

• 당신을(어르신을) 만나 뵙게 되어 영광스럽습니다.

รู้สึกเป็นเกียรติที่ได้พบท่านครับ/ค่ะ

루쓱 뻰끼앗 티 다이폽 탄 크랍/카

• 너랑 알게 되어 기뻐

ดีใจมากที่ได้รู้จักคุณ(เธอ)

디짜이 막 티 다이루짝 쿤 (트)

• 여러분을 만나게 되어 반갑습니다.

ยินดีที่ได้พบท่าน(คุณ, นักศึกษา)ทั้งหลายครับ/ค่ะ

인디 티 다이폽 탄 (쿤, 낙쓱싸) 탕라이 크랍/카

• 안녕하세요? 미나 친구 '아리'입니다.

สวัสดีค่ะ เพื่อนของมีนา ชื่ออารีค่ะ

싸왓디카 프언 컹 미나 츠 아리 카

• 어서 와요. 미나가 늘 얘기했어요.

เชิญเลย มีนาพูดถึงเธอ(คุณ)อยู่เสมอครับ/ค่ะ

츤 르이 미나 풋틍 트(쿤) 유 싸머 크랍/카

• 어서 와요. 네가 '엑'이냐? 반갑다.

เชิญจ้ะ เอกหรอ ดีใจจังที่พบกันนะ

츤 짜 엑 러 디짜이짱 티 폽깐 나

• 저(엑)도 반갑습니다. 어머니.

ผมก็ยินดีครับคุณแม่ // ผมก็เช่นเดียวกันครับคุณแม่

폼 꺼 인디 크랍 쿤매 // 폼 꺼 첸디아우깐 크랍 쿤매

• 남편으로부터 말씀 많이 들었습니다.

สามีพูดถึงคุณบ่อยมากค่ะ

싸미 풋 틍 쿤 버이 막 카

• 우리 애가 선생님 얘기 자주 했어요.

ลูกพูดถึงอาจารย์บ่อย ๆ ครับ/ค่ะ

룩 풋 틍 아짠 버이버이 크랍/카

• 하도 말씀을 많이 들어서 처음인데도 구면인 것 같아요.

ได้ยินเรื่องของคุณบ่อยมากจนรู้สึกว่ารู้จักกันดีทั้งที่เพิ่ง
다이인 르엉 컹 쿤 버이 막 쫀 루쓱 와 루짝깐 디 탕티

พบกันครั้งแรกครับ/ค่ะ
폽 깐 크랑랙 크랍/카

• 얘가 바로 제 동생이에요.

นี่น้องผม/ดิฉันครับ/ค่ะ
니 넝 폼/디찬 크랍/카

• 그러세요? 동생 분은 이미 알고 있는데요.

เหรอครับ/คะ ผม/ดิฉันรู้จักน้องของคุณอยู่แล้วครับ/ค่ะ
러 크랍/카 폼/디찬 루짝 넝 컹 쿤 유 래우 크랍/카

서로 통성명할 때

• 안녕하세요? 제 이름은 ○○○입니다.

สวัสดีครับ/ค่ะ ผม/ดิฉันชื่อ ○○○ ครับ/ค่ะ
싸왓디 크랍 /카 폼/디찬 츠 ○○○ 크랍/카

• 성함이 어떻게 되세요?

ชื่ออะไรครับ/คะ
츠 아라이 크랍/카

• 성함을 말씀해 주세요.

กรุณาบอกชื่อด้วยครับ/ค่ะ
까루나 벅 츠 두어이 크랍/카

• 이름을 말해드려요.

บอกชื่อไปสิครับ/คะ
벅 츠 빠이 씨 크랍/카

• 김이 당신의 이름이에요?

คิมคือชื่อของคุณหรือครับ/คะ //

김 츠 컹 쿤 르 크랍/카 //

คิมเป็นชื่อของคุณใช่ไหมครับ/คะ

김 뻰 츠 컹 쿤 차이마이 크랍/카

• 아니오. 성입니다. 이름은 영수입니다.

ไม่ใช่ครับ เป็นนามสกุลครับ ผมชื่อยองซูครับ

마이차이 크랍 뻰 남싸꾼 크랍 폼 츠 영수 크랍

• 당신은 쏨차이씹니까?

คุณสมชายใช่ไหมครับ/คะ

쿤 쏨차이 차이마이 크랍/카

• 네. 제가 쏨차이입니다.

ครับ ผมสมชายครับ

크랍 폼 쏨차이 크랍

• 쏨차이가 성인가요?

สมชายเป็นนามสกุลของคุณหรือครับ/คะ

쏨차이 뻰 남싸꾼 컹 쿤 르 크랍/카

• 아니오. 이름입니다. 성은 락타이입니다.

ไม่ใช่ครับ เป็นชื่อครับ นามสกุลรักไทยครับ

마이차이크랍 뻰 츠 크랍 남싸꾼 락타이 크랍

• 저는 예명이 '앤'이에요.

ดิฉันชื่อเล่นว่าแอนค่ะ

디찬 츠렌 와 앤 카

• 천천히 말씀해 주세요.

ช่วยพูดช้า ๆ หน่อยครับ/ค่ะ

추어이 풋 차차 너이 크랍/카

• 죄송합니다. 성함이 뭐라고 하셨죠?

ขอโทษครับ/ค่ะ เมื่อกี้คุณพูดว่าชื่ออะไรนะครับ/คะ

커톳 크랍/카 므어끼 쿤 풋 와 츠 아라이 나 크랍/카

• 어떻게 읽나요? 태국 이름은 읽기 어려워요.

อ่านว่าอย่างไรครับ/คะ ชื่อไทยอ่านยากครับ/ค่ะ

안 와 양라이 크랍/카 츠 타이 안 약 크랍/카

• 외국인은 읽기 어려워요. '위라'라고 발음해요.

คนต่างชาติคงอ่านยากครับ/ค่ะ อ่านว่า วีระครับ/ค่ะ

콘 땅찻 콩 안 약 크랍/카 안 와 위라 크랍/카

• '비라'가 아닌가요?

ไม่ใช่บีระหรือครับ/คะ

마이차이 비라 르 크랍/카

• 아니에요. 태국에서는 'Vi'를 '위'로 발음해요.

ไม่ครับ/ค่ะ ที่เมืองไทย ออกเสียง 'Vi' เป็น 'วี'ครับ/ค่ะ

마이크랍/카 티 므엉타이 억 씨앙 'Vi' 뻰 '위' 크랍/카

• '위라'를 영어로는 어떻게 쓰지요?

'วีระ' สะกดเป็นภาษาอังกฤษอย่างไรครับ/คะ

'위라' 싸꼿 뻰 파싸앙끄릿 양라이 크랍/카

• 'V E E R A'입니다.

สะกดด้วย วี อี อี อาร์ เอ ครับ/ค่ะ

싸꼿 두어이V 이 이 알 에 크랍/카

Tip

우리나라에서는 타인을 부를 때 흔히 이름 뒤에 '씨'를 붙이거나 직함을 많이 부른다. 태국에서는 직함을 부르지만, '쿤'을 이름 앞에 붙여 우리의 '씨'에 대신하고 있다. '쿤'은 남녀 공용이다. 친한 사이에서는 본명이 아닌 애명을 부른다. 애명 앞에도 '쿤'을 붙인다. 태국인들은 모두 애명을 가지고 있다.

상사나 직원을 소개할 때

• 이 분은 제 직장 동료입니다.

นี่เพื่อนร่วมงานผม/ดิฉันครับ/ค่ะ //

니 프언 루엄 응안 폼/디찬 크랍/카 //

นี่เพื่อนที่ทำงานกับผม/ดิฉันครับ/ค่ะ

니 프안 티 탐 응안 깝 폼/디찬 크랍/카

• 저 분은 제 상사입니다.

โน่นหัวหน้าของผม/ดิฉันที่บริษัทครับ/ค่ะ //

논 후어나 컹 폼/디찬 티 버리쌋 크랍/카 //

คนโน้นคือหัวหน้าของผม/ดิฉันครับ/ค่ะ

콘논 크 후어나 컹 폼/디찬 크랍/카

• 이 분은 사장님이십니다.

คนนี้คือประธานบริษัทครับ/ค่ะ

콘니 크 쁘라탄 버리쌋 크랍/카

• 저 분은 우리 회사 총무부장이십니다.

คนนั้นคือผู้จัดการของบริษัทเราครับ/ค่ะ

콘난 크 푸짯깐 컹 버리쌋 라오 크랍/카

• 이 사람이 제 비서 '깐짜나'입니다.

คนนี้เลขานุการของผม/ดิฉัน ชื่อกาญจนาครับ/ค่ะ
콘니 레카누깐 컹 폼/디찬 츠 깐짜나 크랍/카

서로 아는 사이인지 물을 때

• 두 분이 아시는 사이인가요?(서로 알고 계신가요?)

คุณสองคนรู้จักกันอยู่แล้วใช่ไหมครับ/คะ //
쿤 썽콘 루짝 깐 유 래우 차이마이 크랍/카 //

คุณสองคนรู้จักกันแล้วหรือเปล่าครับ/คะ
쿤 썽콘 루짝 깐 래우 르 쁠라오 크랍/카

• 두 분은 전에 만난 적이 있으신가요?

คุณสองคนเคยพบกันไหมครับ/คะ
쿤 썽콘 크이 폽 깐 마이 크랍/카

• 너희들 아는 사이니?

คุณ(เธอ)สองคนรู้จักกันหรือ
쿤 (트) 썽콘 루짝 깐 르

• 언제부터 알았어?

รู้จักกันตั้งแต่เมื่อไร
루짝 깐 땅때 므아라이

• 알지는 못합니다만 한 번 뵌 적은 있어요.

ไม่รู้จักกัน แต่เคยพบกันครั้งหนึ่งครับ //
마이 루짝깐 때 크이 폽깐 크랑능 크랍 //

เคยพบกันครั้งหนึ่งแต่ไม่รู้จักกันค่ะ
크이 폽깐 크랑능 때 마이 루짝깐 카

PART I 소개하고 받을 때

• 성함만 들었어요.

เคยได้ยินแต่ชื่อครับ/ค่ะ
크이 다이인 때 츠 크랍/카

• 우리 어디서 만난 적이 없나요?

เราเคยพบกันที่ไหนหรือเปล่าครับ/คะ
라오 크이 폽깐 티나이 르 쁠라오 크랍/카

• 전에 어디서 만난 것 같은데…

จำได้ว่าเราเคยพบกันที่ไหนสักแห่ง...
짬다이 와 라오 크이 폽깐 티나이 싹 행…

• 저는 기억이 없는데요. 오늘 처음 뵙습니다.

ผม/ดิฉันจำไม่ได้นะครับ/คะ วันนี้เพิ่งพบกันครั้งแรก
폼/디찬 짬 마이다이 나 크랍/카 완니 픙 폽깐 크랑랙

ครับ/ค่ะ
크랍/카

• 다른 분과 혼동하고 계신가 봐요.

คงจะสับสนกับคนอื่นมั้ง //
콩 짜 쌉쏜 깝 콘은 망 //

คุณคงจะสับสนกับคนอื่นแล้วครับ/ค่ะ
쿤 콩 짜 쌉쏜 깝 콘은 래우 크랍/카

• 선생님, 이 친구는 '나리따'예요. 선생님 수업을 들었다고 해요.

อาจารย์คะ นี่นารีตาเพื่อนของดิฉันค่ะ
아짠 카 니 나리따 프안 컹 디찬 카

เธอบอกว่าเคยเรียนกับอาจารย์ค่ะ
트 벅 와 크이 리안 깝 아짠 카

- 너 정말 그 언니 알고 있니? 난 조금 전에 소개받았는데.

เธอรู้จักพี่คนนั้นจริงหรือ ฉันเพิ่งรู้จักเมื่อกี้นี้เอง
트 루짝 피 콘난 찡 르 찬 픙 루짝 므아끼니엥

- 이 분들은 제 사무실 동료들입니다.

นี่เพื่อนร่วมงานของผม/ดิฉันครับ/ค่ะ
니 프안 루암응안 컹 폼/디찬 크랍/카

- 삼성의 상품관리팀장을 아세요?

รู้จักหัวหน้าทีมฝ่ายจัดการสินค้าของบริษัทซัมซุงไหม ครับ/คะ
루짝 후아나 팀 화이 짯깐 씬카 컹 버리쌋 삼성 마이 크랍/카

- 이름만 알지 모릅니다. 만난 적이 없어요.

รู้จักแต่ชื่อ ไม่เคยพบกันครับ/ค่ะ
루짝 때 츠 마이 크이 폽 깐 크랍/카

- Sonya Soup의 삐악씨와 친하세요?

คุณสนิทกับคุณเปี๊ยกที่บริษัท Sonya Soup ไหม
쿤 싸닛 깝 쿤삐악 티 버리쌋 쏘냐 쑵 마이

- 매우 친합니다. 고등학교 동창이에요.

สนิทกันมาก เป็นเพื่อนโรงเรียนมัธยมครับ/ค่ะ
싸닛 깐 막 뻰 프안 롱리안 맛타욤 크랍/카

- 아니오. 전혀 모릅니다. 왜 그러세요?

เปล่า ไม่รู้จักกันเลย ทำไมหรือครับ/คะ
쁠라오 마이 루짝깐 르이 탐마이 르 크랍/카

- 저 여자분을 알아두면 좋을 거야.

ผู้หญิงคนนั้นรู้จักกันไว้ก็ดี
푸잉 콘난 루짝깐 와이 꺼 디

• 그래? 얼른 소개시켜 줘.

หรือ แนะนำให้รู้จักกันเร็ว ๆ สิ

르 내남 하이 루짝깐 레우레우 씨

• 이미 알고 있어. 나랑 초등학교 동창이야.

รู้จักกันอยู่แล้ว เป็นเพื่อนสมัยประถม //

루짝 깐 래우 뻰 프안 싸마이 쁘라톰 //

รู้จักกันอยู่แล้ว เคยเรียนด้วยกันสมัยประถม

루짝 래우 크이 리안 두아이깐 티 롱리안 쁘라톰

• 우리 만난 지 3~4년 되었어.

รู้จักกันมาได้ ๓-๔ ปีแล้ว

루짝깐 마 다이 쌈-씨 삐 래우

소개 받고 응답할 때

• 만나서 반가워요. 우리 자주 만나요.

ยินดีที่ได้รู้จักครับ/ค่ะ เจอกันบ่อย ๆ นะครับ/คะ

인디 티 다이 루짝 크랍/카 쯔깐 버이버이 나 크랍/카

• 저도 마찬가지입니다.

เช่นเดียวกันครับ/ค่ะ

첸디아우깐 크랍/카

• 영광입니다.

รู้สึกเป็นเกียรติครับ/ค่ะ

루쓱 뻰끼얏 크랍/카

• 잘 좀 지도해 주세요.

มีอะไรก็ช่วยสอนด้วยนะครับ/คะ

미 아라이 꺼 추아이 쌍 추아이 썬 두아이 나 크랍/카

• 성함을 많이 들었어요.

เคยได้ยินชื่ออยู่บ่อย ๆ ครับ/ค่ะ

크이 다이인 츠 유 버이버이 크랍/카

• 우리 작년에 서울에서 만났죠?

เราเคยพบกันที่กรุงโซลปีที่แล้ว จำได้ไหมครับ/คะ

라오 크이 폽깐 티 끄룽서울 삐티래우 짬 다이마이 크랍/카

• 두 분 어디서 만났어요? (만난 사실 여부에 관심 있을 때)

คุณสองคนเคยพบกันที่ไหนเหรอครับ/คะ

쿤 썽콘 크이 폽깐 티나이 러 크랍/카

• 서울서 우연히 만났어요.

เคยบังเอิญพบกันที่กรุงโซลครับ/ค่ะ

크이 방은 폽깐 티 끄룽서울 크랍/카

기타 표현

• 당신은 어느 나라에서 오셨어요?

คุณมาจากประเทศอะไรครับ/คะ

쿤 마 짝 쁘라텟 아라이 크랍/카

• 당신은 어디서 왔어요?

มาจากที่ไหนครับ/คะ

마 짝 티나이 크랍/카

• 한국에서 왔어요.

มาจากเกาหลีครับ/ค่ะ

마 짝 까올리 크랍/카

• 죄송합니다. 태국 분이신 줄 알았어요.

ขอโทษครับ/ค่ะ คิด(เข้าใจ)ว่าเป็นคนไทยครับ/ค่ะ

커 톳 크랍/카 킷 (카오짜이)와 뻰 콘타이 크랍/카

• 괜찮아요. 제 어머님이 태국 분이에요.

ไม่เป็นไรครับ/ค่ะ แม่ผม/ดิฉันเป็นคนไทยครับ/ค่ะ

마이뻰라이 크랍/카 매폼/디찬 뻰 콘타이 크랍/카

• 실례지만 이름이 뭐라고 하셨지요?

ขอโทษครับ/ค่ะ เมื่อกี้บอกว่าชื่ออะไรครับ/คะ

커톳 크랍/카 므아끼 벅 와 츠 아라이 크랍/카

• 당신은 언제 태어나셨어요?

คุณเกิดเมื่อไรครับ/คะ

쿤 끗 므아라이 크랍/카

• 몇 살?

อายุเท่าไร // อายุกี่ขวบ

아유 타오라이 // 아유 끼 쿠압

• 생년월일은?

วันเดือนปีเกิดล่ะ

완 드안 삐 끗 라

• 하는 일은?

ทำงานอะไร // มีอาชีพอะไร

탐응안 아라이 // 미 아칩 아라이

• 당신이 우리 아버지를 안다구요?

คุณรู้จักพ่อผม/ดิฉันหรือครับ/คะ

쿤 루짝 퍼폼 르 크랍/카

• 당신은 무슨 띠에요?

คุณเกิดปีนักษัตรอะไรครับ/คะ

쿤 끗 삐낙쌋 아라이 크랍/카

• 당신은 몇 년에 태어났어요?

คุณเกิดปีอะไรครับ/คะ

쿤 끗 삐 아라이 크랍/카

• 연세를 여쭤도 될까요?

ถามอายุหน่อยได้ไหมครับ/คะ

탐 아유 너이 다이마이 크랍/카

• 당신 가족은 몇 분이세요?

ครอบครัวของคุณมีกี่คนครับ/คะ

크럽크루어 컹 쿤 미 끼 콘 크랍/카

• 당신은 결혼하셨어요?(여성에게는 묻는 게 실례다)

คุณแต่งงานแล้วหรือครับ/คะ

쿤 땡안 래우 르 크랍/카

• 당신은 혼자 사세요?

คุณอยู่คนเดียวหรือครับ/คะ

쿤 유 콘디아우 르 크랍/카

• 부산에 가 보신 적이 있나요?

เคยไปบูซานหรือเปล่าครับ/คะ

크이 빠이 부산 르 쁠라오 크랍/카

• 여러 번 가 봤습니다. 경주에도 두 번 갔었어요.

เคยไปมาหลายครั้งแล้วครับ/ค่ะ

크이 빠이마 라이 크랑 래우 크랍/카

คยองจูก็เคยไปมาสองครั้งแล้วครับ/ค่ะ

경주 크이 빠이마 썽 크랑 래우 크랍/카

• 아직 못 가봤습니다. 한국에는 처음 왔습니다.
ยังไม่เคยครับ ผมเพิ่งมาเกาหลีครั้งแรกครับ
양마이크이 크랍 폼 픙 마 까올리 크랑랙 크랍

• 저기 저 남자 이름이 뭐니? 생각이 안 나네…
ผู้ชายคนโน้นชื่ออะไรนะ นึกไม่ออก
푸차이 콘논 츠 아라이 나 늑 마이 억

• 그 분 성함이 혀에서 맴돌긴 하는데 생각이 안 나.
ชื่อท่านนั้นติดอยู่ตรงปาก แต่นึกไม่ออก //
츠 탄난 띳 림 휘빡 때 늑 마이 억 //
นึกชื่อคนนั้นไม่ออก ติดอยู่ตรงปาก
늑 츠 콘난 마이 억 띳 유 뜨롱 빡

• 누가 소개시켜 주진 않았지만 서로 낯이 익은 사이에요.
ยังไม่เคยมีใครแนะนำให้รู้จักกันแต่ว่าคุ้นหน้ากันครับ/ค่ะ
양마이크이 미 크라이 내남 하이루짝깐 때와 쿤나깐 크랍/카

• 이 분은 낯이 많이 익은데, 어디서 봤지?
คนนี้คุ้นหน้าจัง เคยเห็นที่ไหนนะ
콘니 쿤나 짱 크이 헨 티나이 나

• 얼굴은 본 적이 있는데 이야기해 본 적은 없어요.
เคยเห็นหน้ากัน แต่ยังไม่เคยคุยกันครับ/ค่ะ
크이 헨 나 깐 때 양마이크이 쿠이깐 크랍/카

• 낯이 많이 익은데, 어디선가 만난 적이 있을 거야.
หน้าคุ้น ๆ มาก สงสัยเคยพบกันที่ไหนสักแห่ง
나 쿤쿤 막 쏭싸이 크이 폽깐 티나이 싹 행 능

• 그 분은 유명한 분이라서 누구든 알고 싶어해요.
เค้าเป็นคนมีชื่อเสียง ใคร ๆ ก็อยากรู้จัก
카오 뻰 콘 미츠씨앙 크라이크라이 꺼 약 루짝

03 헤어질 때의 인사

헤어질 때 인사는 필수적이다. 안부를 전하기도 하고 다음을 기약하기도 한다. 보통 헤어질 때 양측 다 "싸왓디 크랍/카"라고 해도 무방하나 그 관계에 따라 인사가 다를 수도 있다. 이 경우, 집 주인과 가는 손님, 또는 먼저 그 장소를 떠나는 사람의 인사가 다르다. 우리처럼 "안녕히 계세요", "안녕히 가세요" 같은 인사는 하지 않는다. 모임에서 먼저 가야 할 경우 주인이나 모임을 주선한 사람의 허락을 먼저 받는 게 상식이다.

헤어질 때

- 잘 가! / 안녕!

  สวัสดี // หวัดดี

  싸왓디 // 왓디

- 안녕히 가세요.

  สวัสดีครับ/ค่ะ

  싸왓디 크랍/카

- 안녕히 계세요. 먼저 갑니다.

  สวัสดีครับ/ค่ะ ลาก่อนครับ/ค่ะ

  싸왓디 크랍/카 라 껀 크랍/카

• 또 오세요.

เชิญมาอีกนะครับ/ค่ะ // ไว้มาใหม่นะครับ/คะ

츤 마 익 나 크랍/카 // 와이 마 마이 나 크랍/카

• 살펴 가세요.

เดินทางระวังนะครับ/คะ

든탕 라왕 나 크랍/카

• 운전 조심하세요.

ขับรถระวังนะครับ/คะ

캅롯 라왕 나 크랍/카

• 재미있게 보내.

ขอให้สนุกนะ

커 하이싸눅 나

• 서로 연락하고 지내요.

ติดต่อกันบ่อย ๆ นะครับ/คะ

띳떠깐 버이버이 나 크랍/카

• 좋은 하루 보내세요.

ขอให้มีความสุขตลอดวันนะครับ/คะ

커 하이 미 쾀쑥 딸럿 완 나 크랍/카

• (남은 여행) 즐기세요.

เที่ยวให้สนุกนะครับ/คะ

티아우 하이싸눅 나 크랍/카

먼저 가야 한다고 말할 때

- 이제 가 봐야 할 것 같아요.

คงต้องขอตัวก่อนนะครับ/คะ
콩 떵 커뚜어 껀 나 크랍/카

- 먼저 가야겠습니다.

ต้องขอตัวก่อนนะครับ/คะ
떵 커뚜어 껀 나 크랍/카

- 집에 가야 할 시간이 되었어요.

ถึงเวลาต้องกลับบ้านแล้วครับ/ค่ะ
틍 웰라 떵 끌랍 반 래우 크랍/카

- 밤이 늦어서 집에 가봐야 할 것 같습니다.

ดึกแล้ว ต้องกลับบ้านแล้วครับ/ค่ะ
득 래우 떵 끌랍 반 래우 크랍/카

- 좀 더 있다 가요. 이제 겨우 9신데…

อยู่ต่ออีกหน่อยสิครับ/คะ นี่เพิ่งจะ 3 ทุ่มเอง
유 떠 익 너이 씨 크랍/카 니 픙 짜 쌈 툼 엥

- 어머니가 좀 감기 기운이 있으셔서요.

พอดีคุณแม่เป็นหวัดครับ/ค่ะ
퍼디 쿤매 뻰왓 크랍/카

- 그러세요? 얼른 가 보세요.

เหรอครับ/คะ งั้นรีบกลับดีกว่าครับ/ค่ะ
러 크랍/카 응안 립 끌랍 디꽈 크랍/카

- 남편이 저를 데리러 9시에 온다고 해서요.

สามีบอกว่าจะมารับตอน 3 ทุ่มค่ะ
싸미 벅 와 짜 마 랍 떤 쌈 툼 카

• 친구들과 10시에 약속을 해서요.

มีนัดกับเพื่อน 4 ทุ่มแล้วครับ/ค่ะ

미 낫 깝 프안 씨 툼 래우 크랍/카

• 그래요? 약속장소가 여기서 먼가 보지요?

งั้นเหรอครับ/คะ ดูท่าที่นัดพบคงจะไกลนะครับ/คะ

응안 러 크랍/카 두타 티낫폽 콩 짜 끌라이 나 크랍/카

• 그리 멀지 않아요. 쑤쿰윗 24에요.

ไม่ไกลมากหรอกครับ/ค่ะ ซอยสุขุมวิท 24 เองครับ/ค่ะ

마이 끌라이 막 럭 크랍/카 써이 쑤쿰윗 이씹씨 엥 크랍/카

• 바로 앞에서 지상철을 타면 되요.

ขึ้นรถไฟฟ้าข้างหน้านี้ก็ได้แล้วครับ/ค่ะ

큰 롯화이화 캉나 니 꺼 다이 래우 크랍/카

• 제가 지상철 역까지 차로 모셔다 드릴 게요.

ผม/ดิฉันจะขับรถไปส่งถึงสถานีรถไฟฟ้าให้นะครับ/คะ

폼/디찬 짜 캅롯 빠이쏭 틍 싸타니롯화이화 하이 나 크랍/카

• 괜찮아요. 택시를 타면 돼요.

ไม่เป็นไรครับ/ค่ะ นั่งแท็กซี่ก็ได้ครับ/ค่ะ

마이뻰라이 크랍/카 낭 택씨 꺼 다이 크랍/카

• 밤인데… 제가 집까지 모셔다 드릴 게요.

ดึกแล้ว เดี๋ยว ฉัน/ผม/ดิฉันจะไปส่งที่บ้านให้ครับ/ค่ะ

득래우 다여우 찬/폼/디찬 짜 빠이쏭 티반 하이 크랍/카

• 고맙습니다. 부탁 드릴게요.

ขอบคุณครับ/ค่ะ ถ้างั้นรบกวนด้วยนะครับ/คะ

컵쿤 크랍/카 탕안 롭꾸언 두어이 나 크랍/카

다시 만나자고 약속하고 헤어질 때

• 나중에 만나요.

แล้วพบกันใหม่ครับ/ค่ะ

래우 폽깐 마이 크랍/카

• 다음 주 일요일에 만나요.

พบกันใหม่วันอาทิตย์หน้าครับ/ค่ะ

폽깐 마이 완아팃 나 크랍/카

• 그래. 다시 봐.

เออ ไว้เจอกันใหม่

어 와이 쯔깐 마이

• 다음 주엔 안 돼. 시험이라서. 다다음 주에 만나.

อาทิตย์หน้าไม่ได้ เป็นช่วงสอบ เจออาทิตย์ถัดไปละกัน

아팃나 마이다이 뻰 추엉썹 쯔 아팃 탓빠이 라깐

• 곧 또 만납시다.

ไว้พบกันอีกครับ/ค่ะ

와이 폽깐 익 크랍/카

• 좋아요. 좀 있다가 다시 봐요.

ได้/ดีครับ/ค่ะ เดี๋ยวอีกสักพักเจอกันครับ/ค่ะ

다이/디 크랍/카 디여우 익 싹 팍 쯔깐 크랍/카

• 내일 봐요.

เจอกันพรุ่งนี้ครับ/ค่ะ

쯔깐 푸룽니 크랍/카

• 시간 되시면 다음 주 월요일 3시에 만나요.

ถ้ามีเวลาว่าง ขอพบวันจันทร์หน้า บ่าย 3 โมงนะครับ/คะ

타 미 웰라왕 커 폽 완짠나 바이 쌈 몽 나 크랍/카

• 다음에 또 만날 수 있겠지요?

โอกาสหน้าเราจะพบกันอีกใช่ไหมครับ/คะ

오깟나 라오 짜 폽깐 익 차이마이 크랍/카

• 그럼요. 제가 연락 드리겠습니다.

แน่นอน(ไม่มีปัญหา)ครับ/ค่ะ ผม/ฉัน/ดิฉัน

내넌 (마이 미 빤하) 크랍/카 폼/찬/디찬

จะติดต่อไปครับ/ค่ะ

짜 띳떠 빠이 크랍/카

• 그럼, 내일 다시 만나지요.

งั้น เจอกันใหม่พรุ่งนี้ครับ/ค่ะ

응안 쯔깐 마이 프룽니 크랍/카

• 다음에 봅시다.

ไว้เจอกันคราวหน้าครับ/ค่ะ

와이 쯔깐 크라우나 크랍/카

• 다음엔 우리 집에서 만나지요.

คราวหน้าเจอกันที่บ้านผม/ดิฉันนะครับ/คะ

크라우나 쯔깐 티반 폼/디찬 나 크랍/카

• 다음에 우리가 내겠습니다.

คราวหน้าเราขอเป็นเจ้าภาพนะครับ/คะ //

크라우나 라오 커 뻰 짜오팝 나 크랍/카 //

คราวหน้าเราขอเลี้ยงนะครับ/คะ

크라우나 라오 커 리양 나 크랍/카

• 내일 12시에 그 커피숍에서 만나지요.

พรุ่งนี้เที่ยงเจอกันที่ร้านกาแฟครับ/ค่ะ

프룽니 티앙 쯔깐 티 란까풰 크랍/카

• 시간에 맞춰 그리로 가겠습니다.

จะไปที่นั่นให้ตรงเวลาครับ/ค่ะ

짜 빠이 티난 하이 뜨롱웰라 크랍/카

• 우리 언제 만나는 게 좋을까요?

เราจะพบกันเมื่อไรดีครับ/คะ

라오 짜 폽깐 므어라이 디 크랍/카

• 다음 회의는 언제가 좋으세요?

ประชุมครั้งหน้าเมื่อไรดีครับ/คะ

쁘라춤 크랑나 므어라이 디 크랍/카

• 5월 4일 오후가 어떨까요?

ตอนบ่ายวันที่ 4 พฤษภาคมดีไหมครับ/คะ

떤바이 완 티 4 프릇싸파콤 디마이 크랍/카

• 좋습니다. 회사 정문에서 만납시다.

ดีครับ/ค่ะ พบกันที่หน้าประตูบริษัทครับ/ค่ะ

디 크랍/카 폽깐 티 나쁘라뚜 버리쌋 크랍/카

• 주소를 알려주시면 제가 모시러 가겠습니다.

ถ้าคุณบอกที่อยู่ ผม/เรา/ดิฉันจะไปรับครับ/ค่ะ

타 쿤 벅 티유 폼/라오/디찬 짜 빠이 랍 크랍/카

• 제가 댁으로 모셔다 드릴게요.

ผม/ดิฉันจะส่งที่บ้านครับ/ค่ะ

폼/디찬 짜 쏭 티반 크랍/카

• 제가 댁으로 모셔다 드릴까요?

ให้ผม/ดิฉันไปส่งที่บ้านไหมครับ/คะ

하이 폼/디찬 빠이 쏭 티반 마이 크랍/카

• 제가 댁으로 모셔다 드려도 될까요?

ให้ผม/ดิฉันไปส่งที่บ้านได้ไหมครับ/คะ

하이 폼/디찬 빠이 쏭 티반 다이마이 크랍/카

• 우리 집으로 데려다 주시겠어요?

ช่วยไปส่งผม/ดิฉัน/ฉันที่บ้านได้ไหมครับ/คะ

추어이 빠이쏭 폼/디찬/찬 티반 다이마이 크랍/카

다시(또) 오라고 할 때

• 다시 또 오십시오.

เชิญมาอีกนะครับ/คะ

츤 마 익 나 크랍/카

• 내일 우리 집으로 오세요.

พรุ่งนี้ขอเชิญที่บ้านผม/ดิฉันครับ/ค่ะ

프룽니 커 츤 티반 폼/디찬 크랍/카

• 내일도 와 주세요.

พรุ่งนี้ก็ขอเชิญอีกนะครับ/คะ

프룽니 꺼 커 츤 익 나 크랍/카

• 다시 또 오실 수 있으시지요?

มาได้อีกใช่ไหมครับ/คะ

마 다이 익 차이마이 크랍/카

• 기꺼이 (다시 오겠습니다).

ด้วยความยินดีครับ/ค่ะ

두어이 콤인디 크랍/카

• 내일 또 와.

พรุ่งนี้มาอีกนะ

프룽니 마 익 나

• 다음 주에 다시 한 번 더 와 주세요.

อาทิตย์หน้าช่วยมาอีกครั้งนะครับ/คะ

아팃나 추어이 마 익 크랑 나 크랍/카

• 내일 전화를 주시겠어요? 그 때 다시 약속을 잡지요.

พรุ่งนี้โทรมาหาหน่อยได้ไหมครับ/คะ

프룽니 토 마하 너이 다이마이 크랍/카

แล้วเราค่อยคุยเรื่องเวลานัดกัน

래우 라오 커이 쿠이 르엉 웰라낫 깐

• 몇 시에 전화를 드리면 될까요?

พรุ่งนี้ให้โทรหากี่โมงดีครับ/คะ

프룽니 하이 토 하 끼몽 디 크랍/카

• 오전 10시에 하세요. 번호는 알고 계시지요?

โทรหาตอน 10 โมงเช้าละกันครับ/ค่ะ

토 하 떤 10 몽차오 라깐 크랍/카

รู้เบอร์โทรอยู่แล้วใช่ไหมครับ/คะ

루 버 토 유 래우 차이마이 크랍/카

• 예. 전화 드리겠습니다.

ครับ/ค่ะ ไว้จะโทรหาครับ/ค่ะ

크랍/카 와이 짜 토 하 크랍/카

• 또 오세요. 우리 집에선 언제든 환영하는 거 아시지요?

เชิญมาอีกนะครับ/ค่ะ บ้านนี้ยินดีต้อนรับเสมอครับ/ค่ะ

츤 마 익 나 크랍/카 반니 인디 떤랍 싸므 크랍/카

연락을 하자고 할 때

- 전화로 언제든 연락하세요.

  โทรหาเมื่อไรก็ได้ครับ/ค่ะ

  토 하 므어라이 꺼다이 크랍/카

- 나중에 전화 주세요.

  เดี๋ยวค่อยโทรมานะครับ/คะ

  디어우 커이 토 마 나 크랍/카

- 내일 전화주세요.

  พรุ่งนี้โทรหาหน่อยนะครับ/คะ

  프룽니 토 하 너이 나 크랍/카

- 시간이 있을 때 메일로 연락주세요.

  ว่าง ๆ ก็ส่งเมลล์มาหากันบ้างนะครับ/คะ

  왕왕 꺼 쏭 메일 마 하 깐 방 나 크랍/카

- 시간이 나면 전화주세요.

  ว่าง ๆ ก็โทรมาหาบ้างนะครับ/คะ

  왕왕 꺼 토 마 하 방 나 크랍/카

- 가끔이라도 소식 주세요. 기다리고 있겠습니다.

  ว่าง ๆ ก็ส่งข่าวบ้างนะครับ/คะ ผม/ดิฉันจะรอครับ/ค่ะ

  왕왕 꺼 쏭 카우 방 나 크랍/카 폼/디찬 짜 러 크랍/카

- 서로 연락하지요.

  ไว้ติดต่อกันนะครับ/คะ

  와이 띳떠 깐 나 크랍/카

- 연락 드리겠습니다.

  จะติดต่อไปครับ/ค่ะ

  짜 띳떠 빠이 크랍/카

• 도착하면 내게 연락해요.

ถ้าถึงแล้วติดต่อผม/ดิฉัน/ฉันด้วยนะ

타 틍 래우 띳떠 폼/디찬/찬 두어이 나

• 도착해서 연락 드려도 될까요?

ถ้าถึงแล้วให้ติดต่อหาไหมครับ/คะ

타 틍 래우 하이 띳떠 하 마이 크랍/카

• 도착하자마자 제게 팩스로 보내세요.

พอถึงแล้วให้ส่งแฟ็กซ์หาผม/ดิฉัน/ฉันนะครับ/คะ

퍼 틍 래우 하이 쏭 Fax 하 폼/디찬/찬 나 크랍/카

• 그쪽 매니저를 만나면 회의 내용을 편지로 보내요.

ถ้าเจอผู้จัดการฝ่ายโน้นแล้ว ช่วยส่งผลการประชุม

타 쯔 푸짯깐 화이논 래우 추아이쏭 폰 깐쁘라춤

เป็นจดหมายให้ผม/ดิฉันหน่อยด้วยนะครับ/คะ

뻰쫏마이 하이폼/디찬 너이 두아이나 크랍/카

안부를 전할 때

• 부모님께 안부 전해 주십시오.

ฝากความคิดถึงถึงคุณพ่อคุณแม่ด้วยนะครับ/คะ

확 쾀캇틍 틍 쿤퍼쿤매 두어이 나 크랍/카

• 부모님께 인사를 전해 주십시오.

ฝากสวัสดีคุณพ่อคุณแม่ด้วยนะครับ/คะ

확 싸왓디 쿤퍼쿤매 두어이 나 크랍/카

• 서울에 있는 내 친구에게 안부 전해줘요.

ฝากความคิดถึงถึงเพื่อนที่อยู่กรุงโซลให้ด้วยนะครับ/คะ

확 쾀킷틍 틍 프언 티 유 끄룽서울 하이 두어이 나 크랍/카

• 알겠습니다.

เข้าใจแล้วครับ/ค่ะ

카오짜이 래우 크랍/카

• 그럴게.

ได้เลย

다이 르이

• 그럼요. / 물론입니다.

แน่นอนครับ/ค่ะ

내넌 크랍/카

• 전혀 문제가 없습니다.

ไม่มีปัญหาครับ/ค่ะ

마이 미 빤하 크랍/카

• (그렇게) 전할 게요.

จะบอกให้ครับ/ค่ะ

짜 벅 하이 크랍/카

• 틀림없이 전하겠습니다.

จะบอกให้ครบถ้วนเลยครับ/ค่ะ

짜 벅 하이 크롭투언 르이 크랍/카

• 기꺼이(전하겠습니다).

ยินดีครับ/ค่ะ // ด้วยความยินดีครับ/ค่ะ

인디 크랍/카 // 두어이 쾀인디 크랍/카

• 아버님께 당신 안부를 전할 게요.

จะบอกคุณพ่อว่าคุณฝากความคิดถึงนะครับ/คะ

짜 벅 쿤퍼 와 쿤 확 쾀킷틍 나 크랍/카

헤어질 때 덧붙이는 말

• 행운을 빌어요.

ขอให้โชคดีนะครับ/คะ

커 하이 촉 디 나 크랍/카

• 잘 가요.

สวัสดีครับ/ค่ะ

싸왓디 크랍/카

• 여행 즐겁게 다녀오세요.

ขอให้เที่ยวสนุก ๆ นะครับ/คะ

커 하이 티아우 싸눅싸눅 나 크랍/카

• 저녁식사 잘 하고 와요.

ทานอาหารเย็นให้อร่อยแล้วค่อยกลับมานะครับ/คะ

탄 아한 옌 하이 아러이 래우 커이 끌랍 마 나 크랍/카

• 편안한 여행 되세요.

ขอให้เดินทางราบรื่นนะครับ/คะ

커 하이 든탕 랍른 나 크랍/카

PART Ⅱ

사귐에 관계된 표현

01 감사

태국에서 생활할 때 입에 붙이고 살아야 할 말이 3개 있다 하나는 '감사하다', '고맙다'라는 의미의 "컵쿤크랍/카 ขอบคุณครับ/ค่ะ"이고, 또 하나는 '미안하다', '죄송하다', '실례한다'라는 의미의 "커톳크랍/카ขอโทษครับ/ค่ะ"이고 나머지 하나는 '고맙다'와 '죄송하다'라는 말에 대한 응답으로 '괜찮다', '뭘요'라는 의미의 "마이뻰라이ไม่เป็นไร"이다. 길을 가다가 가볍게 부딪쳤을 경우도 잘잘못을 가리기 전에 누가 먼저랄 것 없이 얼른 '미안하다'라고 해야 하고, 가벼운 호의에도 반드시 '고맙다'고 해야 즐겁다. 우리처럼 "신세 많이 졌습니다." 또는 "수고하십시오" 등의 표현은 하지 않고 '감사하다'라는 인사로 대신한다.

도움과 친절에 감사할 때, 고마울 때

• 감사합니다.

ขอบคุณครับ/ค่ะ

컵쿤 크랍/카

• 대단히 고맙습니다.

ขอบคุณมากครับ/ค่ะ

컵쿤 막 크랍/카

• 고맙다. / 고마워.

ขอบใจ

컵짜이

• 시간 내 주셔서 고맙습니다.

ขอบคุณที่สละเวลาให้ครับ/ค่ะ

컵쿤 티 쌀라 웰라 하이 크랍/카

• 도움에 감사드립니다. / 도와주셔서 고맙습니다.

ขอบคุณที่ช่วยเหลือครับ/ค่ะ

컵쿤 티 추아이르아 크랍/카

• 어떻게 은혜를 갚아야 할 지 모르겠습니다.

ไม่รู้ว่าจะตอบแทนบุญคุณอย่างไรดีครับ/ค่ะ

마이 루와 짜 떱탠 분쿤 양라이 디 크랍/카

• 어떻게 감사를 드려야 할 지 모르겠습니다.

ไม่รู้ว่าจะขอบคุณอย่างไรดีครับ/ค่ะ

마이 루와 짜 컵쿤 양라이 디 크랍/카

• 감사의 표시를 어떻게 해야 할까요?

ต้องตอบแทนอย่างไรดีครับ/คะ

떵 떱탠 양라이 디 크랍/카

• 이렇게 초대해 주셔서 감사합니다.

ขอบคุณที่เชิญครับ/ค่ะ

컵쿤 티 츤 크랍/카

• 환대해 주셔서 감사합니다.

ขอขอบคุณที่ต้อนรับอย่างอบอุ่นครับ/ค่ะ

커 컵쿤 티 떤랍 양옵운 크랍/카

- 초대에 응해 주셔서 감사합니다.

ขอขอบคุณที่มาตามคำเชิญครับ/ค่ะ
커 컵쿤 티 마 땀 캄츤 크랍/카

- 조언을 해 주셔서 고맙습니다.

ขอขอบคุณที่ให้คำแนะนำครับ/ค่ะ
커 컵쿤 티 하이 캄내남 크랍/카

- 여러 모로 배려해 주셔서 고맙습니다.

ขอขอบคุณที่เอาใจใส่ในหลาย ๆ เรื่องครับ/ค่ะ
커 컵쿤 티 아오짜이싸이 나이 라이라이 르엉 크랍/카

- 함께 있어 주셔서 고맙습니다.

ขอขอบคุณที่อยู่ด้วยกันครับ/ค่ะ
커 컵쿤 티 유 두아이 깐 크랍/카

감사 인사에 대해 응답할 때

- 천만에요. / 뭘요. / 괜찮습니다.

ไม่เป็นไรครับ/ค่ะ
마이뻰라이 크랍/카

- 제가 뭘 했다고요.

ผม/ดิฉัน/ฉันไม่ได้ทำอะไรเลยครับ/ค่ะ
폼/다찬/찬 마이다이 탐 아라이 르이 크랍/카

- 아주 작은 건데…

เรื่องเล็กน้อยครับ/ค่ะ
르앙 렉 너이 크랍/카

• 별 것 아니에요.

นิดหน่อยครับ/ค่ะ // เรื่องเล็กน้อยครับ/ค่ะ

닛너이 크랍/카 // 르앙 렉너이 크랍/카

• 당연히 제가 할 일이었어요.

เป็นเรื่องที่ผม/ดิฉันต้องทำอยู่แล้วครับ/ค่ะ

뻰 르앙 티 폼/디찬 떵 탐 유 래우 크랍/카

• 제가 좋아서 한 일이에요.

เป็นเรื่องที่ผม/ดิฉันชอบทำอยู่แล้วครับ/ค่ะ

뻰 르앙 티 폼/디찬 첩 탐 유 래우 크랍/카

• 제가 할 일이 또 뭐가 있나요?

มีอะไรให้ผม/ดิฉันทำอีกไหมครับ/คะ

미 아라이 하이 폼/디찬 탐 익 마이 크랍/카

• 축하해 주셔서 고맙습니다.

ขอบคุณที่อวยพรครับ/ค่ะ

컵쿤 티 우아이펀 크랍/카

02 초대와 약속

초대의 의미는 넓다. 친분이 두터워지면 집으로 간단한 다과나 식사를 위해 초대하는 경우도 있고, 결혼식이나 생일잔치, 또는 모임에 초대하는 경우도 있다. 태국인들은 작은 모임을 만들고 초대하는 것을 즐긴다. 과거에는 집으로 초대했지만 요즘은 집보다는 바깥의 식당이나 기타 적당한 장소에 초대한다.

초대에 응할 때는 경우에 맞는 간단한 선물을 가지고 가는 게 예의이다. 입고 갈 의상도 미리 물어 신경을 쓰는 게 바람직하다. 만일 초대에 응하지 못할 때는 간곡한 표현을 납득이 가는 불가피한 이유와 함께 미리 설명하고 양해를 구한다. 이때 경우에 맞는 축하인사를 잊지 않도록 한다.

초대할 때

• 오늘 저녁 식사 어떠세요?

วันนี้ตอนเย็นสะดวกทานข้าวด้วยกันไหมครับ/คะ

완니 떤옌 싸두억 탄 카우 두아이깐 마이 크랍/카

• 사장님을 초대하고 싶습니다.

อยากเชิญท่านประธานฯ ครับ/ค่ะ

약 츤 탄쁘라탄 크랍/카

• 당신을 집으로 초대했으면 합니다.

อยากเชิญคุณไปที่บ้านผม/ดิฉันครับ/ค่ะ

약 츤 쿤 빠이 티반 폼/디찬 크랍/카

• 그 사람을 초대해도 될까요?

เชิญคนนั้นด้วยได้ไหมครับ/คะ

츤 콘난 두아이 다이마이 크랍/카

• 집으로 오세요.

ขอเชิญที่บ้านครับ/ค่ะ

커 츤 티반 크랍/카

• 제 집에 잠깐 들르시겠어요?

แวะที่บ้านผม/ดิฉันหน่อยไหมครับ/คะ

왜 티반 폼/디찬 너이 마이 크랍/카

• 우리 집으로 가자.

ไปบ้านผม/ฉันกัน

빠이 반 폼/찬 깐

• 학교로 오실 수 있는지요?

มาที่โรงเรียนได้ไหมครับ/คะ

마 티 롱리안 다이마이 크랍/카

• 오시면 좋겠어요.

ถ้าคุณมาก็คงจะดีครับ/ค่ะ // อยากให้คุณมาด้วยครับ/ค่ะ

타 쿤 마 꺼 콩짜디 크랍/카 // 약 하이 쿤 마 두아이 크랍/카

• (꼭) 오셔야 하는데요.

คุณต้องมาให้ได้นะครับ/คะ

쿤 떵 마 하이다이 나 크랍/카

• 산책하러 가실까요?

ไปเดินเล่นกันไหมครับ/คะ

빠이 든 렌 깐 마이 크랍/카

• 오늘 저녁 같이 안 하시겠어요?

เย็นนี้ไม่ทานข้าวด้วยกันเหรอครับ/คะ

옌니 마이 탄 카우 두아이깐 러 크랍/카

• 오늘 공연이 있는데, 오세요.

วันนี้มีการแสดง เชิญมาสิครับ/คะ

완니 미 깐싸댕 츤 마 씨 크랍/카

• 파티에 초청받으셨어요?

คุณได้รับบัตรเชิญไปงานเลี้ยงหรือเปล่าครับ/คะ

쿤 다이랍 밧츤 빠이 응안리앙 르 쁘라오 크랍/카

• 저랑 같이 가세요.

ไปด้วยกันกับผม/ดิฉันนะครับ/คะ

빠이 두아이깐 깝 폼/디찬 나 크랍/카

• 언제 한 번 놀러 와요.

ถ้าว่างก็มาเที่ยวสิครับ/คะ

타 왕 꺼 마 티아우 씨 크랍카

• 언제 오실 수 있어요?

มาได้เมื่อไรครับ/คะ

마 다이 므아라이 크랍/카

• 저녁에 만나서 차 한 잔 하실까요?

เย็นนี้พบกันแล้วดื่มชากันหน่อยไหมครับ/คะ

옌니 폽깐 래우 듬 차 깐 너이 마이 크랍/카

초대에 응할 때

• 초대해 주셔서 감사합니다.

ขอขอบคุณที่เชิญครับ/ค่ะ

커 컵쿤 티 츤 크랍/카

• 좋습니다. 어디로 갈까요?

ตกลงครับ/ค่ะ ไปที่ไหนกันดีครับ/คะ

똑롱 크랍/카 빠이 티나이깐 디 크랍/카

• 그러죠. 어디서 만날까요?

ได้เลยครับ/ค่ะ เจอกันที่ไหนดีครับ/คะ

다이 르이 크랍/카 쯔깐 티나이 디 크랍/카

• 고맙습니다. 다음엔 내가 낼게요.

ขอบคุณครับ/ค่ะ คราวหน้าผม/ดิฉันขอเป็นเจ้าภาพนะครับ/คะ

컵쿤 크랍/카 크라우 나 폼/ 디찬 커 뻰 찌오팝 나 크랍/카

• 그거 아주 좋습니다.

ดีมากครับ/ค่ะ

디 막 크랍/카

• (옷이) 멋지네요.

สวยจังครับ/คะ // ดูดีจังครับ/คะ // เท่ห์จังครับ/คะ

쑤아이 짱 크랍/카 // 두디 짱 크랍/카 // 테 짱 크랍/카

초대에 응할 수 없을 때

• 죄송하지만 오늘은 어렵겠어요.

ขอโทษ วันนี้ไม่สะดวกครับ/ค่ะ

커톳 완니 마이 싸두악 크랍/카

• 어쩌죠? 그렇게 할 수 없겠어요.
ทำยังไงดีละครับ/คะ วันนี้ไม่สะดวกครับ/ค่ะ
탐 양아이 디 라 크랍/카 완니 마이 싸두악 크랍/카

• 오늘 저녁에 할 일이 좀 있는데요.
เย็นนี้ยังมีงานต้องทำครับ/ค่ะ
옌니 양 미 응안 떵 탐 크랍/카

• 안타깝지만 이번에는 못 갈 것 같아요.
คราวนี้ไปไม่ได้ครับ/ค่ะ เสียดายจัง
크라우니 빠이 마이다이 크랍/카 씨아다이 짱

• 그러고 싶지만 선약이 있어서요.
ผม/ดิฉันก็อยากไป แต่ว่ามีนัดไว้ก่อนแล้วครับ/ค่ะ
폼/디찬 꺼 약 빠이 때와 미 낫 와이 껀 래우 크랍/카

• 아버님을 병원에 모시고 가야 해서 못 갑니다.
ต้องพาคุณพ่อไปโรงพยาบาลเลยไปไม่ได้ครับ/ค่ะ
떵 파 쿤퍼 빠이 롱파야반 르이 빠이 마이다이 크랍/카

• 꼭 가고 싶었는데, 이번에는 죄송합니다.
ผม/ดิฉันเองจริง ๆ ก็อยากไป แต่ว่าคราวนี้ต้องขอโทษ
폼/디찬 엥 찡찡 꺼 약 빠이 때와 크라우니 떵 커톳
ด้วยครับ/ค่ะ
두아이 크랍/카

• 미안해요. 집에 손님을 초대해서요.
ขอโทษด้วยครับ/ค่ะ พอดีที่บ้านเชิญแขกไว้แล้วครับ/ค่ะ
커톳 두아이 크랍/카 퍼디 티반 츤 캑 와이 래우 크랍/카

• 오늘은 어디 갈 기분이 아니네요.
วันนี้ไม่มีอารมณ์จะไปไหนเลยครับ/ค่ะ
완니 마이 미 아롬 짜 빠이 나이 르이 크랍/카

• 미안해요. 오늘 저녁은 혼자 있고 싶어요.

ขอโทษครับ/ค่ะ แต่ว่าวันนี้อยากอยู่คนเดียวครับ/ค่ะ

커톳 크랍/카 때와 완니 약 유 콘디아우 크랍/카

약속을 하려고 할 때

• 오늘 점심때 시간 있어요?

เที่ยงนี้ว่างไหมครับ/คะ

티앙니 왕 마이 크랍/카

• 주말에는 시간이 나세요?

เสาร์อาทิตย์นี้มีเวลาไหมครับ/คะ

싸오 아팃니 미 웰라 마이 크랍/카

• 무슨 일이세요?, 무슨 일이 있으세요?

คุณมีธุระอะไรหรือเปล่าครับ/คะ

쿤 미 투라 아라이 르 쁠라오 크랍/카

• 내일 무슨 계획이 있습니까?

พรุ่งนี้มีแผนอะไรไหมครับ/คะ

프룽니 미 팬 아라이 마이 크랍/카

• 낼 저녁에 만날까?

พรุ่งนี้เย็นเจอกันไหม

프룽니 옌 쯔깐 마이

• 어디 갈 건데?

จะไปไหนล่ะ

짜 빠이 나이 라

• 밥 먹고 영화 보자고.

กินข้าวแล้วก็ดูหนัง
낀 카우 래우꺼 두 낭

• 약속 날짜와 시간을 정하고 싶은데요.

อยากจะคุยเรื่องเวลานัดสักหน่อยครับ/ค่ะ
약 짜 쿠이 르앙 웰라 낫 싹 너이 크랍/카

• 몇 시가 편리하시겠어요?

สะดวกกี่โมงครับ/คะ
싸두악 끼 몽 크랍/카

• 오후 4시 제 사무실은 어때요?

๔ โมงเย็นที่ออฟฟิสของผม/ดิฉันดีไหมครับ/คะ
씨 몽 옌 티 오피스 컹 폼/디찬 디 마이 크랍/카

• 말씀 드릴 게 있는데, 시간 되세요?

มีเรื่องจะเรียนให้ทราบ มีเวลาว่างไหมครับ/คะ
미 르앙 짜 리안 하이 쌉 미 웰라 왕 마이 크랍/카

• 중요한 일인가요? 중요하면 당장 봅시다.

เรื่องสำคัญหรือเปล่าครับ/คะ
르앙 쌈칸 르 쁠라오 크랍/카

ถ้าสำคัญก็เจอกันตอนนี้เลยครับ/ค่ะ
타 쌈칸 꺼 쯔깐 떤니 르이 크랍/카

• 내일 혹시 다른 약속이 있으신가요?

ไม่ทราบว่าพรุ่งนี้มีนัดแล้วหรือยังครับ/คะ
마이 쌉 와 프룽니 미 낫 래우 르 양 크랍/카

• 없는데, 무슨 일이시죠?

ไม่มี มีธุระอะไรหรือครับ/คะ
마이미 미 투라 아라이 르 크랍/카

• 오늘은 안 될까요? 다음 주에는 거의 시간이 없으셔서요.

เป็นวันนี้ได้ไหมครับ/คะ

뻰 완니 다이 마이 크랍/카

อาทิตย์หน้าท่านไม่ค่อยมีเวลาว่างครับ/ค่ะ

아팃나 탄 마이 커이 미 웰라 왕 크랍/카

• 내일 저녁에 사무실로 찾아 뵈어도 될까요?

พรุ่งนี้เย็นไปพบที่ที่ทำงานได้ไหมครับ/คะ

프룽니 옌 빠이 폽 티 티담응안 다이마이 크랍/카

• 아니오. 오전 10시에 오세요.

ไม่สะดวกครับ/ค่ะ ขอเป็น ๑๐ โมงเช้าดีกว่าครับ/ค่ะ

마이 싸두악 크랍/카 커 뻰 씹 몽차오 디꽈 크랍/카

• 월요일 11시가 괜찮겠네요. 오실 수 있어요?

วันจันทร์ตอน ๑๑ โมงผม/ดิฉันว่าง มาได้ไหมครับ/คะ

완 짠 떤 씹엣 몽 폼/디찬 왕 마 다이마이 크랍/카

일정을 확인할 때

• 잠깐만요. 스케줄을 확인해 보겠습니다.

เดี๋ยวนะครับ/ค่ะ ขอเช็คกำหนดการก่อนครับ/ค่ะ

디아우나 크랍/카 커 첵 깜놋깐 껀 크랍/카

• 오늘 스케줄을 확정하고 싶어서요.

อยากจะลงกำหนดการให้เสร็จวันนี้เลยครับ/ค่ะ

약 짜 롱 깜놋깐 하이 쎗 완니 르이 크랍/카

• 이번 주 금요일 일정을 좀 확인해 주세요.

ช่วยเช็คกำหนดการวันศุกร์นี้หน่อยครับ/ค่ะ

추아이 첵 깜놋깐 완쑥니 너이 크랍/카

PART II 초대와 약속

• 오후 1시 30분 이후 3시간쯤 비었는데.

ว่างประมาณ ๓ ชั่วโมงตั้งแต่บ่ายโมงครึ่ง

왕 쁘라만 쌈 추아몽 땅때 바이 몽 크릉

• 그날 저녁은 시간이 나지 않아요.

เย็นวันนั้นไม่ว่างครับ/ค่ะ

옌 완난 마이 왕 크랍/카

• 토요일 오전은 일정이 꽉 차 있어요.

เช้าวันเสาร์กำหนดการเต็มหมดแล้วครับ/ค่ะ

차오 완싸오 깜놋깐 뗌 못 래우 크랍/카

• 토요일이 편리하신가요?

วันเสาร์สะดวกไหมครับ/คะ

완싸오 싸두악 마이 크랍/카

• 2시에 뵈었으면 하는데, 어떠세요?

อยากพบบ่ายสองโมง สะดวกไหมครับ/คะ

약 폽 바이 썽 몽 싸두악 마이 크랍/카

약속을 변경할 때

• 약속시간을 변경했으면 하는데···

อยากเปลี่ยนเวลานัด ...

약 쁠리안 웰라 낫 ····.

• 우리 약속을 변경할 수 있나요?

ขอเปลี่ยนเวลานัดได้ไหมครับ/คะ

커 쁠리안 웰라 낫 다이마이 크랍/카

• 선생님, 시험 날짜를 내일로 바꾸면 안 돼요?

อาจารย์ครับ/คะ ขอเปลี่ยนวันสอบเป็นวันพรุ่งนี้ได้ไหม
아짠 크랍/카 커 쁠리안 완 썹 뻰 완프룽니 다이 마이

ครับ/คะ
크랍/카

• 내일 오전 8시면 어떨까요?

พรุ่งนี้ 8 โมงเช้าสะดวกไหมครับ/คะ
프룽니 뺏 몽차오 싸두악 마이 크랍/카

• 30분만 회의를 뒤로 미루지요.

เลื่อนเวลาประชุมออกไปสัก 30 นาทีครับ/ค่ะ
르안 웰라 쁘라춤 억 빠이 싹 쌈씹 나티 크랍/카

• 다른 기회로 미루면 안 될까요?

ขอเลื่อนไปเป็นโอกาสหน้าได้ไหมครับ/คะ
커 르안 빠이 뻰 오깟나 다이마이 크랍/카

• 약속시간을 이틀 당기면 어떨까요?

ขอเลื่อนวันนัดให้เร็วขึ้นสองวันได้ไหมครับ/คะ
커 르안 완낫 하이 레우큰 썽완 다이마이 크랍/카

• 조금 더 늦췄으면 합니다.

อยากให้เลื่อนวันไปอีกสักหน่อยครับ/ค่ะ
약 하이 르안 완 빠이 익 싹 너이 크랍/카

• 오늘 저녁은 여의치 않은데, 내일로 미루면 어떨까요?

เย็นนี้ไม่สะดวก เลื่อนไปเป็นพรุ่งนี้ได้ไหมครับ/คะ
옌니 마이 싸두악 르안 빠이 뻰 프룽니 다이마이 크랍/카

• 괜찮으시면 오늘 약속을 내일로 바꿀 수 있을까요?

ถ้าคุณสะดวก ผม/ดิฉันขอเลื่อนนัดวันนี้เป็นวันพรุ่งนี้ ได้ไหมครับ/คะ

타 쿤 싸두악 폼/디찬 커 르안 낫 완니 뻰 완프룽니 다이마이 크랍/카

• 내일 10시가 저는 편합니다.

ผมสะดวกพรุ่งนี้เช้า 10 โมงครับ

폼 싸두악 프룽니차오 씹 몽 크랍

약속을 취소할 때

• 약속을 취소해야겠습니다.

ผม/ดิฉันคงจะต้องยกเลิกนัดครับ/ค่ะ

폼/디찬 콩 짜 떵 욕륵 낫 크랍/카

• 약속을 취소해도 될까요?

ขอยกเลิกนัดได้ไหมครับ/คะ

커 욕륵 낫 다이마이 크랍/카

• 홍수로 이번 만남은 취소되었어요.

นัดครั้งนี้ต้องยกเลิกไปเพราะน้ำท่วมครับ/ค่ะ

낫 크랑니 떵 욕륵 빠이 프러 남투암 크랍/카

• 약속에 못 나갈 것 같아요. 죄송합니다.

ผม/ดิฉันคงออกไปตามนัดไม่ได้ ขอโทษด้วยครับ/ค่ะ

폼/디찬 콩 억 빠이 땀낫 마이다이 커톳 두아이 크랍/카

• 급한 사정이 생겨서 오늘 찾아 뵙지 못합니다.

จู่ ๆ มีเรื่องด่วน วันนี้เลยไปหาไม่ได้ครับ/ค่ะ

쭈쭈 미 르앙 두안 완니 르이 빠이 하 마이다이 크랍/카

기타 표현

- 시간 지키는 거 잊지 마세요.

อย่าลืมว่าต้องรักษาเวลานะครับ/คะ

야 름 와 떵 락싸 웰라 나 크랍/카

- 무슨 일이 있어도 꼭 약속을 지켜야 돼.

มีเรื่องอะไรก็ตาม ยังไงก็ต้องรักษาสัญญา

미 르앙 아라이 꺼 땀 양아이 꺼 떵 락싸 싼야

- 만날만한 곳이 어디 없을까?

เจอกันที่ไหนดีล่ะ

쯔깐 티나이 디 라

- 약속 시간과 날짜는 당신에게 달려있어요.

วันที่และเวลานัดให้คุณเป็นคนตัดสินใจครับ/ค่ะ

완티 래 웰라 낫 하이 쿤 뻰 콘 땃씬짜이 크랍/카

- 시간은 선생님이 정하세요.

เรื่องเวลาให้อาจารย์ตัดสินใจครับ/ค่ะ

르앙 웰라 하이 아짠 땃씬짜이 크랍/카

- 늦어도 3시까지는 도착하겠어요.

อย่างช้าคงจะถึงสักประมาณบ่าย 3 ครับ/ค่ะ

양차 콩 짜 틍 싹쁘라만 바이 쌈 크랍/카

- 대신 안부말씀 전해 줘요.

ฝากความคิดถึงแทนด้วยนะครับ/คะ

확 쾀킷틍 탠 두아이 나 크랍/카

03 방문과 접대

방문했을 때

- 안녕하세요? 초대해 주셔서 감사합니다.

  สวัสดีครับ/ค่ะ ขอบคุณที่เชิญครับ/ค่ะ

  싸왓디 크랍/카 컵쿤 티 츤 크랍/카

- 과일을 좀 가지고 왔습니다.

  ผม/ดิฉันเอาผลไม้มาฝากนิดหน่อยครับ/ค่ะ

  폼/디찬 아오 폰라마이 마 확 닛너이 크랍/카

- 작은 선물을 마련했습니다.

  ผม/ดิฉันเตรียมของขวัญเล็ก ๆ น้อย ๆ มาครับ/ค่ะ

  폼/디찬 뜨리암 컹콴 렉렉 너이너이 마 크랍/카

- 여기 선물이 있습니다.

  ของขวัญอยู่ตรงนี้นะครับ/คะ

  컹콴 유 뜨롱니 나 크랍/카

- 대단치 않지만 맘에 드셨으면 합니다.

  ของเล็ก ๆ น้อย ๆ แต่หวังว่าคุณจะชอบนะครับ/คะ

  컹 렉렉 너이너이 때 왕와 쿤 짜 첩 나 크랍/카

- 할머니께서 편찮으시다고 해서 왔어요.

  ได้ยินว่าคุณยายป่วยเลยมาเยี่ยมครับ/ค่ะ

  다이인 와 쿤야이 뿌아이 르이 마 이암 크랍/카

• 우연히 이 근처를 지나다가 들렸어요.

บังเอิญผ่านมาแถวนี้เลยถือโอกาสมาเยี่ยมครับ/ค่ะ

방은 판 마 태우니 르이 트 오깟 마 이암 크랍/카

손님을 맞이할 때

• 어서 오세요. 날씨가 춥지요?

เชิญเลยครับ/ค่ะ อากาศหนาวใช่ไหมครับ/คะ

츤 르이 크랍/카 아깟 나우 차이마이 크랍/카

• 이렇게 비가 오는데, 잘 오셨어요. 어서 안으로 들어오세요.

เชิญข้างในเลยครับ/ค่ะ ฝนกำลังตกอยู่ เชิญเลยครับ/ค่ะ

츤 캉나이 르이 크랍/카 혼 깜랑 똑 유 츤 르이 크랍/카

• 멀리서 와 주셔서 고맙습니다.

อุตส่าห์มาตั้งไกล ขอบคุณมากเลยครับ/ค่ะ

웃싸 마 땅 끌라이 컵쿤 막 르이 크랍/카

• 아침에 부산서 출발하셨나요?

ออกเดินทางจากบูซานตอนเช้าใช่ไหมครับ/คะ

억든탕 짝 부산 떤차오 차이마이 크랍/카

• 다시 뵙게 되어 반갑습니다.

ดีใจที่ได้พบอีกครับ/ค่ะ

디짜이 티 다이 폽 익 크랍/카

• 오시는데 고생하시지 않으셨어요?

เดินทางมาเหนื่อยหรือเปล่าครับ/คะ

든탕마 느아이 르 쁠라오 크랍/카

PART Ⅱ 방문과 접대

• 뭘 사오시지 않아도(이러시지) 않아도 돼요.

ไม่ต้องซื้อของมาก็ได้ครับ/ค่ะ

마이 떵 쓰 컹 마 꺼 다이 크랍/카

PART II 방문과 접대

Tip

한국인은 타인으로부터 호의를 받았을 때 '이러시지 않아도 돼요', 또는 '그러시지 않아도 돼요'라며 구체적인 행위에 대한 언급은 하지 않는다. 그러나 태국에서는 위의 표현보다는 구체적인 표현을 해야 된다.

• 그냥 오셔도 돼요.

มามือเปล่าก็ได้ครับ/ค่ะ ไม่ต้องซื้อของมาฝากก็ได้ครับ/ค่ะ

마 므쁠라오 꺼 다이 크랍/카 마이 떵 쓰 컹 마 확 꺼 다이 크랍/카

• 그 가방은 여기다 놓으시겠어요?

วางกระเป๋าตรงนี้สิครับ/ค่ะ

왕 끄라빠오 뜨롱니 씨 크랍/카

• 편하게 앉으세요.

เชิญนั่งตามสบายเลยครับ/ค่ะ

츤 낭 땀싸바이 르이 크랍/카

• 방바닥이 불편하면 이 소파에 앉으세요.

ถ้าไม่สะดวกนั่งกับพื้นก็นั่งที่โซฟาตรงนี้นะครับ/คะ

타 마이 싸두악 낭 깝 픈 꺼 낭 티 쏘화 뜨롱니 나 크랍/카

• 건강은 좀 어떠세요?

สุขภาพเป็นยังไงบ้างครับ/คะ
쑥카팝 뻰 양아이 방 크랍/카

• (보시다시피) 건강해졌어요.

แข็งแรงขึ้นครับ/ค่ะ
캥랭 큰 크랍/카

• 벌써부터 한 번 초대하려고 했었어요.

ตั้งใจจะเชิญคุณนานแล้วครับ/ค่ะ
땅짜이 짜 츤 쿤 난 래우 크랍/카

• 반가워라. 무슨 바람이 불어 여기까지 왔어요?

แหม ดีใจจังที่ได้เจอ ลมอะไรหอบมาถึงนี่นะ
매 디짜이 짱 티 다이 쯔 롬 아라이 헙 마 틍 니 나

• 안부 여쭈러 왔어요. 모두 안녕하시지요?

แวะมาทักทายครับ/ค่ะ ทุกคนสบายดีหรือครับ/คะ
왜 마 탁타이 크랍/카 툭 콘 싸바이디 르 크랍/카

• 내가 없는 동안에 별 일 없었지요?

ระหว่างที่ผม/ฉันไม่อยู่ ทุกอย่างเรียบร้อยดีหรือเปล่าครับ/คะ
라왕 티 폼/찬 마이 유 툭양 리압러이 디 르 쁠라오 크랍/카

• 집 구경을 하시지요.(이사한 집이나 새집인 경우)

ชมบ้านสักหน่อยไหมครับ/คะ
촘 반 싹 너이 마이 크랍/카

• 아주 멋진 집이네요.

เป็นบ้านที่สวยมากครับ/ค่ะ
뻰 반 티 쑤워이 막 크랍/카

• 집안을 멋지게 꾸미셨어요.

ตกแต่งภายในบ้านสวยงามมากครับ/ค่ะ

똑땡 파이나이 반 쑤아이 응암 막 크랍/카

• 밖은 더운데 방안은 쾌적하네요.

ข้างนอกร้อนมากแต่ข้างในเย็นสบายดีนะครับ/คะ

캉넉 런 막 때 캉나이 옌싸바이 디 나 크랍/카

손님을 대접-식사할 때

• 우선 뭐 좀 마시겠습니까?

จะดื่มอะไรก่อนไหมครับ/คะ

짜 듬 아라이 껀 마이 크랍/카

• 시원한 거 한 잔 드시면서 이야기하시지요.

ดื่มอะไรเย็น ๆ ไปคุยกันไปดีกว่าครับ/ค่ะ

듬 아라이 옌옌빠이 쿠이깐 빠이 디꽈 크랍/카

• 상을 차리는 동안 과일을 좀 드시지요.

เชิญทานผลไม้ระหว่างรอจัดโต๊ะอาหารครับ/ค่ะ

츤 탄 폰라마이 라왕 러 짯 또아한 크랍/카

• 식사 전에 와인 한 잔 어떨까요?

ดื่มไวน์สักแก้วก่อนทานอาหารไหมครับ/คะ

듬 와인 싹 깨우 껀 탄 아한 마이 크랍/카

• 한국음식 잡숴보셨어요?

เคยทานอาหารเกาหลีไหมครับ/คะ

크이 탄 아한 까올리 마이 크랍/카

• 방콕에서 자주 먹었어요. 한국에서는 처음이지만.

ที่กรุงเทพฯ เคยทานบ่อย ๆ แต่ที่เกาหลีนี่เป็นครั้งแรก
티 끄룽텝 크이 탄 버이버이 때 티 까올리 니 뻰 크랑랙

ครับ/ค่ะ
크랍/카

• 불고기와 김치를 좋아해요.

ชอบบุลโกกีและกิมจิครับ/ค่ะ
첩 불고기 래 김치 크랍/카

• 혹시 돼지고기를 좋아하지 않으시는지요?

ไม่ชอบทานหมูเหรอครับ/คะ
마이 첩 탄 무 러 크랍/카

• 저는 돼지고기는 좋아하지만 쇠고기는 먹지 않아요.

ผม/ดิฉันชอบกินหมูแต่ไม่กินเนื้อวัวครับ/ค่ะ
폼/디찬 첩 낀 무 때 마이 낀 느아우아 크랍/카

• 저의 집안은 채식만 해요.

ทางบ้านผม/ดิฉันกินแต่ผัก
탕반 폼/디찬 낀 때 팍

• (돼지) 고기를 조금은 먹어요.

กินหมูได้นิดหน่อยครับ/ค่ะ
낀 무 다이 닛너이 크랍/카

• 버섯 요리를 좋아하세요?

ชอบทานเห็ดไหมครับ/คะ
첩 탄 헷 마이 크랍/카

PART II 방문과 접대

• 좋아해요. 한국 버섯은 향기도 좋고 맛도 좋습니다.

ชอบครับ/ค่ะ เห็ดเกาหลีทั้งหอมและอร่อยครับ/ค่ะ

춥 크랍/카 헷까올리 탕 험 래 아러이 크랍/카

• 오늘 특별히 한국음식을 준비했습니다.

วันนี้เตรียมอาหารเกาหลีไว้พิเศษครับ/ค่ะ

완니 뜨리암 아한 까올리 와이 피쎗 크랍/카

• 제가 태국음식을 만들었는데, 맛을 보시겠어요?

ผม/ดิฉันทำอาหารไทยไว้ จะลองชิมไหมครับ/คะ

폼/디찬 탐 아한타이 와이 짜 렁 침 마이 크랍/카

• 이 불고기가 어떤가요? 좀 달지요?

พุลโกกีนี้เป็นยังไงบ้างครับ/คะ หวานไหมครับ/คะ

불고기 니 뻰 양아이 방 크랍/카 완 마이 크랍/카

• 태국사람은 달게 먹어요.

คนไทยชอบกินหวานครับ/ค่ะ

콘타이 춥 낀 완 크랍/카

• 고기가 연합니다.

เนื้อนิ่มดีครับ/ค่ะ

느아 님 디 크랍/카

• 음식이 입에 맞으셔야 할 텐데…

กลัวอาหารนี้จะไม่ถูกปากครับ/ค่ะ

끌루아 아한 니 짜 마이 툭 빡 크랍/카

• 맛있네요. 고추가 맵지 않고 달아요.

อร่อยครับ/ค่ะ พริกหวานและไม่เผ็ดครับ/ค่ะ

아러이 크랍/카 프릭 완 래 마이 펫 크랍/카

• 우리 때문에 수고 많이 하셨네요.

คุณเลยลำบากเพราะเราครับ/ค่ะ

쿤 르이 람박 프러 라오 크랍/카

• 별로요. 제가 음식 만드는 것을 좋아하거든요.

ไม่ครับ/ค่ะ ผม/ดิฉันชอบทำอาหารอยู่แล้วครับ/ค่ะ

마이 크랍/카 폼/디찬 첩 탐 아한 유 래우 크랍/카

• 저녁식사가 준비되었어요. 어서 식탁으로 오세요.

อาหารเย็นพร้อมแล้วครับ/ค่ะ เชิญที่โต๊ะอาหารครับ/ค่ะ

아한옌 프럼 래우 크랍/카 츤 티 또아한 크랍/카

• 편안하게 마음껏 드세요.

เชิญทานตามสบายครับ/ค่ะ

츤 탄 땀싸바이 크랍/카

• 고기를 좀 더 드릴까요?

เอาเนื้ออีกไหมครับ/คะ

아오 느아 익 마이 크랍/카

• 어서 드세요.

เชิญทานเลยครับ/ค่ะ

츤 탄 르이 크랍/카

• 조금 맵지요?

เผ็ดนิดหน่อยใช่ไหมครับ/คะ

펫 닛너이 차이마이 크랍/카

• 짜지 않은지요?

ไม่เค็มเหรอครับ/คะ

마이 켐 러 크랍/카

• 제가 시게 먹어서 음식이 좀 신 것 같은데, 어떠세요?

ดิฉันชอบกินเปรี้ยว อาหารวันนี้เลยเปรี้ยวหน่อย
디찬 첩 낀 쁘리아우 아한 완니 르이 쁘리아우 너이

เป็นยังไงบ้างคะ
뻰 양아이 방 카

• 제가 워낙 신 것을 좋아해서요. 아주 맛있습니다.

ผมก็ชอบกินเปรี้ยวอยู่แล้วครับ อร่อยมากครับ
폼 꺼 첩 낀 쁘리아우 유 래우 크랍 아러이 막 크랍

• 태국음식은 비교적 맛이 강해요.

อาหารไทยค่อนข้างมีรสจัดครับ/ค่ะ
아한타이 컨캉 미 롯짜 크랍/카

• 음식을 남겨도 괜찮아요.

ทานไม่หมดก็ไม่เป็นไรครับ/ค่ะ
탄 마이 못 꺼 마이 뻰 라이 크랍/카

• 이 국은 한국식으로 마셔도 됩니다.

น้ำแกงนี้ยกซดแบบเกาหลีก็ได้ครับ/ค่ะ
남 깽니 욕 쏫 뱁 까올리 꺼 다이 크랍/카

• 망고를 드셔 보세요. 올해는 값도 싸고 맛 있어요.

เชิญทานมะม่วงค่ะ ปีนี้ถูกด้วยอร่อยด้วยค่ะ
츤 탄 마무앙 카 삐니 툭 두아이 아러이 두아이 카

• 투리안도 있는데, 잡수실 줄 아세요?

ทุเรียนก็มี ทานเป็นไหมครับ/คะ
투리안 꺼미 탄 뻰 마이 크랍/카

• 죄송해요. 냄새가 싫어서요. 망고가 아주 맛 있네요.

ขอโทษครับ ผมไม่ชอบกลิ่น แต่มะม่วงนี้อร่อยมากครับ

커톳 크랍 폼 마이 첩 끌린 때 마무앙 니 아러이 막 크랍

• 시간이 되면 태국음식 만드는 법을 배웠으면 합니다.

ถ้ามีเวลา ผมอยากเรียนทำอาหารไทยบ้างครับ

타 미 웰라 폼 약 리안 탐 아한타이 방 크랍

• 김치는 많으니까 실컷 드세요.

กิมจิมีเยอะ เชิญทานเต็มที่เลยนะครับ/คะ

김치 미 여 츤 탄 뗌티 르이 나 크랍/카

• 가실 때 좀 싸드릴게요.

ตอนกลับบ้าน เอาไปทานด้วยสิครับ/คะ

떤 끌랍 반 아오 빠이 탄 두아이 씨 크랍/카

식사를 제안할 때

• 저랑 같이 식사하실까요?

ไปทานอาหารกับผม/ดิฉันไหมครับ/คะ

빠이 탄 아한 깝 폼/디찬 마이 크랍/카

• 함께 점심 드시겠어요?

ทานอาหารกลางวันด้วยไหมครับ/คะ

탄 아한 끌랑완 두아이 마이 크랍/카

• 저녁 식사하러 오세요. 집 근처에 맛있는 집 있어요.

เชิญแวะมาทานข้าวเย็นนะคะ มีร้านอาหารอร่อยใกล้บ้านค่ะ

츤 왜 마 탄 카우옌 나 카 미 란 아한 아러이 끌라이 반 카

• 오늘 저녁 외식 어때?

เย็นนี้ทานข้าวนอกบ้านไหม

옌니 탄 카우 넉반 마이

PART II 방문과 접대

• 식구끼리 삼계탕 먹으러 갈까?

เราไปกินซัมเกทังกันทั้งครอบครัวดีไหม

라오 빠이 낀 삼계탕 깐 탕 크럽크루아 디 마이

• 내일 저녁 나가서 먹는 거 어때요?

เย็นพรุ่งนี้ออกไปกินข้าวนอกบ้านดีไหมคะ

옌 프룽니 억 빠이 낀 카우 넉반 디 마이 카

• 제가 내일 점심 낼게요.

มื้อเที่ยงพรุ่งนี้ผม/ดิฉันจะเลี้ยงเองครับ/ค่ะ

므 티앙 프룽니 폼/디찬 짜 리앙 엥 크랍/카

• 오늘 점심은 누가 내나요?

อาหารกลางวันนี้ใครจะออกครับ/คะ

아한 끌랑완니 크라이 짜 억 크랍/카

• 비빔밥은 어디가 유명하지요?(어디가 맛있게 하지요?)

ร้านไหนทำพีบิมบับอร่อยครับ/คะ

란 티나이 탐 비빔밥 아러이 크랍/카

• 여기 잠깐 들려서 뭐 좀 먹지요.

แวะหาอะไรกินที่นี่สักหน่อยไหมครับ/คะ

왜 하 아라이 낀 티니 싹너이 마이 크랍/카

• 좀 더 계시다가 저녁 잡숫고 가세요.

อยู่คุยต่อแล้วก็ทานข้าวเย็นด้วยกันแล้วค่อยกลับบ้านนะครับ/คะ

유 쿠이 떠 래우 꺼 탄 카우옌 두아이깐 래우 커이 끌랍반 나 크랍/카

• 보통 점심은 어디서 드세요?

ปกติทานข้าวกลางวันที่ไหนครับ/คะ

빠까띠 탄 카우끌랑완 티나이 크랍/카

• 제가 계산했어요.

ผมจ่ายตังค์แล้วครับ // ดิฉันเช็คบิลแล้วค่ะ

폼 짜이 땅 래우 크랍 // 디찬 첵 빈 래우 카

• 제가 초대했으니까 제가 내야죠.

ผมเป็นคนเชิญ ดังนั้นผมต้องจ่ายครับ

폼 뻰 콘츤 당난 폼 떵 짜이 크랍

• 다음 기회에 사세요.

โอกาสหน้าคุณค่อยจ่ายละกันครับ/ค่ะ

오깟나 쿤 커이 짜이 라깐 크랍/카

식사를 마칠 때

• 정말 잘 먹었습니다.

อร่อยมากครับ/ค่ะ

아러이 막 크랍/카

• 음식이 너무 맛있었어요.

อาหารอร่อยมากจริง ๆ ครับ/ค่ะ

아한 아러이 막 찡찡 크랍/카

• 다음에는 더 맛있는 음식을 해 드릴게요.

โอกาสหน้าจะทำอาหารอร่อยกว่านี้ให้ทานค่ะ

오깟나 짜 탐 아한 아러이 꽈니 하이 탄 카

• 배가 너무 불러요.

อิ่มมากแล้วครับ/ค่ะ

임 막 래우 크랍/카

• 후식으로 이 과일을 드세요.

เชิญทานผลไม้เป็นของหวานค่ะ

츤 탄 폰라마이 뻰 컹완 카

차를 마실 때

• 저녁 식사 후에 뭘 드시겠어요?

จะรับอะไรเพิ่มหลังอาหารเย็นครับ/คะ

짜 랍 아라이 픔 랑 아한옌 크랍/카

• 후식으로는 커피와 차, 과일 그리고 떡이 있어요.

มีกาแฟ น้ำชา ผลไม้และขนมต๊อกเป็นของหวานครับ/ค่ะ

미 까쵀 남차 폰라마이 래 카놈떡 뻰 컹완 크랍/카

• 저는 커피로 하겠어요.

ผมขอกาแฟครับ

폼 커 까쵀 크랍

• 더운 커피와 냉커피 중 어느 것을 하시겠어요?

จะเอากาแฟร้อนหรือเย็นดีคะ

짜 아오 까쵀런 르 옌 디 나

• 홍차에 우유를 넣으시나요? 레몬도 넣어 드릴까요?

ชาใส่นมไหมคะ ใส่มะนาวด้วยไหมคะ

차 싸이 놈 마이 카 싸이 마나우 두아이 마이 카

• 괜찮습니다. 뜨거운 홍차면 됩니다.

ไม่เป็นไรครับ ชาร้อนไม่ต้องใส่อะไรก็ได้ครับ

마이뻰라이 크랍 차런 마이 떵 싸이 아라이 꺼 다이 크랍

• 커피를 어떻게 탈까요?

รับกาแฟอย่างไรคะ

랍 까훼 양라이 카

• 설탕만 두 스푼 넣어주세요.

ใส่น้ำตาลสองช้อนครับ

싸이 남딴 썽 천 크랍

• 설탕과 크림 각각 2스푼씩 넣어주세요.

ใส่น้ำตาลและครีมอย่างละสองช้อนครับ //

싸이 남딴 래 크림 양 라 썽천 크랍 //

ใส่น้ำตาลสองช้อนครีมสองช้อนครับ

싸이 남딴 썽 천 크림 썽 천 크랍

• 아무 것도 넣지 마세요.

ไม่ใส่อะไรเลยครับ

마이 싸이 아라이 르이 크랍

• 제가 직접 탈게요.

ผมจะชงเองครับ

폼 짜 총 엥 크랍

• 저는 우유를 넣지 않습니다. 설탕만 조금 넣어주세요.

ผมไม่ใส่นม ใส่แต่น้ำตาลนิดหน่อยครับ

폼 마이 싸이 놈 싸이 때 남딴 닛너이 크랍

• 커피를 한 잔 더 드릴까요?

จะดื่มกาแฟอีกถ้วยหนึ่งไหมคะ

짜 듬 까쇄 익 투아이 능 마이 카

• 커피를 좀 더 드릴까요?

จะรับกาแฟอีกหน่อยไหมครับ

짜 랍 까쇄 익 너이 마이 크랍

술을 권할 때

• 술을 좋아하세요?

ชอบดื่มเหล้าไหมครับ

첩 듬 라오 마이 크랍

• 저는 술을 못 마십니다.

ผมดื่มไม่เป็นครับ

폼 듬 마이 뻰 크랍

• 저는 술을 마시지 않습니다.

ผมไม่ดื่มเหล้าครับ

폼 마이 듬 라오 크랍

• 저는 맥주만 조금 합니다.

ผมดื่มเบียร์นิดหน่อยครับ

폼 듬 비아 닛너이 크랍

• 한국의 소주는 너무 독해요. 금방 취해요.

เหล้าเกาหลีโซจูแรงมาก ทำให้เมาเร็วครับ

라오 까올리 소주 랭 막 탐 하이 마오 레우 크랍

- 술 한 잔 사고 싶어요. 같이 가시죠.

อยากจะเลี้ยงเหล้าสักแก้วหนึ่งครับ ไปด้วยกันนะครับ

약 짜 리앙 라오 싹 깨우 능 크랍 빠이 두아이 깐 나 크랍

- 맥주를 좋아하세요? 아니면 막걸리를 좋아하세요?

คุณชอบดื่มเบียร์หรือมักกอลลีครับ

쿤 첩 듬 비아 르 막걸리 크랍

- 막걸리도 금방 취해요.

มักกอลลีก็ทำให้เมาเร็วเหมือนกันครับ

막걸리 꺼 탐 하이 마오 레우 므언깐 크랍

- 한 방울도 마시지 못합니다.

ผมดื่มเหล้าไม่ได้แม้แต่หยดเดียวครับ

폼 듬 라오 마이 다이 매때 욧 디아우 크랍

방문을 마칠 때

- 음식이 모두 맛있었어요.

อาหารอร่อยทุกอย่างค่ะ

아한 아러이 툭양 카

- 오늘 저녁 즐거웠습니다.

เย็นนี้สนุกมากครับ/ค่ะ

옌니 싸눅 막 크랍/카

- 시간이 벌써 이렇게 지났네요.

เวลาผ่านไปเร็วจัง

웰라 판 빠이 레우 짱

• 좀 더 있고 싶지만 밤이 늦었네요.

อยากอยู่ต่อแต่ดึกมากแล้วครับ

약 유 떠 때 득 막 래우 크랍

• 다음엔 저의 집으로 오시지요.

คราวหน้าขอเชิญที่บ้านผมนะครับ

크라우나 커 츤 티반 폼 나 크랍

• 벌써 10시네요. 가 봐야겠습니다.

สี่ทุ่มแล้ว ต้องขอตัวก่อนนะครับ/คะ

씨툼 래우 떵 커 뚜아 껀 나 크랍/카

• 그럼 다음에 뵙겠습니다. 안녕히 계십시오.

โอกาสหน้าค่อยเจอกันครับ สวัสดีครับ

오깟나 커이 쯔 깐 크랍 싸왓디 크랍

• 다음 주에 또 오겠어요.

อาทิตย์หน้าจะมาอีกครับ/ค่ะ

아팃나 짜 마 익 크랍/카

• 그럼 후에 또 연락 드리겠어요.

แล้วจะติดต่อมาอีกครับ/ค่ะ

래우 짜 띳떠 마 익 크랍/카

• 먼저 전화하시고 오시면 틀림없어요.

ก่อนจะมาโทรมานัดก่อนจะได้ไม่คลาดกันครับ/ค่ะ

껀 짜 마 토 마 낫 껀 짜 다이 마이 클랏 깐 크랍/카

• 또 이 근처를 지날 기회가 있으면 들려요.

ถ้ามีโอกาสผ่านมาแถวนี้ก็แวะมานะครับ/คะ

타 미 오깟 판 마 태우니 꺼 왜 마 나 크랍/카

• 할머님께 대신 인사 드려 주세요.

ฝากกราบสวัสดีคุณยายด้วยครับ/ค่ะ

확 끄랍 싸왓디 쿤야이 두아이 크랍/카

• 아저씨께 못 뵙고 간다고 전해 주세요.

ฝากลาคุณอาด้วยครับ/ค่ะ

확 라 쿤아 두아이 크랍/카

주인으로서 작별 인사

• 방문해 주셔서 고맙습니다.

ขอบคุณที่มาเยี่ยมครับ/ค่ะ

컵쿤 티 마 이암 크랍/카

• 좀 더 계시다 가면 안 되나요?

อยู่ต่ออีกหน่อยไม่ได้เหรอครับ/คะ

유 떠 익너이 마이다이 러 크랍/카

• 지금 가신다고요?

จะไปเดี๋ยวนี้เหรอครับ/คะ

짜 빠이 디아우니 러 크랍/카

• 다시 만날 수 있을까요?

จะได้พบกันอีกไหมครับ/คะ

짜 다이 폽 깐 익 마이 크랍/카

• 다시 또 오세요.

เชิญมาอีกนะครับ/คะ

츠 마 익 나 크랍/카

• 이렇게 들려주셔서 기쁩니다. 다음에 또 오세요.

ดีใจที่คุณแวะมา โอกาสหน้าเชิญอีกนะครับ/คะ

디짜이 티 쿤 왜마 오깟나 츤 익 나 크랍/카

• 다음 주에 봅시다.

เจอกันอาทิตย์หน้าครับ/ค่ะ

쯔깐 아팃나 크랍/카

• 다시 만나기 바랍니다.

หวังว่าจะได้พบกันอีกนะครับ/คะ

왕 와 짜 다이 폽깐 익 나 크랍/카

• 제가 바래다 드릴까요?

ให้ผม/ดิฉันไปส่งไหมครับ/คะ

하이 폼/디찬 빠이 쏭 마이 크랍/카

• 조심해서 운전하세요.

ขับรถระวังนะครับ/คะ

캅롯 라왕 나 크랍/카

• 집에 도착하면 우리에게 전화주세요.

พอถึงบ้านโทรบอกเราด้วยนะครับ/คะ

퍼 틍 반 토 벅 라오 두아이 나 크랍/카

• 다 챙기셨지요? / 잊으신 것 없지요?

ลืมอะไรไว้หรือเปล่าครับ/คะ

름 아라이 와이 르 쁠라오 크랍/카

• 택시를 부를까요? /택시를 불러드릴까요?

เรียกแท็กซี่ให้ไหมครับ/คะ

리약 택시 하이 마이 크랍/카

04 축하와 기원

태국에서는 기쁜 자리에 갔을 때 반드시 축하의 말을 한다. 보통 '커 싸댕 쾀인디'라고 하고 좀 더 구체적을 이야기하고자 할 때는 그 다음에 붙이면 된다. 가장 대표적인 경우가 결혼 축하이고, 또 생일 축하이다.

축하할 때(일반적인 경우)

• 축하합니다.

ขอแสดงความยินดีครับ/ค่ะ

커 싸댕 쾀인디 크랍/카

• 축하할(좋은) 일이 있다면요?

ได้ยินว่ามีข่าวดีเหรอครับ/คะ

다이인 와 미 카우 디 러 크랍/카

• 축하해요. 여기 선물입니다.

ขอแสดงความยินดีค่ะ นี่ของขวัญค่ะ

커 싸댕 쾀인디 카 니 컹콴 카

• 새 아파트로 이사한 것 축하해요.

ขอแสดงความยินดีที่คุณได้ย้ายอพาร์ทเม้นท์ใหม่ครับ

커 싸댕 쾀인디 티 쿤 다이 야이 아파트 마이 크랍

PART II 축하와 기원

생일을 축하할 때

• 생일 축하해.

สุขสันต์วันเกิด

쑥싼 완 끗

• 환갑을 축하합니다.

ขอแสดงความยินดีที่อายุครบ ๕ รอบ(อายุครบ 60 ปี)

커 싸댕 쾀인디 티 아유 크롭 하 럽 (아유 크롭 혹씹 삐)

• 회사창립 15주년을 축하합니다.

ขอแสดงความยินดีที่บริษัทก่อตั้งครบรอบ ๑๕ ปีครับ/ค่ะ

커 싸댕 쾀인디 티 버리쌋 꺼땅 크롭 럽 씹하 삐 크랍/카

• 만수무강하세요.

ขอให้อายุยืนนะครับ/คะ

커 하이 아유 yeun 나 크랍/카

성공을 축하할 때

• 성공을 진심으로 축하합니다.

ขอแสดงความยินดีกับความสำเร็จของคุณครับ/ค่ะ

커 싸댕 쾀인디 깝 쾀쌈렛 컹 쿤 크랍/카

• 입학시험에 합격한 것을 축하합니다.

ขอแสดงความยินดีที่สอบติดมหาวิทยาลัยครับ/ค่ะ

커 싸댕 쾀인디 티 썹 띳 마하윗타야라이 크랍/카

• 승진을 축하합니다.

ขอแสดงความยินดีที่ได้เลื่อนตำแหน่งครับ/ค่ะ

커 싸댕 쾀인디 티 다이 르안찬 크랍/카

• 팀장이 되셨다면서요? 축하 드려요.

ได้ยินว่าคุณได้เป็นหัวหน้าทีมแล้ว ยินดีด้วยนะครับ/คะ
다이인 와 쿤 다이 뻰 후어나팀 래우 인디 두아이 나 크랍/카

• 취업된 것을 축하해요.

ขอแสดงความยินดีที่ได้งานทำครับ/ค่ะ
커 싸댕 쾀인디 티 다이응안 탐 크랍/카

• 사업이 잘 되신다니 축하 드려요.

ยินดีด้วยที่ธุรกิจของคุณเจริญรุ่งเรืองครับ/ค่ะ
인디 두아이 티 투라낏 컹 쿤 짜른 룽르앙 크랍/카

출산 축하

• 손자 보신 것을 축하 드립니다.

ขอแสดงความยินดีที่ได้หลานครับ/ค่ะ
커 싸댕 쾀인디 티 다이 란 크랍/카

• 쌍둥이를 낳으셨다고요? 축하 드려요.

ได้ลูกฝาแฝดหรือครับ/คะ ขอแสดงความยินดีครับ/ค่ะ
다이 룩화횃 르 크랍/카 커 싸댕 쾀인디 크랍/카

• 손녀를 보셨다고 들었습니다. 축하 드려요.

ได้ข่าวว่าได้หลานสาวเหรอครับ/คะ
다이 카우 와 다이 란싸우 러 크랍/카

ขอแสดงความยินดีครับ/ค่ะ
커 싸댕 쾀인디 크랍/카

• 득남 축하 드려요.

ขอแสดงความยินดีที่ได้ลูกชายครับ/ค่ะ
커 싸댕 쾀인디 티 다이 룩차이 크랍/카

결혼 축하

• 아드님의 결혼을 축하 드립니다.

ขอแสดงความยินดีที่ลูกชายแต่งงานครับ/ค่ะ

커 싸댕 쾀인디 티 룩차이 땡안 크랍/카

• 두 분 행복하기 바래요.

ขอให้คุณสองคนมีความสุขนะครับ/คะ

커 하이 쿤 썽 콘 미 쾀쑥 나 크랍/카

• 아들 딸 많이 낳고 잘 살기 바래요.

ขอให้มีลูกเยอะ ๆ และมีความสุขกันนะครับ/คะ

커 하이 미 룩 여여 래 미 쾀쑥 깐 나 크랍/카

• 검은 머리가 파뿌리 되도록 해로하세요.

ขอให้ถือไม้เท้ายอดทอง กระบองยอดเพชรนะครับ/คะ

커 하이 트 마이타오 엿 텅 끄라벙 엿 펫 나 크랍/카

• 행복하세요.

ขอให้มีความสุขนะครับ/คะ

커 하이 미 쾀쑥 나 크랍/카

행운을 빌 때

• 행운을 빕니다.

ขอให้โชคดีครับ/ค่ะ

커 하이 촉디 크랍/카

• 성공을 빕니다.

ขอให้ประสบความสำเร็จในชีวิตครับ/ค่ะ

커 하이 쁘라쌉 쾀쌈렛 나이 치윗 크랍/카

• 소원성취하세요.

คิดอะไรขอให้สมปรารถนานะครับ/คะ

킷 아라이 커 하이 쏨 쁘랏타나 나 크랍/카

• 무사히 다녀오세요.

เดินทางปลอดภัยนะครับ/คะ

든탕 쁠럿파이 나 크랍/카

• 시험 잘 보세요.

ขอให้สอบได้คะแนนดีครับ/ค่ะ

커 하이 썹다이 카낸디 크랍/카

• 일이 잘 되기를 바래요.

ขอให้ทุกอย่างเป็นไปด้วยดีครับ/ค่ะ

커 하이 툭양 뻰빠이 두아이 디 크랍/카

• 합격하기 바래요.

ขอให้สอบผ่านครับ/ค่ะ

커 하이 썹판 크랍/카

• 내년에는 남자(여자) 친구가 생기기를 바래.

ปีหน้าขอให้มีแฟนนะ

삐나 커 하이 미 홴 나

• 이 집에서 부자 되고 만수무강 하세요.

ขอให้ร่ำรวยและอายุยืนครับ/ค่ะ

커 하이 람루아이 래 아유 yeun 크랍/카

• 모든 위험에서 벗어나기 바랍니다.

ขอให้แคล้วคลาดจากอันตรายครับ/ค่ะ

커 하이 클래우클랏 짝 안따라이 크랍/카

축하 받고 응답할 때

• 감사합니다.

ขอบคุณครับ/ค่ะ

컵쿤 크랍/카

• 저도 당신에게 행운이 있기를 바랍니다.

ผมก็ขอให้คุณโชคดีครับ/ค่ะ

폼 꺼 커 하이 쿤 촉디 크랍/카

• 고마워요. 너도 그러기 바래.

ขอบคุณครับ/ค่ะ ขอให้คุณโชคดีเช่นเดียวกัน

컵쿤 크랍/카 커 하이 쿤 촉디 첸디아우깐

• 당신이 그 걸 기억해 주다니. 감사해요.

ขอบคุณที่ยังจำเรื่องนั้นได้อยู่นะครับ/คะ

컵쿤 티 양 짬 르앙 난 다이 유 나 크랍/카

• 와주셔서 감사합니다.

ขอบคุณที่มาครับ/ค่ะ

컵쿤 티 마 크랍/카

명절 축하 인사

• 새해 복 많이 받으세요.

สวัสดีปีใหม่ครับ/ค่ะ

싸왓디 삐마이 크랍/카

• 새해를 맞아 복 많이 받으시고 행복하시기 바랍니다.

ขอให้มีความสุขในเทศกาลวันขึ้นปีใหม่ครับ/ค่ะ

커 하이 미 쾀쑥 나이 텟싸깐 완 큰 삐마이 크랍/카

- 금년 내내 행복하시기 바랍니다.

ขอให้มีความสุขตลอดปีครับ/ค่ะ
커 하이 미 쾀쑥 딸럿 삐 크랍/카

- 새해에는 가정에 행복과 안녕이 충만하기를 기원합니다.(매우 의례적인 인사)

ขออัญเชิญสิ่งศักดิ์สิทธิ์ในสากลโลก จงดลบันดาล
커 안츤 씽 싹씻 나이 싸끈록 쫑 돈반단

ให้ท่านและครอบครัวประสบแต่ความสุขสวัสดี
하이 탄 래 크럽크루아 쁘라쏩 때 쾀쑥싸왓디

ตลอดปีใหม่เทอญ
딸럿 삐마이 튼

- 소원성취하시고 항상 건강하시고 만수무강하십시오. (의례적인 인사, 불교적 색채)

ผมขออาราธนาคุณพระศรีรัตนตรัย จงบันดาลให้ท่าน
폼 커 아라타나 쿤프라씨랏따나뜨라이 쫑 반단 하이 탄

เจริญด้วยอายุ วรรณะ สุขะ พละเทอญ
짜른 두아이 아유 완나 쑤카 팔라 튼

- 부귀와 영화가 깃들기를 기원합니다.(기독교적 색채)

ขอให้พระผู้เป็นเจ้า จงบันดาลให้ท่านมั่งมีศรีสุขตลอด
커 하이 프라프뻰짜오 쫑 반단 하이 탄 망미씨쑥 딸럿

ไปครับ/ค่ะ
빠이 크랍/카

- 신의 가호가 있기를 빕니다.(기독교적 색채)

ขอให้พระผู้เป็นเจ้าจงคุ้มครองท่านตลอดไปครับ/ค่ะ
커 하이 프라푸뻰짜오 쫑 쿰크렁 탄 딸럿빠이 크랍/카

• 건강과 번영과 행복이 함께 하시기 빕니다.

ขอให้ท่านประสบแต่ความสุขความเจริญและมีสุขภาพแข็งแรงตลอดครับ/ค่ะ

커 하이 탄 쁘라솝 때 쾀쑥 쾀짜른 래 미 쑥카팝 캥랭 딸럿 크랍/카

• 항상 서로 사랑하시기 바랍니다.

ขอให้รักกันนาน ๆ ครับ/ค่ะ

커 하이 락 깐 난난 크랍/카

건배할 때

• 건배!

หมดแก้ว!

못 깨우

• 건강을 위해!

เพื่อสุขภาพ!

프아 쑥카팝!

• 당신의 성공을 위해!

เพื่อความสำเร็จของคุณ!

프아 쾀쌈렛 컹 쿤!

• 사업을 위해!

เพื่อธุรกิจ!

프아 투라낏!

• 우리의 우정을 위해!

เพื่อมิตรภาพของเรา!

프아 밋뜨라팝 컹 라오!

• 원만한 협력을 위해!

เพื่อความร่วมมืออันดี!

프아 쾀루암므 안 디!

• 두 회사의 협력과 발전을 위해!

เพื่อความร่วมมือและความเจริญของบริษัททั้งสอง!

프아 쾀루암므 래 쾀짜른 컹 버리쌋 탕썽!

• 한국 팀의 승리를 위해!

เพื่อชัยชนะของทีมเกาหลี!

프아 차이차나 컹 팀까올리!

기원할 때

• 얼른 회복(완쾌)하시기 바랍니다.

ขอให้หายป่วยเร็ว ๆ ครับ/ค่ะ

커 하이 하이 뿌아이 레우레우 크랍/카

• 완쾌를 빕니다.

ขอให้หายเป็นปกติเร็ว ๆ ครับ/ค่ะ

커 하이 하이 뻰 빠까띠 레우레우 크랍/카

• 즐거운 여행 되세요.

เที่ยวให้สนุกนะครับ/คะ

티아우 하이 싸눅 나 크랍/카

• 방학을 유용하게 보내요.

ขอให้ใช้ช่วงปิดเทอมอย่างมีประโยชน์ครับ/ค่ะ

커 하이 차이 추앙 뻿텀 양 미 쁘라욧 크랍/카

• 방학 동안 즐겁게 여행하시고 푹 쉬세요.

ช่วงปิดเทอมขอให้เที่ยวให้สนุกและก็พักผ่อนเยอะ ๆ
추앙 뻿텀 커 하이 티아우 하이 싸눅 래꺼 팍펀 여여

นะครับ/คะ
나 크랍/카

• 당신 부모님께서 장수하시기 바랍니다.

ขอให้คุณพ่อคุณแม่ของคุณอายุยืนครับ/ค่ะ
커 하이 쿤퍼쿤매 컹 쿤 아유 yeun 크랍/카

• 원하는 바가 모두 이루어지기 바랍니다.

นึกอะไรก็ให้ได้สมปรารถนานะครับ/คะ
늑 아라이 꺼 하이 다이 쏨쁘랏타나 나 크랍/카

• 만사형통하기 바랍니다.

ทำอะไรก็ขอให้สำเร็จลุล่วงทุกอย่างนะครับ/คะ
탐 아라이 꺼 커 하이 쌈렛 루루앙 툭양 나 크랍/카

• 말씀하신 대로 이루어지기 바랍니다.

สมพรปากครับ/ค่ะ
쏨펀 빡 크랍/카

환영할 때

• 환영합니다. / 어서 오세요.

ยินดีต้อนรับครับ/ค่ะ
인디 떤랍 크랍/카

• 저의 집에 오신 것을 환영합니다.

ยินดีต้อนรับสู่บ้านผม/ดิฉันครับ/ค่ะ
인디 떤랍 쑤 반 폼/디찬 크랍/카

- 여기서 편히 쉬세요.

พักที่นี่ให้สบายนะครับ/คะ

팍 티니 하이 싸바이 나 크랍/카

- 집처럼 생각하시고 오세요.

ไม่ต้องเกรงใจเชิญเลย คิดซะว่าที่นี่เป็นบ้านตัวเองนะครับ/คะ

마이 떵 끄렝짜이 츤 르이 킷 싸 와 티니 뻰 반 뚜아엥 나 크랍/카

- 저의 회사에 방문하심을 진심으로 환영합니다.

ยินดีต้อนรับที่มาเยียมริษัทผม/ดิฉันครับ/ค่ะ

인디 떤랍 티마이얌 버리쌋 폼/디찬 크랍/카

- 여기가 맘에 들기를 바랍니다.

หวังว่าคุณจะชอบที่นี่ครับ/ค่ะ

왕 와 쿤 짜 첩 티니 크랍/카

- 우리가 같이 일하게 된 것을 환영합니다.

ยินดีที่ได้ทำงานร่วมกันกับเราครับ/ค่ะ

인디 티 다이 탐응안 루암 깐 깝 라오 크랍/카

- 당신이 한국에 오시기를 고대하고 있었습니다.

พวกเราคอยให้คุณมาเกาหลีอยู่แล้วครับ/ค่ะ

푸악라오 커이 하이 쿤 마 까올리 유 래우 크랍/카

- 한국에 오시면 꼭 우리 집을 방문해 주세요.

ถ้าคุณมาเกาหลี คุณต้องแวะมาบ้านเรานะครับ/คะ

타 쿤 마 까올리 쿤 떵 왜 마 반 라오 나 크랍/카

- 어딜 가든 항상 조심하세요.

จะไปที่ไหนก็ขอให้ระวังตัวนะครับ/คะ

짜 빠이 티나이 꺼 커 하이 라왕뚜어 나 크랍/카

- 서로 협동하고 단결하시기 바랍니다.

ขอให้สามัคคีกันไว้ครับ/ค่ะ

커 하이 싸막키 깐 와이 크랍/카

05 칭찬

적절한 칭찬은 약이 된다고 한다. 상대방의 좋은 점을 솔직하게 표현하는 것은 대화를 나누는데 윤활유 역할을 한다. 그러나 칭찬에 인색하다던가 너무 지나친 칭찬은 상대방의 기분을 상하게 할 수도 있다는 점을 유념해야 할 것이다.

윗사람은 아랫사람에게 넉넉히 대하며 칭찬을 해야 한다. 그러나 아랫사람이 공식적인 자리에서 공공연하게 윗사람을 칭찬하는 것은 삼가 해야 한다.

칭찬할 때

• 잘 하네요.

เก่งมากครับ/ค่ะ // ดีมากครับ/ค่ะ

껭 막 크랍/카 // 디 막 크랍/카

• 평판이 아주 좋더군요.

เสียงวิจารณ์ดีมากครับ/ค่ะ

씨앙 위짠 디 막 크랍/카

• 이 반찬은 정말 맛이 좋습니다.

กับข้าวนี้อร่อยจริง ๆ ครับ/ค่ะ

깝카우 니 아러이 찡찡 크랍/카

- 이 책은 정말 잘 만들었어요.

หนังสือเล่มนี้ทำดีมากจริง ๆ ครับ/ค่ะ
낭쓰 렘 니 탐 디 막 찡찡 크랍/카

- 그 냉장고의 성능이 아주 좋다고 해요.

เขาว่าตู้เย็นนั้นมีคุณภาพดีครับ/ค่ะ
카오 와 뚜옌난 미 쿤나팝 디 크랍/카

- 성공을 거두셨군요. 축하해요.

ขอแสดงความยินดีด้วยที่คุณประสบความสำเร็จครับ/ค่ะ
커 싸댕 콤인디 두아이 티 쿤 쁘라쏩 콤쌈렛 크랍/카

- 나도 당신처럼 성공하고 싶어요.

ผม/ดิฉันก็อยากประสบความสำเร็จแบบคุณครับ/ค่ะ
폼/디찬 꺼 약 쁘라쏩 콤쌈렛 밻 쿤 크랍/카

- 아주 친절하시네요.

คุณใจดีมากเลยครับ/ค่ะ
쿤 짜이디 막 르이 크랍/카

- 잘 지적해주셨어요. 고맙습니다.

คุณเสนอแนะ(ชี้แนะ, ติเตียน)ได้ดีครับ/ค่ะ
쿤 싸너내 (치내, 띠띠안) 다이디 크랍/카

ขอบคุณครับ/ค่ะ
컵쿤 크랍/카

- 그 생각 정말 괜찮습니다.

ความเห็น(ความคิด, ข้อเสนอแนะ, คำแนะนำ)นั้นดี
콤헨 (콤킷, 커싸너내, 캄내남) 난 디

ใช้ได้เลยครับ/ค่ะ
차이다이 르이 크랍/카

• 옷이 참 잘 어울려요.

เสื้อตัวนั้นดูเหมาะกับคุณมากครับ/ค่ะ //
쓰아 뚜어 난 두 머 깝 쿤 막 크랍/카 //

คุณใส่เสื้อตัวนั้นแล้วดูดีมากเลยครับ/ค่ะ
쿤 싸이쓰아 뚜어난 래우 두디 막 르이 크랍/카

• 멋지네요./ 근사해요.

สวยดี // ดูดี // เท่ห์ดีครับ/ค่ะ
쑤아이디// 두디 // 테디 크랍/카

• 경치가 퍽 아름답습니다.

วิว(view)สวยมากครับ/ค่ะ
비우 쑤아이 막 크랍/카

• 옷이 예뻐요.

เสื้อสวยมากครับ/ค่ะ
쓰아 쑤아이 막 크랍/카

• 영화가 재미있어요.

หนังสนุกดีครับ/ค่ะ
낭 싸눅 디 크랍/카

• 그림 같은 풍경입니다.

วิว(view)สวยเหมือนภาพวาดเลยครับ/ค่ะ
비우 쑤아이 므언 팝왓 르이 크랍/카

• 정말 날씨가 좋습니다.

อากาศดีมากครับ/ค่ะ
아깟 디 막 크랍/카

• 정말 키가 크네요.

สูงมากเลยครับ/ค่ะ

쑹 막 르이 크랍/카

• 아주 귀여워요.

น่ารักมากครับ/คะ

나락 막 크랍/카

• 아드님이 정말 잘 생겼어요.

ลูกชายหล่อมากครับ/ค่ะ

룩차이 러 막 크랍/카

• 따님이 아주 예쁘네요.

ลูกสาวสวยมากครับ/ค่ะ

룩싸우 쑤아이 막 크랍/카

• 부모님께서 아주 정정하십니다.

คุณพ่อคุณแม่ยังแข็งแรงดีครับ/ค่ะ //

쿤퍼쿤매 양 캥랭 디 크랍/카 //

คุณพ่อคุณแม่มีสุขภาพดีครับ/ค่ะ

쿤퍼쿤매 쑥카팝 디 크랍/카

성과를 칭찬할 때

• 대단하십니다. / 훌륭하십니다.

เก่งจังเลย // ดีมาก // ยอดเยี่ยมครับ/ค่ะ

껭 짱 르이 // 디 막 // 엿 이암 크랍/카

• 이번에는 특별히 잘 했어요.

ครั้งนี้คุณทำได้ดีเป็นพิเศษนะครับ/คะ

크랑니 쿤 탐 다이 디 뻰 피쎗 나 크랍/카

• 나는 당신이 자랑스러워요.

ผม/ดิฉันรู้สึกภูมิใจในตัวคุณมากครับ/ค่ะ

폼/디찬 루쓱 품짜이 나이 뚜어 쿤 막 크랍/카

• 아주 잘 하고 있대요.

เขาบอกว่ากำลังทำได้ดีอยู่ครับ/ค่ะ

카오 벅 와 깜랑 탐 다이디 유 크랍/카

• 초보치고는 운전을 잘 하네요.

เป็นมือใหม่แต่ขับรถดีมากเลยครับ/ค่ะ

뻰 므마이 때 캅 롯 디 막 르이 크랍/카

• 정말 큰 일을 하셨어요. / 훌륭한 성공을 거두셨어요.

คุณได้ประสบความสำเร็จแล้วครับ/ค่ะ

쿤 다이 쁘라쏩 쾀쌈렛 래우 크랍/카

• 한국신기록을 냈어요.

คุณได้ทำลายสถิติของเกาหลีแล้ว //

쿤 다이 탐라이 싸티띠 컹 까올리 래우 //

ได้สร้างสถิติใหม่ของเกาหลีแล้วครับ/ค่ะ

다이 쌍 싸티띠 마이 컹 까올리 래우 크랍/카

• 그 책은 판매기록을 냈어요.

หนังสือเล่มนั้นขายดีจนสร้างสถิติใหม่แล้วครับ/ค่ะ

낭쓰 렘 난 카이 디 쫀 쌍 싸티띠 마이 래우 크랍/카

능력을 칭찬할 때

• 솜씨가 참 좋으십니다.

ฝีมือดีมากครับ/ค่ะ

휘므 디 막 크랍/카

• 기억력이 대단하시네요.

จำแม่นจังเลยครับ/ค่ะ

짬 맨 짱 르이 크랍/카

• 모르는 게 없네요.

ไม่มีอะไรที่คุณไม่รู้เลยนะครับ/คะ

마이 미 아라이 티 쿤 마이 루 르이 나 크랍/카

• 정말 박학하세요.

เป็นปราชญ์จริง ๆ

뻰 쁘랏 찡찡

• 당신의 입장이 부러워요.

อิจฉาคุณจังเลยครับ/ค่ะ

잇차 쿤 짱 르이 크랍/카

• 태국어를 태국 사람보다 더 잘 하신다고 들었어요.

ได้ยินว่าคุณพูดภาษาไทยเก่งกว่าคนไทยอีกครับ/ค่ะ

다이인 와 쿤 풋 파싸타이 껭꽈 콘타이 익 크랍/카

• 그 동물은 매우 부지런합니다.

สัตว์ชนิดนั้นขยันมากครับ/ค่ะ

쌋 차닛난 카얀 막 크랍/카

• 노래를 참 잘 하시네요.

ร้องเพลงเก่งมาก // ร้องเพลงเพราะมากครับ/ค่ะ

렁 플렝 껭 막 // 렁 플렝 프러 막 크랍/카

• 목소리가 참 좋아요.

เสียงเพราะมาก // เสียงดีมากครับ/ค่ะ

씨앙 프러 막 // 씨앙 디 막 크랍/카

• 음식을 정말 잘 하세요. / 요리 솜씨가 최고예요.

คุณทำอาหารเก่งมาก(จริง ๆ) ครับ/ค่ะ

쿤 탐 아한 껭 막 (찡찡) 크랍/카

• 색깔 배합이 너무 멋져요.

เป็นการผสมสีที่สวยจริง ๆ ครับ/ค่ะ

뻰 깐 파쏨 씨 티 쑤아이 찡찡 크랍/카

• 참 다재다능 하시네요.

คุณมีความรู้ความสามารถรอบด้านเลยนะครับ/คะ

쿤 미 콤루 콤싸맛 럽단 르이 나 크랍/카

• 따님이 그림에 특별한 재능이 있다지요?

ลูกสาวคุณมีพรสวรรค์ด้านการวาดภาพใช่ไหมครับ/คะ

룩싸우 쿤 미 펀싸완 단 깐 왓팝 차이 마이 크랍/카

• 손자가 운동선수라면서요? 무슨 운동을 하나요?

ได้ยินว่าหลานคุณเป็นนักกีฬา กีฬาอะไรครับ/คะ

다이인 와 란쿤 뻰 낙낄라 낄라 아라이 크랍/카

• 인기가 대단하시네요.

คุณได้รับความนิยมมากจริง ๆ ครับ/ค่ะ

쿤 다이랍 콤니욤 막 찡찡 크랍/카

• 피아노 연주에 매료되었어요.

หลงเสน่ห์ของการเล่นเปียโนแล้วครับ/ค่ะ

롱 싸네 컹 깐 렌 피아노 래우 크랍/카

외모나 생김새를 칭찬할 때

• 정말 예쁘게 생겼어요. / 정말 예뻐요. /참 아름다우세요.

สวยมากครับ/ค่ะ

쑤아이 막 크랍/카

• 나이에 비해 어려 보입니다.

ดูอายุน้อยกว่าอายุจริงนะครับ/คะ

두 아유 너이 꽈 아유 찡 나 크랍/카

• 나이에 비해 젊어 보입니다.

ดูเด็กกว่าอายุจริงนะครับ/คะ

두 덱 꽈 아유 찡 나 크랍/카

• 그 연세로는 안 보입니다.

คุณยังดูอายุไม่ถึงขนาดนั้นเลยครับ/ค่ะ

쿤 양 두 아유 마이 틍 카낫 난 르이 크랍/카

• 그 스커트가 블라우스에 잘 어울려요.

กระโปรงตัวนั้นเข้ากับเสื้อดีครับ/ค่ะ

끄라쁘롱 뚜아 난 카오 깝 쓰아 디 크랍/카

• 사진보다 실물이 더 아름답습니다.

ตัวจริงสวยกว่าในรูปครับ/ค่ะ

뚜아찡 쑤아이 꽈 나이룹 크랍/카

• 당신은 매력적이에요.

คุณมีเสน่ห์จังครับ/ค่ะ

쿤 미 싸네 짱 크랍/카

• 참 날씬하네요.

รูปร่างดีจังครับ/ค่ะ // หุ่นดีจังครับ/ค่ะ

룹 랑 디 짱 크랍/카 // 훈 디 짱 크랍/카

• 좀 뚱뚱해도 마음이 너그러워요.

ถึงเขาจะอ้วนไปหน่อยแต่เป็นคนใจกว้างครับ/ค่ะ

틍 카오 짜 우안 빠이 너이 때 뻰 콘 짜이꽝 크랍/카

• 키가 작은 듯해도 예쁘잖아요.

ถึงแม้จะเตี้ยไปหน่อยแต่ก็สวยดีครับ/ค่ะ

틍 매 짜 띠아 빠이 너이 때 꺼 쑤아이 디 크랍/카

• 키가 커서 좋아요.

สูงดีจังครับ/ค่ะ

쑹 디 짱 크랍/카

사물에 대해 칭찬할 때

• 그 양복 참 멋져요.

สูทชุดนั้นเท่ห์มากครับ/ค่ะ

쑷 춧 난 테 막 크랍/카

• 그 신발 정말 예쁘네요.

รองเท้าคู่นั้นสวยมากครับ/ค่ะ

렁타오 쿠 난 쑤아이 막 크랍/카

• 그 가방은 아주 실용적이에요.

กระเป๋าใบนั้นใช้ได้ดีมาก มีประโยชน์มากทนมากครับ/ค่ะ

끄라빠오 바이 난 차이 다이 디 막 미 쁘라욧막 톤 막 크랍/카

• 이 책상은 쓸 모가 많아요.

โต๊ะหนังสือนี้มีประโยชน์มากครับ/ค่ะ

또 낭쓰니 미 쁘라욧 막 크랍

• 이 건물은 다목적 건물입니다.

ตึกนี้เป็นตึกอเนกประสงค์ครับ/ค่ะ

뜩니 뻰 뜩 아넥쁘라쏭 크랍/카

• 참 집이 멋지네요. 마당도 넓고.

บ้านสวยดีและสวนก็กว้างด้วยครับ/ค่ะ

반 쑤아이 디 래 쑤안 꺼 꽝 두아이 크랍/카

• 집이 밝고 시원하네요.

บ้านสว่างและเย็นสบายดีครับ/ค่ะ

반 싸왕 래 옌 싸바이 디 크랍/카

• 이 나무는 열매를 매년 많이 맺어요.

ต้นไม้นี้ออกผลมากทุกปีครับ/ค่ะ //

똔마이니 억 폰 막 툭삐 크랍/카 //

ต้นไม้นี้มีผลดกทุกปีครับ/ค่ะ

똔마이니 미 폰 독 툭삐 크랍/카

• 멋져요. 하도 놀라워서 입을 다물지 못하겠어요.

ดูดีมากจนอ้าปากค้างเลยครับ/ค่ะ

두디 막 쫀 아빡 캉 르이 크랍/카

• 정말 편리한 시설입니다.

เป็นอุปกรณ์ที่ใช้สะดวกมากครับ/ค่ะ

뻰 우빠껀 티 차이 싸두악 막 크랍/카

PART II 칭찬

칭찬에 응답할 때

• 칭찬해 주시니 고맙습니다.

ขอบคุณที่ชมครับ/ค่ะ

컵쿤 티 촘 크랍/카

• 뭘요. 누구나 다 할 줄 아는 데요.

ใคร ๆ ก็ทำอย่างนั้นได้ครับ/ค่ะ

크라이크라이 꺼 탐 양난 다이 크랍/카

• 과찬이십니다.

ชมเกินไปครับ/ค่ะ

촘 끈빠이 크랍/카

• 너무 치켜세우지 마세요.

อย่าชมมากเกินไปสิครับ/คะ

야 촘 막 끈빠이 씨 크랍/카

• 부끄럽습니다.

อายครับ/ค่ะ // เขินครับ/ค่ะ

아이 크랍/카 // 큰 크랍/카

• 그러면 제 얼굴이 빨개지지요.

งั้นผม/ดิฉันจะหน้าแดงครับ/ค่ะ

응안 폼/디찬 짜 나댕 크랍/카

• 비행기 태우지 마세요.

อย่าชมมากสิครับ/คะ

야 촘 막 씨 크랍/카

• 칭찬을 들을 자격이 아직은 없습니다.

ผม/ดิฉันไม่มีคุณสมบัติจะได้รับคำชมนี้ครับ/ค่ะ

폼/디찬 마이미 쿤나쏨밧 짜 다이랍 캄촘 니 크랍/카

• 누구나 그 정도는 합니다.

แบบนั้นใคร ๆ ก็ทำได้ครับ/ค่ะ

뱁난 크라이크라이 꺼 탐 다이 크랍/카

• 아직 연습 중이에요.

ยังอยู่ในช่วงฝึกซ้อมครับ/ค่ะ

양 유 나이 추앙 흑썸 크랍/카

• 더 열심히 하겠습니다.

จะขยันให้มากกว่านี้ครับ/ค่ะ //

짜 카얀 하이 막꽈니 크랍/카 //

จะพยายามให้มากกว่านี้ครับ/ค่ะ

짜 파야암 하이 막꽈니 크랍/카

• 그런 짓을 한 제가 부끄럽습니다.

ผม/ดิฉันรู้สึกอายที่ได้ทำแบบนั้นครับ/ค่ะ

폼/디찬 루쓱 아이 티 다이 탐 뱁난 크랍/카

• 창피한 줄 아세요?

อับอายไหมละครับ/คะ

압아이 마이 라 크랍/카

• 그런 말씀을 들으니 얼굴이 붉어지네요.

พอได้ยินแบบนี้แล้วรู้สึกอายจังครับ/ค่ะ

퍼 다이인 뱁니 래우 루쓱 아이 짱 크랍/카

• 제가 잘 가르치지 못해 죄송합니다.

ขอโทษครับ/ค่ะ ผม/ดิฉันสอนไม่ดีเองครับ/ค่ะ

커톳 크랍/카 폼/디찬 썬 마이 디 엥 크랍/카

• 오늘 실수를 해서 죄송하고 부끄럽습니다.

รู้สึกอับอายและขอโทษสำหรับความผิดที่ได้ทำวันนี้ ครับ/ค่ะ

루쓱 압아이 래 커톳 쌈랍 쾀핏 티 다이 탐 완니 크랍/카

제안이나 의견에 대해 칭찬할 때

• 좋은 의견 감사합니다.

ขอบคุณสำหรับความเห็นดี ๆ ครับ/ค่ะ

컵쿤 쌈랍 쾀헨 디디 크랍/카

• 뭘요. 그 의견은 당신 의견인데요.

ไม่เป็นไรครับ/ค่ะ ความเห็นนั้นเป็นความเห็นของคุณเอง ครับ/ค่ะ

마이뻰라이 크랍/카 쾀헨난 뻰 쾀헨 컹 쿤 엥 크랍/카

• 당신 말에도 일리가 있어요.

ที่คุณพูดก็มีเหตุผลครับ/ค่ะ

티 쿤 풋 꺼 미 헷폰 크랍/카

• 정말 좋은 생각입니다.

เป็นความคิดที่ดีครับ/ค่ะ

뻰 쾀킷 티 디 크랍/카

PART II 칭찬

• 환상적인 생각입니다.

เป็นความคิดที่วิเศษครับ/ค่ะ

뻰 쾀킷 티 위쎗 크랍/카

• 어떻게 그런 생각을 하셨나요?

ทำอย่างไรถึงคิดแบบนั้นได้ครับ/คะ

탐 양라이 틍 킷 뱁난 다이 크랍/카

• 대단히 훌륭한 지적이십니다.

เป็นคำชี้แนะที่ดีมากครับ/ค่ะ

뻰 캄 치내 티 디 막 크랍/카

• 바로 그겁니다.

ใช่เลยครับ/ค่ะ

차이 르이 크랍/카

• 맞아요. 바로 그거예요.

ถูกต้องครับ/ค่ะ // ใช่เลยครับ/ค่ะ

툭 떵 크랍/카 // 차이 르이 크랍/카

06 양해 및 사과와 변명

우리는 어려서부터 잘못을 했을 때 바로 그 자리에서 사과하도록 교육을 받는다. 길을 비켜 달라고 할 때도, 무엇을 부탁할 때도 상대방의 의중을 물을 때 '죄송하다'는 말로 시작한다. 이러한 사과에 대해 '괜찮다', '뭘요' 등으로 응답을 한다. 경우에 따라서는 구체적인 사유를 들어 사과를 하는데, 이 구체적인 사유를 변명이라고 할 수도 있다. 너무 길거나 구차한 변명은 생각해 보고 하자.

양해를 구할 때

• 실례합니다.

ขอโทษครับ/ค่ะ

커톳　　크랍/카

• 말씀 도중에 실례합니다.

ขอโทษที่ขัดจังหวะคุณพูดครับ/ค่ะ

커톳　　티 캇 짱와　　쿤　풋　크랍/카

• 잠시 실례를 해도 될까요?

ขอโทษสักครู่นะคะ

커톳　　싹　크루 나 카

• 아직 제 말이 끝나지 않았는데요.

ผม/ดิฉันยังพูดไม่จบครับ/ค่ะ

폼/디찬 양 풋 마이 쫍 크랍/카

• 끝까지 말해도 될까요?

ขอพูดจนจบก่อนได้ไหมครับ/คะ

커 풋 쫀 쫍 껀 다이마이 크랍/카

• 다시 전화를 해도 될까요?

โทรหาอีกได้ไหมครับ/คะ

토 하 익 다이마이 크랍/카

• 지금 전화를 끊어도 될까요?

วางหูตอนนี้ได้ไหมครับ/คะ

왕 후 떤니 다이마이 크랍/카

• 실례입니다만, 여기를 지나가도 될까요?

ขอโทษครับ/ค่ะ ขอผ่านที่นี่หน่อยได้ไหมครับ/คะ

커톳 크랍/카 커 판 티니 너이 다이마이 크랍/카

• 저 … 신문을 좀 읽어도 될까요?

ขออ่านหนังสือพิมพ์หน่อยได้ไหมครับ/คะ

커 안 낭쓰핌 너이 다이마이 크랍/카

• 잠시 실례하겠습니다. 금방 돌아오지요.

ขอตัวสักครู่นะครับ/คะ เดี๋ยวกลับมาครับ/ค่ะ

커 뚜아 싹 크루 나 크랍/카 디아우 끌랍 마 크랍/카

• 실례지만 성함을 여쭤도 될까요?

ขอโทษครับ/ค่ะ ขอทราบชื่อของคุณได้ไหมครับ/คะ

커톳 크랍/카 커 쌉 츠 컹 쿤 다이마이 크랍/카

• 실례지만 어디까지 가시는지요?

ขอโทษครับ/ค่ะ จะไปไหนครับ/คะ

커톳 크랍/카 짜 빠이 나이 크랍/카

• 실례지만 직업이 무엇이지요?

ขอโทษครับ/ค่ะ คุณทำงานอะไรครับ/คะ //

커톳 크랍/카 쿤 탐응안 아라이 크랍/카 //

คุณมีอาชีพอะไรครับ/คะ

미 아칩 아라이 크랍/카

• 몇 시나 되었나요?

เวลาเท่าไรแล้วครับ/คะ // กี่โมงแล้วครับ/คะ

웰라 타오라이 래우 크랍/카 // 끼 몽 래우 크랍/카

잘못을 사과하거나 용서를 구할 때

• 죄송해요./ 미안해요.

ขอโทษครับ/ค่ะ

커톳 크랍/카

• 제 잘못입니다. 그것은 제 실수예요. 제가 잘못했습니다.

ความผิดผม/ดิฉันเองครับ/ค่ะ // ผม/ดิฉันทำผิดเองครับ/ค่ะ

콤핏 폼/디찬 엥 크랍/카 // 폼/디찬 탐 핏 엥 크랍/카

• 제가 그렇게 했습니다.

ผม/ดิฉันทำอย่างงั้นเองครับ/ค่ะ

폼/디찬 탐 양안 엥 크랍/카

• 제가 철자를 잘 못 쳤어요.

ผม/ดิฉันพิมพ์ผิดเองครับ/ค่ะ

폼/디찬 핌 핏 엥 크랍/카

• 그 분이 말씀을 실수하셨어요.

คนนั้นพูดผิดแล้วครับ/ค่ะ

콘난 풋 핏 래우 크랍/카

• 제 생각이 부족했습니다. 생각이 좀 짧았어요.

ผม/ดิฉันคิดไม่ถึงครับ/ค่ะ

폼/디찬 킷 마이 틍 크랍/카

• 고의가 아니었어요. 제가 그러려고 한 것은 아닙니다.

ผม/ดิฉันไม่ได้ตั้งใจครับ/ค่ะ

폼/디찬 마이 다이 땅짜이 크랍/카

• 그럴 생각은 없었어요.

ผม/ดิฉันไม่มีความคิดที่จะทำอย่างนั้นเลยครับ/ค่ะ

폼/디찬 마이 미 콤킷 티 짜 탐 양난 르이 크랍/카

• 제가 조심하지 않았어요.

ผม/ดิฉันไม่ระวังเองครับ/ค่ะ // ผม/ ดิฉันประมาทเอง ครับ/ค่ะ

폼/디찬 마이 라왕 엥 크랍/카 // 폼/ 디찬 쁘라맛 엥 크랍/카

• 제 부주의로 그렇게 되었습니다.

มันเกิดขึ้นเพราะความไม่ระวังของผม/ดิฉันเองครับ/ค่ะ

만 끗 큰 프러 콤 마이 라왕 컹 폼/디찬 엥 크랍/카

• 전화를 못 받았어요.(받기 전에 끊어졌을 경우)

ผม/ดิฉันรับสายไม่ทันครับ/ค่ะ

폼/디찬 랍싸이 마이 탄 크랍/카

• 모두 제 탓입니다.

ทุกอย่างเป็นความผิดของผม/ดิฉันเองครับ/ค่ะ

툭양 뻰 콤핏 컹 폼/디찬 엥 크랍/카

• 죄송합니다. 사람을 잘못 알아봤습니다. (사람을 잘못 보고 말을 건넸을 때)

ขอโทษครับ/ค่ะ ผม/ดิฉันทักคนผิดครับ/ค่ะ

커톳 크랍/카 폼/디찬 탁 콘핏 크랍/카

• 일이 그렇게까지 될 줄은 미처 생각을 못했어요.

ผม/ดิฉันไม่คิดมาก่อนว่าเรื่องจะไปถึงขั้นนั้นครับ/ค่ะ

폼/디찬 마이 킷 마 껀 와 르앙 짜 빠이 틍 칸난 크랍/카

• 제가 몰라서 그렇게 했어요.

ที่ทำอย่างนั้นเพราะผม/ดิฉันไม่รู้ครับ/ค่ะ

티 탐 양난 프러 폼/디찬 마이 루 크랍/카

• 제가 그렇게 시켰어요. 죄송합니다.

ผม/ดิฉันสั่งให้ทำแบบนั้นเองครับ/ค่ะ ขอโทษครับ/ค่ะ

폼/디찬 쌍 하이 탐 뱁난 엥 크랍/카 커톳 크랍/카

• 그 사람 잘못이 아니에요. 제가 시킨 거예요.

ไม่ใช่ความผิดของเขาครับ/ค่ะ ผม/ดิฉันให้เค้าทำเอง ครับ/ค่ะ

마이차이 콤핏 컹카오 크랍/카 폼/디찬 하이 카오 탐 엥 크랍/카

• 용서해 주세요.

ยกโทษให้ด้วยครับ/ค่ะ

욕톳 하이 두아이 크랍/카

• 뭐라 말 할 수 없을 정도로 죄송합니다.

ผม/ดิฉันรู้สึกผิดจนไม่รู้จะพูดอะไรดีครับ/ค่ะ

폼/디찬 루쓱 핏 쫀 마이 루 짜 풋 아라이 디 크랍/카

• 잘못했으면 사과해야죠.

ทำผิดก็ต้องขอโทษครับ/ค่ะ

탐 핏 꺼 떵 커톳 크랍/카

• 가만히 있지 말고 변명이라도 하세요.

พูดอะไรบ้างสิ แก้ตัวสักหน่อยก็ได้ครับ/ค่ะ

풋 아라이 방 씨 깨 뚜아 싹너이 꺼 다이 크랍/카

• 제가 꼭 사과를 드려야겠습니다.

ผม/ดิฉันต้องขอโทษให้ได้ครับ/ค่ะ

폼/디찬 떵 커톳 하이 다이 크랍/카

• 방해해서 미안합니다.

ขอโทษที่ขัดจังหวะครับ/ค่ะ

커톳 티 캇짱와 크랍/카

• 성가시게 해서 죄송합니다.

ขอโทษที่รบกวนครับ/ค่ะ

커톳 티 롭꾸안 크랍/카

• 양해를 구하지 않고 퇴근한 것을 너그럽게 봐주세요.

ขอโทษที่ผม/ดิฉันกลับบ้านก่อนโดยไม่ได้ขออนุญาตครับ/ค่ะ

커톳 티 폼/디찬 끌랍 반 껀 도이 마이 다이 커 아누얏 크랍/카

• 제 생각이 부족했던 점을 용서해 주세요.

ยกโทษให้กับความรู้เท่าไม่ถึงการณ์ของผม/ดิฉันด้วยครับ/ค่ะ

욕톳 하이 깝 쾀루 타오 마이 틍 깐 컹 폼/디찬 두아이 크랍/카

• 제 부주의를 사과합니다.

ผม/ดิฉันต้องขอโทษกับความผิดพลาดของผม/ดิฉัน
폼/디찬 떵 커톳 깝 쾀핏플랏 컹 폼/디찬

ด้วยครับ/ค่ะ
두아이 크랍/카

• 다시는 실수하지 않겠습니다.

ผม/ดิฉันจะไม่ทำผิดพลาดอีกแล้วครับ/ค่ะ
폼/디찬 짜 마이 탐 핏플랏 익 래우 크랍/카

• 다시는 그런 말(일)을 하지 않겠어요.

จะไม่พูด(ทำ)อย่างนั้นอีกแล้วครับ/ค่ะ
짜 마이 풋 (탐) 양난 익 래우 크랍/카

• 또(앞으로는) 지각하지 않을 게요.

จะไม่มาสายอีกแล้วครับ/ค่ะ
짜 마이 마 싸이 익 래우 크랍/카

• 이제는 거짓말을 않겠어요.

จะไม่พูดโกหกอีกแล้วครับ/ค่ะ
짜 마이 풋 꼬혹 익 래우 크랍/카

• 그 일에 대해 미안하게 생각하고 있습니다.

ผมยังรู้สึกเสียใจกับเรื่องนั้นอยู่ครับ/ค่ะ
폼 양 루쓱 씨아짜이 깝 르앙난 유 크랍/카

• 오랫동안 자리를 비워 미안합니다.

ขอโทษที่ออกไปข้างนอกนานครับ/ค่ะ //
커톳 티 억 빠이 캉넉 난 크랍/카 //

ขอโทษที่ทำให้คุณรอนานครับ/ค่ะ
커톳 티 탐 하이 쿤 러 난 크랍/카

• 영접을 하지 못해 죄송합니다.

ขอโทษที่ไปต้อนรับไม่ได้ครับ/ค่ะ

커톳 티 빠이 떤랍 마이다이 크랍/카

• 바로 전화를 드리지 못해 죄송합니다.

ขอโทษที่ไม่ได้โทรหาทันทีครับ/ค่ะ

커톳 티 마이다이 토하 탄티 크랍/카

• 기다리게 해서 죄송합니다.

ขอโทษที่ทำให้รอครับ/ค่ะ

커톳 티 탐 하이 러 크랍/카

• 나를 대신해서 형님께 사과해 줘.

ฝากขอโทษพี่ชายแทนผม/ฉันด้วยนะ

확 커톳 피차이 탠 폼/찬 두아이 나

잘못에 대한 변명

• 미안해요. 내가 그 걸 몰랐어요.

ขอโทษครับ/ค่ะ ผม/ดิฉันไม่ทราบเรื่องนั้นครับ/ค่ะ

커톳 크랍/카 폼/디찬 마이 쌉 르앙 난 크랍/카

• 내가 그걸 몰라서 미안해요.

ขอโทษที่ไม่รู้เรื่องนั้นครับ/ค่ะ

커톳 티 마이 루 르앙 난 크랍/카

• 전화를 늦게 드려 미안합니다.

ขอโทษที่โทรหาช้าครับ/ค่ะ

커톳 티 토하 차 크랍/카

• 늦게 와서 죄송합니다.(시간을 지키지 못 했을 때도 사용한다)

ขอโทษที่มาสายครับ/ค่ะ

커톳 티 마 싸이 크랍/카

• 어제 결석해서 죄송합니다.

ขอโทษที่ขาดเรียนเมื่อวานครับ/ค่ะ //

커톳 티 캇 리안 므아완 크랍/카 //

ขอโทษที่ไม่ได้ไปเรียนเมื่อวานนี้ครับ/ค่ะ

커톳 티 마이다이 빠이리안 므아완니 크랍/카

• 일찍 답장을 드리지 못해 죄송합니다.

ขอโทษที่ตอบกลับช้าครับ/ค่ะ //

커톳 티 떱 끌랍 차 크랍/카 //

ขอโทษที่ไม่ได้ตอบกลับทันทีครับ/ค่ะ

커톳 티 마이 다이 떱 끌랍 탄티 크랍/카

• 노고를 끼쳐서 죄송해요.

ขอโทษที่ทำให้คุณลำบากครับ/ค่ะ

커톳 티 탐 하이 쿤 람박 크랍/카

• 너무 시끄럽게 해서 미안해요.

ขอโทษที่ส่งเสียงดังครับ/ค่ะ // ขอโทษที่ทำให้หนวกหูครับ/ค่ะ

커톳 티 쏭 씨앙 당 크랍/카 // 커톳 티 탐 하이 누악후 크랍/카

• 미안해요. 어쩔 수 없었어요.

ขอโทษครับ/ค่ะ เป็นเรื่องที่ช่วยไม่ได้จริง ๆ ครับ/ค่ะ

커톳 크랍/카 뻰 르앙 티 추아이 마이 다이 찡찡 크랍/카

• 미안해요. 제가 요일을 잘 못 기억했어요.

ขอโทษที่ผมจำวันผิดครับ/ค่ะ

커톳 티 폼 짬 완 핏 크랍/카

• 시험에 떨어져서 죄송합니다.
ขอโทษที่สอบตกครับ/ค่ะ
커톳 티 썹 똑 크랍/카

• 물건을 훔친 것을 용서해 주세요.
ยกโทษที่ผม/ดิฉันขโมยของด้วยนะครับ/ค่ะ
욕톳 티 폼/디찬 카모이 컹 두아이 나 크랍/카

• 그런 말은 더 듣고 싶지 않습니다.
ไม่อยากฟังคำพูดแบบนั้นอีกแล้วครับ/ค่ะ
마이 약 황 캄풋 뱁난 익 래우 크랍/카

• 이제 그만하세요. 그만하면 됐어요.
หยุดเถอะครับ/ค่ะ พอได้แล้วครับ/ค่ะ
윳 터 크랍/카 퍼 다이 래우 크랍/카

유감을 나타낼 때

• 유감입니다 / 섭섭합니다.
เสียใจด้วยครับ/ค่ะ // เสียใจครับ/ค่ะ
씨아짜이 두아이 크랍/카 // 씨아짜이 크랍/카

• 같이 갈 수 없어서 유감입니다.
เสียใจที่ไปด้วยไม่ได้ครับ/ค่ะ
씨아짜이 티 빠이 두아이 마이다이 크랍/카

• 안 됐습니다.
ขอแสดงความเสียใจด้วยครับ/ค่ะ
커 싸댕 쾀씨아짜이 두아이 크랍/카

• 운이 없네요./ 운이 안 따라 주네요.

โชคไม่ดีเลยนะครับ/คะ

촉 마이 디 르이 나 크랍/카

• 운이 나빴어요.

โชคร้ายจริง ๆ เลยครับ/ค่ะ

촉 라이 찡찡 르이 크랍/카

• 팔자소관으로 치세요.

ถือซะว่าเป็นเวรกรรมละกันครับ/ค่ะ

트 싸 와 뻰 웬깜 라깐 크랍/카

사과의 말을 전해달라고 할 때

• 과장님께 죄송하다고 전해 주세요.

ฝากบอกหัวหน้าแผนกด้วยว่าผม/ดิฉันขอโทษครับ/ค่ะ

확 벅 후어나 파낵 두아이 와 폼/디찬 커톳 크랍/카

• 난 그 친구에게 사과하고 싶어. 전해 주겠니?

ฉันอยากขอโทษเพื่อนคนนั้น ฝากไปบอกเค้าได้ไหม

찬 약 커톳 프안 콘난 확 빠이 벅 카오 다이 마이

• 남편이 죄송하다는 말씀을 제게 부탁했어요. 그 일에 대해 정말 죄송해요.

สามีฝากดิฉันมาขอโทษค่ะ ต้องขอโทษด้วยจริง ๆ กับเรื่องนั้นค่ะ

싸미 확 디찬 마 커톳 카 떵 커톳 두아이 찡찡 깝 르앙 난 카

• 남편이 직접 말씀을 못 드려 죄송해요. 남편은 오늘 아침에 급한 출장을 갔어요.

ขอโทษด้วยที่สามีไม่ได้มาบอกเองค่ะ
커톳 두아이 티 싸미 마이 다이 마 벅 엥 카

เค้าไปทำธุระด่วนเช้านี้เองค่ะ
카오 빠이 탐 투라 두안 차오니 엥 카

• 남편이 사과를 직접 하지 못해 죄송하대요.

สามีฝากขอโทษที่ไม่ได้มาขอโทษด้วยตัวเองค่ะ
싸미 확 커톳 티 마이 다이 마 커톳 두아이 뚜아엥 카

사과에 대한 응답

• 됐다. 다시는 그러지 마라.

ช่างเถอะ อย่าทำอีกละกัน
창 터 야 탐 익 라깐

• 이번만은 용서할 테니 다시는 그러지 마라.

คราวนี้ยกโทษให้ แต่อย่าทำอีกละกัน
크라우니 욕톳 하이 때 야 탐 익 라깐

• 뭘 그런 실수는 누구나 하는 거지요.

ไม่เป็นไรครับ/ค่ะ ความผิดแบบนั้นใคร ๆ ก็ทำได้ครับ/ค่ะ
마이뻰라이 크랍/카 콤핏 뱁난 크라이크라이 꺼 탐 다이 크랍/카

• 괜찮아요. 담부터는 조심하세요.

ไม่เป็นไรครับ/ค่ะ แต่ต่อไปก็ระวังด้วยนะครับ/คะ
마이뻰라이 크랍/카 때 떠빠이 꺼 라왕 두아이 나 크랍/카

• 그리 나쁘진 않아요.

ไม่เลวเท่าไรนะครับ/คะ

마이 레우 타오라이 나 크랍/카

• 아무 걱정 마세요. 그럴 수도 있지요.

ไม่ต้องกังวลนะครับ เรื่องแบบนั้นเกิดขึ้นได้ครับ

마이 떵 깡원 나 크랍 르앙 뱁 난 끗 큰 다이 크랍

• 실수는 누구나 하지요.

ใคร ๆ ก็ทำผิดพลาดได้ครับ/ค่ะ

크라이크라이 꺼탐핏플랏 다이 크랍/카

• 염려 마세요. 잘 해결되었어요.

ไม่ต้องกังวลไปนะครับ ทุกอย่างเรียบร้อยดีแล้วครับ

마이 떵 깡원 빠이 나 크랍 툭양 리압러이 디 래우 크랍

• 문제될 것 없어요.

ไม่มีอะไรที่จะเป็นปัญหาเลยครับ/ค่ะ

마이 미 아라이 티 짜 뻰 빤하 르이 크랍/카

• 그리 중요한 게 아니니 마음 놓으세요.

วางใจได้ครับ/ค่ะ ไม่ใช่เรื่องสำคัญครับ/ค่ะ

왕짜이 다이 크랍/카 마이차이 르앙 쌈칸 크랍/카

• 있을 수 있는 일이니 걱정 마세요.

เป็นเรื่องที่เกิดขึ้นได้ อย่ากังวลไปเลยครับ/ค่ะ

뻰 르앙 끗 큰 다이 야 깡원 빠이 르이 크랍/카

• 저도 처음에는 그런 실수 많이 했어요. 점점 나아질 겁니다.

ผม/ดิฉันก็เคยทำพลาดแบบนั้นบ่อย แต่ก็ค่อย ๆ ดีขึ้นครับ/ค่ะ

폼/디찬 꺼 크이 탐 플랏 뱁 난 버이 때 꺼 커이커이 디 큰 크랍/카

- 당신 책임이 아니에요.

ไม่ใช่ความผิดของคุณครับ/ค่ะ

마이차이 콰핏 컹 쿤 크랍/카

- 제가 잘못 설명해서 그런 거에요.

เป็นเพราะผม/ดิฉันอธิบายผิดครับ/ค่ะ

뻰 프러 폼/디찬 아티바이 핏 크랍/카

- 그럴 필요 없어요.

ไม่จำเป็นต้องทำยังงั้นครับ/ค่ะ

마이 짬뻰떵 탐 양안 크랍/카

- 사과하지 않아도 돼요./ 사과할 필요 없어요.

ไม่ต้องขอโทษก็ได้ครับ/ค่ะ

마이 떵 커톳 꺼 다이 크랍/카

- 이미 다 잊었어요.

ลืมไปหมดแล้วครับ/ค่ะ

름 빠이 못 래우 크랍/카

- 다 지난 일인데요.

เรื่องมันแล้วไปแล้วครับ/ค่ะ

르앙 만 래우 빠이 래우 크랍/카

- 우리 그 일은 잊지요.

เราลืมเรื่องนั้นกันเถอะครับ/ค่ะ

라오 름 르앙난 깐 터 크랍/카

- 그 일은 다시 언급하지 맙시다.

อย่าพูดถึงเรื่องนั้นกันอีกเลยครับ/ค่ะ

야 풋 틍 르앙난 깐 익 르이 크랍/카

- 우리 그 일에 대해서는 더 이상 입밖에 내지 말지요.

เราอย่าพูดถึงเรื่องนั้นอีกนะครับ/คะ

라오 야 풋 틍 르앙난 익 나 크랍/카

- 사과할 사람은 당신이 아니라 바로 접니다.

คนที่ต้องขอโทษคือผม/ดิฉัน ไม่ใช่คุณครับ/ค่ะ

콘 티 떵 커톳 크 폼/ 다찬 마이차이 쿤 크랍/카

- 당신의 사과를 받아들이겠어요.

ผม/ดิฉันจะยอมรับคำขอโทษของคุณครับ/ค่ะ

폼/디찬 짜 염랍 캄 커톳 컹 쿤 크랍/카

- 더 변명할 말이 있어요?

มีอะไรอีกจะแก้ตัวอีกไหมครับ/คะ

미 아라이 익 짜 깨뚜아 익 마이 크랍/카

- 잘못한 것이 들켰는데 아직도 대들어요?

ถูกจับได้แบบนี้ ยังเถียงอีกเหรอครับ/คะ

툭 짭 다이 뱁니 양 티앙 익 러 크랍/카

- 당신의 이유는 타당성이 없어요.

เหตุผลของคุณฟังไม่ขึ้นเลยครับ/ค่ะ

헷폰 컹 쿤 황 마이큰 르이 크랍/카

- 잘못해 놓고 인정할 줄 모르는군요.

ทำผิดแล้วไม่รู้จักยอมรับผิดเลยนะครับ/คะ

탐핏 래우 마이 루짝 염 랍핏 르이 나 크랍/카

PART II 양해 및 사과와 변명

07 권유와 제안

손님을 대접할 때, 또는 상대방의 취향이나 의사를 물을 때 '…하시겠습니까?', 또는 '…을 하고 싶어요?', 또는 '…어때요?' 라고 묻는다. 명령조로 묻기 보다는 권유하거나 제안하는 투로 묻는 게 부드럽다.

태국인은 종교도 다양하고 개인적인 성향 또한 다양하다. 무슬림들은 술과 돼지고기를 취하지 않는다. 태국인 중 관세음보살을 신봉하는 사람들은 소고기를 먹지 않는다. 채식주의자 또한 적지 않다. 그러므로 음식을 대접하거나 권할 때는 상대방의 혐오식품에 대해 신경을 써야 식사가 즐겁다. 초대하는 상대방의 식사 취향을 미리 알아두는 것이 바람직하나, 미처 그러지 못했을 때는 음식을 주문하기 전에 상대방에게 직접 무엇을 좋아하고 싫어하는지를 물어도 괜찮다. 간접적으로 물어 미리 알아두는 것이 더 바람직함은 말할 것도 없다.

무슬림이 돼지고기와 술을 금기시하는 사실과 인도인은 채식주의자가 많다는 것은 잘 알려져 있다. 그러나 태국에서 소고기를 먹지 않는 사람이 적지 않다는 것을 알아두자.

운동도 더운 날씨이므로 대낮에 옥외운동은 즐기지 않는다. 보통 늦은 오후부터 야간에 테니스 등 옥외운동을 즐긴다. 아침 저녁에 건강을 위한 운동을 많이 한다는 사실도 염두에 두자.

권유할 때

• 오렌지 주스 한 잔 하시겠어요?

จะดื่มน้ำส้มคั้นสักแก้วไหมครับ/คะ

짜 듬 남쏨칸 싹 깨우 마이 크랍/카

• 식사하러 가실까요?

ไปทานข้าวกันไหมครับ/คะ

빠이 탄 카우 깐 마이 크랍/카

• 오늘 저녁에 테니스 치러 가시지요.

คืนนี้ไปเล่นเทนนิสกันไหมครับ/คะ

큰니 빠이 렌 테니스 깐 마이 크랍/카

• 괜찮으시면 같이 가시지요.

ถ้าไม่รังเกียจก็ไปด้วยกันไหมครับ/คะ

타 마이 랑끼얏 꺼 빠이 두아이 깐 마이 크랍/카

• 저랑 쇼핑 가는 거 어떠세요?

ไปช็อปปิ้งกันไหมครับ/คะ

빠이 쇼핑 깐 마이 크랍/카

• 차를 타고 가는 게 어때요?

นั่งรถไปกันไหมครับ/คะ

낭 롯 빠이 깐 마이 크랍/카

• 먼저 하세요(드세요).

เชิญก่อนเลยครับ/ค่ะ

츤 껀 르이 크랍/카

• 규칙적인 운동을 권합니다.

แนะนำให้ออกกำลังกายเป็นกิจวัตรนะครับ/คะ

내남 하이 억깜랑까이 뻰 낏짜왓 나 크랍/카

제안할 때

• 제안 하나 할까요?

ขอเสนออะไรได้ไหมครับ/คะ

커 싸너 아라이 다이마이 크랍/카

• 당신의 의견은 뭔가요?

คุณมีความคิดเห็นอย่างไรบ้างครับ/คะ

쿤 미 쾀킷헨 양라이 방 크랍/카

• 이달 말까지 proposal을 제출하셔야 합니다.

ต้องยื่นพรอพเพอซอลภายในเดือนนี้ครับ/ค่ะ

떵 yeun 커싸너내 파이나이 드안니 크랍/카

• 자, 이제 그만 합시다.

เอาละ วันนี้พอแค่นี้ก่อนครับ/ค่ะ

아오 라 완니 퍼 캐니 껀 크랍/카

• 오늘은 이만 할까요?

วันนี้พอแค่นี้ไหมครับ/คะ

완니 퍼 캐니 마이 크랍/카

• 한 10분 쉬지요.

พักสัก 10 นาทีกันเถอะครับ/ค่ะ

팍 싹 씹 나티 깐 터 크랍/카

• 일인당 만원씩 내면 어떨까요?

ออกคนละหมื่นวอนเป็นยังไงครับ/คะ

억 콘 라 믄 원 뻰 양아이 크랍/카

• 시험 삼아 한 번 해 보지요.

ลองทำละกันครับ/ค่ะ

렁 탐 라깐 크랍/카

• 다음 주에 만나 다시 논의하지요.

อาทิตย์หน้าเจอกันแล้วค่อยคุยกันอีกทีนะครับ/คะ

아팃나 쯔 깐 래우 커이 쿠이 깐 익 티 나 크랍/카

• 이 안건을 회의에서 논의해야 한다고 생각해요.

ผม/ดิฉันคิดว่าข้อเสนอนี้ควรพิจารณากันในที่ประชุมครับ/ค่ะ

폼/디찬 킷와 커싸너니 쿠안 피짜라나 깐 나이 티쁘라춤 크랍/카

• 그 분의 생각이 옳다고 생각해요.

ผม/ดิฉันเห็นว่าเขาทำถูกแล้วครับ/ค่ะ

폼/디찬 헨와 카오 탐 툭 래우 크랍/카

• 이 계획을 지지(지원)해야 한다고 생각합니다.

ผม/ดิฉันคิดว่าเราต้องสนับสนุนโครงการนี้ครับ/ค่ะ

폼/디찬 킷와 라오 떵 싸납싸눈 크롱깐니 크랍/카

제안이나 권유에 응할 때

• 커피는 벌써 4잔이나 마셨어요.

ผม/ดิฉันดื่มกาแฟไปตั้ง 4 ถ้วยแล้วครับ/ค่ะ

폼/디찬 듬 까홰 빠이 땅 씨 투아이 래우 크랍/카

- 냉수 한 잔 주세요.

ขอน้ำเย็นแก้วหนึ่งครับ/ค่ะ

커 남옌 깨우 능 크랍/카

- 좀 있다가 들지요.

เดี๋ยวจะดื่มครับ/ค่ะ

디아우 짜 듬 크랍/카

- 냉커피 주세요.

ขอกาแฟเย็นครับ/ค่ะ

커 까홰 옌 크랍/카

- 저도 좋다고 생각합니다.

ฉัน/ผม/ดิฉันก็คิดว่าดีครับ/ค่ะ

찬/폼/디찬 꺼 킷 와 디 크랍/카

- 그가 그 일을 그만둔 줄 알았어요.

คิดว่าเขาเลิกทำงานนั้นไปแล้วเสียอีกครับ/ค่ะ

킷 와 카오 륵 탐응안 난 빠이 래우 씨아 익 크랍/카

- 그렇게 하지요.

ตกลงตามนั้นครับ/ค่ะ

똑롱 땀 난 크랍/카

- 그거 괜찮겠네요.

น่าจะใช้ได้นะครับ/คะ

나 짜 차이다이 나 크랍/카

- 아주 좋은 생각입니다.

เป็นความคิดที่ดีครับ/ค่ะ

뻰 콤킷 티 디 크랍/카

• 과반수 이상이 그 계획은 찬성할 것입니다.

โครงการนั้นจะได้รับเสียงสนับสนุนเกินกว่าครึ่งหนึ่งครับ/ค่ะ

크롱깐 난 짜 다이랍 씨앙 싸납싸눈 끈 꽈 크릉 능 크랍/카

• 당신 제안에 찬성합니다.

ผม/ดิฉันเห็นด้วยกับข้อเสนอของคุณครับ/ค่ะ

폼/디찬 헨 두아이 깝 커싸너 컹 쿤 크랍/카

• 만장일치로 받아들였습니다.

ผม/ดิฉันยอมรับโดยไม่มีเงื่อนไขครับ/ค่ะ

폼/디찬 염랍 도이 마이 미 응안카이 크랍/카

동의를 구하는 제안

• 창문을 열어주시겠어요?

ช่วยเปิดหน้าต่างให้หน่อยได้ไหมครับ/คะ

추아이 뻣 나땅 하이 너이 다이마이 크랍/카

• 문을 열어도 될까요

เปิดประตูได้ไหมครับ/คะ

뻣 쁘라뚜 다이 마이 크랍/카

• 당신은 어떻게 생각하세요?

คุณคิดอย่างไรครับ/คะ

쿤 킷 양라이 크랍/카

• 좋다고 보세요?

คุณว่าดีไหมครับ/คะ

쿤 와 디 마이 크랍/카

- 티비를 꺼도 될까요?

ปิดทีวีได้ไหมครับ/คะ

뻿 티비 다이 마이 크랍/카

- 세차를 해도 되겠지요?

ล้างรถได้แล้วมั๊งครับ/คะ

랑 롯 다이 래우 망 크랍/카

제안이나 권유를 거절할 때

- 호의는 감사합니다만 괜찮습니다.

ขอบคุณในความหวังดีของคุณ แต่ไม่เป็นไรครับ/ค่ะ

컵쿤 나이 쾀왕 디 컹 쿤 때 마이뻰라이 크랍/카

- 사실은 좋아하지 않아서요.

จริง ๆ แล้วไม่ชอบเลยครับ/ค่ะ

찡찡 래우 마이 첩 르이 크랍/카

- 고맙습니다만 이미 여러 잔 했어요.

ขอบคุณครับ/ค่ะ แต่ว่าผม/ดิฉันดื่มหลายแก้วแล้วครับ/ค่ะ

컵쿤 크랍/카 때와 폼/디찬 듬 라이 깨우 래우 크랍/카

- 이미 배가 너무 불러요. 더 먹을 수 없어요.

อิ่มมากแล้ว กินอีกไม่ไหวแล้วครับ/ค่ะ

임 막 래우 낀 익 마이 와이 래우 크랍/카

- 다음 기회로 미루면 안 될까요?

เลื่อนไปเป็นโอกาสหน้าได้ไหมครับ/คะ

르안 빠이 뻰 오깟나 다이마이 크랍/카

• 아직 이것도 다 먹지 못했는데…

อันนี้ยังกินไม่หมดเลย…

안니 양 낀 마이 못 르이…

• 몸이 좀 안 좋아서 밖에 나가기 싫어요.

รู้สึกไม่ค่อยสบายเลยไม่อยากออกไปข้างนอกครับ/ค่ะ

루쓱 마이 커이 싸바이 르이 마이 약 억 빠이 캉넉 크랍/카

• 곧 손님이 올 거라서 갈 수 없네요.

เดี๋ยวจะมีแขกมาเลยไปไม่ได้ครับ/ค่ะ

디아우 짜 미 캑 마 르이 빠이 마이다이 크랍/카

• 너무 피곤해서요.

เพราะเหนื่อยเกินไปครับ/ค่ะ

프러 느아이 끈 빠이 크랍/카

• 이견이 너무 많아서요.

มีความเห็นที่แตกต่างมากเลยครับ/ค่ะ

미 콤헨 티 땍땅 막 르이 크랍/카

• 모두(다) 동의하기 좀 어렵습니다.

จะให้เห็นด้วยทั้งหมดคงจะยากครับ/ค่ะ

짜 하이 헨두아이 탕못 콩 짜 약 크랍/카

• 다른 의견을 내도 될까요?

ขอเสนอความเห็นอย่างอื่นได้ไหมครับ/คะ

커 싸너 콤헨 양은 다이마이 크랍/카

• 사장님이 찬성하지 않으세요.

ท่านประธานฯไม่เห็นด้วยครับ/ค่ะ

탄쁘라탄 마이 헨두아이 크랍/카

• 당신의 제안을 기각해야 할 것 같아요.

เราคงจะต้องตัดข้อเสนอของคุณออกครับ/ค่ะ

라오 콩 짜 떵 땃 커싸너 컹 쿤 억 크랍/카

• 당신 말은 타당성이 적어 믿기 어렵습니다.

คำพูดของคุณไม่เป็นเหตุเป็นผลจึงเชื่อได้ยากครับ/ค่ะ

캄풋 컹 쿤 마이 뻰헷뻰폰 쯩 츠아 다이 약 크랍/카

• 다시 생각해 보니 우리가 합의한 내용을 취소해야겠어요.

พอลองคิดดูอีกทีเราคงจำเป็นต้องยกเลิกเนื้อหาที่ตกลง กันไว้ครับ/ค่ะ

퍼 렁 킷 두 익 티 라오 콩 짬뻰떵 욕륵 느아하 티 똑롱 깐 와이 크랍/카

• 당신이 먼저 계약을 취소했잖아요?

คุณยกเลิกสัญญาก่อนไม่ใช่หรือครับ/คะ

쿤 욕륵 싼야 껀 마이 차이 르 크랍/카

• 이런 식으로 하면 어디 되겠어요?

ทำแบบนี้ใช้ได้ที่ไหนครับ/คะ

탐 밻니 차이 다이 티나이 크랍/카

애매하게 답변할 때

• 글쎄요. 다음으로 미루면 안 될까요?

อืม เลื่อนไปเป็นโอกาสหน้าไม่ได้เหรอครับ/คะ

음 르안 빠이 뻰 오깟나 마이 다이 러 크랍/카

• 그 제안도 일리는 있으나 다른 의견도 있어서요.

ข้อเสนอนั้นก็มีเหตุผล แต่ก็มีความเห็นอื่นด้วยครับ/ค่ะ

커싸너난 꺼 미 헷폰 때 꺼 미 쾀헨 은 두아이 크랍/카

• 아마 될 거예요.

คงจะได้ครับ/ค่ะ

콩 짜 다이 크랍/카

• 아마 할 수 없을 것 같아요.

อาจจะทำไม่ได้ครับ/ค่ะ

앗짜 탐 마이다이 크랍/카

• 할 수 없을까 봐 두려워요(겁이 나요).

กลัวจะทำไม่ได้ครับ/ค่ะ

끌루아 짜 탐 마이다이 크랍/카

• 더 생각해 봐야겠어요.

ขอคิดดูก่อนนะครับ/คะ

커 킷 두 껀 나 크랍/카

• 당장 답변(결정)을 할 수 없습니다.

ตอบ(ตัดสินใจ)ทันทีไม่ได้ครับ/ค่ะ

떱 (땃씬짜이) 탄티 마이다이 크랍/카

• 지금은 약속할 수 없어요.

ตอนนี้ยังนัดไม่ได้ครับ/ค่ะ

떤니 양 낫 마이다이 크랍/카

• 힘써 보겠어요.

จะพยายามครับ/ค่ะ

짜 파야암 크랍/카

08 부탁(도움)과 충고

태국에서 부탁을 하거나 도움을 청할 때는 망설이지 않고 상대방에게 직접 요청하는 게 보통이다.

무례하지 않게 정중하게 요청한다. 그러나 충고할 때는 가까운 사이라 해도 많이 생각해야 한다. 아주 정중하게 에둘러 이야기하거나 미리 양해를 구해야 한다. 태국인들은 그만큼 자존심이 강하다는 것을 잊지 말자.

도움을 받거나 충고나 제안을 받아들였을 때는 반드시 고맙다는 인사를 잊지 말자.

부탁(도움)이나 충고할 때

- 부탁이 있습니다.

  มีเรื่องจะขอร้องครับ/ค่ะ

  미 르앙 짜 커렁 크랍/카

- 부탁드릴 게 있습니다.

  มีเรื่องอยากจะขอร้องครับ/ค่ะ

  미 르앙 약 짜 커렁 크랍/카

• 제가 한 말씀 드려도 될까요?

ผม/ดิฉันขอเรียนอะไรหน่อยได้ไหมครับ/คะ

폼/디찬 커 리안 아라이 너이 다이마이 크랍/카

• 부탁 좀 드려도 될까요?

จะขอร้องอะไรหน่อยได้ไหมครับ/คะ

짜 커렁 아라이 너이 다이마이 크랍/카

• 이것 좀 도와주세요.

ช่วยทำนี่หน่อยครับ/ค่ะ

추아이 탐 니 너이 크랍/카

• 도와주세요! 살려주세요!

ช่วยด้วย!

추아이 두아이!

• 저를 도와주시겠어요?

ช่วยผม/ดิฉันหน่อยได้ไหมครับ/คะ

추아이 폼/디찬 너이 다이마이 크랍/카

• 자전거 좀 빌려주시겠어요?

ขอยืมใช้จักรยานหน่อยได้ไหมครับ/คะ

커 yeum 차이 짝끄라얀 너이 다이마이 크랍/카

• 차를 좀 써도 될까요?

ขอใช้รถหน่อยได้ไหมครับ/คะ

커 차이 롯 너이 다이마이 크랍/카

• 주소 좀 일러주세요.

ช่วยบอกที่อยู่หน่อยครับ/ค่ะ

추아이 벅 티유 너이 크랍/카

• 가능한 한 빨리 가져다 주시겠어요?

ช่วยเอามาให้เร็วที่สุดเท่าที่จะทำได้นะครับ/คะ

추아이 아오 마 하이 레우 티쏫 타오티 짜 탐 다이 나 크랍/카

• 여기서 담배를 피워도 될까요?

สูบบุหรี่ที่นี่ได้ไหมครับ/คะ

쑵 부리 티니 다이마이 크랍/카

• 방에 들어가도 될까요?

เข้าห้องได้ไหมครับ/คะ

카오 헝 다이마이 크랍/카

• 뭘 도와드릴까요?

จะให้ช่วยอะไรไหมครับ/คะ

짜 하이 추아이 아라이 마이 크랍/카

• 여론에 귀를 기울이세요.

กรุณาฟังความคิดเห็นของส่วนรวมด้วยครับ/ค่ะ

까루나 황 콰킷헨 컹 쑤안루암 두아이 크랍/카

• 격식은 너무 따지지 마세요.

ไม่ต้องเป็นพิธีการมากเกินไปครับ/ค่ะ

마이 떵 뻰 피티깐 막 끈빠이 크랍/카

• 좀 쉬시는 게 좋겠어요.

พักสักหน่อยดีกว่านะครับ/คะ

팍 싹너이 디꽈 나 크랍/카

• 남에게 기대지 말고 혼자 해 보세요.

อย่าเอาแต่พึ่งคนอื่น ลองทำด้วยตัวเองสิครับ/คะ

야 아오 때 픙 콘은 렁 탐 두아이뚜아엥 씨 크랍/카

• 실수를 두려워 마세요.

ไม่ต้องกลัวว่าจะทำพลาดครับ/ค่ะ

마이 떵 끌루아 와 짜 탐 프랏 크랍/카

부탁(도움)을 들어줄 때

• 그래요? 어서 들어오세요.

เหรอ เชิญเข้ามาสิครับ/คะ

러 츤 카오마 씨 크랍/카

• 그러세요. 아무 문제 없어요.

หรือครับ/คะ ไม่มีปัญหาครับ/ค่ะ

르 크랍/카 마이미 빤하 크랍/카

• 어려워 말고 말씀하세요.

ไม่ต้องเกรงใจนะ บอกมาได้เลยครับ/ค่ะ

마이 떵 끄렝짜이 나 벅 마 다이 르이 크랍/카

• 물론이지요.

แน่นอนครับ/ค่ะ

내넌 크랍/카

• 얼마가 필요하세요?

ต้องการเท่าไรครับ/คะ

떵깐 타오라이 크랍/카

• 기꺼이 그렇게 하겠습니다.

ด้วยความยินดีครับ/ค่ะ

두아이 쾀인디 크랍/카

• 말씀만 하세요. 당장 해드리겠어요.

พูดมาเลยครับ/ค่ะ ผม/ดิฉันจะทำให้ทันทีเลยครับ/ค่ะ

풋 마 르이 크랍/카 폼/디찬 짜 탐 하이 탄티 르이 크랍/카

• 당신을 돕게 되어 기쁩니다.

ยินดีที่ได้ช่วยคุณครับ/ค่ะ

인디 티 다이 추아이 쿤 크랍/카

충고를 받아들일 때

• 실망시켜 드리지 않겠어요.

จะไม่ทำให้ผิดหวังครับ/ค่ะ

짜 마이 탐 하이 핏왕 크랍/카

• 잊지 않겠습니다.

จะจำไว้ครับ/ค่ะ

짜 짬 와이 크랍/카

• 그렇게 하도록 노력하겠습니다.

จะพยายามครับ/ค่ะ

짜 파야암 크랍/카

• 고마워요. 매일 운동을 할 게요.

ขอบคุณครับ/ค่ะ ผม/ดิฉันจะออกกำลังกายทุกวันครับ/ค่ะ

컵쿤 크랍/카 폼/디찬 짜 억깜랑까이 툭완 크랍/카

• 앞으로 술을 먹지 않겠습니다.

ต่อไปนี้จะไม่ดื่มเหล้าแล้วครับ/ค่ะ

떠빠이니 짜 마이 듬 라오 래우 크랍/카

• 짠 음식은 피할 게요.

จะพยายามไม่กินอาหารเค็มครับ/ค่ะ //

짜 파야얌 짜 마이 낀 아한켐 크랍/카 //

จะเลี่ยงอาหารเค็มครับ/ค่ะ

짜 리앙 아한켐 크랍/카

• 최선을 다 하겠습니다.

จะพยายามทำให้ดีที่สุดครับ/ค่ะ

짜 파야얌 탐 하이 디 티쑷 크랍/카

재촉할 때

• 서두르세요.

รีบหน่อยครับ/ค่ะ // เร็วเข้าครับ/ค่ะ

립 너이 크랍/ 카 // 레우 카오 크랍/카

• 빨리 끝내 주세요.

ช่วยทำให้เสร็จเร็ว ๆ หน่อยครับ/ค่ะ

추아이 탐 하이 쎗 레우레우 너이 크랍/카

• 이 일은 몹시 급한 일이에요.

งานนี้ด่วนมากครับ/ค่ะ

응안니 두안 막 크랍/카

• 지체할 시간이 없어요.

ไม่มีเวลาชักช้าแล้วครับ/ค่ะ

마이 미 웰라 착차 래우 크랍/카

• 지금 당장 해 주세요.

ช่วยทำตอนนี้เลยครับ/ค่ะ

추아이 탐 떤니 르이 크랍/카

• 이 편지를 속달로 부쳐주세요.

ช่วยส่งจดหมายนี้แบบด่วนด้วยครับ/ค่ะ

추아이 쏭 쫏마이니밷두안 두아이 크랍/카

• 시간이 없어요.

ไม่มีเวลาแล้วครับ/ค่ะ

마이 미 웰라 래우 크랍/카

• 이번 주말까지는 계획서를 제출하세요.

กรุณายื่นแผนโครงการภายในสุดสัปดาห์นี้นะครับ/คะ

까루나 yeun 팬 크롱깐 파이나이 쑷쌉다니 나 크랍/카

부탁(도움)이나 충고를 거절할 때

• 안 되겠어요.

ไม่ได้ครับ/ค่ะ // ไม่ได้เลยครับ/ค่ะ

마이다이 크랍/카 // 마이다이 르이 크랍/카

• 사정은 딱하지만 안 되겠어요.

สงสารเขาแต่ช่วยไม่ได้ครับ/ค่ะ

쏭싼 카오 때 추아이 마이다이 크랍/카

• 그것은 무리한 요구입니다.

นั่นเป็นการเรียกร้องที่มากเกินไปครับ/ค่ะ

난 뻰 깐 리악렁 티 막 끈빠이 크랍/카

• 제게 시간을 좀 주세요.

แบ่งเวลาให้ผม/ดิฉันหน่อยสิครับ/คะ

뱅 웰라 하이 폼/디찬 너이 씨 크랍/카

• 다른 사람에게 부탁해 보세요.

ลองไปขอร้องคนอื่นดูนะครับ/คะ

렁 빠이 커렁 콘은 두 나 크랍/카

• 괜찮아요. 제가 혼자 할 수 있어요.

ไม่เป็นไร ผม/ดิฉันทำคนเดียวได้ครับ/ค่ะ

마이뻰라이 폼/디찬 탐 콘디아우 다이 크랍/카

• 그렇게 빨리 할 수 없어요.

ทำเร็วแบบนั้นไม่ได้ครับ/ค่ะ

탐 레우 뱁난 마이다이 크랍/카

• 너무 재촉하면 좋은 물건을 만들 수 없어요.

ถ้าเร่งเกินไปจะทำ(ผลิต)ของออกมาดีไม่ได้ครับ/ค่ะ

타 렝 끈빠이 짜 탐 (팔릿) 컹 억 마 디 마이다이 크랍/카

• 재촉하지 마세요. 지금도 빨리 하고 있어요.

อย่าเร่งเลยครับ/ค่ะ ตอนนี้ก็กำลังทำเร็วอยู่แล้วครับ/ค่ะ

야 렝 르이 크랍/카 떤니 꺼 깜랑 탐 레우 유 래우 크랍/카

• 이 문제에 별 도움을 못 드려 죄송합니다.

ขอโทษด้วยที่ช่วยแก้ปัญหานี้ไม่ค่อยได้มากเท่าไรครับ/ค่ะ

커톳 두아이 티 추아이 깨 빤하 니 마이 커이 다이 막 타오라이 크랍/카

• 당신을 도와줄 입장이 못 됩니다.

ผม/ดิฉันไม่อยู่ในฐานะที่จะช่วยคุณได้ครับ/ค่ะ

폼/디찬 마이 유 나이타나 티 짜 추아이 쿤 다이 크랍/카

09 명령과 금지

과거 신분사회였던 태국에서는 윗사람이 아랫사람에게 "…해라", "…하지 말라" 등의 표현을 사용했으나 지금은 많이 사용하지 않는다. 상대방의 자존심을 건드리거나 자극하는 언사는 피하는 게 좋다.

명령이나 금지를 나타내는 표현은 경우에 따라 강하고 약하게 표현하며 때로는 매우 부드럽게 완곡하게 표현한다. 강한 표현은 보통 "주차금지" "흡연금지" 등의 문구로 남아 있다. 강한 금지의식을 나타낼 때는 "뻰안캇 เป็นอันขาด" 또는 "양뎃캇 อย่างเด็ดขาด" 등의 부사구를 사용한다.

지시하거나 명령할 때

• 비밀로 지켜야 합니다.

ต้องเก็บเป็นความลับครับ/ค่ะ

떵 껩 뻰 콰랍 크랍/카

• 이곳에는 자동차를 세우지 마세요.

ห้ามจอดรถที่นี่ครับ/ค่ะ

함 쩟 롯 티니 크랍/카

• 매일 아침 5시에 일어나서 청소하세요.

ตื่นตีห้าแล้วทำความสะอาดทุกวันนะครับ/คะ

뜬 띠하 래우 탐쾀싸앗 툭완 나 크랍/카

• 얼른 가서 할아버지를 모셔오세요.

รีบไปพาคุณปู่มาสิครับ/คะ

립 빠이 파 쿤뿌 마 씨 크랍/카

• 절대로 뛰지 마세요.

อย่าวิ่งเด็ดขาดครับ/ค่ะ

야 윙 뎃캇 크랍/카

• 조용히 해!

เงียบสิ

응이압 씨

• 핸드폰을 끄세요.

กรุณาปิดโทรศัพท์มือถือครับ/ค่ะ

까루나 삣 토라쌉므트 크랍/카

• 다시는 싸움하면 안 돼요.

อย่าทะเลาะกันอีกนะครับ/คะ

야 탈러 깐 익 나 크랍/카

• 천천히 말해.

พูดช้า ๆ สิ

픗 차차 씨

• 여기서 썩 나가!

ไปให้พ้นจากที่นี่

빠이 하이 폰 짝 티니

• 밤 11시까지는 꼭 귀가해야 한다.

ต้องกลับถึงบ้านก่อนห้าทุ่ม

떵 끌랍 틍 반 껀 하툼

• 계속 읽어요.

อ่านต่อสิครับ/คะ

안 떠 씨 크랍/카

• 이 방에서는 태국어만 사용해야 합니다.

ในห้องนี้ต้องใช้แต่ภาษาไทยเท่านั้นครับ/ค่ะ

나이 헝니 떵 차이 때 파싸타이 타오난 크랍/카

경고하거나 주의를 줄 때

• 돈을 너무 헤프게 쓰지 말고 절약해라.

อย่าใช้เงินฟุ่มเฟือย ประหยัดบ้าง

야 차이 응은 훔후아이 쁘라얏 방

• 그 사람을 사귀지 마라.

อย่าคบกับเค้า

야 콥 깝 카오

• 조심해요.

ระวังนะครับ/คะ

라왕 나 크랍/카

• 개의치 마세요.

ไม่ต้องเกรงใจครับ/ค่ะ

마이 떵 끄렝짜이 크랍/카

• 그러시면 안 됩니다.

อย่าทำอย่างนั้นครับ/ค่ะ

야 탐 양난 크랍/카

• 큰소리로 말하지 마세요.

อย่าพูดเสียงดังครับ/ค่ะ

야 풋 씨앙 당 크랍/카

• 마음대로 행동하지 마세요.

อย่าทำอะไรตามใจชอบครับ/ค่ะ

야 탐 아라이 땀짜이첩 크랍/카

• 추월하지 마세요.

ห้ามแซงครับ/ค่ะ

함 쌩 크랍/카

• 또 그러시면 감봉조치 하겠어요.

ถ้าทำอย่างนั้นอีก จะตัดเงินเดือนนะครับ/คะ

타 탐 양난 익 짜 땃 응언드안 나 크랍/카

금지나 허락을 하지 않을 때

• 쓸데 없는 짓 하지 마라.

อย่าทำอะไรไร้สาระ

야 탐 아라이 라이 싸라

• 그 회사와 거래하면 안 됩니다.

ห้ามทำธุรกิจกับบริษัทนั้นครับ/ค่ะ

함 탐 투라낏 깝 버리쌋난 크랍/카

- 하면 안 됩니다.

ทำแบบนั้นไม่ได้ครับ/ค่ะ
탐 뱁난 마이다이 크랍/카

- 허락할 수 없습니다.

อนุญาตไม่ได้ครับ/ค่ะ
아누얏 마이다이 크랍/카

- 맨발로 밖에 나가면 안 돼.

ออกไปข้างนอกเท้าเปล่าไม่ได้นะ
억빠이 캉넉 타오쁠라오 마이다이 나

- 그 남자와 결혼하는 거 안 된다.

แต่งงานกับผู้ชายคนนั้นไม่ได้
땡안 깝 푸차이 콘난 마이다이

- 절대로 남에게 말하지 마세요.

ห้ามบอกคนอื่นเป็นอันขาด
함 벅 콘은 뻰안캇

꾸짖을 때

- 다시는 그러지 말아요.

อย่าทำแบบนั้นอีกนะครับ/ค่ะ
야 탐 뱁난 익 나 크랍/카

- 생각하고 말하세요.

คิดก่อนพูดสิครับ/ค่ะ // คิดก่อนแล้วค่อยพูดสิครับ/ค่ะ
킷 껀 풋 씨 크랍/카 // 킷 껀 래우 커이 펏 씨 크랍/카

PART II 명령과 금지

• 동생을 못살게 하지 말아요.

อย่าแกล้งน้องสิครับ/คะ // อย่ารังแกน้องสิครับ/คะ

야 끌랭 넝 나 씨 크랍/카 // 야 랑끼앗 넝 씨 크랍/카

• 엄마 말에 토 달지 마라.

อย่าเถียงแม่

야 티앙 매

• 밤 늦게 다니지 말아요.

อย่าไปไหนมาไหนตอนกลางคืนนะครับ/คะ

야 빠이나이마나이 떤끌랑큰 나 크랍/카

타이를 때

• 도중에 그만 두면 안 돼요.

ทำไปแล้วห้ามหยุดกลางคันนะครับ/คะ

탐빠이 래우 함 윳 끌랑칸 나 크랍/카

• 그 일은 네(그, 그녀)가 해야 할 일이란다.

งานนั้นเป็นงานที่เธอต้องทำ

응안난 뻰 응안 티 트 떵 탐

• 더 깊이 생각해 보아라.

ลองคิดให้รอบคอบกว่านี้สิ

렁 킷 하이 럽컵 꽈니 씨

• 너는 형이니까 동생을 잘 돌봐야 한단다.

เธอเป็นพี่ต้องดูแลน้องให้ดีนะ

트 뻰 피 떵 둘래 넝 하이디 나

• 그렇게 하는 건 나쁜 일이란다.

ทำแบบนั้นไม่ดีนะ

탐 뱁난 마이디 나

• 남자는 울지 않는 거야.

ผู้ชายไม่ควรร้องไห้

푸차이 마이쿠안 렁하이

• 네가 잘 대접받고 싶으면 먼저 잘 해 줘야 한다.

ถ้าอยากให้คนอื่นทำดีกับเธอ เธอก็ต้องทำดีกับคนอื่นก่อน

타 약 하이 콘은 탐디 깝 트 트 꺼 떵 탐디 깝 콘은 껀

10 설득과 결심(결정)

일상생활에서 상대방을 설득해야 하거나 스스로 결정을 할 때가 많다. 스스로 결정할 때는 남의 도움을 받기도 한다. 또 남이 결정을 내리지 못하고 망설일 때는 나도 용기를 주어 결심을 하도록 하는 게 인지상정이다. 진실성과 진지함이 묻어있는 표현이 설득력이 있다.

의중을 확인하거나 설득할 때

• 그의 제안을 어떻게 처리하실 생각이세요?

คุณคิดจะจัดการกับข้อเสนอของเขาอย่างไรครับ/คะ
쿤 킷 짜 짯깐 깝 커싸너 컹 카오 양라이 크랍/카

• 그 제안에 응하실 거예요?

คุณจะตอบรับข้อเสนอนั้นไหมครับ/คะ
쿤 짜 떱랍 커싸너 난 마이 크랍/카

• 진심이세요?

เอาจริงเหรอครับ/คะ
아오찡 러 크랍/카

• 제 말을 들으세요.

กรุณาฟังผม/ดิฉันครับ/ค่ะ
까루나 황 폼/디찬 크랍/카

• 한 번 이렇게 해 보는 건 어때요?

ลองทำแบบนี้ดูสักหน่อยไหมครับ/คะ

렁 탐 뱁니 두 싹너이 마이 크랍/카

• 속셈은 어떤 것일까요?

มีแผนอะไรเหรอครับ/คะ

미 팬 아라이 러 크랍/카

• 너무 고집을 부리지 마세요.

อย่าดื้อรั้นเกินไปสิครับ/คะ

야 드란 끈빠이 씨 크랍/카

• 그의 입장에서 생각해 보세요.

ลองคิดว่าตัวเองเป็นเค้าดูสิครับ/คะ

렁 킷 와 뚜아엥 뻰 카오 두 씨 크랍/카

• 더 이상 일을 함께 할 수 없다는데 어떻게 하죠?

เขาบอกว่าทำงานด้วยกันต่อไปอีกไม่ได้จะทำอย่างไรดี ครับ/คะ

카오 벅 와 탐응안 두아이깐 떠빠이 익 마이다이 짜 탐 양라이 디 크랍/카

• 이 편지를 오늘 중으로 끝내야 하는데 하실 수 있어요?

ต้องทำจดหมายฉบับนี้ให้เสร็จภายในวันนี้ ทำได้ไหมครับ/คะ

떵 탐 쫏마이 차밥니 하이 쎗 파이나이 완니 탐 다이마이 크랍/카

• 그에게도 기회를 주어야 합니다.

ต้องให้โอกาสเขาด้วยครับ/ค่ะ

떵 하이 오깟 카오 두아이 크랍/카

• 책임질 사람이 과연 누구인지 생각해 보세요.

ลองคิดดูสิว่าใครต้องรับผิดชอบครับ/ค่ะ

렁 킷두 씨 와 크라이 떵 랍핏첩 크랍/카

결심을 유보하거나 바꿀 때

• 지금은 말하고 싶지 않아요.

ตอนนี้ไม่อยากพูดครับ/ค่ะ

떤니 마이 약 풋 크랍/카

• 좀 더 생각해 보고 결정하지요. 시간을 좀 주세요.

ต้องคิดดูก่อนแล้วค่อยตัดสินใจ ขอเวลาหน่อยนะครับ/คะ

떵 킷두 껀 래우 커이 땃씬짜이 커 웰라 너이 나 크랍/카

• 어떻게 하는 게 좋을까 생각 중입니다.

กำลังคิดอยู่ว่าควรจะทำอย่างไรดีครับ/ค่ะ

깜랑 킷유 와 쿠안 짜 탐 양라이 디 크랍/카

• 2~3일 더 생각해 보세요.

ลองคิดดูอีกสัก 2~3 วันสิครับ/คะ

렁 킷두 익 싹 썽쌈 완 씨 크랍/카

• 회의 결과를 좀 기다린 후에 결정하지요.

รอผลการประชุมอีกสักหน่อยแล้วค่อยตัดสินใจสิครับ/คะ

러 폰 깐쁘라춤 익 싹너이 래우 커이 땃씬짜이 씨 크랍/카

• 왜 생각을 바꾸려고 하지요?

ทำไมถึงเปลี่ยนความคิดล่ะครับ/คะ

탐마이 틍 쁠리안 쾀킷 라 크랍/카

결심(결정)할 때

• 이렇게 하기로 했어요.

ผม/ดิฉันตกลงว่าเอาตามนั้นแล้วครับ/ค่ะ

폼/디찬 똑롱 와 아오 땀 난 래우 크랍/카

• 아무래도 그 계획안은 기각해야겠어요.

อย่างไรก็ตามแผนโครงการนั้นก็ต้องตัดทิ้งครับ/ค่ะ

양라이 꺼 땀 팬크롱깐 난 꺼 떵 땃팅 크랍/카

• 그 회사와 계속 공동으로 일을 추진하기로 하지요.

ตกลงกันแล้วว่าจะดำเนินโครงการร่วมกับบริษัทนั้นต่อไปครับ/ค่ะ

똑롱 깐 래우 와 짜 담는 크롱깐 루암깝 버리쌋난 떠빠이 크랍/카

• 그 상품을 계속 구입하기로 결정했어요.

ตัดสินใจแล้วว่าจะซื้อสินค้านั้นต่อไปครับ/ค่ะ

땃씬짜이 래우 와 짜 쓰 씬카난 떠빠이 크랍/카

• 태국에 가지 않고 미국으로 가기로 했어요.

ตัดสินใจแล้วว่าจะไปอเมริกา ไม่ไปเมืองไทยแล้วครับ/ค่ะ

땃싼짜이 래우 와 짜 빠이 아메리까 마이 빠이 므앙타이 래우 크랍/카

• 반드시 1등상을 타고야 말겠어요.

จะต้องคว้ารางวัลที่๑ให้ได้ครับ/ค่ะ

짜 떵 콰 랑완 티능 하이다이 크랍/카

• 무슨 일이 있어도 그 돈을 받아내겠어.

ต่อให้มีเรื่องอะไรเกิดขึ้น ก็ต้องเอาเงินนั้นคืนมาให้ได้

떠 하이 미 르앙아라이 끗큰 꺼 떵 아오 응은 난 큰 마 하이다이

• 그럼 3시에 여기 모이는 걸로 하지요.

งั้นพบกันบ่ายสามโมงที่นี่ก็แล้วกันครับ/ค่ะ

응안 폽깐 바이쌈몽 티니 꺼래우깐 크랍/카

• 어떤 결정을 하셔도 저는 그대로 따르겠어요.

คุณตัดสินใจอย่างไร ผม/ดิฉันก็จะทำตามครับ/ค่ะ

쿤 땃씬짜이 양라이 폼/디찬 꺼 짜 탐 땀 크랍/카

결정을 망설일 때

• 제 마음대로 결정할 수 있는 문제가 아니에요.

ไม่ใช่เรื่องที่ผม/ดิฉันสามารถตัดสินใจด้วยตัวเองได้ครับ/ค่ะ

마이차이 르앙 티 폼/디찬 싸맛 땃씬짜이 두아이뚜아엥 다이 크랍/카

• 어떻게 해야 좋을 지 모르겠어요.

ไม่ทราบว่าจะทำอย่างไรดีครับ/ค่ะ

마이 쌉 와 짜 탐 양라이 디 크랍/카

• 아직 아무 결정도 못했어요.

ยังไม่ได้ตัดสินใจอะไรเลยครับ/ค่ะ

양 마이다이 땃씬짜이 아라이 르이 크랍/카

• 그 일은 아직 결정 나지 않았어요.

เรื่องนั้นยังไม่ได้ตกลงกันครับ/ค่ะ

르앙 난 양 마이다이 똑롱 깐 크랍/카

• 모두 예뻐서 뭘 사야 좋을지 모르겠어요.

ทุกอย่างสวยหมดจนไม่รู้ว่าจะซื้ออะไรดีครับ/ค่ะ

툭양 쑤아이 못 쫀 마이루와 짜 쓰 아라이 디 크랍/카

11 추측과 확신

추축(판단)할 때

- 그가 몇 살인지 맞춰보세요.

ลองทายดูสิครับ/คะว่าเค้าอายุเท่าไร
렁 타이 두 씨 크랍/카 와 카오 아유 타오라이

- 아마 지금은 그가 집에 있을 거예요.

ตอนนี้เขาคงจะอยู่บ้านครับ/ค่ะ
떤니 카오 콩짜 유 반 크랍/카

- 서울은 아마 몹시 추울 거예요.

กรุงโซลอากาศคงจะหนาวมากครับ/ค่ะ
끄룽서울 아깟 콩짜 나우 막 크랍/카

- 그가 그 사실을 알고 있을 거 같아.

ดูเหมือนเค้าจะรู้เรื่องนั้นอยู่แล้ว
두므안 카오 짜 루르앙난 유 래우

- 그 계획을 전혀 몰랐을 지도 몰라.

เค้าอาจจะไม่รู้จักโครงการนั้นเลยก็ได้
카오 앗짜 마이 루짝 크롱깐난 르이 꺼다이

- 늦어도 오늘 저녁에는 도착할 거야.

อย่างช้าคงจะถึงเย็นนี้
양차 콩 짜 틍 옌니

추측이나 판단의 결과에 대해 말할 때

- 그럴 줄 알았어.

  กะแล้ว

  까 래우

- 당신 추측이 맞았어요.

  คุณเดาถูกครับ/ค่ะ

  쿤 다오 툭 크랍/카

- 제가 옳다는 게 판명되었어요.

  พิสูจน์แล้วว่าผม/ดิฉันถูกครับ/ค่ะ

  피쑷 래우 와 폼/디찬 툭 크랍/카

- 결과에 대한 우리 예측이 맞았어요.

  เราคาดเดาผลลัพธ์ได้ถูกต้องครับ/ค่ะ

  라오 캇다오 폰랍 다이 툭떵 크랍/카

- 전혀 생각지 못했어요.

  ผม/ดิฉันไม่ได้คิดถึงเรื่องนั้นเลยครับ/ค่ะ

  폼/디찬 마이다이 킷릉 르앙 난 르이 크랍/카

- 아직은 모르는 일이에요.

  เรื่องนี้เราเองก็ยังไม่รู้ครับ/ค่ะ

  르앙니 라오엥 꺼 양 마이루 크랍/카

- 전혀 짐작이 안 가네요.

  เดาไม่ได้เลยครับ/ค่ะ

  다오 마이다이 르이 크랍/카

- 우리가 이길 거라는 것을 전혀 예상도 못했어요.

  ไม่คิดมาก่อนเลยว่าเราจะชนะได้ครับ/ค่ะ

  마이 킷 마 껀 르이 와 라오 짜 차나다이 크랍/카

• 속단은 아직 일러요.

ยังเร็วไปที่จะสรุปครับ/ค่ะ

양 레우 빠이 티 짜 싸룹 크랍/카

• 예측하기 어려워요.

เดายากครับ/ค่ะ

다오 약 크랍/카

• 당신 판단에 맡길 게요.

ให้คุณตัดสินใจครับ/ค่ะ

하이 쿤 땃씬짜이 크랍/카

확신을 물을 때

• 정말 전혀 문제가 없어요?

ไม่มีปัญหาจริง ๆ เหรอครับ/คะ

마이미 빤하 찡찡 러 크랍/카

• 무슨 근거로 그런 말을 하지요?

ทำไมถึงได้พูดแบบนั้นล่ะครับ/คะ

탐마이 틍 다이 풋 뱁난 라 크랍/카

• 확신해요?

แน่ใจเหรอครับ/คะ

내짜이 러 크랍/카

• 분명히 아세요?

รู้แน่เหรอครับ/คะ

루 내 러 크랍/카

• 확실하지요?

แน่ใจใช่ไหมครับ/คะ

내짜이 차이마이 크랍/카

• 보증할 수 있어요?

รับประกันได้เหรอครับ/ค่ะ

랍쁘라깐 다이 러 크랍/카

• 당신의 이름을 걸 수 있어요?

ใช้ชื่อคุณได้ไหมครับ/คะ

차이 츠 쿤 다이마이 크랍/카

• 의심 가는 부분이 전혀 없나요?

ไม่มีอะไรน่าสงสัยเหรอเลยครับ/คะ

마이미 아라이 나쏭싸이 러 르이 크랍/카

• 장담하실 수 있어요?

รับรองได้เหรอครับ/คะ // รับปากได้เหรอครับ/คะ

랍렁 다이 러 크랍/카 // 랍빡 다이 러 크랍/카

PART Ⅱ 추측과 확신

12 가능과 불가능

가능 여부를 물을 때

• 한강을 헤엄 쳐서 건널 수 있나요?

ว่ายน้ำข้ามแม่น้ำฮันได้ไหมครับ/คะ

와이남 캄 매남 한 다이마이 크랍/카

• 피아노 칠 수 있나요?

เล่นเปียโนได้ไหมครับ/คะ

렌 피아노 다이마이 크랍/카

• 피아노 칠 줄 아나요?

เล่นเปียโนเป็นไหมครับ/คะ

렌 피아노 뻰 마이 크랍/카

• 영어로 전화를 할 수 있나요?

คุยโทรศัพท์ด้วยภาษาอังกฤษได้ไหมครับ/คะ

쿠이 토라쌉 두아이 파싸앙끄릿 다이마이 크랍/카

• 할인 해 주실 수 있어요?

ลดราคาให้หน่อยได้ไหมครับ/คะ

롯 라카 하이 너이 다이마이 크랍/카

• 정말 믿어도 되겠어요?

เชื่อได้ไหมครับ/คะ

츠아 다이마이 크랍/카

• 시간에 늦지 않게 도착할 수 있을까요?

มาให้ทันเวลาได้ไหมครับ/คะ

마 하이 탄웰라 다이마이 크랍/카

• 저 앞에 가는 형을 따를 수 있니?

เดินทันพี่ชายที่เดินอยู่ตรงโน้นได้ไหม

든 탄 피차이 티 든 유 뜨롱논 다이마이

• 조심 좀 할 수 없니?

ระวังให้มากกว่านี้ได้ไหม

라왕 하이 막 꽈 니 다이마이

가능(불가능)하다고 말할 때

• 자전거 탈 줄 알아요.

ขี่จักรยานเป็นครับ/ค่ะ

키 짝끄라얀 뻰 크랍/카

• 여기서는 수영을 할 수 있어요.

ที่นี่ว่ายน้ำได้ครับ/ค่ะ

티니 와이남 다이 크랍/카

• 더는 자전거를 탈 수 없어요.

ขี่จักรยานอีกไม่ไหวแล้วครับ/ค่ะ

키 짝끄라얀 익 마이 와이 래우 크랍/카

• 동생은 태국어를 쓰고 읽을 줄 알아요.

น้องชายสามารถอ่านเขียนภาษาไทยได้ครับ/ค่ะ

넝차이 싸맛 안 키안 파싸타이 다이 크랍/카

• 그 가방은 분실물센터에 가면 찾을 수 있어요.

กระเป๋านั้นไปรับคืนได้ที่ศูนย์บริการติดตามสัมภาระครับ/ค่ะ

끄라빠오 난 빠이 랍큰 다이 티 쑨 버리깐 띳땀 쌈파라 크랍/카

• 이 문서를 한국어로 번역할 수 있어요.

แปลเอกสารนี้เป็นภาษาเกาหลีได้ครับ/ค่ะ

엑까싼 니 쁠래 뻰 파싸까올리 다이 크랍/카

• 가 보면 저절로 믿게 될 것입니다.

ถ้าลองไปดู คุณก็จะเชื่อเองครับ/ค่ะ

타 렁 빠이 두 쿤 꺼 짜 츠아 엥 크랍/카

• 몸이 아파서 운전할 수 없어요.

ป่วยมากเลยขับรถไม่ได้ครับ/ค่ะ

뿌아이 막 르이 캅롯 마이다이 크랍/카

• 이미 많이 마셔서 더 이상 마시지 못해요.

ดื่มเยอะแล้วเลยดื่มต่ออีกไม่ไหวครับ/ค่ะ

듬 여 래우 르이 듬 떠 익 마이와이 크랍/카

• 그가 할 수 없다는 것을 난 잘 알아.

ฉัน/ผมรู้ดีอยู่แล้วว่าเค้าทำไม่ได้

찬/폼 루 디 유 래우 와 카오 탐 마이다이

• 운전할 줄 몰라요.

ขับรถไม่เป็นครับ/ค่ะ

캅롯 마이뻰 크랍/카

• 왜 올 수 없니?

ทำไมมาไม่ได้

탐마이 마 마이다이

• 이 질문에 답하지 않겠어요.

ไม่ตอบคำถามนี้ครับ/ค่ะ

마이 떱 캄탐 니 크랍/카

• 난 너를 잊지 못할 거야.

ผม/ดิฉันคงลืมเธอไม่ได้

폼/디찬 콩 름 트 마이다이

• 말이 너무 빨라서 알아들을 수가 없다.

เค้าพูดเร็วเกินไปจนฟังไม่รู้เรื่อง

카오 풋 레우 끈빠이 쫀 황 마이 루르앙

• 그가 무슨 말을 하는 지 통 모르겠다.

ไม่เข้าใจเลยว่าเค้าพูดอะไร

마이 카오짜이 르이 와 카오 풋 아라이

• 그 애는 한국말을 알아듣지 못해요.

เด็กคนนั้นฟังภาษาเกาหลีไม่รู้เรื่อง(ไม่ออก)ครับ/ค่ะ

덱 콘 난 황 파싸까올리 마이루르앙 (마이억) 크랍/카

• 너무 더워서 밖에 나갈 수가 없어요.

อากาศร้อนมากจนออกไปข้างนอกไม่ไหวครับ/ค่ะ

아깟 런 막 쫀 억빠이 캉넉 마이와이 크랍/카

13 희망(계획)이나 의향

희망이나 의향을 물을 때

• 커서 무엇이 되고 싶니?

โตขึ้นแล้วอยากเป็นอะไร

또 큰 래우 약 뻰 아라이

• 푸껫에 가고 싶니?

อยากไปภูเก็ตไหม

약 빠이 푸껫 마이

• 뭘 취하시겠어요(가지시겠어요)?

จะรับอะไรครับ/คะ

짜 랍 아라이 크랍/카

• 영국에 가면 무슨 전공을 하고 싶니?

ไปอังกฤษแล้วอยากเรียนวิชาเอกอะไร

빠이 앙끄릿 래우 약 리안 위차엑 아라이

• 언제 출발할 거니?

จะออกเดินทางเมื่อไร

짜 억든탕 므아라이

• 왜 선생님이 되려고 하니?

ทำไมอยากเป็นครู

탐마이 약 뻰 크루

• 다른 옷도 입어 보시겠어요?

ลองเสื้อตัวอื่นด้วยไหมครับ/คะ

렁 쓰아 뚜아 은 두아이 마이 크랍/카

• 몇 시에 가면 될까요?

ไปกี่โมงดีครับ/คะ

빠이 끼몽 디 크랍/카

• 다음 달에는 무엇을 하시겠어요?

เดือนหน้าจะทำอะไรครับ/คะ

드안 나 짜 탐 아라이 크랍/카

• 제가 할 일이 더 있나요?

มีอะไรให้ผม/ดิฉันทำอีกไหมครับ/คะ

미 아라이 하이 폼/다찬 탐 익 마이 크랍/카

희망이나 의향을 말할 때

• 나는 대통령이 되고 싶어요.

ผม/ดิฉันอยากจะเป็นประธานาธิบดีครับ/ค่ะ

폼/디찬 약 짜 뻰 쁘라타나티버디 크랍/카

• 누나는 배우가 되려고 해요.

พี่สาวอยากเป็นดาราครับ/ค่ะ

피싸오 약 뻰 다라 크랍/카

• 그는 훌륭한 통역사가 되려는 꿈을 가지고 있어요.

เค้ามีความฝันที่อยากจะเป็นล่ามที่มีความสามารถครับ/ค่ะ

카오 미 콤환 티 약 짜 뻰 람 티 미 콤싸맛 크랍/카

• 저와 함께 가시지요.

ไปกับผม/ดิฉันสิครับ/คะ

빠이 깝 폼/디찬 씨 크랍/카

• 혼자 있고 싶어요.

อยากอยู่คนเดียวครับ/ค่ะ

약 유 콘디아우 크랍/카

• 한 번 더 신어(입어, 써)보고 싶은데, 될까요?

อยากจะลองใส่อีกทีหนึ่งได้ไหมครับ/คะ

약 짜 렁 싸이 익 티 능 다이마이 크랍/카

• 그 계획이 성공하기를 바래.

ขอให้แผนการสำเร็จนะ

커 하이 팬깐 쌈렛 나

• 엄마가 보고 싶어 죽겠어.

คิดถึงแม่จะตายอยู่แล้ว

킷틍 매 짜따이 유래우

• 대학에 가서 정치학을 공부하고 싶어요.

เข้ามหาวิทยาลัยแล้วอยากเรียนรัฐศาสตร์

카오 마하위타야라이 래우 약 리안 랏타쌋

• 저와 결혼해 주시겠어요?

คุณจะแต่งงานกับผมไหมครับ

쿤 짜 땡안 깝 폼 마이 크랍

• 시험에 꼭 합격하려고 노력하고 있어요.

กำลังตั้งใจอ่านหนังสือเพื่อให้สอบผ่านอยู่ครับ/ค่ะ

깜랑 땅짜이 안 낭쓰 프아 하이 썹 판 유 크랍/카

• 어머니 생일 잔치에 오세요.

ขอเชิญมางานวันเกิดแม่นะครับ/คะ

커 츤 마 응안 완끗 매 나 크랍/카

• 내가 새라면 좋겠어요.

ถ้าผม/ดิฉันเป็นนกคงจะดีครับ/ค่ะ

타 폼/디찬 뻰 녹 콩짜 디 크랍/카

의지를 말할 때

• 제가 계산하겠어요.

ผม/ดิฉันจะจ่ายเองครับ/ค่ะ

폼/디찬 짜 짜이 엥 크랍/카

• 아침에 일찍 일어나야겠어요.

ต้องตื่นแต่เช้าครับ/ค่ะ

떵 뜬때차오 크랍/카

• 오늘은 일찍 자야겠어요.

วันนี้คงต้องเข้านอนเร็วครับ/ค่ะ

완니 콩 떵 카오넌 레우 크랍/카

• 유학 가서 박사가 될 생각입니다.

คิดว่าจะไปเรียนเมืองนอกให้จบด็อกเตอร์ครับ/ค่ะ

킷 와 짜 빠이 리안 므엉넉 하이 쫍 닥터 크랍/카

• 아버님께 이 꽃다발을 바치고자 합니다.

ตั้งใจจะมอบช่อดอกไม้ให้คุณพ่อครับ/ค่ะ

땅짜이 짜 멉 처덕마이 하이 쿤퍼 크랍/카

• 고아를 위해 제 한 몸 희생할 각오입니다.

ผม/ดิฉันตั้งใจจะอุทิศชีวิตเพื่อเด็กกำพร้าครับ/ค่ะ

폼/디찬 땅짜이 짜 우팃 치윗 프아 덱깜프라 크랍/카

PART Ⅲ

감정을 나타내는 표현

01 기쁨과 행복

기쁨과 행복은 나눌수록 그 정도가 배가된다고 했지만 우리는 에둘러 이야기하고 직설적으로 표현하는 것은 삼가는 경향이다. 이 믿음은 태국인의 경우도 마찬가지여서 상대방의 입장을 고려하며 너무 지나친 표현은 삼간다. 그래도 어느 정도는 솔직하게 표현한다. 특히 상대방의 성공이나 경사는 "축하해", "잘 했어", "멋져" 등의 표현으로 함께 기뻐해준다.

PART III 기쁨과 행복

기쁨을 나타낼 때

- 만세!

  ไชโย!

  차이요!

- 멋져!

  โก้(จัง) // เท่ห์(จัง) // เจ๋ง

  꼬(짱) // 테(짱) // 쩽

- 근사해!(아름다워!, 예뻐!)

  สวยดี! // สวย!

  쑤아이디! //쑤아이!

• 좋아!

ดีแล้ว! // ดีมาก! // ดี!

디래우 // 디막 // 디

• 행복해!

มีความสุขจัง!

미 콤쑥 짱

• 최고야!

เยี่ยม! // ยอดเยี่ยม! // สุดยอด!

이암! // 엿이암! // 쑷엿!

• 아주 기뻐요. / 매우 기쁩니다.

ดีใจมากเลยครับ/ค่ะ

디짜이 막 르이 크랍/카

• 너무 좋아서 입을 다물 수 없어요.

ดีใจจนอ้าปากค้าง

디짜이 쫀 아빡 캉

• 꿈만 같아요.

เหมือนฝันเลยครับ/ค่ะ //

므안 환 르이 크랍/카 //

รู้สึกเหมือนกำลังฝันอยู่เลยครับ/ค่ะ

루쓱 므안 깜랑 환 유 르이 크랍/카

• 기뻐서 가슴이 막 뛰어요.

ตื่นเต้นดีใจมากเลยครับ/ค่ะ

뜬뗀 디짜이 막 르이 크랍/카

PART Ⅲ 기쁨과 행복

• 좋아서 어쩔 줄 모르겠어요.

ดีใจมากจนไม่รู้ว่าจะทำอย่างไรดีครับ/ค่ะ

디짜이 막 쫀 마이루 와 짜 탐 양라이 디 크랍/카

• 정말 잘 됐어요.

ดีจังเลยครับ/ค่ะ / ขอแสดงความยินดีด้วยครับ/ค่ะ

디짱 르이 크랍/카 / 커 싸댕 콤인디 두아이 크랍/카

• 그렇게 기다렸는데 정말 잘 됐어요.

อุตส่าห์รอมาตั้งนาน ทุกอย่างเป็นไปด้วยดีแล้วนะครับ/คะ

웃싸 러 마 땅난 툭양 뻰빠이 두아이 디 래우 나 크랍/카

• 듣던 중 반가운 소식이에요.

เป็นข่าวดีตั้งแต่เคยได้ยินมาเลยครับ/ค่ะ

뻰 카우디 땅때 크이 다이인 마 르이 크랍/카

• 시험이 끝나서 속이 후련해요.

พวกเราโล่งใจที่สอบเสร็จแล้วครับ/ค่ะ

푸악라오 롱짜이 티 썹 쎗 래우 크랍/카

• 정말 잘 했어요.

เก่งมากจริง ๆ ครับ/ค่ะ // ทำได้ดีมากเลยครับ/ค่ะ

껭 막 찡찡 크랍/카 // 탐 다이디 막 르이 크랍/카

• 넌 정말 음악에 재능이 있어.

เธอมีพรสวรรค์ด้านดนตรีจริง ๆ นะ

트 미 펀싸완 단 돈뜨리 찡찡 나

• 베풀어주신 호의에 매우 감격했습니다.

ความเมตตาของคุณทำให้ผม/ดิฉันตื้นตันใจมากครับ/ค่ะ

콤멧따 컹 쿤 탐하이 폼/디찬 뜬딴짜이 막 크랍/카

• 바쁘신데 우리 학교를 방문해 주셔서 영광입니다.

รู้สึกเป็นเกียรติที่ท่านกรุณาสละเวลามาเยี่ยมโรงเรียน
루쓱 뻰끼앗 티 탄 까루나 싸라웰라 마 이암 롱리안

เราครับ/ค่ะ
라오 크랍/카

• 네가 잘해서 우리 체면이 섰어.

เธอทำได้ดีมาก พวกเราเลยพลอยได้หน้าไปด้วย
트 탐 다이디 막 푸악라오 르이 플러이 다이나 빠이 두아이

즐겁고 재미있을 때

• 오늘은 정말 즐겁고 재미있었어.

วันนี้สนุกมากจริง ๆ
완니 싸눅 막 찡찡

• 정말 좋았는데 다음에 또 갈까?

ชอบจริง ๆ เลย งวดหน้าไปอีกไหม
첩 찡찡 르이 응앗 나 빠이 익 마이

• 이 게임은 아주 재미있어요.

เกมนี้สนุกมากเลยครับ/ค่ะ
껨니 싸눅 막 르이 크랍/카

• 너무 우스워서 배꼽 빠질 뻔 했어요.

ตลกมากเลยหัวเราะจนท้องแข็งเลยครับ/ค่ะ
딸록 막 르이 후아러 쫀 텅캥 르이 크랍/카

• 제목만 봐도 재미있을 것 같아요.

แค่เห็นชื่อเรื่องก็น่าสนุกแล้วครับ/ค่ะ
캐 헨 츠르앙 꺼 나싸눅 래우 크랍/카

• 오늘 저녁 아주 즐거웠어요.

เย็นวันนี้สนุกมาเลยครับ/ค่ะ

옌 완니 싸눅 막 르이 크랍/카

행운-행복-안심할 때

• 넌 정말 운이 좋다!

เธอโชคดีมากจริง ๆ

트 촉디 막 찡찡

• 다행이다. 축하해.

โชคดีจัง ยินดีด้วยนะ

촉디 짱 인디 두아이 나

• 오늘 정말 재수 좋구나!

วันนี้ดวงดีจริง ๆ

완니 두앙 디 찡찡

• 그냥 운이 좋았을 뿐이야.

ก็แค่โชคดีเท่านั้นแหล่ะ

꺼 캐 촉디 타오난 래

• 아니야. 네가 옆에서 조언해 준 덕분이야.

ไม่หรอก ก็เพราะได้เธอคอยแนะนำอยู่ข้าง ๆ นี่แหล่ะ

마이 럭 꺼프러 다이 트 커이 내남 유 캉캉 니 래

• 오늘 아주 행복해요.

วันนี้มีความสุขมากครับ/ค่ะ

완니 미 쾀쑥 막 크랍/카

• 꿈이 다 이루어졌어요.

ฝันเป็นจริงแล้วครับ/ค่ะ // ทำตามความฝันได้แล้วครับ/ค่ะ

환 뻰찡 래우 크랍/카 // 탐땀 쾀환 다이 래우 크랍/카

• 행복하세요.

ขอให้มีความสุขนะครับ/คะ

커 하이 미 쾀쑥 나 크랍/카

• 돈으로는 행복을 살 수 없어요.

เงินซื้อความสุขไม่ได้ครับ/ค่ะ

응언 쓰 쾀쑥 마이다이 크랍/카

• 우린 가난해도 행복해요.

ถึงแม้เรายากจน แต่ก็มีความสุขครับ/ค่ะ

틍매 라오 약쫀 때 꺼 미 쾀쑥 크랍/카

• 이제는 마음이 놓입니다.

ตอนนี้วางใจได้แล้วครับ/ค่ะ

떤니 왕짜이 다이 래우 크랍/카

• 딸이 시집가서 이젠 홀가분해요.

ลูกสาวแต่งงานแล้ว ตอนนี้เลยรู้สึกโล่งใจครับ/ค่ะ

룩싸우 땡안 래우 떤니 르이 루쓱 롱짜이 크랍/카

• 안심해!

วางใจได้แล้ว!

왕짜이 다이 래우!

• 모두가 잘 잡숫는 걸 보니 마음이 놓입니다.

รู้สึกโล่งใจที่เห็นทุกคนทานกันได้มากครับ/ค่ะ

루쓱 롱짜이 티 헨 툭콘 탄깐 다이 막 크랍/카

PART Ⅲ 기쁨과 행복

02 슬픔과 우울함

살다 보면 누구나 슬픔과 우울을 경험하고 때로는 울고 싶기도 하다. 슬픔이나 실망, 좌절 또는 영혼의 쓸쓸함을 남에게 표현할 줄도 알아야 정신 건강에 좋다. 이럴 땐 솔직하게 표현하는 게 바람직하다. 이러한 표현에 대해 태국인들은 함께 슬퍼하고 위로하며 슬픔을 나눈다.

슬프거나 우울할 때

• 매우 슬퍼요.

(รู้สึก)เสียใจมากครับ/ค่ะ // เศร้ามากครับ/ค่ะ

(루쓱) 씨아짜이 막 크랍/카 // 싸오 막 크랍/카

• 비참한 기분이에요.

รู้สึกเศร้ามากครับ/ค่ะ

루쓱 싸오 막 크랍/카

• 뭐가 그리 슬프니?

ทำไมถึงเสียใจขนาดนั้น

탐마이 틍 씨아짜이 카낫난

• 왜 슬픈 얼굴을 하고 있니?

ทำไมหน้าเศร้าแบบนั้นล่ะ

탐마이 나싸오 뱁난 라

• 그 소설 여주인공이 죽어서 슬퍼.

นางเอกในนิยายตายเลยเศร้า

낭엑 나이 니야이 따이 르이 싸오

• 지금 우울해요. / 기분이 좋지 않아요.

ตอนนี้รู้สึกหดหู่ครับ/ค่ะ // รู้สึกไม่ค่อยดีเลยครับ/ค่ะ

떤니 루쓱 홋후 크랍/카 // 루쓱 마이 커이 디 르이 크랍/카

• 아무 것도 하고 싶지 않아요.

ไม่อยากทำอะไรเลยครับ/ค่ะ

마이 약 탐 아라이 르이 크랍/카

• 요새 백수라 기운이 없어요.

ช่วงนี้ตกงานอยู่เลยไม่ค่อยมีกำลังใจครับ/ค่ะ

추앙니 뚝응안 유 르이 마이 커이 미 깜랑짜이 크랍/카

• 병세가 절망적인 상태래요.

อาการป่วยตอนนี้เค้าบอกว่าหมดหวังแล้วครับ/ค่ะ

아깐 뿌아이 떤니 카오 벅 와 못왕 래우 크랍/카

• 우울증으로 고생하고 있어요.

เป็นทุกข์เพราะโรคซึมเศร้าครับ/ค่ะ

뻰 툭 프러 록씀싸오 크랍/카

• 이 가을엔 몹시 쓸쓸해요.

ฤดูใบไม้ร่วงนี้รู้สึกเหงามากเลยครับ/ค่ะ

르두바이마이루앙 니 루쓱 응아오 막 르이 크랍/카

PART Ⅲ 슬픔과 우울함

울거나 울고 싶을 때

- 너무 슬퍼서 울고 싶어요.

รู้สึกเสียใจมากจนอยากร้องไห้ครับ/ค่ะ

루쓱 씨아짜이 막 쫀 약 렁하이 크랍/카

- 울고 싶을 땐 슬픈 영화를 보러 가요.

ถ้าอยากร้องไห้ก็ไปดูหนังเศร้า ๆ สิครับ/คะ

타 약 렁하이 꺼 빠이두 낭 싸오싸오 씨 크랍/카

- 눈물이 두 눈에 맺혔어요. / 눈물이 핑 돌았어요.

น้ำตาคลอครับ/ค่ะ

남따 클러 크랍/카

- 눈물이 막 흘러 내렸어요. / 얼굴이 눈물 범벅이 되었어요.

น้ำตาไหลอาบแก้มครับ/ค่ะ

남따 라이 압깸 크랍/카

- 이 손수건으로 눈물을 닦으세요.

เอาผ้าเช็ดหน้านี้เช็ดน้ำตาสิครับ/คะ

아오 파첻나 니 첻 남따 씨 크랍/카

- 실컷 우세요. 그러면 속이 후련할 거예요.

ร้องไห้ให้เต็มที่เลย จะได้รู้สึกโล่งขึ้นครับ/ค่ะ

렁하이 하이 뗌티 르이 짜 다이 루쓱 롱 큰 크랍/카

- 걘 몹시 울어 눈이 빨갰어요.

เธอร้องไห้มากจนตาแดงครับ/ค่ะ

트 렁하이 막 쫀 따댕 크랍/카

03 격려와 위로

상대방이 슬프거나 좌절하고 있을 때 우리는 어떻게 위로하고 용기를 줄 수 있을까? 불교국가인 태국은 어쩔 수 없는 슬픔이나 인간의 힘으로 극복하기 어렵거나 할 수 없는 일에 대해서는 조용히 업보로 받아들이고 상대방에게도 그렇게 받아들이고 마음을 가다듬도록 권한다. 불교나 이슬람교 같은 자신의 종교의 교리가 행동이나 판단의 근본이 된다.

동정하거나 배려할 때

• 어떠세요? 괜찮으세요?

เป็นยังไงบ้างครับ/คะ // เป็นอะไรเหรอเปล่าครับ/คะ

뻰 양아이 방 크랍/카 // 뻰 아라이 러 쁠라오 크랍/카

• 도대체 무슨 일이 생겼어요?

มีเรื่องอะไรเกิดขึ้นกันแน่

미 르앙 아라이 끗큰 깐 내

• 그 말씀을 듣고 보니 저도 걱정이 되네요.

พอฟังคุณแล้ว ผม/ดิฉันก็เลยรู้สึกเป็นห่วงเหมือนกันนะ

퍼 황 쿤 래우 폼/디찬 꺼 르이 루쓱 뻰후앙 므안깐 나

ครับ/คะ

크랍/카

• 비용은 너무 걱정하지 마세요.

ไม่ต้องกังวลเรื่องค่าใช้จ่ายนะครับ/คะ

마이 떵 깡원 르앙 카차이짜이 나 크랍/카

• 서로 조금씩 돈을 내서 그 사람을 도웁시다.

ออกเงินกันคนละนิดช่วยเค้าหน่อยละกันครับ/ค่ะ

억 응언 깐 콘라닛 추아이 카오 너이 라깐 크랍/카

• 그 일은 개의치 마세요.

เรื่องนั้นไม่ต้องเกรงใจครับ/ค่ะ

르앙난 마이 떵 끄렝짜이 크랍/카

• 연세가 많으셔서 그러니 맘에 두지 마세요.

ท่านอายุมากแล้วก็เลยเป็นแบบนั้น อย่าเก็บไปคิดเลย

탄 아유 막 래우 꺼 르이 뻰 뱁난 야 껩 빠이 킷 르이

นะครับ/คะ

나 크랍/카

• 지금부터가 더 중요해요.

ตั้งแต่ตอนนี้ไปสำคัญกว่าครับ/ค่ะ

땅때 떤니빠이 쌈칸 꽈 크랍/카

• 그 사람의 입장을 생각해 보세요.

ลองคิดถึงใจเขาดูสิครับ/คะ

렁 킷틍 짜이카오 두 씨 크랍/카

• 입장을 바꿔 생각해 보세요.

ลองคิดถึงใจเขาใจเราดูสิครับ/คะ

렁 킷틍 짜이카오 짜이라오 두 씨 크랍/카

PART Ⅲ 격려와 위로

• 아프리카에서 굶는 어린이를 도와주세요.

ช่วยเด็กอดอยากที่แอฟริกาด้วยนะครับ/คะ

추아이 덱 옷약 티 아프리카 두아이 나 크랍/카

격려하고 위로할 때

• 딱하게 되었습니다. / 참 안 됐습니다.

โถ ไม่น่าเลย // โธ่ น่าสงสารจริง ๆ

토 마이나 르이 // 토 나 쏭싼 찡찡

• 힘 내세요. / 기운 내세요. / 용기를 가지세요.

เข้มแข็งไว้นะครับ // สู้ ๆ นะครับ

켐캥 와이 나 크랍 // 쑤쑤 나 크랍

• 이런 일이 일어나 유감입니다.

ขอแสดงความเสียใจด้วยครับ/ค่ะ

커 싸댕 콤씨아짜이 두아이 크랍/카

• 진정하시고 냉정하게 생각하세요.

ใจเย็นก่อนและค่อย ๆ คิดให้รอบคอบนะครับ/คะ

짜이옌 껀 래 커이커이 킷 하이 럽컵 나 크랍/카

• 실망하지 마세요.

ไม่ต้องรู้สึกผิดหวังนะครับ/คะ

마이 떵 루쓱 핏왕 나 크랍/카

• 긍정적으로 생각하세요.

คิดในแง่ดีไว้นะครับ/คะ

킷 나이 응애디 와이 나 크랍/카

• 참으세요.

อดทนไว้ก่อน // ใจเย็น ๆ นะ

옷톤 와이 껀 // 짜이옌옌 나

• 이 일은 잊고 마음에 담아두지 마세요.

เรื่องนี้ลืมซะให้หมด อย่าเก็บไปคิดอะไรเลยนะครับ/คะ

르앙니 름싸 하이못 야 껩빠이 킷 아라이 르이 나 크랍/카

• 잘 버티셔야 합니다.

ต้องอดทนนะครับ/คะ

떵 옷톤 나 크랍/카

• 용기를 잃지 마세요. / 너무 실망하지 마세요. / 쉽게 포기하지 마세요.

อย่าเพิ่งหมดหวังสิครับ/คะ // อย่าเพิ่งยอมแพ้ง่าย ๆ สิครับ/คะ

야 픙 못왕 씨 크랍/카 // 야 픙 염패 응아이응아이 씨 크랍/카

• 모두 잘 될 거예요.

ทุกอย่างจะเป็นไปด้วยดีครับ/ค่ะ

툭양 짜 뻰빠이 두아이디 크랍/카

• 당신 탓만이 아니에요.

ไม่ใช่ความผิดของคุณคนเดียวครับ/ค่ะ

마이차이 쾀핏 컹 쿤 콘디아우 크랍/카

• 살다 보면 다 있을 수 있는 일이에요.

เป็นเรื่องธรรมดาครับ/ค่ะ

뻰 르앙 탐마다 크랍/카

• 하늘은 당신편이에요.

โชคเข้าข้างคุณครับ/ค่ะ

촉 카오 캉쿤 크랍/카

• 우린 당신 편이에요. 무슨 일이든 도울 게요.

เราจะอยู่เคียงข้างคุณ ไม่ว่าเรื่องอะไรก็จะช่วยครับ/ค่ะ
라오 짜 유 키앙 캉 쿤 마이와 르앙 아라이 꺼 짜 추아이 크랍/카

• 당신 사정을 알겠어요.

เราเข้าใจสถานการณ์ของคุณครับ/ค่ะ
라오 카오짜이 싸타나깐 컹 쿤 크랍/카

• 걱정하지 마세요.

อย่ากังวลเลยครับ/ค่ะ // อย่าวิตกเลยครับ/ค่ะ //
야 깡원 르이 크랍/카 // 야 위똑 르아 크랍/카 //

อย่ากลุ้มใจไปเลยครับ/ค่ะ
야 끌룸짜이 빠이 르이 크랍/카

• 부담스럽게 생각하지 마세요.

ไม่ต้องคิดมากนะครับ/คะ
마이 떵 킷 막 나 크랍/카

• 걱정 말고 말씀하세요.

ไม่ต้องกังวล พูดเลยครับ/ค่ะ
마이 떵 깡원 풋 르이 크랍/카

• 없는 것보다 낫잖아요?

ยังไงก็ดีกว่าไม่มีเลยนะครับ/คะ
양아이 꺼 디꽈 마이미 르이 나 크랍/카

• 내가 옆에서 돌봐 줄 게요.

ผม/ดิฉันจะคอยดูแลคุณอยู่ข้าง ๆ ครับ/ค่ะ
폼 /디찬 짜 커이 두래 쿤 유 캉캉 크랍/카

병문안을 하거나 환자를 만났을 때

• 병문안 갈 때 무엇을 가지고 갈까요?

เวลาไปเยี่ยมคนป่วย ควรเอาอะไรไปดีครับ/คะ

웰라 빠이이암 콘뿌아이 쿠안 아오 아라이 빠이 디 크랍/카

• 방문 시간이 따로 있나요?

มีกำหนดเวลาเยี่ยมไหมครับ/คะ

미 깜놋 웰라 이암 마이 크랍/카

• 병실이 몇 호인가요?

ห้องคนไข้เบอร์อะไรครับ/คะ

헝 콘카이 버 아라이 크랍/카

• 오늘은 기분이 어떠세요?

วันนี้รู้สึกเป็นอย่างไรบ้างครับ/คะ

완니 루쓱 뻰 양라이 방 크랍/카

• 기분이 좋습니다.

รู้สึกดีครับ/ค่ะ

루쓱 디 크랍/카

• 별로 좋지 않아요.

ไม่ค่อยดีเท่าไรครับ/ค่ะ // ไม่ดีเท่าไรครับ/ค่ะ

마이 커이 디 타오라이 크랍/카 // 마이디 타오라이 크랍/카

• 빨리 완쾌되세요. / 곧 회복되시기 바랍니다.

ขอให้หายเร็ว ๆ นะครับ/คะ

커 하이 하이 레우레우 나 크랍/카

• 조금씩 좋아지고 있어요. / 차도가 조금씩 있어요.

ค่อยยังชั่วขึ้นครับ/ค่ะ // ค่อย ๆ ดีขึ้นครับ/ค่ะ

커이 양 추아 큰 크랍/카 // 커이커이 디큰 크랍/카

• 어쩌다가 다치셨어요?

ทำไงถึงได้บาดเจ็บล่ะครับ/คะ

탐응아이 틍 다이밧쩹 라 크랍/카

• 무슨 병이에요? / 병명은?

เป็นโรคอะไรครับ/คะ

뻰록 아라이 크랍/카

• 몸조리 잘 하세요.

ดูแลตัวเองดี ๆ นะครับ/คะ

두래 뚜아엥 디디 나 크랍/카

• 차도가 있으셔서 다행입니다.

โชคดีที่อาการดีขึ้นนะครับ/คะ

촉디 티 아깐 디큰 나 크랍/카

• 언제 퇴원하세요?

ออกจากโรงพยาบาลได้เมื่อไรครับ/คะ

억 짝 롱파야반 다이 므아라이 크랍/카

조의를 표할 때

• 진심으로 애도합니다.

ขอแสดงความเสียใจด้วยครับ/ค่ะ

커 싸댕 쾀씨아짜이 두아이 크랍/카

- 우리 모두 중요한 분을 잃었습니다.

เราทุกคนได้สูญเสียบุคคลสำคัญไปแล้วครับ/ค่ะ
라오 툭콘 다이 쑨씨아 북콘 쌈칸 빠이 래우 크랍/카

- 힘을 내서 살아야지요.

ต้องมีกำลังใจและอยู่ต่อไปนะครับ/คะ
떵 미 깜랑짜이 래 유 떠빠이 나 크랍/카

- 너무 일찍 돌아가셨어요.

จากไปเร็วจังเลยครับ/ค่ะ // อายุสั้นจังเลยครับ/ค่ะ
짝 빠이 레우 짱 르이 크랍/카 // 아유 싼 짱르이 크랍/카

- 생전에 좋은 일을 많이 하셔서 좋은 곳에 가셨을 겁니다.

ตอนยังอยู่เค้าทำความดีไว้เยอะ คงได้ไปสวรรค์ครับ/ค่ะ
떤 양유 카오 탐 쾀디 와이 여 콩 다이빠이 싸완 크랍/카

- 아직도 할 일이 많으신 분인데…

เค้ายังมีอะไรให้ทำอีกเยอะเลย..
카오 양 미 아라이 하이 탐 익 여 르이….

- 이 무슨 업보람!

เวรกรรมอะไรหนอ!
웬깜 아라이 너!

- 이런 일이 일어나다니!

โถ ไม่น่าเลย!
토 마이 나 르이

04 노여움과 진정

노여움이나 화냄의 드러냄은 한국인과 태국인이 다르다. 한국인은 쉽게 밖으로 드러내어 언성을 높이거나 폭력을 사용하고, 술 한 잔을 하면서 곧 화해할 수 있으나 태국인은 그렇지 않다. 나쁜 감정이나 언짢은 감정을 가능하면 밖으로 드러내지 않는다. 만약 드러낸다는 것은 그 정도가 매우 심각하다는 것을 표하며 화해는 쉽지 않다.

화가 날 때

• 좀 지나치지 않나요?

ไม่เกินไปหน่อยเหรอครับ/คะ

마이 끈빠이 너이 러 크랍/카

• 됐어요!

พอกันที!

퍼깐 티!

• 빌어먹을! / 젠장! / 제길헐! / 재수 없어!

เวรเอ๊ย // ชิบหาย // เวร // ซวยจริง

웬 으이 // 칩 하이 // 웬 // 쑤아이 찡

• 마음에 안 들어요.

ไม่ถูกใจเลยครับ/ค่ะ // ไม่พอใจครับ/ค่ะ // ไม่ชอบใจครับ/ค่ะ

마이 툭짜이 르이 크랍/카 // 마이 퍼짜이 크랍/카 // 마이 첩짜이 크랍/카

• 정말 기분 나빠요.

อารมณ์เสียจริง ๆ ครับ/ค่ะ

아롬 씨아 찡찡 크랍/카

• 약 올라 죽겠다.

โกรธจริง ๆ นะเนี่ย

끄롯 찡찡 나 니아

• 앞으로는 절대로 그렇게 하지 말아요.

ต่อไปอย่าทำอย่างนั้นอีกเป็นอันขาดนะครับ/คะ

떠빠이 야 탐 양난 익 뻰안캇 나 크랍/카

• 결국 그렇게 됐구나!

ในที่สุดเป็นยังงั้นจนได้

나이티쑷 뻰 양안 쫀다이

• 내 그럴 줄 알았지.

กะไว้แล้ว

까 와이 래우

• 넌 바보야! / 멍청이!

ไอโง่! / ไอบ้า!

아이 응오! / 아이 바!

• 너 정신 나갔니? / 너 돌았니? / 너 제 정신이니?

เสียสติหรือไง // บ้าไปแล้วเหรอไง

씨아 싸띠 르 응아이 // 바 빠이 래우 러 응아이

• 너 땜에 나 돌겠다.

ฉันจะเป็นบ้าเพราะเธอนี่แหล่ะ

찬 짜 뻰바 프러 트 니 래

• 나 참을 수 없어. / 더 이상 못 참아.

ทนต่อไปไม่ไหวแล้ว

톤 떠빠이 마이와이 래우

• 참견하지 마! / 끼어 들지 마!

อย่ายุ่ง! // อย่าเสือก!

야 융! // 야 쓰악!

• 너하고 상관 없어!

ไม่เกี่ยวกับเธอ

마이 끼아우 깝 트

• 그 사람 볼 때마다 열 받아요(화가 치밀어요, 화가 나요).

เห็นหน้าคนนั้นทีไร รู้สึกโกรธทุกทีเลยครับ/ค่ะ

헨 나 콘난 티라이 루쓱 끄롯 툭티 르이 크랍/카

• 그 생각만 해도 열이 나.

แค่คิดก็โมโหแล้ว

캐 킷 꺼 모호 래우

• 정말 화 나네.

โมโหจริง ๆ // โกรธจริง ๆ

모호 찡찡 // 끄롯 찡찡

• 네 말이 내 신경을 건드렸어.

คำพูดของเธอกวนประสาทฉันนะ

캄풋 컹 트 꾸안 쁘라쌋 찬 나

• 할아버지께서 불같이 화를 내셨어.

คุณตาโมโหเป็นฟืนเป็นไฟ

쿤따 모호 뻰흔(feun) 뻰화이(fai)

• 화 났니?

โกรธเหรอ

끄롯러

• 왜 그렇게 화를 내니?

ทำไมถึงโกรธแบบนั้น

탐마이 틍 끄롯 뱁난

• 뭐가 그렇게 화 나는데?

อะไรทำให้โกรธถึงขนาดนั้น

아라이 탐 하이 끄롯 틍 카낫 난

• 아내가 몹시 화가 나서 집에 못 들어 가겠어요.

ภรรยาโกรธมากก็เลยยังไม่กล้าเข้าบ้านครับ/ค่ะ

판야 끄롯 막 꺼 르이 양 마이 끌라 카오 반 크랍/카

화를 달래 진정시킬 때

• 화 내지 마세요.

อย่าโมโหเลยครับ/ค่ะ // อย่าโกรธเลยครับ/ค่ะ

야 모호 르이 크랍/카 // 야 끄롯 르이 크랍/카

• 화 내면 혈압이 올라요.

ถ้าโกรธแล้วความดันขึ้นนะครับ/คะ

타 끄롯 래우 콤단 큰 나 크랍/카

• 진정하세요.

ใจเย็น ๆ นะครับ/คะ

짜이옌 옌 나 크랍/카

• 내게 화 내지 말아요.

อย่าโกรธฉัน/ผมเลยครับ/ค่ะ

야 끄롯 찬/폼 르이 크랍/카

• 너무 흥분하면 안 돼요.

ระวังไม่ให้ตื่นเต้น(เครียด)เกินไป

라왕 마이하이 뜬뗀 (크리얏) 끈빠이

• 이제 그만 화 풀어요.

เลิกโกรธได้แล้วนะครับ/คะ

륵 끄롯 다이 래우 나 크랍/카

• 이성을 잃지 않도록 노력하세요.

พยายามอย่าให้ขาดสตินะครับ/คะ

파야얌 야 하이 캇 싸띠 나 크랍/카

• 이런 일에는 화낼 필요 없어.

เรื่องแบบนี้ไม่ต้องไปโกรธหรอก

르앙 뱁니 마이 떵 빠이 끄롯 럭

• 이 정도도 다행이지 뭐.

เท่านี้ก็ถือว่าโชคดีแล้ว

타오니 꺼 트 와 촉디 래우

• 한 번 생각해 보고 남편을 이해해라.

ใจเย็น ๆ ลองคิดดูอีกสักรอบ เห็นใจสามีหน่อยนะ

짜이옌옌 렁 킷 두 익 싹럽 헨짜이 싸미 너이 나

05 놀라움과 무서움

놀라거나 무서움을 느꼈을 때 너무 경망스럽지 않게 표현한다. 보통 "아이쿠, 깜짝야!", "정말?", "그거 참 놀랍네" 등으로 표현한다. 놀람은 긍정적인 놀람과 부정적인 놀람 두 가지가 있다. 부정적일 때는 "별 꼴야!" 등이 있다. 무서울 때는 호들갑을 떨지 않는다. 특히 금기로 여기는 장소에서는 놀람이나 무서움을 표현하지 않고 에둘러 말한다.

놀랐을 때

- 아이 깜짝야!

  อุ๊ย ตกใจหมด

  우이 똑짜이 못

- 정말 놀랍네요.

  ตกใจจริง ๆ นะครับ/คะ

  똑짜이 찡찡 나 크랍/카

- 많이 놀랐어요?

  ตกใจมากเหรอครับ/คะ

  똑짜이 막 러 크랍/카

• 그러려니 했는데도 놀랐어요.

ทั้ง ๆ ที่รู้แต่ก็ยังตกใจครับ/ค่ะ

탕탕 티 루 때 꺼 양 똑짜이 크랍/카

• 말도 안 돼요.

เป็นไปไม่ได้ครับ/ค่ะ

뻰빠이 마이다이 크랍/카

• 하느님 맙소사!

คุณพระช่วย!

쿤프라 추아이!

• 믿을 수 없을 정도로 근사해요.

ดีมากจนไม่น่าเชื่อเลยครับ/ค่ะ

디 막 쫀 마이 나 츠아 르이 크랍/카

• 사고가 나다니 충격이에요.

รู้สึกช็อคที่ได้ยินว่าเค้าเกิดอุบัติเหตุครับ/ค่ะ

루쓱 척 티 다이인 와 카오 끗 우밧띠헷 크랍/카

• 내 눈을 믿을 수 없었어.

ไม่อยากเชื่อตาตัวเองเลย

마이 약 츠아 따 뚜아엥 르이

• 하마터면 큰일 날 뻔 했어요.

เกือบจะกลายเป็นเรื่องใหญ่แล้วครับ/ค่ะ

끄압 짜 끌라이 뻰 르앙 야이 래우 크랍/카

• 정말 끔찍한 사고예요.

เป็นอุบัติเหตุที่น่าสยดสยองจริง ๆ ครับ/ค่ะ

뻰 우밧띠헷 티 나 싸욧싸영 찡찡 크랍/카

• 너무 놀라서 눈이 동그래졌어요.

ตกใจจนตาค้างเลยครับ/ค่ะ

뚝짜이 쫀 따캉 르이 크랍/카

• 놀라서 말문이 막혔어요./ 어안이 벙벙했어요.

ตกใจจนพูดอะไรไม่ออกเลยครับ/ค่ะ

뚝짜이 쫀 풋 아라이 마이 억 르이 크랍/카

• 가슴이 철렁했어요!

ตกใจหมดเลย

뚝짜이 못 르이

• 간 떨어질 뻔 했어요. / 간담이 서늘했어요.

ใจหายใจคว่ำหมด

짜이하이 짜이콤 못

• 놀라지 마세요.

อย่าตกใจนะครับ/คะ

야 뚝짜이 나 크랍/카

• 전혀 놀랄 것 없어요.

ไม่มีเรื่องต้องตกใจนะครับ/คะ

마이미 르앙 떵 뚝짜이 나 크랍/카

• 긴장하지 마세요. 보통이에요.

ไม่ต้องตื่นเต้นไปนะครับ/คะ เป็นเรื่องปกติครับ/ค่ะ

마이 떵 뜬뗀 빠이 나 크랍/카 뻰 르앙 빠까띠 크랍/카

• 숨을 깊이 들이마시고 진정하세요.

หายใจลึก ๆ แล้วทำใจเย็น ๆ นะครับ/คะ

하이짜이 륵륵 래우 탐 짜이옌옌 나 크랍/카

• 모두 조바심하고 있어요.

ทุกคนใจคอไม่ดีอยู่ครับ/ค่ะ

툭콘 짜이커 마이 디 유 크랍/카

• 가슴이 조마조마해요.

หายใจไม่ทั่วท้องเลยครับ/ค่ะ

하이짜이 마이 투아 텅 르이 크랍/카

• 그녀는 토끼처럼 잘 놀래요.

เธอเป็นพวกกระต่ายตื่นตูมครับ/ค่ะ

트 뻰 푸악 끄라따이 뜬뚬 크랍/카

• 작은 일에도 쉽게 놀라요.

อะไรนิดอะไรหน่อยผม/ดิฉันก็ตกใจง่ายครับ/ค่ะ

아라이 닛 아라이 너이 폼/디찬 꺼 똑짜이 응아이 크랍/카

믿어지지 않을 때

• 정말이라고요? 믿어지지 않아요.

จริงเหรอครับ/คะ ไม่น่าเชื่อเลย

찡 러 크랍/카 마이 나 츠아 르이

• 믿을 수 없어요. / 믿을 수가 없어.

ไม่น่าเชื่อ // ไม่อยากจะเชื่อ

마이 나 츠아 // 마이 약 짜 츠아

• 농담이시죠? / 장난이죠? / 날 놀리는 거예요?

พูดเล่นใช่ไหมครับ/คะ // ล้อกันเล่นใช่ไหมครับ/คะ

풋 렌 차이마이 크랍/카 // 러 깐 렌 차이마이 크랍/카

• 놀리지 말아요.

อย่าทำให้ตกใจสิครับ/คะ

야 탐 하이 똑짜이 씨 크랍/카

• 진정으로 그러시는 거예요?

ตั้งใจทำอย่างนั้นจริง ๆ เหรอครับ/คะ

땅짜이 탐 양난 찡찡 러 크랍/카

• 금시초문인데요.

ไม่เคยได้ยินมาก่อนครับ/ค่ะ

마이 크이 다이인 마 껀 크랍/카

• 어째 그런 일이 있을 수 있어요?

เกิดเรื่องแบบนั้นขึ้นได้อย่างไรครับ/คะ

끗 르앙 뱁 난 큰 다이 양라이 크랍/카

• 비겁해요.

ขี้ขลาด!

키클랏

• 제 눈을 거의 믿을 수 없었어요.

แทบไม่อยากจะไม่เชื่อสายตาตัวเองเลยครับ/ค่ะ

탭 마이 약 짜 마이 츠아 싸이따 뚜아엥 르이 크랍/카

두렵거나 무서울 때

• 무서워요./ 겁이 나요. / 두려워요.

กลัวครับ/ค่ะ // กลัวจังเลยครับ/ค่ะ

끌루아 크랍/카 // 끌루아 짱 르이 크랍/카

• 그 영화는 생각만 해도 으스스해요.

หนังเรื่องนั้นแค่คิดก็ขนลุกแล้วครับ/ค่ะ

낭 르앙 난 캐 킷 꺼 콘룩 래우 크랍/카

• 등골이 오싹해요.

เสียวสันหลังวาบเลยครับ/ค่ะ

씨아우 싼랑 왑 르이 크랍/카

• 스릴 만점이에요.

หวาดเสียวจริง ๆ เลยครับ/ค่ะ

왓 씨아우 찡찡 르이 크랍/카

• 소름이 끼쳤어요.

ขนลุกไปหมดครับ/ค่ะ

콘 룩 빠이 못 크랍/카

• 그 계획은 무서워요.

แผนการนั้นน่ากลัวนะครับ/คะ

팬깐 난 나끌루아 나 크랍/카

• 너무 무서워도 아무 것도 할 수 없었어요. /
너무 무서워서 그 자리에 얼어붙었어요.

กลัวมากจนทำอะไรไม่ได้เลยครับ/ค่ะ //

끌루아 막 쫀 탐 아라이 마이다이 르이 크랍/카 //

กลัวมากจนขยับตัวไม่ได้เลยครับ/ค่ะ

끌루아 막 쫀 카얍뚜아 마이다이 르이 크랍/카

• 뭐가 그렇게 두려워요?

ทำไมถึงกลัวแบบนั้นล่ะครับ/คะ

탐마이 틍 끌루아 뱁난 라 크랍/카

PART Ⅲ 놀라움과 무서움

• 나는 이 컴컴한 동굴이 무서워요.

ผม/ฉันกลัวถ้ำที่มืดมาก ๆ แบบนี้ครับ/ค่ะ

폼/찬 끌루아 탐 티 믓 막막 뱁니 크랍/카

• 저 개가 무서워요.

กลัวหมาตัวนั้นครับ/ค่ะ

끌루아 마 뚜아난 크랍/카

• 운전면허 시험에 떨어질까 봐 겁나요.

กลัวว่าจะสอบใบขับขี่ไม่ผ่านครับ/ค่ะ

끌루아 와 짜 썹 바이캅키 마이 판 크랍/카

• 그 사람이 두려워서 거기 갈 수 없어요.

กลัวคนนั้นก็เลยไม่กล้าไปที่นั่นครับ/ค่ะ

끌루아 콘난 꺼 르이 마이끌라빠이 티난 크랍/카

• 조금도 무서워하지 마세요.

ไม่ต้องกลัวไปหรอกครับ/ค่ะ

마이 떵 끌루아 빠이 럭 크랍/카

• 시험을 또 보면 돼요.

สอบอีกทีก็ได้นี่ครับ/ค่ะ

썹 익 티 꺼 다이 니 크랍/카

• 두려워 할 것 없어요.

ไม่มีอะไรต้องกลัวครับ/ค่ะ

마이미 아라이 떵 끌루아 크랍/카

• 겁내지 말고 힘을 내요.

ไม่ต้องกลัว เข้มแข็งไว้นะครับ/คะ

마이 떵 끌루아 켐캥 와이 나 크랍/카

06 걱정과 긴장

상대방에 걱정스러운 얼굴을 하고 있으면 "무슨 걱정이 있느냐?"고 묻는 게 보통이다. 그러나 태국에서는 관심을 보이되 지나친 관심을 삼가야 한다. 태국인들은 남이 자신의 일에 지나치게 관여하는 것을 부담스러워하기 때문이다. 그러나 상대방이 긴장을 하고 있을 경우 긴장감을 풀어주는 다정한 말 한 마디는 효과적이다.

예를 들어, 만일 잘 아는 태국여성이 갑자기 마른 모습을 했을 때도 그 살이 빠진 이유에 대해 직설적으로 묻는 것은 실례가 된다. 스스로 얘기하도록 유도하거나 우회적으로 물어 지나치지 않은 관심을 보인다.

염려하거나 염려될 때

• 무슨 일이 있어요?

เกิดเรื่องอะไรขึ้นครับ/คะ

끗 르앙 아라이 큰 크랍/카

• 무슨 일야?

เกิดเรื่องอะไรกัน

끗 르앙 아라이 깐

• 수척해 보이시는데 무슨 일이 있어요?

หน้าดูซีดมาก มีเรื่องอะไรหรือเปล่าครับ/คะ
나 두 씻 막 미 르앙 아라이 르 빨라오 크랍/카

• 걱정이 있으세요?

มีเรื่องกังวลหรือเปล่าครับ/คะ //
미 르앙깡원 르 빨라오 크랍/카 //

มีอะไรกลุ้มใจหรือเปล่าครับ/คะ
미 아라이 끌룸짜이 르 빨라오 크랍/카

• 오늘 기분이 어째 이상해요.

วันนี้รู้สึกแปลก ๆ ครับ/ค่ะ
완니 루쓱 뺄랙뺄랙 크랍/카

• 괴롭거나 불안한 일이 있으세요?

มีอะไรทุกข์ใจหรือไม่สบายใจหรือเปล่าครับ/คะ
미 아라이 툭짜이 르 마이 싸바이짜이 르 빨라오 크랍/카

• 집에 무슨 일이 있어요?

ทางบ้านมีเรื่องอะไรหรือเปล่าครับ/คะ
탕 반 미 르앙 아라이 르 빨라오 크랍/카

• 왜 그래요? 어디 아파요?

เป็นอะไรหรือเปล่า ไม่สบายเหรอครับ/คะ
뻰 아라이 르 빨라오 마이 싸바이 러 크랍/카

• 애들이 걱정되세요?

ห่วงลูกหรือครับ/คะ
후앙 룩 르 크랍/카

• 남편이 아직 오지 않아 걱정이에요.

สามียังไม่มาก็เลยเป็นห่วงค่ะ

싸미 양 마이 마 꺼 르이 뻰후앙 카

• 밤이 너무 늦어 집에 갈 게 걱정이에요.

ตอนนี้ดึกมากแล้วก็เลยกังวลเรื่องกลับบ้านนะครับ/คะ

떤니 득 막 래우 꺼 르이 깡원 르앙 끌랍반 나 크랍/카

• 부모님이 별거 중이라 좀 걱정이 되요.

พ่อแม่ตอนนี้แยกกันอยู่ก็เลยเครียดนิดหน่อยครับ/ค่ะ

퍼매 떤니 액깐 유 꺼르이 크리앗 닛너이 크랍/카

• 비가 안 와서 농사가 염려 되요.

ฝนไม่ค่อยตกเลยเป็นห่วงเรื่องทำนาครับ/ค่ะ

혼 마이 커이 똑 르이 뻰후앙 르앙 탐나 크랍/카

• 오늘 같이 못 갈 것 같아.

วันนี้อาจจะไปด้วยไม่ได้

완니 앗짜 빠이두아이 마이다이

• 초등학생의 학교폭력이 걱정입니다.

กลุ้มใจเรื่องการใช้ความรุนแรงของนักเรียนประถมครับ/ค่ะ

끄룸짜이 르앙 깐 차이 쾀룬랭 컹 낙리안 쁘라톰 크랍/카

• 어쩌죠? 타이어가 펑크 났어요.

ยางรั่วละครับ/ค่ะ เอาไงดี

양 루아 라 크랍/카 아오 응아이 디

• 차가 시동이 안 걸리네요.

สตาร์ทรถไม่ติดครับ/ค่ะ

싸땃 롯 마이띳 크랍/카

• 세탁기가 고장이 났나 봐요. 통이 돌지 않아요.

เครื่องซักผ้าคงเสียแล้วมั้ง ถังไม่หมุนเลยครับ/ค่ะ

크르앙싹파 콩 씨아 래우 망 탕 마이 문 르이 크랍/카

• 이제 어떻게 하면 되지요?

ตอนนี้เอาไงดีครับ/คะ

떤니 아오 응아이 디 크랍/카

• 내일도 비가 안 오면 밭에 뭘 심을까요?

ถ้าพรุ่งนี้ฝนไม่ตก เราจะปลูกอะไรที่ไร่ดีครับ/คะ

타 프룽니 혼 마이 똑 라오 짜 쁠룩 아라이 티 라이 디 크랍/카

• 취업 걱정이 되어서 잠이 안 와요.

กลุ้มใจเรื่องหางานเลยนอนไม่หลับครับ/ค่ะ

끌룸짜이 르앙 항안 르이 넌 마이 랍 크랍/카

• 언니가 말 못할 사정이 있다고 했어요.

พี่สาวบอกว่าเค้ามีเหตุผลที่พูดไม่ได้ครับ/ค่ะ

피싸우 벅 와 카오 미 헷폰 티 풋 마이다이 크랍/카

걱정하지 말라고 할 때

• 걱정 마세요.

ไม่ต้องเป็นห่วงนะครับ/คะ // ไม่ต้องกังวลไปนะครับ/คะ

마이 떵 뻰후앙 나 크랍/카 // 마이 떵 깡원 빠이 나 크랍/카

• 하늘이 흐려서 내일은 비가 올 것 같아요.

ท้องฟ้าครึ้ม ๆ สงสัยพรุ่งนี้ฝนจะตกครับ/ค่ะ

텅화 크름크름 쏭싸이 프룽니 혼 짜 똑 크랍/카

• 걱정할 것 없어요.

ไม่มีอะไรน่าห่วงหรอกครับ/ค่ะ

마이 미 아라이 나 후앙 럭 크랍/카

• 모두 잘 될 거예요. / 만사형통할 거예요.

ทุกอย่างจะเป็นไปด้วยดีครับ/ค่ะ

툭양 짜 뻰빠이 두아이디 크랍/카

• 부모님께서 잘 화해하실 거예요.

เดี๋ยวพ่อแม่ก็จะคืนดีกันครับ/ค่ะ

디아우 퍼매 꺼 짜 큰디 깐 크랍/카

• 우리가 할 건 다 했으니까 이젠 결과만 기다리면 되요.

เราทำทุกอย่างที่เราทำได้ไปหมดแล้วตอนนี้แค่รอผลก็

라오 탐 툭양 티 라오 탐 다이 빠이못 래우 떤니 캐 러 폰 꺼

พอครับ/ค่ะ

퍼 크랍/카

• 심각하게 받아들이지 마세요.

อย่าเก็บไปคิดมากสิครับ/คะ

야 껩빠이 킷 막 씨 크랍/카

• 별 것 아니에요. / 사소한 일이에요.

เป็นเรื่องเล็กน้อยครับ/ค่ะ // ไม่ใช่เรื่องใหญ่ครับ/ค่ะ

뻰 르앙 렉너이 크랍/카 // 마이차이 르앙 야이 크랍/카

• 다 잊고 새 출발 하세요.

ลืมให้หมดแล้วเริ่มใหม่นะครับ/คะ

름 하이 못 래우 름 마이 나 크랍/카

• 그냥 현실을 받아들이세요.

ยอมรับความจริงนะครับ/คะ

염랍 콤찡 나 크랍/카

• 아직도 늦지 않았어요.

ยังไม่สายนะครับ/คะ

양 마이 싸이 나 크랍/카

• 그 문제로 속 썩이지 마세요.

อย่าเศร้าเพราะปัญหานั้นเลยครับ/ค่ะ

야 싸오 프러 빤하 난 르이 크랍/카

• 마음 상하지 마세요.

อย่าเศร้าไปเลยครับ/ค่ะ

야 싸오 빠이 르이 크랍/카

• 금방 일이 해결될 거예요.

เดี๋ยวเรื่องก็จะดีขึ้นเองครับ/ค่ะ

디아우 르앙 꺼 짜 디 큰 엥 크랍/카

• 우린 가만히 지켜보기만 해요.

พวกเราแค่คอยดูอย่างเดียวก็พอครับ/ค่ะ

푸악라오 캐 커이 두 양 디아우 꺼 퍼 크랍/카

• 내일 비가 안 오면 모레는 오겠지요.

ถ้าพรุ่งนี้ฝนไม่ตก มะรืนนี้ก็คงจะตกมั้งครับ/ค่ะ

타 프룽니 혼 마이 똑 마른니 꺼 콩 짜 똑 망 크랍/카

• 며칠만 뒤로 미루면 될 거예요.

อาจเลื่อนไปอีก2-3วันก็คงจะได้ครับ/ค่ะ

앗 르안 빠이 익 썽쌈 완 꺼 콩짜 다이 크랍/카

PART Ⅲ 걱정과 긴장

긴장될 때

• 첫 만남이라 긴장이 되네요.

เจอกันครั้งแรกก็เลยตื่นเต้นครับ/ค่ะ

쯔 깐 크랑랙 꺼 르이 뜨뗀 크랍/카

• 첫 만남은 늘 그렇게 긴장이 되는 거예요.

เจอกันครั้งแรกก็จะตื่นเต้นแบบนี้แหล่ะครับ/ค่ะ

쯔 깐 크랑랙 꺼 짜 뜨뗀 뱁니 래 크랍/카

• 마음이 조마조마 해요.

หายใจไม่ทั่วท้องเลยครับ/ค่ะ

하이짜이 마이 투아텅 르이 크랍/카

• 내 무릎이 덜덜 떨리는 거 봐. 정말 긴장된다.

ดูขาฉันสิ สั่นใหญ่เลย ตื่นเต้นจริง ๆ นะ

두 카 찬 씨 싼 야이 르이 뜨뗀 찡찡 나

• 저 안절부절 못하는 거 봐라.

เห็นไหม เขากระสับกระส่ายอยู่

헨 마이 카오 끄라쌉끄라싸이 유

• 무슨 일로 그렇게 긴장하고 있니?

ตื่นเต้นเรื่องอะไรอยู่เนี่ย

뜨뗀 르앙 아라이 유 니아

• 너무 긴장이 되어서 가슴이 쿵쿵대고 있어.

ตื่นเต้นมากจนหัวใจเต้นตุบ ๆ เลย

뜨뗀 막 쫀 후아짜이 뗀 뚭뚭 르이

• 너무 긴장해서 손에 땀이 나.

ตื่นเต้นมาก เหงื่อออกมือเลย

뜨뗀 막 응아 억 므 르이

• 난 긴장하면 아무 생각이 안 나.

ผม/ดิฉันถ้าเครียดมากจะคิดอะไรไม่ออกเลย

폼/디찬 타 크리앗 막 짜 킷 아라이 마이 억 르이

• 넌 왜 항상 긴장하고 있니?

ทำไมเธอถึงได้เครียดตลอดเวลาล่ะ

탐마이 트 릉 다이 크리앗 딸럿웰라 라

긴장과 초조감을 진정시킬 때

• 천천히 심호흡을 하면 나아질 거야.

หายใจลึก ๆ ช้า ๆ เดี๋ยวก็ดีขึ้น

하이짜이 륵륵 차차 디아우 꺼 디 큰

• 밖에 나가서 긴장을 좀 풀어요.

ออกไปข้างนอกคลายเครียดหน่อยสิครับ/คะ

억 빠이 캉넉 클라이 크리앗 너이 씨 크랍/카

• 놀라지 말고 침착하세요.

ไม่ต้องตกใจ ค่อย ๆ ใจเย็น ๆ นะครับ/คะ

마이 떵 똑짜이 커이커이 짜이옌옌 나 크랍/카

• 늘 긴장하지 마세요.

ไม่ต้องเครียดตลอดเวลานะครับ/คะ

마이 떵 크리앗 딸럿웰라 나 크랍/카

• 항상 긴장할 이유가 없어요.

ไม่จำเป็นต้องเครียดตลอดเวลานะครับ/คะ

마이 짬뻰 떵 크리앗 딸럿웰라 나 크랍/카

07 후회와 실망

살다 보면 자신이 한 일에 대해 실망도 하고 좌절도 하고 또 후회한 적이 한 두 번이 아니다. 그럴 때마다 다짐을 한다. "다시는 그렇게는 안 하겠다"고. 그리고 과거에 했던 일은 결과가 좋았어도 늘 아쉬움이 따른다. 그 때 우리는 "이렇게 했더라면 더 좋았을 텐데...", "그렇게 하지 말 걸…", "다시는 그러지 말아야지", 때로는 "그래도 난 후회하지 않아."라고 한다.

아쉽거나 실망스러울 때

• 널 태국에 데려오고 싶었는데…

จริง ๆ อยากพาเธอไปเมืองไทยนะ

찡찡 약 파 트 빠이 므앙타이 나

• 고향을 방문하면 좋을 텐데.

ถ้าได้ไปเยี่ยมบ้านเกิดก็คงจะดี

타 다이빠이 이암 반끗 꺼 콩 짜 디

• 그렇게 하지 말 걸.

ไม่น่าทำอย่างนั้นเลย

마이 나 탐 양난 르이

• 그 화분이 깨져서 정말 아쉬워요.

กระถางต้นไม้นั้นแตกไปแล้ว เสียดายจังเลยครับ/ค่ะ

끄라탕 똔마이 난 땍 빠이 래우 씨아다이 짱 르이 크랍/카

• 왜 그때 그렇게 말씀하지 않으셨어요?

ทำไมตอนนั้นถึงไม่พูดอย่างนั้นล่ะครับ/คะ

탐마이 떤난 틍 마이 풋 양난 라 크랍/카

• 그 날 그 가방을 살 걸.

วันนั้นน่าจะซื้อกระเป๋าใบนั้น // เสียดายไม่ได้ซื้อกระเป๋าใบนั้น

완난 나 짜 쓰 끄라빠오 바이난 // 씨아다이 마이다이 쓰 끄라빠오 바이난

• 여기를 떠나기 싫어. 떠나도 그리울 거야.

ไม่อยากจากที่นี่ไป ถ้าไปแล้วคงจะคิดถึงที่นี่มาก

마이 약 짝 티니 빠이 타 빠이래우 콩짜 킷틍 티니 막

• 네게 사과했어야 하는 건데.

ฉันน่าจะขอโทษเธอ

찬 나짜 커톳 트

• 네가 그렇게 해서 아빠는 매우 실망스럽다.

พ่อผิดหวังมากที่ลูกทำแบบนั้น

퍼 핏왕 막 티 룩 탐 뱁난

• 너무 늦었어.

สายไปแล้ว // ไม่ทันแล้ว

싸이 빠이 래우 // 마이 탄 래우

• 난 절대로 실망하지 않아. 다시 할 거야.

ฉันไม่หมดหวังเป็นอันขาด ฉันจะลองอีกครั้ง

찬 마이 못왕 뻰안캇 찬 짜 렁 익 크랑

• 나를 실망시키지 말 게.

อย่าทำให้ฉันผิดหวัง

야 탐 하이 찬 핏왕

• 그 사람이 날 실망시켰어.

คนนั้นทำให้ผม/ดิฉันผิดหวัง

콘난 탐 하이 폼/디찬 핏왕

• 어머니는 나를 보더니 실망하는 표정을 지으셨다.

แม่เห็นผม/ฉันแล้วก็ทำหน้าผิดหวัง

매 헨 폼/찬 래우꺼 탐 나 핏왕

후회할 때

• 절대로 후회하지 않도록 잘 할 게요.

ผม/ดิฉันจะพยายามทำให้คุณไม่ผิดหวังอย่างแน่นอน

폼/찬 짜 파야얌 탐 하이 쿤 마이 핏왕 양내넌

ครับ/ค่ะ

크랍/카

• 난 후회하지 않아.

ฉันไม่เสียใจ

찬 마이 씨아짜이

• 후회하지 말아요.

ไม่ต้องเสียใจนะ

마이떵 씨아짜이 나

• 왜 그렇게 했는지 후회가 됩니다.

ผม/ดิฉันรู้สึกเสียใจที่ทำแบบนั้นไปครับ/ค่ะ

폼/디찬 루쓱 씨아짜이 티 탐 뱁난 빠이 크랍/카

• 담배를 끊지 않으면 나중에 후회할 거야.

ถ้าไม่เลิกสูบบุหรี่อีกหน่อยจะเสียใจ

타 마이 륵 쑵 부리 익 너이 짜 씨아짜이

• 난 한 번도 후회한 적이 없어.

ฉันไม่เคยเสียใจแม้แต่ครั้งเดียว

찬 마이 크이 씨아짜이 매때 크랑 디아우

• 아직도 후회하고 있어요.

ผม/ดิฉันยังรู้สึกเสียใจอยู่เลยครับ/ค่ะ

폼/디찬 양 루쓱 씨아짜이 유 르이 크랍/카

• 3년 동안 논 게 후회돼요.

รู้สึกเสียใจที่ 3 ปีที่ผ่านมาเอาแต่เล่นครับ/ค่ะ

루쓱 씨아짜이 티 쌈 삐 티 판마 아오때 렌 크랍/카

• 언젠가는 당신이 후회할 거예요.

สักวันหนึ่งคุณจะต้องเสียใจ

싹 완능 쿤 짜 떵 씨아짜이

낙담할 때

• 앞으로는 뭘 하지?

อนาคตจะทำอะไร

아나콧 짜 탐 아라이

• 너무 낙심하지 마세요.

อย่าท้อแท้นะครับ/คะ

야 터태 나 크랍/카

• 희망을 가지세요.

มีความหวังต่อไปนะครับ/คะ

미 콰왕 떠빠이 나 크랍/카

• 그 소식을 듣고 우린 모두 절망에 빠졌어.

พอได้ฟังข่าวนั้นแล้วพวกเราทุกคนก็รู้สึกสิ้นหวัง

퍼 다이 황 카우 난 래우 푸악라오 툭콘 꺼 루쓱 씬왕

• 그 절망감을 우리도 알아요.

ความรู้สึกผิดหวังนั้นพวกเราก็รู้ครับ/ค่ะ

쾀루쓱 핏왕 난 푸악라오 꺼 루 크랍/카

• 대단하세요. 보통 사람 같으면 그 절망에서 빠져나올 수 없었을 텐데…

เก่งจังเลยครับ/ค่ะ คนธรรมดาคนอื่นคงจะหนีจาก

껭 짱 르이 크랍/카 콘탐마다 콘은 콩짜 니 짝

ความผิดหวังนั้นไม่ได้

쾀핏왕 난 마이다이

유감스러울 때

• 시험에 떨어져서 유감스러워요.

เสียใจที่สอบตกนะครับ/คะ //

씨아짜이 티 썹똑 나 크랍/카 //

เสียใจที่สอบไม่ผ่านนะครับ/คะ

씨아짜이 티 썹 마이 판 나 크랍/카

PART Ⅲ 후회와 실망

• 대단히 유감스럽습니다.

เสียใจด้วยจริง ๆ ครับ/ค่ะ

씨아짜이 두아이 찡찡 크랍/카

• 계획은 좋은데 저의 자본이 부족해서요.

โครงการดีครับ/ค่ะ แต่ว่าพวกเราไม่มีทุนครับ/ค่ะ

크롱깐 디 크랍/카 때와 푸악라오 마이미 툰 크랍/카

• 유감입니다만 그 것은 실현이 불가능하다고 봅니다.

เสียใจด้วยนะครับ/คะ แต่ผม/ดิฉันมองว่านั่นเป็นไปไม่ได้ครับ/ค่ะ

씨아짜이 두아이 나 크랍/카 때 폼/ 디찬 멍와 난 뻰빠이 마이다이 크랍/카

• 유감스럽지만 이건 사실입니다.

เสียใจด้วยนะครับ/คะ แต่นี่คือความจริงครับ/ค่ะ

씨아짜이 두아이 나 크랍/카 때 니 크 쾀찡 크랍/카

• 나쁜 소식을 전하게 되어 유감입니다.

เสียใจที่เอาข่าวร้ายมาบอกนะครับ/คะ

씨아짜이 티 아오 카우라이 마 벅 나 크랍/카

• 또 그런 말씀을 하시다니… 유감입니다.

พูดเช่นนั้นอีกแล้วเสียใจมาก

풋 첸난 익 래우 씨아짜이 막

• 갑작스러운 형님의 사망을 유감스럽게 생각합니다.

ขอแสดงความเสียใจด้วยที่พี่ชายคุณจากไปอย่างกะทันหันครับ/ค่ะ

커 싸댕 쾀씨아짜이 두아이 티 피차이 쿤 짝빠이 양까탄한 크랍/카

08 귀찮음(성가심)과 불평

귀찮거나 성가실 때 그냥 참을 수만은 없다. 뭔가 완곡하게 또는 솔직하게 경우에 따라 표현해서 그런 일이 다시 없도록 부탁을 하거나 일어나지 않도록 해야 한다. "실은…", "그렇게 하면 제게 부담이 되는데…" 또는 "하지 마라", "싫다" 등으로 표현한다.

마음에 들지 않을 때 일단은 견디면서 타협점을 모색하지만 정말 아니다 싶을 때는 솔직하게 의견을 밝히고 시정을 요구하는 것이 바람직하다.

귀찮거나(성가시거나) 짜증이 날 때

- 사는 게 귀찮다.

  เบื่อชีวิต

  브아 치윗

- 날 귀찮게 하지 마!

  อย่าทำให้ฉันหงุดหงิด

  야 탐하이 찬 웅잇

- 그가 매일 오는 게 난 귀찮다.

  ฉันรำคาญที่เค้ามาทุกวัน

  찬 람칸 티 카오 마 툭완

• 이 비는 참 짜증나게 만드네요.

ฝนตกนี่น่าหงุดหงิดนะครับ/คะ

혼똑 니 나웅잇 나 크랍/카

• 지금 바쁘니까 저리 비켜라.

ตอนนี้กำลังยุ่ง หลบไปที่อื่น ไป!

떤니 깜랑 융 롭빠이티은 빠이

• 한 달만 날 내버려 둬. 와서 성가시게 하지 말고.

เลิกยุ่งกับฉันสักเดือนนึงเถอะนะ อย่ามาทำให้ฉันรำคาญเลย

륵 융 깝 찬 싹 드안 능 터 나 야 마 탐 하이 찬 람칸 르이

• 제가 와서 방해가 되지 않았죠?

ผม/ดิฉันมารบกวนคุณหรือเปล่าเนี่ย

폼/디찬 마 롭꾸안 쿤 르 쁠라오 니아

• 자꾸 메일을 보내 당신을 귀찮게 하는 게 아닌지요?

ผม/ดิฉันส่งเมลล์หาคุณบ่อย คงไม่รำคาญใช่ไหมครับ/คะ

폼/디찬 쏭 멜 하 쿤 버이 콩 마이 람칸 차이마이 크랍/카

• 짜증이 나요.

รำคาญครับ/ค่ะ

람칸 크랍/카

• 정말 스트레스 받게 만드네요.

ทำให้ผม/ดิฉันเครียดจริง ๆ นะครับ/คะ

탐 하이 폼/디찬 크리앗 찡찡 나 크랍/카

• 왜 그렇게 짜증만 내니?

ทำไมเอาแต่หงุดหงิดแบบนั้นล่ะ

탐마이 아오 때 웅잇 뱁난 라

지겹고 지루할 때

- 요샌 사는 게 지겨워.

  ช่วงนี้รู้สึกเบื่อชีวิตจัง

  추앙니 루쓱 브아 치윗 짱

- 비가 정말 지겹게 내린다.

  ฝนตกน่าเบื่อจริง ๆ

  혼똑 나브아 찡찡

- 그 볶음밥은 이제 물렸어요.

  เบื่อข้าวผัดนั้นแล้วครับ/ค่ะ

  브아 카우팟 난 래우 크랍/카

- 그 옷은 이제 보기도 싫어요.

  ไม่อยากเห็นเสื้อตัวนั้นแล้วครับ/ค่ะ

  마이 약 헨 쓰아 뚜아 난 래우 크랍/카

- 이 소설책은 너무 지루해요.

  นิยายเล่มนี้น่าเบื่อมาก ๆ ครับ/ค่ะ

  니야이 렘니 나브아 막막 크랍/카

- 요새는 밥이 먹기 싫어졌어요.

  ช่วงนี้ไม่อยากกินข้าวเลยครับ/ค่ะ //

  추앙니 마이 약 낀 카우 르이 크랍/카 //

  ช่วงนี้เบื่ออาหารครับ/ค่ะ

  추앙니 브아 아한 크랍/카

- 따분하죠? 뭘 할까요?

  เบื่อใช่ไหมครับ/คะ หาอะไรทำดีไหมครับ/คะ

  브아 차이마이 크랍/카 하 아라이 탐 디마이 크랍/카

• 한 번 집안 분위기를 바꿔보세요.

ลองเปลี่ยนบรรยากาศบ้านดูสิครับ/ค่ะ

렁 쁠리안 반야깟 반 두 씨 크랍/카

• 커튼의 색깔만 바꿨더니 집이 환해졌어요.

แค่เปลี่ยนสีม่านเท่านั้นก็รู้สึกว่าบ้านสว่างขึ้นมากเลยครับ/ค่ะ

캐 쁠리안 씨만 타오난 꺼 루쓱 와 반 싸왕 큰 막 르이 크랍/카

• 오늘 선생님 강의가 너무 지루했어요.

วันนี้การบรรยายของอาจารย์น่าเบื่อมากเลยครับ/ค่ะ

완니 깐 반야이 컹 아짠 나브아 막 르이 크랍/카

• 생각만 해도 지긋지긋해요.

แค่คิดก็เบื่อแล้วครับ/ค่ะ

캐 킷 꺼 브아 래우 크랍/카

• 맥이 빠져요.

หมดแรงแล้วครับ/ค่ะ // หมดกำลังใจแล้วครับ/ค่ะ

못 랭 래우 크랍/카 // 못 깜랑짜이 래우 크랍/카

• 이 일은 해도 해도 끝이 없어요.

งานชิ้นนี้ทำอย่างไรก็ไม่จบสักทีครับ/ค่ะ

응안 친 니 탐양라이 꺼 마이 쫍 싹티 크랍/카

불평을 하거나 불만을 나타낼 때

• 이 문제에 대해 드릴 말씀이 있습니다.

ผม/ดิฉันมีอะไรจะเรียนเกี่ยวกับปัญหานี้ครับ/ค่ะ

폼/디찬 미 아라이 짜 리안 끼아우깝 빤하 니 크랍/카

• 왜 제 의견은 인정하지 않지요?

ทำไมถึงไม่ยอมรับความเห็นของผม/ดิฉันครับ/คะ

탐마이 틍 마이 염랍 쾀헨 컹 폼/디찬 크랍/카

• 이 방은 너무 좁고 더러워요.

ห้องนี้แคบมากและก็สกปรกด้วยครับ/ค่ะ

헝니 캡 막 래꺼 쏙까쁘록 두아이 크랍/카

• 이제는 불평하지 않겠어요.

แต่นี้ไปจะไม่บ่นแล้วครับ/ค่ะ

때니빠이 짜 마이 본 래우 크랍/카

• 마음에 들지 않는 게 있으면 말씀하세요.

ถ้ามีอะไรไม่พอใจก็เชิญพูดมาได้เลยนะครับ/คะ

타 미 아라이 마이 퍼짜이 꺼 츤 풋마 다이 르이 나 크랍/카

• 불만이 뭐죠?

ไม่พอใจอะไรเหรอครับ/คะ

마이 퍼짜이 아라이 러 크랍/카

• 왜 책임은 지지 않고 불평만 하죠?

ทำไมเอาแต่บ่น ไม่คิดจะรับผิดชอบหน่อยเหรอครับ/คะ

탐마이 아오때 본 마이 킷 짜 랍핏첩 너이 러 크랍/카

• 이제는 불평하지 말고 할 일을 찾으세요.

ตอนนี้เลิกบ่นแล้วหางานทำได้แล้วครับ/ค่ะ

떤니 륵 본 래우 하 응안탐 다이 래우 크랍/카

• 나한테 불만 있어요?

มีอะไรไม่พอใจผม/ดิฉันหรือครับ/คะ

미 아라이 마이 퍼짜이 폼/디찬 르 크랍/카

• 불만만 토로하지 말고 긍정적으로 보세요.

อย่าเอาแต่บ่นไม่พอใจอย่างเดียว ลองมองในแง่ดีบ้างสิครับ/คะ

야 아오때 본 마이퍼짜이 양 디아우 렁 멍 나잉애 디 방 씨 크랍/카

• 뭐가 마음에 안 들어요?

มีอะไรไม่ถูกใจคุณเหรอครับ/คะ

미 아라이 마이 툭짜이 쿤 러 크랍/카

09 좋아함과 싫어함

태국사람들은 처음 만났을 때도 음식이나 장소, 분위기 등에 대해 좋아함과 싫어함에 대해 질문을 자주 한다. 이때 "싫어하세요?"보다는 "좋아하세요?"라는 문장을 더 많이 사용한다. 이때 싫어하는 것, 특히 음식이나 옷 등에 대해서는 솔직하게 말하는 것이 앞으로의 만남에서 편리하다. 반대로 상대방에게도 무엇을 좋아하는 지 싫어하는 지를 물어서 알아 두는 것도 필요하다.

좋고 싫음을 물을 때

• 포도주를 좋아하세요?

ชอบดื่มเหล้าองุ่นไหมครับ/คะ

첩 듬 라오앙운 마이 크랍/카

• 어떤 빨간색을 좋아해요?

ชอบสีแดงแบบไหนครับ/คะ

첩 씨댕 뱁나이 크랍/카

• 그 사람을 좋아하세요?

ชอบคนนั้นเหรอครับ/คะ

첩 콘난 러 크랍/카

• 그 연극에 흥미가 있으세요?

สนใจละครนั้นหรือครับ/คะ

쏜짜이 라컨 난 르 크랍/카

• 어떤 프로그램을 좋아하세요?

ชอบรายการแบบไหนเหรอครับ/คะ

첩 라이깐 뱁나이 러 크랍/카

• 그 사람 어디가 그렇게 싫어요?

คุณไม่ชอบคนนั้นตรงไหนเหรอครับ/คะ

쿤 마이 첩 콘난 뜨롱 나이 러 크랍/카

좋아하는 것을 말할 때

• 맛있는 것만 보면 정신 없이 먹어요.

พอเห็นของอร่อย เธอก็กินอย่างไม่คิดเลยครับ/ค่ะ

퍼 헨 컹아러이 트 꺼 낀 양마이킷 르이 크랍/카

• 특히 파인애플을 좋아해요.

ชอบสับปะรดเป็นพิเศษครับ/ค่ะ

첩 쌉빠롯 뻰피쎗 크랍/카

• 난 오렌지색 옷을 더 좋아해요.

ผม/ดิฉันชอบเสื้อสีส้มมากกว่าครับ/ค่ะ

폼/디찬 첩 쓰아씨쏨 막 꽈 크랍/카

• 춤 추는 것을 제일 좋아합니다.

ชอบเต้น(เต้นรำ)มากที่สุดครับ/ค่ะ

첩 뗀 (뗀람) 막 티쏫 크랍/카

• 오빠 축구 경기 관전에 미쳤어요.

พี่ชายบ้าดูฟุตบอลค่ะ

피차이 바 두 훗볼 카

• 그 애는 제가 사랑하는 사람 중의 한 사람이에요.

เด็กคนนั้นเป็นคนหนึ่งในบรรดาคนที่ผม/ดิฉันรักครับ/ค่ะ

덱콘난 뻰 콘능 나이반다 콘 티 폼/디찬 락 크랍/카

• 김치가 먹고 싶어요.

อยากกินกิมจิครับ/ค่ะ

약 낀 김치 크랍/카

• 좋아 죽겠어요. / 정말 좋아요.

ชอบจะตายครับ/ค่ะ // ชอบมากจริง ๆ ครับ/ค่ะ

첩 짜따이 크랍/카 // 첩 막 찡찡 크랍/카

싫어하는 것을 말할 때

• 이제 오이는 쳐다보기도 싫어요.

ตอนนี้เบื่อแตงกวาแล้วครับ/ค่ะ

떤니 브아 땡꽈 래우 크랍/카

• 신물이 나요. / 질렸어요(보면 토할 것 같아요).

เบื่อแล้วครับ/ค่ะ // เอียนแล้วครับ/ค่ะ

브아 래우 크랍/카 // 이안 래우 크랍/카

• 너랑 가느니 차라리 집에서 잠을 자겠다.

ให้ไปกับเธอ สู้นอนอยู่บ้านดีกว่า

하이 빠이 깝 트 쑤 넌 유 반 디꽈

• 정말 싫어 미치겠어요.

เกลียดจนจะบ้าอยู่แล้วครับ/ค่ะ
끌리앗 쫀 짜 바 유 래우 크랍/카

• 난 절대로 파란 신발은 사지 않아요.

ผม/ดิฉันจะไม่ซื้อรองเท้าสีฟ้าเด็ดขาดครับ/ค่ะ
폼/디찬 짜 마이 쓰 렁타오 씨화 뎃캇 크랍/카

• 그렇게 신 음식은 좋아하지 않아요.

ไม่ชอบอาหารเปรี้ยวแบบนั้นครับ/ค่ะ
마이 첩 아한 쁘리아우 뱁 난 크랍/카

• 날씨가 무더워 참을 수 없어요.

อากาศร้อนมาก ทนไม่ไหวแล้วครับ/ค่ะ
아깟 런 막 톤 마이 와이 래우 크랍/카

• 아버지는 술을 잡수시지 않아요.

คุณพ่อไม่ดื่มเหล้าเลยครับ/ค่ะ
쿤퍼 마이 듬 라오 르이 크랍/카

• 가장 싫어하는 과일은 무엇인지요?

ไม่ชอบผลไม้อะไรมากที่สุดครับ/คะ
마이 첩 폰라마이 아라이 막 티쑷 크랍/카

• 그 사람이 제일 싫어요.

เกลียดคนนั้นมากที่สุดครับ/ค่ะ
끌리앗 콘난 막 티쑷 크랍/카

• 짠 음식보다 단 음식을 더 싫어해요.

ไม่ชอบอาหารหวานมากกว่าอาหารเค็มครับ/ค่ะ
마이 첩 아한 완 막 꽈 아한 켐 크랍/카

• 맛 없는 수박은 안 먹어요.

ไม่กินแตงโมที่ไม่อร่อยครับ/ค่ะ

마이 낀 땡모 티 마이 아러이 크랍/카

• 그 사이즈는 작아서 못 입어요.

เสื้อเบอร์นั้นเล็กไป ใส่ไม่ได้ครับ/ค่ะ

쓰아 버 난 렉 빠이 싸이 마이다이 크랍/카

10 비난과 다툼

사람과의 만남에서 칭찬이나 감사 또는 사과하고 용서를 구하는 일만 있는 것이 아니다. 때로는 본의 아니게 또는 정색으로 다른 일이나 남, 또는 상대방을 비난할 때도 있고 서로 다툴 때도 있다. 이런 경우 어린이가 아니라 성인인 경우, 직설적이라기보다는 완곡하게 표현하여야 하며 다투기 보다는 화해나 이해를 유도할 수 있는 대화를 모색해야 할 것이다.

비난할 때

• 이런 언사는 합당하지 않아요.

คำพูดแบบนี้ไม่เหมาะสมนะครับ/คะ

캄풋 뱁 니 마이 머쏨 나 크랍/카

• 공격적인 태도를 보이지 마세요.

อย่าแสดงท่าทางที่ก้าวร้าวสิครับ/คะ

야 싸댕 타탕 티 까우라우 씨 크랍/카

• 성격이 정말 많이 변하셨어요.

นิสัยคุณเปลี่ยนไปมากจริง ๆ นะครับ/คะ

니싸이 쿤 쁠리안 빠이 막 찡찡 나 크랍/카

• 그렇게 멍청하게 행동하다니…

ทำไมถึงทำตัวโง่อย่างนั้น

탐마이 틍 탐 뚜아 응오 양난

• 너무 말씀이 많으세요.

คุณพูดเยอะไปครับ/ค่ะ

쿤 풋 여 빠이 크랍/카

• 좀 지나친 말씀이잖아요.

พูดเกินไปนะครับ/คะ

풋 끈 빠이 나 크랍/카

• 제가 당신 일에 참견하면 좋겠어요?

คุณชอบไหมครับ/คะ ถ้าผม/ดิฉันก้าวก่ายเรื่องของคุณ

쿤 첩 마이 크랍/카 타 폼/디찬 까우까이 르앙 컹 쿤

• 무례하군요.

ไม่มีมารยาทเลยนะครับ/คะ

마이 미 마라얏 르이 나 크랍/카

• 정말 교양이 없구나!

ไม่มีความเรียบร้อยเลย

마이 미 쾀리압러이 르이

• 복장이 이 분위기에는 맞지 않아요.

ชุดของคุณไม่เข้ากับบรรยากาศแบบนี้นะครับ/คะ

춧 컹 쿤 마이 카오 깝 반야깟 뱁니 나 크랍/카

• 당신과는 거래하기 힘듭니다.

คงจะติดต่อค้าขายกับคุณยากหน่อยครับ/ค่ะ

콩짜 띳떠 카카이 깝 쿤 약 너이 크랍/카

• 그런 성격으로는 세상 살기 힘들어요.

นิสัยแบบนั้นคงจะอยู่ในโลกนี้ลำบากนะครับ/คะ

니싸이 뱁난 콩짜 유 나이 록 니 람박 나 크랍/카

• 왜 여태 가지고 오지 않지요?

ทำไมจนป่านนี้ถึงยังไม่เอามาครับ/คะ

탐마이 쫀 빤니 틍 양 마이 아오 마 크랍/카

• 매너가 왜 이래요? / 이거 무슨 매너예요?

ทำไมมารยาทคุณเป็นแบบนี้ล่ะครับ/คะ //

탐마이 마라얏 쿤 뻰 뱁니 라 크랍/카 //

นี่มารยาทคุณเหรอครับ/คะ

니 마라얏 쿤 러 크랍/카

• 행실이 바르지 않아요.

ปฏิบัติตัวไม่เรียบร้อยเลยนะครับ/คะ

빠띠밧 뚜아 마이 리압러이 르이 나 크랍/카

• 당신이 날 곤란하게 만든 거 알아요?

รู้ไหมครับ/คะว่าคุณทำให้ผม/ดิฉันลำบาก

루 마이 크랍/카 와 쿤 탐 하이 폼/디찬 람박

• 당신 처사에 난 실망했어요.

ผิดหวังในการจัดการของคุณครับ/ค่ะ

핏왕 나이깐짯깐컹 쿤 크랍/카

• 아무래도 한 말 해야겠네요.

ยังไงก็ต้องพูดออกไปครับ/ค่ะ

양아이 꺼 떵 풋 억 빠이 크랍/카

• 감히 그런 행동을 하다니!

กล้ามากที่ทำแบบนี้!

끌라 막 티 탐 뱁니

• 정말 불쾌합니다.

อึดอัดใจจริง ๆ ครับ/ค่ะ

읏앗짜이 찡찡 크랍/카

• 참 뻔뻔하네요.

หน้าด้านมากเลยนะครับ/คะ

나단 막 르이 나 크랍/카

• 유치하군요.

นิสัยเด็กจังครับ/ค่ะ

니싸이 덱 짱 크랍/카

• 아직도 철이 덜 들었나 봐요.

ดูคุณยังไม่โตเลยนะครับ/คะ //

두 쿤 양 마이 또 르이 나 크랍/카 //

ดูคุณยังไม่ประสีประสาเลยนะครับ/คะ

두 쿤 양 마이 쁘라씨쁘라싸 르이 나 크랍/카

말다툼을 할 때

• 네 말은 틀렸어. 내 말대로 해!

คำพูดของเธอมันผิด ทำตามที่ฉันพูดซะ

캄풋 컹 트 만 핏 탐 땀 티찬 풋 싸

• 언성을 낮춰요. / 목소리 좀 낮춰요.

พูดเบา ๆ หน่อยครับ/ค่ะ

풋 바오바오 너이 크랍/카

• 당신한테 따지려고 왔어요.

จะมาสอบถามคุณนี่แหล่ะครับ/ค่ะ

짜 마 썹탐 쿤 니 래 크랍/카

• 도대체 무슨 생각으로 그 말을 했지요?

คิดยังไงถึงได้พูดแบบนั้นออกไปครับ/คะ

킷 양아이 틍 다이풋 뱁난 억 빠이 크랍/카

• 너 왜 아빠한테 일러바쳤니?

ทำไมเธอต้องไปฟ้องพ่อด้วย

탐마이 트 떵 빠이 훵 퍼 두아이

• 내가 잘못한 게 뭔데?

ผม/ดิฉันทำผิดอะไร

폼/디찬 탐 핏 아라이

• 넌 뭘 잘 했는데?

เธอมีอะไรดีล่ะ

트 미 아라이 디 라

• 네가 잘못 본 게 아니니?.

เธอดูผิดไปหรือเปล่า

트 두 핏 빠이 르 쁠라오

• 네가 어떻게 나한테 그럴 수 있니?

เธอทำกับฉันอย่างนั้นได้อย่างไร

트 탐 깝 찬 양난 다이 양라이

• 밖에서 한 판 붙을래? / 한 번 해 볼래?

ไปต่อยกันข้างนอกนะ // ต่อยกันสักตั้งนะ

빠이 떠이깐 캉넉 나 // 떠이깐 싹땅 나

• 바보도 그렇게는 안 하겠다.

คนบ้าเองก็คงไม่ทำแบบนั้นหรอก

콘바 엥 꺼 콩 마이 탐 뱁난 럭

• 네가 할 줄 아는 게 뭐냐?

เธอทำอะไรเป็นบ้างฮะ

트 탐 아라이 뻰 방 하

욕할 때

• 욕 하지마!

อย่าด่านะ

야 다 나

• 욕 좀 그만해라.

หยุดด่าได้แล้ว

윳 다 다이 래우

• 제길헐!

ชิบหาย!

칩하이!

• 미친 년!

อีบ้า!

이바!

• 개새끼!

ไอ้ลูกหมา!

아이 룩 마!

• 헛소리!

พูดไร้สาระ!

풋 라이 싸라!

• 나쁜 놈!

ไอ้เลว!

아이 레우!

꾸짖을 때

• 동생 보기 부끄럽지도 않니?

ไม่อายน้องเหรอ

마이 아이 넝 러

• 왜 자꾸 약속을 지키지 않죠?

ทำไมผิดคำพูดอยู่บ่อย ๆ ล่ะครับ/คะ

탐마이 핏 캄풋 유 버이버이 라 크랍/카

• 내가 밤 늦게 술 마시고 다니지 말라고 했지?

ฉันบอกแล้วใช่ไหมว่าอย่าไปเที่ยวดื่มเหล้าจนดึกดื่น

찬 벅 래우 차이마이 와 야 빠이 티아우 듬 라오 쫀 득든

• 왜 야단치는 지 알겠니?

รู้ใช่ไหมว่าทำไมฉันถึงด่า

루 차이마이 와 탐마이 찬 틍 다

• 다시는 그러지 마.

ต่อไปอย่าทำแบบนี้อีก

떠빠이 야 탐 뱁니 익

PART Ⅲ 비난과 다툼

- 그런 법이 어디 있니?

ทำแบบนั้นได้ยังไง

탐 뱁난 다이 양아이

- 너희들도 마찬가지야.

พวกเธอก็เหมือนกัน

푸악트 꺼 므안깐

- 잘 한다! / 잘 해!

ดีแล้ว // ทำดีมาก

디 래우 // 탐 디 막

- 며칠 전에 내가 그러지 말라고 했지?

ฉันเพิ่งบอกไปว่าอย่าทำแบบนี้อยู่หยก ๆ

찬 픙 벅 빠이 와 야 탐 뱁니 유 욕욕

- 다음부터는 서로 도와야 한다. 알았지?

ตั้งแต่นี้ไปต้องช่วยเหลือกันนะ เข้าใจไหม

땅때니빠이 떵 추아이르아깐 나 카오짜이 마이

- 형 말 잘 들어야지.

เชื่อฟังที่พี่เค้าพูดสิ

츠아 황 티 피 카오 풋 씨

화해할 때

- 너무 꾸짖지 마세요.

อย่าต่อว่ามากนักเลยครับ/ค่ะ

야 떠와 막 낙 르이 크랍/카

• 아마 몰라서 그랬을 거예요.

ที่ทำไปคงเพราะไม่รู้นะแหล่ะครับ/คะ

티탐빠이 콩 프러 마이루 나 래 크랍/카

• 제가 싸움을 말리지 않은 탓이에요.

เป็นเพราะผม/ดิฉันไม่ห้ามปล่อยให้เค้าสู้กันเองครับ/ค่ะ

뻰 프러 폼/디찬 마이 함 쁠러이하이 카오 쑤깐엥 크랍/카

• 이제 악수하세요. / 화해 하세요.

จับมือกันได้แล้วครับ/ค่ะ // คืนดีกันได้แล้วครับ/ค่ะ

짭므깐 다이래우 크랍/카 // 큰디깐 다이래우 크랍/카

• 이제 그 일을 잊읍시다./ 그 일은 잊어버리지요.

ลืมเรื่องนั้นกันเถอะครับ/ค่ะ

름 르앙난 깐 터 크랍/카

• 한 발씩만 양보하세요.

ยอมถอยกันคนละก้าวหน่อยสิครับ/คะ

염 터이 깐 콘 라 까우 너이 씨 크랍/카

• 이미 지난 일이니 서로 잊지요.

เรื่องผ่านไปแล้ว ลืมได้แล้วละครับ/คะ

르앙 판빠이래우 름 다이래우 라 크랍/카

• 앞으로 잘 지냅시다.

ต่อไปนี้เราดีต่อกันนะครับ/คะ

떠빠이니 라오 디떠깐 나 크랍/카

• 저도 앞으로는 당신을 이해하도록 하겠습니다.

ต่อไปผม/ดิฉันจะพยายามเข้าใจคุณนะครับ/คะ

떠빠이 폼/디찬 짜파야암 카오짜이쿤 나 크랍/카

PART IV

일상생활에 대한 표현

01 날씨와 계절

대화를 시작할 때 보통 날씨에 관한 이야기로 시작한다. 색깔에 대한 표현이 자세하듯이 날씨에 대한 표현도 많다. 게다가 화자의 기분과도 연관이 있다. 태국은 3 계절이라고 하나 온대에 살고 있는 우리에게는 일년 내내 덥다.

태국인들은 일년을 비가 오는 계절(6~11월경), 겨울(12~2월경), 그리고 여름(3~5월경)로 구분한다. 일년 중 12월말부터 1월이 가장 선선하고 4월이 가장 덥다. 북반구에 위치하고 있으므로 우리가 겨울이면 태국도 겨울이다. 태국의 겨울 날씨는 해뜨기 전은 섭씨 22-26도 정도이다. 그러나 해만 뜨면 어느 새 30도를 훌쩍 넘는다. 그래도 태국에 오래 살다 보면 겨울날씨가 선선하게 느껴져서 새벽녘에는 따뜻한 이불 생각이 나고, 스웨터와 목도리 생각도 난다.

날씨에 대해 묻고 답할 때

- 오늘은 날씨가 따뜻합니다.

  วันนี้อากาศอบอุ่นครับ/ค่ะ

  완니 아깟 옵운 크랍/카

• 비가 올 것 같아요.

เหมือนฝนจะตกครับ/ค่ะ // ฝนอาจจะตกครับ/ค่ะ

므언 혼 짜 똑 크랍/카 // 혼 앗짜 똑 크랍/카

• 하늘이 잔뜩 흐렸어요.

ท้องฟ้าครึ้มครับ/ค่ะ // มีเมฆครึ้มครับ/ค่ะ

텅화 크름 크랍/카 // 미 멕 크름 크랍/카

• 가끔씩 번개도 치고 천둥도 쳐요.

บางทีก็มีฟ้าแลบและฟ้าร้องด้วยครับ/ค่ะ

방티 꺼 미 화랩 래 화렁 두아이 크랍/카

• 여름은 더운가요?

หน้าร้อนร้อนไหมครับ/คะ

나런 런 마이 크랍/카

• 아주 더워요. 34도가 넘어요.

ร้อนมากครับ/ค่ะ เกิน 34 องศาครับ/ค่ะ

런 막 크랍/카 끈 쌈씹씨 옹싸 크랍/카

• 아침 저녁은 선선하고 낮에는 더워요.

ตอนเช้าและเย็นอากาศเย็น ส่วนตอนกลางวันร้อนครับ/ค่ะ

떤차오 래 옌 아깟 옌 쑤안 떤 끌랑완 런 크랍/카

• 낮에도 영하예요.

ตอนกลางวันก็ติดลบครับ/ค่ะ

떤 끌랑완 꺼 띳 롭 크랍/카

• 바람이 불면 더 추워요.

ถ้าลมพัด จะหนาวขึ้นครับ/ค่ะ

타 롬 팟 짜 나우큰 크랍/카

• 나뭇가지가 흔들리는 걸 보니 바람이 많이 부나 봐요.

กิ่งไม้สั่นแสดงว่าลมพัดแรงนะครับ/คะ

낑마이 싼 싸댕와 롬 팟랭 나 크랍/카

• 하늘에 구름 한 점 없어요.

ท้องฟ้าปลอดโปร่งครับ/ค่ะ // ท้องฟ้าไม่มีเมฆเลยครับ/ค่ะ

텅화 쁠럿 쁘롱 크랍/카 // 텅화 마이미 멕 르이 크랍/카

• 어제는 날씨가 나빴어요. 집에만 있었어요.

เมื่อวานอากาศไม่ดี เลยอยู่แต่ที่บ้านครับ/ค่ะ

므아완 아깟 마이디 르이 유 때 티반 크랍/카

• 오늘 무덥지 않아요?

วันนี้อากาศร้อนอบอ้าวไหมครับ/คะ

완니 아깟 런 옵아우 마이 크랍/카

• 참을 만 해요.

พอทนได้ครับ/ค่ะ

퍼 톤 다이 크랍/카

• 덥고 습기가 많아서 끈적끈적해요.

ทั้งร้อนและชื้น เลยรู้สึกเหนียวตัวครับ/ค่ะ

탕 런 래 츤 르이 루쓱 니아우 뚜아 크랍/카

• 더워도 바람이 불면 시원한데…

ถึงอากาศจะร้อน แต่ถ้ามีลมพัดก็จะเย็น

틍 아깟 짜런 때 타 미 롬 팟 꺼 짜옌

• 아침에는 안개가 많이 꼈어요.

ตอนเช้ามีหมอกมากครับ/ค่ะ

떤 차오 미 먹 막 크랍/카

• 내일은 날씨가 서늘할 거예요.

พรุ่งนี้อากาศคงจะเย็นครับ/ค่ะ

프룽니 아깟 콩 짜 옌 크랍/카

• 하늘이 맑으면 기분이 좋아요.

ถ้าท้องฟ้าแจ่มใส อารมณ์จะดีครับ/ค่ะ

타 텅화 짬싸이 아롬 짜 디 크랍/카

• 눈이 많이 내리면 덜 추워요.

ถ้าหิมะตกหนัก อากาศจะไม่หนาวเท่าไรครับ/ค่ะ

타 히마 똑 낙 아깟 짜 마이 나우 타오라이 크랍/카

• 바람이 불면 추워요.

ถ้าลมพัดจะรู้สึกหนาวครับ/ค่ะ

타 롬 팟 짜 루쓱 나우 크랍/카

기후에 대해 말할 때

• 한국은 온대에 속한 나라입니다.

ประเทศเกาหลีตั้งอยู่ในเขตอบอุ่นครับ/ค่ะ

쁘라텟까올리 땅유 나이 켓 옵운 크랍/카

• 태국은 열대에 속하나요?

ประเทศไทยอยู่ในเขตร้อนไหมครับ/คะ

쁘라텟타이 유 나이 켓런 마이 크랍/카

• 눈이 많이 내리면 길이 미끄러워요.

ถ้าหิมะตกหนัก ถนนจะลื่นมากครับ/ค่ะ

타 히마 똑 낙 타논 짜 른 막 크랍/카

• 눈이 내리고 얼음이 업니다.

หิมะตกและน้ำก็แข็งครับ/ค่ะ

히마 뚝 래 남 꺼 캥 크랍/카

• 요즘은 우기이니까 우산을 꼭 가지고 가세요.

ช่วงนี้หน้าฝน พกร่มไปด้วยนะครับ/คะ

추앙니 나혼 폭 롬 빠이 두아이 나 크랍/카

• 방콕에서는 자주 홍수가 나나요?

ที่กรุงเทพฯ น้ำท่วมบ่อยไหมครับ/คะ

티끄룽텝 남투암 버이 마이 크랍/카

• 요새 가물어서 모를 내지 못해요.

ตอนนี้ฝนแล้ง ชาวนาเลยปักกล้าไม่ค่อยได้ครับ/ค่ะ

떤니 혼랭 차우나 르이 빡 끌라 마이커이다이 크랍/카

• 여러 달 비가 안 와서 저수지에 물이 없대요.

ฝนไม่ตกหลายเดือน เขาบอกกันว่าไม่มีน้ำ

혼 마이뚝 라이드안 카오 벅깐 와 마이미남

ตามแหล่งเก็บน้ำเลยครับ/ค่ะ

땀 랭껩남 르이 크랍/카

• 날씨가 너무 추워서 한강 물이 얼어 붙었어요.

อากาศหนาวมาก น้ำในแม่น้ำฮันเป็นน้ำแข็งแล้วครับ/ค่ะ

아깟 나우 막 남 나이매남한 뻰 남캥 래우 크랍/카

• 기온이 급격히 낮아지면 죽을 수도 있어요.

ถ้าอุณหภูมิลดลงอย่างกะทันหันก็ตายได้ครับ/ค่ะ

타 우나하품 롯 롱 양까탄한 꺼 따이다이 크랍/카

PART IV 날씨와 계절

• 이 달이 가장 좋아요. 덥지도 않고 춥지도 않아요.

เดือนนี้ดีที่สุดครับ/ค่ะ ไม่ร้อนและไม่หนาวครับ/ค่ะ

드안니 디 티쑷 크랍/카 마이런 래 마이나우 크랍/카

일기예보에 대해 말할 때

• 내일 일기예보를 들으셨어요?

ฟังพยากรณ์อากาศของพรุ่งนี้แล้วเหรอครับ/คะ

황 파야껀 아깟 컹 프룽니 래우 러 크랍/카

• 모레도 비가 온대요?

เขาบอกว่ามะรืนนี้ฝนก็จะตกอีกเหรอครับ/คะ

카오 벅 와 마른니 혼 꺼 짜 뚝 익 러 크랍/카

• 네 들었어요. 전국적으로 비가 온대요.

ฟังแล้วครับ/ค่ะ เขาบอกว่าจะมีฝนตกทั้งประเทศครับ/ค่ะ

황래우 크랍/카 카오 벅와 짜 미혼뚝 탕쁘라텟 크랍/카

• 라디오에선 태풍이 올 거라고 해요.

วิทยุบอกว่าจะมีพายุมาครับ/ค่ะ

위타유 벅와 짜 미파유 마 크랍/카

• 눈은 안 오고 바람만 분대요.

เขาบอกว่าหิมะไม่ตก มีแต่ลมพัดครับ/ค่ะ

카오 벅와 히마 마이 뚝 미때 롬팟 크랍/카

• 티비에서는 다음 주에 비가 많이 내릴 거래요.

ทางทีวีบอกว่าอาทิตย์หน้า ฝนจะตกหนักครับ/ค่ะ

탕 티비 벅와 아팃나 혼 짜 뚝 낙 크랍/카

PART Ⅳ 날씨와 계절

• 일기예보에 의하면 내일 북부에는 홍수가 날 정도로 비가 온대요.

ตามพยากรณ์อากาศ พรุ่งนี้ภาคเหนือจะมีฝนตกหนัก
땀 파야껀아깟 프룽니 팍느아 짜 미혼뚝 낙

จนน้ำท่วมได้ครับ/ค่ะ
쪼 남투암 다이 크랍/카

• 오늘 기온은 몇 도인가요?

วันนี้กี่องศาครับ/คะ
완니 끼 옹싸 크랍/카

• 어제는 최저 영하 7도, 최고 0도였어요.

เมื่อวานต่ำสุดลบ 7 สูงสุด 0 องศาครับ/ค่ะ
므아완 땀쏫 롭 쩻 쑹쏫 쑨 옹싸 크랍/카

• 한낮의 기온도 영하로 떨어진대요.

เขาบอกว่าอุณหภูมิตอนกลางวันก็จะติดลบครับ/ค่ะ
카오 벅와 우나하품 떤끌랑완 꺼 짜 띳롭 크랍/카

• 비가 온다고 하니까 우산 가지고 가세요.

เขาบอกว่าฝนจะตก เอาร่มติดตัวไปด้วยนะครับ/คะ
카오 벅와 혼짜뚝 아오 롬 띳뚜아빠이두아이 나 크랍/카

• 혹한이 일주일 이상 계속된다지요?

เขาบอกว่าจะมีอากาศหนาวจัดติดต่อกัน
카오 벅와 짜 미 아깟나우 짯 띳떠깐

เกินหนึ่งอาทิตย์ใช่ไหมครับ/คะ
끈 능아팃 차이마이 크랍/카

PART IV 날씨와 계절

계절에 대하여 말할 때

• 태국의 겨울은 추운가요?

หน้าหนาวในเมืองไทยอากาศหนาวไหมครับ/คะ

나나우 나이므앙타이 아깟 나우 마이 크랍/카

• 태국에서는 언제가 가장 더운가요?

ที่เมืองไทยช่วงไหนร้อนที่สุดครับ/คะ

티므앙타이 추앙나이 런 티쑷 크랍/카

• 태국에도 봄이 있나요?

ที่เมืองไทยมีฤดูใบไม้ผลิไหมครับ/คะ

티므앙타이 미 르두바이마이플리 마이 크랍/카

• 저는 1월을 가장 좋아합니다.

ผม/ดิฉันชอบเดือนมกราคมมากที่สุดครับ/ค่ะ

폼/디찬 첩 드안 마까라콤 막 티쑷 크랍/카

• 태국 겨울 날씨는 어떤가요?

อากาศตอนฤดูหนาวในเมืองไทยเป็นอย่างไรครับ/คะ

아깟 떤르두나우 나이므앙타이 뻰 양라이 크랍/카

• 한국에는 몇 계절이 있는지 아세요?

ทราบไหมครับ/คะว่าเกาหลีมีกี่ฤดู

쌉 마이 크랍/카와 까올리 미 끼 르두

• 한국의 겨울은 매우 춥습니다.

ฤดูหนาวในเกาหลีหนาวมากครับ/ค่ะ

르두나우 나이까올리 나우 막 크랍/카

• 태국의 여름은 한국의 여름보다 더워요.

ฤดูร้อนเมืองไทยร้อนกว่าฤดูร้อนเกาหลีครับ/ค่ะ

르두런 므앙타이 런 꽈 르두런 까올리 크랍/카

• 가을에는 하늘이 파랗고 맑아요. 나뭇잎은 단풍이 들고요.

ตอนฤดูใบไม้ร่วงท้องฟ้าจะมีสีฟ้าและโปร่งใส
떤 르두바이마이루앙 텅화 짜 미씨화 래 쁘롱싸이

ใบไม้จะเปลี่ยนสีด้วยครับ/ค่ะ
바이마이 짜 쁠리안씨 두아이 크랍/카

• 봄은 만물이 소생하는 계절이에요.

ฤดูใบไม้ผลิเป็นฤดูของการเริ่มต้นชีวิตใหม่ครับ/ค่ะ
르두바이마이플리 뻰 르두 컹 깐름똔 치윗 마이 크랍/카

• 일년 내내 비가 오나요?

ฝนตกตลอดปีไหมครับ/คะ
혼똑 딸럿삐 마이 크랍/카

• 보통 봄부터 가을까지 비가 내립니다.

ปกติฝนจะตกตั้งแต่ฤดูใบไม้ผลิถึงฤดูใบไม้ร่วงครับ/ค่ะ
빠까띠 혼 짜 똑 땅때 르두바이마이플리 틍 르두바이마이루앙 크랍/카

02 시간과 연월일

시간, 날짜, 연월일을 말하는 것은 일상생활에서 반드시 익혀 두어야 한다. 연월일도 우리는 "몇 년 몇 월 며칠 무슨 요일" 순으로 이야기하지만 태국인은 반대 순서로 표현한다. 그리고 우리는 서기를 사용하지만 태국은 서기와 불기를 혼용하는데, 불기를 더 많이 사용한다. 불기는 서기에 '543'년을 더 하면 된다. 그러므로 서기 2015년인 금년은 불기 2558년이 된다.

태국식 시각 말하기는 좀 복잡하다. 군대나 경찰에서는 10:30(오전 열 시 반), 16:25(오후 4시 25분)처럼 표현한다. 그러나 일반인의 일상에서는 그렇지 않다. 24시간을 도표로 그려 보면 아래와 같다.

시 각	태국식 표현
0시/24시 자정/ 밤 12시	티앙큰 / 썽 얌
1시	띠 능
2시	띠 썽
3시	띠 쌈
4시	띠 씨
5시	띠 하

6시	혹 몽 차오
7시	쩻 몽 차오/능 몽 차오
8시	뺏 몽 차오/썽 몽 차오
9시	까오 몽 차오/ 쌈 몽 차오
10시	씹 몽 차오/ 씨 몽 차오
11시	씹엣 몽 차오/ 하 몽 차오
12시	티앙/ 티앙완
13시 /오후1시	바이 몽
14시/오후2시	바이 썽 몽
15시/오후3시	바이 쌈 몽
16시/오후4시	씨 몽 옌
17시/오후5시	하 몽 옌
18시/오후6시	혹 몽 옌
19시/오후7시	능 툼
20시/오후 8시	썽 툼
21시/오후9시	쌈 툼
22시/오후10시	씨 툼
23시/오후11시	하 툼

이 외에 "30분" 또는 "반"을 가리킬 때는 "크릉"이라고 한다. 예를 들어 아침 9시 30분은 "까오 몽 크릉" 또는 "까오 몽 쌈씹 나티"라고 한다.

PART IV 시간과 연월일

시각에 관해 묻고 답할 때

• 지금 몇 시에요?

ตอนนี้กี่โมงครับ/คะ // กี่โมงแล้วครับ/คะ

떤니 끼몽 크랍/카 // 끼몽 래우 크랍/카

• 오전 10시 30분이에요.

สิบโมงครึ่งครับ/ค่ะ

씹몽 크릉 크랍/카

• 저녁 8시 20분입니다.

สองทุ่มยี่สิบนาทีครับ/ค่ะ

썽툼 이씹 나티 크랍/카

• 몇 시에 어디서 만날까요?

จะพบกันที่ไหนกี่โมงครับ/คะ

짜 폽깐 티나이 끼몽 크랍/카

• 오늘 저녁 5시에 음식점에서 만나요.

วันนี้ 5 โมงเย็นเจอกันที่ร้านอาหารครับ/ค่ะ

완니 하 몽옌 쯔깐 티란아한 크랍/카

• 새벽 5시에 버스터미널에서 만나지요.

ตีห้าพบกันที่บขส.(ขนส่ง)ครับ/ค่ะ

띠하 폽깐 티버커써.(콘쏭) 크랍/카

• 저 시계 (시간이) 맞아요?

นาฬิกาเรือนนั้นตรงไหมครับ/คะ

나릴까 르안난 뜨롱 마이 크랍/카

• 5분 늦어요.

ช้าห้านาทีครับ/ค่ะ

차 하 나티 크랍/카

• 3분 빠르게 해 놓았어요.
ตั้งเวลาไว้เร็วกว่าสามนาทีครับ/ค่ะ
땅웰라 와이 레우꽈 쌈 나티 크랍/카

• 시계가 없어서 모르겠네요.
ไม่รู้เพราะไม่มีนาฬิกาครับ/ค่ะ
마이루 프러 마이미 날리까 크랍/카

시간에 관해 말할 때

• 근무시간이 어떻게 되나요?
ทำงานตั้งแต่กี่โมงถึงกี่โมงครับ/คะ
탐응안 땅때 끼몽 틍 끼몽 크랍/카

• 오전 9시부터 오후 6시 반까지입니다.
ตั้งแต่เก้าโมงเช้าถึงหกโมงเย็นครึ่งครับ/ค่ะ
땅때 까오몽 차오 틍 혹몽옌 크릉 크랍/카

• 이렇게 늦은 시간에 무슨 일이세요?
ดึกแบบนี้แล้ว มีธุระอะไรเหรอครับ/คะ
득 밴니 래우 미 툴라아라이 르 크랍/카

• 급한 문제입니다.
เป็นเรื่องด่วนมากครับ/ค่ะ
뻰 르앙 두안막 크랍/카

• 이렇게 다투고 있을 시간이 없어요.
ไม่มีเวลาจะมาทะเลาะกันแบบนี้ครับ/ค่ะ
마이미 웰라 짜 마 탈러깐 밴니 크랍/카

• 제가 시간을 한 번 내보겠습니다.

ผม/ดิฉันจะลองหาเวลาว่างดูครับ/ค่ะ

폼/디찬 짜 렁 하 웰라왕 두 크랍/카

• 시간을 빼앗아서 죄송합니다.

ขอโทษที่รบกวนเวลาครับ/ค่ะ

커톳 티 롭꾸안 웰라 크랍/카

Tip

시간에 관한 단위

년 (ปี, 삐), 달(월, 개월), (เดือน, 드언),
시간(ชั่วโมง, 추어몽), 분(นาที, 나티),
초 (วินาที, 위나티), 시(โมง, 몽)

한국식 표현 : 2014년 3월 10일 일요일

태국식 표현 : 일요일 10일 삼월 2014(또는 2557)
วันอาทิตย์ที่ 10 มีนาคม 2014(또는 2557)

• 시간을 내주셔서 고맙습니다.

ขอบคุณที่สละเวลาให้ครับ/ค่ะ

컵쿤 티 쌀라웰라 하이 크랍/카

• 매일 아침 우유 한 잔을 마십니다.

ดื่มนมหนึ่งแก้วทุกเช้ากันครับ/ค่ะ

듬놈 능깨우 툭차오깐 크랍/카

• 방 청소를 할 시간이 없어요.

ไม่ค่อยมีเวลาทำความสะอาดห้องครับ/ค่ะ

마이커이미 웰라 탐쾀싸앗 헝 크랍/카

• 20분만 쉬면 안 될까요?

พักแค่ยี่สิบนาทีไม่ได้เหรอครับ/คะ

팍 캐 이씹 나티 마이다이 르 크랍/카

• 그를 만나러 그 집으로 매일 갑니다.

ผม/ดิฉันไปที่บ้านนั้นทุกวันเพื่อพบเขาครับ/ค่ะ

폼/디찬 빠이 티 반난 툭완 프아 폽 카오 크랍/카

• 점심시간은 1시간 반입니다.

เวลาพักกลางวันคือหนึ่งชั่วโมงครึ่งครับ/ค่ะ

웰라 팍끌랑완 크 능추아몽크릉 크랍/카

• 집에 가야 할 시간입니다.

ถึงเวลาต้องกลับบ้านแล้วครับ/ค่ะ

틍웰라 떵 끌랍반 래우 크랍/카

날짜에 대해 말할 때

• 오늘은 몇 월 몇 일이지요?

วันนี้วันที่เท่าไรครับ/คะ

완니 완티타오라이 크랍/카

Tip

태국에서 "몇 월 며칠이냐"고 묻거나 답할 때 주의해야 할 것은 날짜는 서수로 만들어야 한다는 것이다. '5월 10일'인 경우 태국식은 '10번째 날, 5월'이라고 해야 한다.

기수를 서수로 만드는 방법은 매우 간단하다. 기수 앞에 '티(ที่)'를 붙이면 된다. '1'은 '능'이지만 '티능'은 '첫째' 또는 '첫번 째'가 된다. '오늘은 몇 월 며칠이지요?'을 보통 '오늘 며칠이지요?' 라고 묻는데, 태국식은 '오늘 몇 번째 날이지요?'(완니 완티 타오라이)이다. 그리고 요일을 물은 때는 '무슨 날'(완 아라이)이냐고 묻는다.

- 오늘은 7월 9일입니다.

  วันนี้วันที่ 9 กรกฎาคมครับ/ค่ะ

  완니 완티까오 까라까다콤 크랍/카

- 10월 3일은 무슨 날이에요?

  วันที่ 3 ตุลาคมเป็นวันอะไรครับ/คะ

  완티 쌈 뚤라콤 뻰 완아라이 크랍/카

- 생일이 언제예요?

  เกิดวันที่เท่าไรครับ/คะ

  끗 완티타오라이 크랍/카

- 날짜를 깜빡 잊었어요.

  ลืมวันที่ไปแล้วครับ/ค่ะ

  름 완티 빠이래우 크랍/카

PART IV 시간과 연월일

• 이 표는 며칠간 유효한가요?

ตั๋วนี้ใช้ได้กี่วันครับ/คะ

뚜아니 차이다이 끼 완 크랍/카

• 며칠 동안 가 계실 것인가요?

จะไปอยู่กี่วันครับ/คะ

짜 빠이유 끼완 크랍/카

• 며칠 날 귀국하시지요?

กลับวันที่เท่าไรครับ/คะ

끌랍 완티타오라이 크랍/카

• 태국의 어린이 날은 몇 월 며칠인가요?

วันเด็กของไทยตรงกับวันที่เท่าไรครับ/คะ

완덱 컹 타이 뜨롱깝 완티타오라이 크랍/카

PART IV 시간과 연월일

요일에 대해 말할 때

• 설날은 무슨 요일입니까?

วันปีใหม่ตรงกับวันอะไรครับ/คะ

완삐마이 뜨롱깝 완아라이 크랍/카

Tip

월요일 วันจันทร์(완짠), 화요일 วันอังคาร(완앙칸),
수요일 วันพุธ(완풋), 목요일 วันพฤหัสบดี(완프르핫싸버디, 완프르핫),
금요일 วันศุกร์(완쑥), 토요일 วันเสาร์(완싸오),
일요일 วันอาทิตย์(완아팃)

• 일주일은 7일입니다.

หนึ่งสัปดาห์มี(วัน)เจ็ดวันครับ/ค่ะ

능 쌉다 미(완) 쩻 완 크랍/카

• 매주 수요일마다 저는 절에 갑니다.

ทุก ๆ วันพุธผม/ดิฉันจะไปวัดครับ/ค่ะ

툭툭 완풋 폼/디찬 짜 빠이 왓 크랍/카

• 잘 모르겠지만 아마 화요일일 거예요.

ไม่แน่ใจแต่คิดว่าน่าจะเป็นวันอังคารครับ/ค่ะ

마이 내짜이 때 킷와 나짜뻰 완앙칸 크랍/카

• 공휴일이 토요일과 겹쳤어요.

วันหยุดราชการตรงกับวันเสาร์ครับ/ค่ะ

완윳라차깐 뜨롱깝 완싸오 크랍/카

• 다음 일요일 밤에 이리 이사 와도 될까요?

ย้ายมาที่นี่คืนวันอาทิตย์หน้าได้ไหมครับ/คะ

야이 마 티니 큰 완아팃 나 다이마이 크랍/카

• 금요일 오후부터 길에 차가 넘칩니다.

รถแน่นตั้งแต่บ่ายวันศุกร์ครับ/ค่ะ

롯 낸 땅때 바이 완쑥 크랍/카

• 토요일은 오전만 근무합니다.

วันเสาร์ทำงานเฉพาะตอนเช้าครับ/ค่ะ

완싸오 탐응안 차퍼 떤 차오 크랍/카

• 목요일 밤에 전화가 왔어요.

มีโทรศัพท์เข้ามาคืนวันพฤหัสครับ/ค่ะ

미 토라쌉 카오마 큰 완프르핫 크랍/카

달(월, 개월)에 대해 말할 때

• 일년은 12달입니다.

หนึ่งปีมีสิบสองเดือนครับ/ค่ะ

능삐 미 씹썽 드안 크랍/카

Tip

1월 มกราคม(ม.ค.마까라콤), 2월 กุมภาพันธ์(ก.พ.꿈파판)
3월 มีนาคม(มี.ค.미나콤), 4월 เมษายน(เม.ย.메싸욘)
5월 พฤษภาคม(พ.ค.프르싸파콤), 6월 มิถุนายน(มิ.ย.미투나욘)
7월 กรกฎาคม(ก.ค.까라까다콤), 8월 สิงหาคม(ส.ค.씽하콤)
9월 กันยายน(ก.ย.깐야욘), 10월 ตุลาคม(ต.ค.뚤라콤)
11월 พฤศจิกายน(พ.ย.프르싸찌까욘), 12월 ธันวาคม(ธ.ค.탄와콤)

구어에서는 각 달의 마지막 음절인 콤/욘을 빼고 말한다. 예를 들면, 1월 '마까라콤'은 '마까라', 2월 '꿈파판'은 '꿈파'라고 한다.

• 지금 몇 월 달이지요?

เดือนนี้เดือนอะไรครับ/คะ

드안니 드안 아라이 크랍/카

• 지난 달에 어느 나라에 다녀오셨나요?

เดือนที่แล้วไปประเทศอะไรมาเหรอครับ/คะ

드안 티래우 빠이 쁘라텟아라이 마 르 크랍/카

• 다음 달에는 무엇을 하실 것인가요?

เดือนหน้าจะทำอะไรเหรอครับ/คะ

드안나 짜 탐 아라이 르 크랍/카

• 여기 온 지 5개월 되었어요.

อยู่ที่นี่มาได้ 5 เดือนแล้วครับ/ค่ะ

유 티니 마 다이 하 드안 래우 크랍/카

• 아들이 태국에 간 지 반년이 되었어요.

ลูกชายไปเมืองไทยได้ครึ่งปีแล้วครับ/ค่ะ

룩차이 빠이 므앙타이 다이 크릉삐 래우 크랍/카

• 다음 주 초에 어머니가 상경하실 거예요.

ต้นสัปดาห์หน้าแม่จะขึ้นกรุงเทพฯ ครับ/ค่ะ

똔쌉다 나 매 짜 큰 끄룽텝 크랍/카

• 몇 달 동안 못 만났지요?

ไม่ได้พบกันกี่เดือนแล้วนะครับ/คะ

마이다이 폽깐 끼 드안 래우 나 크랍/카

• 두 달 전에 이리로 이사 왔어요.

ย้ายมาที่นี่เมื่อสองเดือนก่อนแล้วครับ/ค่ะ

야이마 티니 므아 썽 드안 껀 래우 크랍/카

• 월말이 되면 은행에 가서 세금을 냅니다.

พอถึงสิ้นเดือนก็ต้องไปเสียภาษีที่ธนาคารครับ/ค่ะ

퍼 틍 씬 드안 꺼 떵 빠이 씨아 파씨 티 타나칸 크랍/카

• (보통) 나는 아내와 한 달에 두 번 영화를 보러 갑니다.

(ตามปกติ)ผมไปดูหนังกับภรรยาเดือนละสองครั้งครับ/ค่ะ

(땀빠까띠) 폼 빠이두 낭 깝 판야 드안라 썽크랑 크랍/카

• 한 달 내내 여기 없었어요.

ไม่ได้อยู่ที่นี่ตลอดหนึ่งเดือนเลยครับ/ค่ะ

마이다이 유 티니 딸럿 능 드안 르이 크랍/카

• 6개월에 한 번은 치과에 가야 합니다.

ต้องไปหาหมอฟันทุกหกเดือนครับ/ค่ะ

떵 빠이하 머환 툭 혹드안 크랍/카

해(년)에 대해 말할 때

• 금년은 몇 년인가요?

ปีนี้ พ.ศ.อะไรครับ/คะ

삐니 퍼써 아라이 크랍/카

• 몇 년도에 결혼했어요?

แต่งงานปีไหนเหรอครับ/คะ

땡응안 삐나이 르 크랍/카

• 1년에 한번은 건강검진을 하세요.

ตรวจสุขภาพปีละครั้งสิครับ/คะ

뜨루앗 쑥카팝 삐라 크랑 씨 크랍/카

• 그 협약은 5년간 유효합니다.

สัญญานี้มีผล 5 ปีครับ/ค่ะ

싼야니 미폰 하삐 크랍/카

• 저는 20년 넘게 이 일을 해 왔습니다.

ผม/ดิฉันทำงานนี้มามากกว่า 20 ปีแล้วครับ/ค่ะ

폼/디찬 탐응안니 마 막꽈 이씹삐 래우 크랍/카

• 올해도 이 물건이 히트할까요?

สินค้าอันนี้ก็จะขายดีในปีนี้ไหมครับ/คะ

씬카 안니 꺼 짜 카이디 나이삐니 마이 크랍/카

• 내년에 누나가 시집간다지요?

ได้ยินว่าปีหน้าพี่สาวจะแต่งงานใช่ไหมครับ/คะ

다이인 와 삐나 피싸오 짜 땡안 차이마이 크랍/카

• 연말에는 가족과 지낼 것입니다.

สิ้นปีนี้จะอยู่กับครอบครัวครับ/ค่ะ

씬 삐니 짜 유 깝 크럽크루아 크랍/카

03 집

태국 사람들은 아파트보다는 단독주택에 거주한다. 아파트는 방콕 등 대도시에 집중되어 있다. 태국의 "뜩태우"는 2-3층 건물로, 여러 가구가 옆으로 길게 붙어 있는 건물을 말한다. 보통 1층은 상점으로, 위층은 살림집으로 사용하며 중국계 태국인들이 선호하는 건축양식이다.

이외의 거주지로는 townhouse라는 단층 내지는 2층(3층도 더러 있음) 연립주택(옆으로 이어져 있는 건물)이 있다. 방콕 공항에 내릴 때 아래에 펼쳐 있는 빨간 지붕의 길고 작은 주택이 모두 이에 속한다.

최근에 들어서서는 중산층이상이 거주하는 "무반짯싼", 다시 말해 대단위 주택단지가 있다. 이러한 단지는 각기 특색을 가지고 지었으며 입구에는 수위가 있어 외부인의 들고 남을 통제한다. 아파트를 선호하는 중산층 이상이 살고 있는 고층 건물을 보통 콘도(콘도미니움)라고 한다.

집의 종류에 대해 말할 때

- 한국사람들은 아파트를 선호한다지요?

ได้ยินมาว่าคนเกาหลีชอบอยู่อพาร์ทเม้นท์ใช่ไหมครับ/คะ

다이인마 와 콘까올리 춉 유 아파트멘 차이마이 크랍/카

• 저는 단독주택에 살고 있어요.

ผม/ดิฉันอยู่บ้านเดี่ยวครับ/ค่ะ

폼/디찬 유 반디아우 크랍/카

• 작은 아파트에 살고 있어요.

อยู่ที่แฟล็ตเล็ก ๆ ครับ/ค่ะ

유 티 훌랫 렉렉 크랍/카

• 셋방에 살고 있어요.

อยู่ห้องเช่าครับ/ค่ะ // เช่าห้องอยู่ครับ/ค่ะ

유 헝차오 크랍/카 // 차오헝 유 크랍/카

• 학교기숙사는 살기 편해요.

หอพักโรงเรียนอยู่สบายดีครับ/ค่ะ

허팍 롱리안 유 싸바이디 크랍/카

• 이 방을 세를 놓으려고 하는데, 오시겠어요?

ตั้งใจจะให้เช่าห้องนี้ (คุณ)จะมาอยู่ไหมครับ/คะ

땅짜이 짜 하이차오 헝니 (쿤) 짜 마 유 마이 크랍/카

• 친구하고 둘이 한 방을 사용하고 있어요.

อยู่ห้องเดียวกับเพื่อนสองคนครับ/ค่ะ

유 헝디아우 깝 프언 썽콘 크랍/카

• 집에서는 잠만 자고 밥은 사 먹어요.

ที่ห้องอาศัยนอนอย่างเดียว ส่วนอาหารนั้นซื้อกินครับ/ค่ะ

티헝 아싸이넌 양디아우 쑤안 아한난 쓰낀 크랍/카

• 이 골목에는 큰 저택이 아주 많아요.

ในซอยนี้มีบ้านหลังใหญ่มากครับ/ค่ะ

나이 써이니 미 반 랑야이 막 크랍/카

PART IV 집

• 태국 스님의 거주지를 "꾸띠"라고 하나요?

ที่อยู่อาศัยของพระไทยเรียกว่ากุฏิใช่ไหมครับ/คะ

티유아싸이 컹 프라타이 리악와 꾸띠 차이마이 크랍/카

• "무반짯싼"에는 부자들이 사나요?

ที่หมู่บ้านจัดสรรมีคนรวยอยู่ไหมครับ/คะ

티 무반 짯싼 미 콘루아이 유 마이 크랍/카

• 골프장 안에 있는 아파트에 살아요.

อยู่ที่อพาร์ทเม้นท์ที่อยู่ในสนามกอล์ฟครับ/ค่ะ

유 티 아파트멘 티 유 나이싸남껍 크랍/카

• 주거환경은 어떤가요?

สภาพที่อยู่อาศัยเป็นยังไงบ้างครับ/คะ

싸팝 티유아싸이 뻰양아이 방 크랍/카

PART IV 집

집의 환경에 대해 말할 때

• 지상철 역에서 걸어서 5분 걸려요.

เดินจากสถานีรถไฟฟ้า 5 นาทีครับ/ค่ะ

든 짝 싸타니 롯화이화 하 나티 크랍/카

• 지하철에서 10분 거리에 있어요.

อยู่ห่างจากสถานีรถไฟใต้ดิน 10 นาทีครับ/ค่ะ

유 항 짝 싸타니 롯화이따이딘 씹 니티 크랍/카

• 바로 앞에 버스 정류장이 있어요.

มีป้ายรถเมล์หน้าบ้านเลยครับ/ค่ะ

미 빠이롯메 나 반 르이 크랍/카

• 아파트에 수영장이 있나요?

ที่อพาร์ทเม้นท์มีสระว่ายน้ำไหมครับ/คะ

티아파트멘 미 싸와이남 마이 크랍/카

• 차고가 2개 있어요.

มีโรงรถสองโรงครับ/ค่ะ

미 롱롯 썽 롱 크랍/카

• 차는 그냥 집 근처 주차장에 세워요.

สำหรับรถนั้นจอดไว้ที่ที่ลานจอดรถ แถวบ้านครับ/ค่ะ

쌈랍 롯 난 쩟 와이 티 티란쩟롯 태우반 크랍/카

• 베란다가 넓어서 아주 좋아요.

ระเบียงกว้างดีมากครับ/ค่ะ

라비앙 꽝 디 막 크랍/카

• 멀리 산도 보이네요. 남산인가요?

เห็นภูเขาตรงโน้นด้วย นั่นใช่นัมซันไหมครับ/คะ

헨 푸카오 뜨롱 논 두아이 난 차이 남산 마이 크랍/카

• 나무가 많은 데도 집안이 밝아요.

ถึงจะมีต้นไม้เยอะ แต่บ้านก็สว่างนะครับ/คะ

틍 짜 미 뜬마이 여 때 반 꺼 싸왕 나 크랍/카

• 이 아름다운 꽃밭은 누가 관리하나요?

ใครดูแลสวนดอกไม้สวยนี้ครับ/คะ

크라이 두래 쑤안덕마이 쑤아이 니 크랍/카

• 몇 층에 사세요?

คุณอยู่ชั้นไหนเหรอครับ/คะ

쿤 유 찬 나이 러 크랍/카

• 제가 사는 아파트는 10층 건물인데, 저는 3층에 살아요.

อพาร์ทเม้นท์ของผม/ดิฉันมี 10 ชั้น ส่วนผม/ดิฉันอยู่ชั้นที่สามครับ/ค่ะ

아파트멘 컹 폼/디찬 미 씹 찬 쑤안 폼/ 디찬 유 찬 티쌈 크랍/카

• 근처에 미용실이 있나요?

มีร้านเสริมสวยแถวนี้ไหมครับ/คะ

미 란쏨쑤아이 태우니 마이 크랍/카

• 나무가 많아 햇볕을 피할 수 있어요.

มีต้นไม้มากก็เลยหลบแดดได้ครับ/ค่ะ

미 똔마이 막 꺼 르이 롭댓 다이 크랍/카

PART IV 집

Tip

미장원 ร้านเสริมสวย(란쏨쑤아이)

이발소 ร้านตัดผม(란땃폼)

전통마사지룸 ร้านนวดแผนโบราณ(란누앗팬보란)

스파 ร้านนวดสปา(란누앗쓰빠)

발마사지 การนวดเท้า(깐누앗타오)

손톱미용 การทำเล็บ(깐탐렙)

집의 구조에 대해 말할 때

• 이 집에는 침실이 5개입니다.

บ้านนี้มี 5 ห้องนอนครับ/ค่ะ

반니 미 하 헝넌 크랍/카

• 아래층에는 부엌과 거실, 그리고 서재가 있어요.

ชั้นล่างมีห้องครัว ห้องนั่งเล่นและห้องอ่านหนังสือครับ/ค่ะ

찬랑 미 헝크루아 헝낭렌 래 헝안낭쓰 크랍/카

• 지하에는 차고와 창고가 있지요.

ชั้นใต้ดินมีโรงรถและห้องเก็บของครับ/ค่ะ

찬따이딘 미 롱롯 래 헝껩컹 크랍/카

• 침실에는 침대가 있지만 나는 방바닥에서 자는 걸 좋아해요.

ที่ห้องมีเตียง แต่ผม/ดิฉันชอบนอนกับพื้นครับ/ค่ะ

티헝 미 띠앙 때 폼/디찬 첩넌 깝픈 크랍/카

• 좌식 식탁도 괜찮아요?

โต๊ะกินข้าวที่นั่งกับพื้นก็ใช้ได้ไหมครับ/คะ

또낀카우 티 낭깝픈 꺼 차이다이 크랍/카

• 집 뒤에 장미를 심었어요.

ปลูกกุหลาบไว้หลังบ้านครับ/ค่ะ

쁠룩 꾸랍 와이 랑반 크랍/카

• 작은 텃밭이 부엌 옆에 있어요.

มีสวนครัวอยู่ข้างห้องครัวครับ/ค่ะ

미 쑤안크루아 유 캉 헝크루아 크랍/카

PART IV 집

04 하루의 일과

우리는 하루 24시간을 먹고 자고 일하는데 사용한다. 잠에서 깨어나 일어나는 시간은 사람마다 다르나 통상적인 경우를 중심으로 작성하였다. 일반적으로 태국에서는 해가 6시경이면 뜨고 오후 6시경이면 진다. 그래서인지 태국인들은 우리보다 일찍 일어나 활동하고 일찍 잠자리에 든다.

태국인들은 가족 나들이를 즐기고, 가족단위의 외식도 많다. 그러나 쓰레기를 버릴 때 분리수거는 아직 시행하고 있지 않다. 그러므로 중량제 쓰레기봉투도 사용되지 않는다. 보통 '쓰레기봉투'라고 하면 검은색 비닐 쓰레기봉투를 의미한다.

아침에 집에서 서두를 때

- 벌써 6시에요. 일어나세요.

หกโมงแล้วนะครับ/คะ ตื่นได้แล้วครับ/ค่ะ

혹몽 래우 나 크랍/카 뜬 나이 래우 크랍/카

- 얘들아 일어나라. 밥 먹고 학교에 가야지.

ลูก ๆ ตื่นเร็ว กินข้าวแล้วไปโรงเรียนได้แล้ว

룩룩 뜬 레우 낀카우 래우 빠이롱리안 다이 래우

- 어! 벌써 일어났네.

อ้าว ตื่นแล้วเหรอ
아우 뜬 래우 러

- 일찍 일어났구나!

ตื่นแต่เช้าเชียวนะ
뜬 때 차오 치아우 나

- 방금 일어났어요.

เพิ่งตื่นเมื่อกี้ครับ/ค่ะ
픙 뜬 므아끼 크랍/카

- 밤 새웠어요. 조금만 더 잘 게요.

ไม่ได้นอนทั้งคืนเลย ขอนอนต่ออีกหน่อยนะครับ/คะ
마이다이 넌 탕큰 르이 커 넌떠 익너이 나 크랍/카

- 미안해요. 늦잠을 잤네요.

ขอโทษครับ/ค่ะ นอนตื่นสายครับ/ค่ะ
커 톳 크랍/카 넌 뜬싸이 크랍/카

- 엄마, 왜 안 깨웠어요?

แม่ ทำไมไม่ปลุกล่ะครับ/คะ
매 탐마이 마이쁠룩 라 크랍/카

- 어제 밤엔 늦게 잤어요.

เมื่อคืนเข้านอนดึกครับ/ค่ะ
므아큰 카오넌 득 크랍/카

- 아빠, 얼른 목욕하세요.

คุณพ่อครับ/ค่ะ รีบอาบน้ำสิครับ/คะ
쿤퍼 크랍/카 립 압남 씨 크랍/카

Tip

태국에서 목욕(압남)은 보통 샤워를 의미한다. 욕조 목욕은 보편화되어 있지 않다. 과거에는 냉수로 샤워를 했으나 근래에는 방콕을 위시한 대도시나 중산층들은 온수기를 달고 온수로 샤워한다. 그러나 학생기숙사나 시골에서는 냉수로 샤워를 하고 냇가나 강에서 목욕하는 사람들도 적지 않다.

- 오늘 아침(밥)이 왜 이렇게 일러요?

ทำไมวันนี้ให้กินข้าวเช้าเร็วอย่างนี้ครับ/คะ

탐마이 완니 하이낀 카우차오 레우 양니 크랍/카

- 일요일이니까 푹 자라.

วันนี้เป็นวันอาทิตย์ นอนให้เต็มอิ่มนะ

완니 뻰 완아팃 넌 하이 뗌임 나

- 아침마다 목욕하기 싫어요.

ขี้เกียจอาบน้ำทุกเช้าครับ/ค่ะ

키끼얏 압남 툭차오 크랍/카

- 뜨거운 물로 샤워하세요.

อาบน้ำร้อนสิครับ/คะ

압남 런 씨 크랍/카

- 온수기 틀고 목욕하세요.

เปิดเครื่องทำอุ่นน้ำแล้วอาบน้ำสิครับ/คะ

뻣 크르앙탐운남 래우 압남 씨 크랍/카

• 오늘은 무슨 날인가? 반찬이 많으니.

วันนี้วันอะไรเหรอ กับข้าวเยอะจัง

완니 완 아라이 러 깝카우 여 짱

• 이 국이 좀 맵지만 아주 맛있어요.

แกงนี้เผ็ดไปหน่อย แต่อร่อยดีครับ/ค่ะ

깽 니 펫빠이 너이 때 아러이디 크랍/카

• 새 칫솔 있어요?

มีแปรงฟันอันใหม่ไหมครับ/คะ

미 쁘랭환 안 마이 마이 크랍/카

• 여기 칫솔과 치약, 그리고 수건이 있어요.

ที่นี่มีแปรงสีฟัน ยาสีฟันและผ้าเช็ดตัวครับ/ค่ะ

티니 미 쁘랭씨환 야씨환 래 파쳇뚜아 크랍/카

• 머리 빗고 있어요. 곧 나가요.

กำลังหวีผมอยู่ครับ/ค่ะ เดี๋ยวออกไปครับ/ค่ะ

깜랑 위 폼 유 크랍/카 디아우 억빠이 크랍/카

외출준비를 할 때

• 얼른 준비하세요.

รีบเตรียมตัวนะครับ/คะ

립 뜨리암뚜아 나 크랍/카

• 준비 다 됐어요?

เรียบร้อยแล้วหรือครับ/คะ // พร้อมแล้วหรือครับ/คะ

리압러이 래우 르 크랍/카 // 프럼 래우 르 크랍/카

PART Ⅳ 하루의 일과

• 서둘러요. 애들이 차에서 기다려요.

รีบ ๆ หน่อยครับ/ค่ะ ลูก ๆ กำลังรออยู่ที่รถครับ/ค่ะ

립립 너이 크랍/카 룩룩 깜랑 러 유 티롯 크랍/카

• 밥 먹어야 공원에 놀러 가지.

ต้องกินข้าวก่อนถึงจะไปเที่ยวสวนสาธารณะได้

떵 낀 카우 껀 틍짜 빠이티아우 쑤안싸타라나 다이

• 오늘은 뭘 입지?

วันนี้ใส่เสื้ออะไรดีนะ

완니 싸이 쓰아 아라이 디 나

• 이 셔츠와 넥타이가 잘 어울려요.

เสื้อเชิ้ตตัวนี้เหมาะกับเนคไทอันนี้ดีค่ะ

쓰아첫 뚜아니 머 깝 넥타이 안니 디 카

• 설거지는 이따 돌아와서 하지요.

ล้างจาน เดี๋ยวกลับมาค่อยล้างครับ/ค่ะ

랑짠 디아우 끌랍마 커이 랑 크랍/카

• 청소는 내일 제가 할 게요.

พรุ่งนี้ผม/ดิฉันจะทำความสะอาดเองครับ/ค่ะ

프룽니 폼/디찬 짜 탐쾀싸앗 엥 크랍/카

• 애들은 무슨 옷을 입히지요?

ให้ลูก ๆ ใส่เสื้ออะไรดีคะ

하이 룩룩 싸이 쓰아 아라이 디 카

• 선물 잊지 말고 챙기세요.

อย่าลืมเอาของขวัญไปนะครับ/คะ

야 름 아오 컹콴 빠이 나 크랍/카

PART IV 하루의 일과

• 얼른 내려갈 테니 당신은 차 시동을 걸고 기다려요.

เดี๋ยวจะรีบตามไป คุณไปสตาร์ทเครื่องรอก่อนนะคะ

디아우 짜 립 땀빠이 쿤 빠이 쓰탓크르앙 러 껀 나 카

• 엄마, 내가 집 보면 안 돼요?

แม่ครับ/คะ ผม/หนูอยู่เฝ้าบ้านไม่ได้เหรอครับ/คะ

매 크랍/카 폼/누 유 화오반 마이다이 러 크랍/카

• 정말 나가기 싫다. 하루 종일 잤으면 좋겠다.

ไม่อยากออกจากบ้าน อยากนอนทั้งวัน

마이 약 억 짝 반 약 넌 탕완

집으로 돌아올 때

• 유치원으로 애들을 데리러 갈 시간이에요.

ถึงเวลาที่จะไปรับลูกที่โรงเรียนอนุบาลแล้วครับ/ค่ะ

틍 웰라 티 짜 빠이랍 룩 티 롱리안아누반 래우 크랍/카

• 저녁 찬거리는 뭘로 하죠?

เย็นนี้ทำกับข้าวอะไรดีครับ/คะ

옌니 탐 깝카우 아라이 디 크랍/카

• 시장에 잠깐 들렸다 가요.

แวะตลาดหน่อยนะครับ/คะ

왜 딸랏 너이 나 크랍/카

• 저 반찬가게에 들려서 반찬 몇 가지 사 가지고 가면 돼요.

แวะร้านกับข้าวตรงโน้นแล้วซื้อกับข้าวสักสองสามอย่าง

왜 란깝카우 뜨롱논 래우 쓰 깝카우 싹 썽쌈양

ก็พอแล้วครับ/ค่ะ

꺼 퍼래우 크랍/카

PART IV 하루의 일과

• 퇴근 길에 당신을 픽업할 테니 거기서 기다려요.

ตอนเลิกงานจะมารับรอผมอยู่ที่นั่นนะครับ

떤 륵응안 짜 마랍 러 폼 유 티난 나 크랍

• 사무실에서 나갈 때 전화할 게.

ตอนจะออกจากที่ทำงานจะโทรหานะ

떤 짜 억 짝 티탐응안 짜 토 하 나

• 집에 오는 길에 과일 사 가지고 오세요.

ตอนกลับบ้าน ซื้อผลไม้มาด้วยนะครับ/คะ

떤 끌랍반 쓰 폰라마이 마 두아이 나 크랍/카

• 오늘은 집으로 곧장 퇴근해요.

วันนี้เลิกงานแล้วจะกลับบ้านเลยนะครับ/คะ

완니 륵응안 래우 짜 끌랍반 르이 나 크랍/카

• 식사하고 (집에) 갈 게요.

กินข้าวแล้วจะกลับ(บ้าน)นะครับ/คะ

낀 카우 래우 짜 끌랍 (반) 나 크랍/카

• 오늘은 일찍 일이 끝났어요.

วันนี้เลิกงานเร็วครับ/ค่ะ

완니 륵응안 레우 크랍/카

저녁식사하고 취침할 때까지

• 저녁 먹고 보통 티비를 봅니다.

ปกติกินข้าวเย็นและดูทีวีครับ/ค่ะ

빠까띠 낀 카우옌 래 두 티위 크랍/카

• 남기지 말고 다 먹어라.

กินให้หมด

낀 하이 못

• 음식을 가리지 말고 골고루 먹어라.

อย่าเลือกกิน กินให้ครบทุกอย่าง

야 르악낀 낀 하이 크롭 툭 양

• 물 한 잔 주세요.

ขอน้ำแก้วนึงครับ/ค่ะ

커 남 깨우능 크랍/카

• 식사 후에 산보 갈까요?

หลังอาหารเย็น ไปเดินเล่นกันไหมครับ/คะ

랑 아한옌 빠이든렌깐 마이 크랍/카

• 제가 먼저 목욕할 게요.

ผม/ดิฉันจะอาบน้ำก่อนนะครับ/คะ

폼/디찬 짜 압남 껀 나 크랍/카

• 숙제는 다 했니?

ทำการบ้านเสร็จแล้วเหรอ

탐 깐반 쎗 래우 러

• 오늘 티비 프로그램은 뭐가 있나요?

วันนี้ทีวีมีรายการอะไรบ้างครับ/คะ

완니 티위 미 라이깐 아라이방 크랍/카

• 텔레비전 끄고 숙제 할래요.

ปิดทีวีแล้วจะทำการบ้านครับ/ค่ะ

삣 티위 래우 짜 탐깐반 크랍/카

• 숙제가 많아요. 내일 시험도 있고요.

มีการบ้านเยอะและพรุ่งนี้ก็มีสอบด้วยครับ/ค่ะ

미 깐반 여 래 프룽니 꺼 미 썹 두아이 크랍/카

• 잘 때 불 끄고 자라.

ตอนเข้านอนปิดไฟด้วยนะ

떤 카오 넌 뻿 화이 두아이 나

• 창문 열어 놓고 자지 마라. 비 올 것 같다.

อย่าเปิดหน้าต่างนอนนะ เหมือนจะมีฝนตก

야 뻣 나땅 넌 나 므안 짜 미혼똑

• 문을 잠갔는지 살펴보세요.

เช็คดูว่าประตูล็อคแล้วหรือยังด้วยนะครับ/คะ

첵두와 쁘라뚜 럭 래우 르 양 두아이 나 크랍/카

집안청소를 할 때

• 진공소제기를 돌려라.

เปิดเครื่องดูดฝุ่น

뻣 크르앙둣훈

• 바닥은 깨끗하게 걸레질해야 해요.

พื้นนั้นต้องใช้ผ้าถูให้สะอาดครับ/ค่ะ

픈난 떵 차이파 투 하이싸앗 크랍/카

• 창문도 닦아야 하나요?

ต้องเช็ดกระจกด้วยไหมครับ/คะ

떵 쳇 끄라쪽 두아이 마이 크랍/카

• 계단은 물로 닦아라.

บันไดใช้น้ำเช็ด

반다이 차이 남 쳇

• 쓰레기는 밖에 내 놓으세요.

ขยะเอาไปวางข้างนอกสิครับ/คะ

카야 아오빠이왕 캉넉 씨 크랍/카

• 나갈 때 쓰레기를 버려주세요.

ตอนออกไปช่วยเอาขยะไปทิ้งหน่อยนะครับ/คะ

떤 억 빠이 추아이 아오 카야 빠이 팅 너이 나 크랍/카

• 빨래는 세탁기에 넣어주세요.

เอาเสื้อใส่เครื่องซักผ้าหน่อยครับ/ค่ะ

아오 쓰아 싸이 크르앙싹파 너이 크랍/카

• 빨래가 밀렸어요.

มีเสื้อยังไม่ได้ซักครับ/ค่ะ

미 쓰아 양 마이다이 싹 크랍/카

• 어제 누가 다리미질 했니?

เมื่อวานใครรีดผ้าเหรอ

므아완 크라이 릿 파 러

• 방이 어질러 있어요.

ห้องเกะกะมากเลยครับ/ค่ะ

헝 께까 막 르이 크랍/카

• 자기 방은 스스로 청소해야 합니다.

ห้องของตัวเองต้องทำความสะอาดเองครับ/ค่ะ

헝 컹 뚜아엥 떵 탐쾀싸앗 엥 크랍/카

• 눈이 오면 집 앞은 제가 씁니다.

ถ้าหิมะตก ผม/ดิฉันจะกวาดหน้าบ้านเองครับ/ค่ะ

타 히마 뚝 폼/디찬 짜 꽛 나 반 엥 크랍/카

• 어서 방을 치우세요.

รีบเก็บห้องให้เรียบร้อยครับ/ค่ะ

립 껩헝 하이리압러이 크랍/카

• 화장실 청소는 누가 할 거죠?

ใครจะทำความสะอาดห้องน้ำครับ/คะ

크라이 짜 탐쾀싸앗 헝남 크랍/카

• 이 빨래를 햇볕에 너세요.

เอาผ้าพวกนี้ไปตากแดดนะครับ/คะ

아오 파 푸악니 빠이 딱댓 나 크랍/카

• 오늘 베게잇도 빨까요?

วันนี้ซักปลอกหมอนด้วยไหมครับ/คะ

완니 싹 쁠럭먼 두아이 마이 크랍/카

• 청소하는 아주머니가 일주일에 두 번 옵니다.

ป้าแม่บ้านมาทำความสะอาดอาทิตย์ละสองครั้งครับ/ค่ะ

빠 매반 마탐 쾀싸앗 아팃라 썽크랑 크랍/카

쓰레기를 버릴 때

• 여기는 매주 목요일 밤에 쓰레기를 버립니다.

ที่นี่ทิ้งขยะทุกคืนวันพฤหัสครับ/ค่ะ

티니 팅 카야 툭 큰완프르핫 크랍/카

• 쓰레기는 분리수거합니다.
ขยะต้องแยกประเภททิ้งครับ/ค่ะ
카야 떵 액 쁘라펫 팅 크랍/카

• 음식물 쓰레기는 이 통에 담으세요.
ขยะอาหารนั้นใส่ในถังนี้ครับ/ค่ะ
카야아한난 싸이 나이 탕니 크랍/카

• 쓰레기 봉투는 어디서 살 수 있나요?
จะซื้อถุงขยะได้ที่ไหนครับ/คะ
짜 쓰 퉁카야 다이 티나이 크랍/카

• 쓰레기 통을 어디다 둘까요?
วางถังขยะไว้ที่ไหนดีครับ/คะ
왕 탕카야 와이 티나이 크랍/카

• 종이쓰레기를 이 봉투에 담아 문밖에 놓으세요.
ขยะกระดาษนั้นใส่ในถุงนี้แล้วเอาไปวางข้างนอกครับ/ค่ะ
카야끄라닷난 싸이 나이 퉁니 래우 아오빠이왕 캉넉 크랍/카

• 쓰레기는 종이, 유리병, 깡통, 음식물로 나누어야 합니다.
ต้องแยกขยะตามชนิด กระดาษ แก้วกระป๋องและ
떵 액카야 땀차닛 끄라닷 깨우 끄라뻥 래

อาหารครับ/ค่ะ
아한 크랍/카

• 커다란 가구는 동사무소에 신고하여야 합니다.
เฟอร์นิเจอร์ขนาดใหญ่ต้องแจ้งที่เขตก่อนครับ/ค่ะ
훠니처 카낫야이 떵 쨍 티켓 껀 크랍/카

PART IV 하루의 일과

• 이 콜라 병은 저 컨테이너(큰 초록색 통)에 넣으세요.

ขวดโค้กนั้นใส่ที่ถังใหญ่สีเขียวตรงโน้นครับ/ค่ะ

쿠앗콕난 싸이 티 탕야이 씨키아우 뜨롱논 크랍/카

• 태워야 되는 쓰레기는 어떻게 처리하죠?

ขยะที่ต้องเผานั้นต้องทำอย่างไรครับ/คะ

카야 티 떵 파오 난 떵 탐 양라이 크랍/카

• 재활용 쓰레기는 따로 두어야 합니다.

ขยะที่สามารถนำกลับมาใช้ได้ใหม่นั้นต้องเก็บไว้

카야 티 싸맛 남끌랍마차이다이마이 난 떵 껩와이

ต่างหากครับ/ค่ะ

땅학 크랍/카

• 쓰레기가 적게 나와야 합니다.(쓰레기 양을 줄여야 합니다.)

ต้องลดปริมาณขยะครับ/ค่ะ

떵 롯 빠리만 카야 크랍/카

• 우리 동네는 쓰레기 용량제를 사용합니다.

เขตเราใช้ระบบคิดค่าบริการเก็บขยะตามปริมาณครับ/ค่ะ

켓 라오 차이 라봅 킷 카버리깐껩카야 땀 빠리만 크랍/카

휴일이나 휴가를 보낼 때

• 일요일 아침마다 늦잠을 잡니다.

ทุกเช้าวันอาทิตย์จะตื่นสายครับ/ค่ะ

툭차오 완아팃 짜 뜬싸이 크랍/카

• 바닷가에 가서 쉬고 오겠습니다.

จะไปพักผ่อนที่ชายทะเลครับ/ค่ะ

짜 빠이 팍펀 티 차이탈레 크랍/카

• 하루 종일 책을 읽으며 지냈어요.

อ่านหนังสือทั้งวันครับ/ค่ะ

안낭쓰 탕완 크랍/카

• 주말에는 등산을 가고 싶어요.

วันเสาร์อาทิตย์อยากไปปีน(ขึ้น)เขาครับ/ค่ะ

완싸오아팃 약 빠이 삔 (큰) 카오 크랍/카

• 가족끼리 수영장에 갔다 왔어요.

ไปว่ายน้ำกับครอบครัวมาครับ/ค่ะ

빠이와이남 깝 크럽크루아 마 크랍/카

• 친구와 태국으로 피서를 갈 계획입니다.

จะไปพักร้อนที่เมืองไทยกับเพื่อนครับ/ค่ะ

짜빠이 팍런 티므앙타이 깝 프안 크랍/카

• 추운 겨울에는 온천을 즐깁니다.

ในฤดูหนาวชอบไปแช่บ่อน้ำแร่ร้อนครับ/ค่ะ

나이르두나우 첩빠이 채 버남래 런 크랍/카

• 이번 방학에는 꼭 제주도에 가고 말 거예요.

ช่วงปิดเทอมนี้จะไปเกาะเจจูให้ได้ครับ/ค่ะ

추앙 뻿텀니 짜빠이 꺼제주 하이다이 크랍/카

PART IV 하루의 일과

05 학교와 출신지

태국인들은 학연, 지연, 혈연에 의한 인간관계를 소중히 생각한다. 그러나 어느 학교를 나왔는지, 고향이 어딘지 직접 대놓고 묻는 경우는 많지 않다. 만나서 이런저런 얘기를 하면서 서로 출신지역과 학교, 선후배(누가 손위인지) 등 인간관계를 탐색하는 게 보통이다. 참고로 우리와 달리 태국인들은 성을 필요에 따라 바꿀 수 있다. 그러므로 같은 성을 사용하는 사람들끼리는 친척일 가능성이 높다.

출신학교와 출신지에 대하여 말할 때

• 어느 학교를 다니세요? / 어느 학교에서 공부하세요? / 어디서 공부하세요?

เรียนมหาวิทยาลัยไหนครับ/คะ //

리안 마하위타야라이 나이 크랍/카 //

เรียนโรงเรียนอะไรเหรอครับ/คะ

리안 롱리안 아라이 러 크랍/카

• 어느 학교를 졸업했나요?

จบมาจากโรงเรียนอะไรครับ/คะ //

쫍마짝 롱리안 아라이 크랍/카 //

จบจากมหาวิทยาลัยอะไรครับ/คะ

쫍짝 마하위타야라이 아라이 크랍/카

• 고향이 어디세요?

เป็นคนที่ไหนเหรอครับ/คะ

뻰 콘티나이 러 크랍/카

• 우리 형님과 동문이라구요?

เป็นเพื่อนโรงเรียนเดียวกับพี่ชายผมเหรอครับ/คะ

뻰 프안롱리안디아우 깝 피차이폼 러 크랍/카

• 그 사람과 저는 대학 친구입니다.

คนนั้นกับผม/ดิฉันเป็นเพื่อนมหาวิทยาลัยกันครับ/ค่ะ

콘난 깝 폼/디찬 뻰 프안마하위타야라이깐 크랍/카

• 이 분은 제 고등학교 선배에요.

คนนี้คือรุ่นพี่ตอนมัธยมปลายของผม/ดิฉันครับ/ค่ะ

콘니 크 룬피 떤 맛타욤 쁠라이 컹 폼/디찬 크랍/카

• 그 후배가 사장님을 안다고 했어요.

รุ่นน้องคนนั้นบอกว่ารู้จักท่านประธานครับ/ค่ะ

룬넝 콘난 벅와 루짝 탄쁘라탄 크랍/카

• 부산에서 태어났지만 서울서 자랐어요.

ผม/ดิฉันเกิดที่พูซานแต่โตที่กรุงโซลครับ/ค่ะ

폼/디찬 끗 티부산 때 또 티끄룽서울 크랍/카

• 서울토박이에요.

เป็นคนโซลครับ/ค่ะ

뻰 콘서울 크랍/카

• 고향에 계신 어머님이 보고 싶어요.

คิดถึงคุณแม่ที่อยู่บ้านเกิดครับ/ค่ะ

킷틍 쿤매 티 유 반끗 크랍/카

• 국적이 어떻게 되세요?

สัญชาติอะไรเหรอครับ/คะ

싼찻 아라이 러 크랍/카

• 중국계 태국인입니다.

เป็นคนไทยเชื้อสายจีนครับ/ค่ะ

뻰 콘타이 츠아싸이찐 크랍/카

• 태생은 한국인이지만 국적은 미국인이에요.

พ่อแม่เป็นคนเกาหลีแต่สัญชาติอเมริกันครับ/ค่ะ

퍼매 뻰 콘까올리 때 싼찻아메리깐 크랍/카

전공과 수업에 대하여 말할 때

• 전공이 뭐예요? / 무엇을 전공하세요?

(เรียน)วิชาเอกอะไรเหรอครับ/คะ

(리안) 위차엑 아라이 러 크랍/카

• 부전공은 무엇인가요?

(เรียน)วิชาโทอะไรครับ/คะ

(리안) 위차토 아라이 크랍/카

• 석사학위도 있으신지요?

มีวุฒิปริญญาโทไหมครับ/คะ

미 우티빠린야토 마이 크랍/카

• 박사학위를 하고 있는 중입니다.

กำลังเรียนปริญญาเอกอยู่ครับ/ค่ะ

깜랑 리안 빠린야엑 유 크랍/카

• 법학이 어렵지 않나요?

นิติศาสตร์เรียนไม่ยากเหรอครับ/คะ

니띠쌋 리안 마이약 러 크랍/카

• 의학은 6년을 공부해야 하지요?

หมอต้องเรียนหกปีใช่ไหมครับ/คะ

머 떵 리안 혹삐 차이마이 크랍/카

• 건축학 전공자는 5년을 공부해야 합니다.

คนที่เอกสถาปัตยกรรมต้องเรียน 5 ปีครับ/ค่ะ

콘 티 엑싸타빳따야깜 떵 리안 하삐 크랍/카

• 경제학은 몇 년이 걸리나요?

เศรษฐศาสตร์ต้องเรียนกี่ปีครับ/คะ

쎗타쌋 떵 리안 끼삐 크랍/카

• 저는 태국에서 석사학위 하는데 4년 걸렸습니다.

ผม/ดิฉันใช้เรียนปริญญาโท 4 ปีที่ไทยครับ/ค่ะ

폼/디찬 차이 리안 빠린야토 씨삐 티 타이 크랍/카

• 오늘 수업은 몇 시간 있어요?

วันนี้มีเรียนกี่ชั่วโมงครับ/คะ

완니 미 리안 끼 추아몽 크랍/카

• 첫 시간부터 4시간 연달아 있어요.

มีสี่คาบติดกันครับ/ค่ะ

미 씨 캅 띳깐 크랍/카

• 오전에는 수업이 없지만 선생님과 면담이 있어요.

ตอนเช้าไม่มีเรียน แต่ต้องไปพบอาจารย์ครับ/ค่ะ

떤차오 마이미리안 때 떵 빠이폽 아짠 크랍/카

• 태국어 공부는 쉽지요?

ภาษาไทยเรียนง่ายไหมครับ/คะ

파싸타이 리안응아이 마이 크랍/카

• 영어수업이 제게는 너무 어려워요.

วิชาภาษาอังกฤษยากที่สุดสำหรับผม/ดิฉันครับ/ค่ะ

위차파싸앙끄릿 약 티쑷 쌈랍 폼/디찬 크랍/카

• 이 문제에 대한 답은 모르겠어요.

ไม่รู้คำตอบโจทย์ข้อนี้ครับ/ค่ะ

마이루 캄떱쫏 커니 크랍/카

• 이 수학문제의 답은 "3"입니다.

คำตอบของโจทย์นี้คือสามครับ/ค่ะ

캄떱 컹 쫏니 크 쌈 크랍/카

• 내일 아침까지 리포트를 제출해야 해요.

ต้องส่งรายงานภายในพรุ่งนี้เช้าครับ/ค่ะ

떵 쏭 라이응안 파이나이 프룽니 차오 크랍/카

• 선생님이 한 번 더 시험보라고 하셨어요.

อาจารย์บอกให้สอบอีกทีหนึ่งครับ/ค่ะ

아짠 벅 하이썹 익티능 크랍/카

학교생활에 대하여 말할 때

• 학교생활이 어때요?

ชีวิตนักศึกษาเป็นยังไงบ้างครับ/คะ

치윗 낙쓱싸 뻰 양아이 방 크랍/카

• 그 친구는 공부는 잘 못하지만 운동은 잘 합니다.

เพื่อนคนนั้นเรียนไม่เก่ง แต่เล่นกีฬาเก่งครับ/ค่ะ

프안 콘난 리안 마이 껭 때 렌낄라 껭 크랍/카

• 학교생활에 적응하기가 쉽지 않지요?

ปรับตัวกับชีวิตในโรงเรียน/มหาวิทยาลัยไม่ง่าย

쁘랍뚜아 깝 치윗 나이 롱리안/ 마하위타야라이 마이응아이

ใช่ไหมครับ/คะ

차이마이 크랍/카

• 이번 학기에는 몇 과목을 신청하나요?

เทอมนี้ลงทะเบียนกี่วิชาครับ/คะ

텀니 롱타비안 끼 위차 크랍/카

• 수업 끝나고 학교 식당에서 아르바이트를 해요.

หลังเลิกเรียนแล้ว ผม/ดิฉันทำงานพิเศษที่โรงอาหาร

랑 륵리안 래우 폼/ 디찬 탐응안 피쎗 티 롱아한

มหาวิทยาลัยครับ/ค่ะ

마하위타야라이 크랍/카

• 장학금을 신청했어요.

สมัครขอทุนไปแล้วครับ/ค่ะ

싸막 커 툰 빠이래우 크랍/카

• 장학금을 받고 여기로 유학 왔어요.

ได้ทุนก็เลยมาเรียนที่นี่ครับ/ค่ะ

다이툰 꺼 르이 마 리안 티니 크랍/카

• 수업 외에 현장견학도 자주 갑니다.

นอกจากเรียนในห้องเรียนแล้วยังไปศึกษาดูงานบ่อยด้วยครับ/ค่ะ

넉짝 리안 나이헝리안 래우 양 빠이 쓱싸 두응안 버이 두아이 크랍/카

• 태국문화를 익히려고 춤을 배우고 있습니다.

กำลังหัดเรียนรำไทยอยู่เพื่อเรียนรู้วัฒนธรรมไทยครับ/ค่ะ

깜랑 핫 리안 람타이 유 프아 리안루 왓타나탐 타이 크랍/카

시험과 성적에 대하여 말할 때

• 수업시간마다 단어시험을 봐요.

มีสอบคำศัพท์ทุกคาบครับ/ค่ะ

미 썹 캄쌉 툭 캅 크랍/카

• 열심히 공부했는데 성적은 별로야.

ขยันอ่านหนังสือสอบ แต่คะแนนไม่ค่อยดีเท่าไร

카얀 안 낭쓰 썹 때 카낸 마이커이디 타오라이

• 지난 학기보다 성적이 좋아졌어요.

คะแนนดีกว่าเทอมที่แล้วครับ/ค่ะ

카낸 디꽈 텀 티래우 크랍/카

• 그럴 리가 없어.

เป็นไปไม่ได้ // ไม่มีทาง

뻰 빠이 마이 다이 // 마이 미 탕

• 외우는 과목을 싫어해요.

ไม่ชอบวิชาที่ต้องท่องจำครับ/ค่ะ

마이 첩 위차 티 떵 텅짬 크랍/카

• 그 애는 공부도 잘 하고 착하기도 해.

เขาเรียนดีและนิสัยดีด้วย

카오 리안디 래 니싸이디 두아이

• 한자는 좀 어려워요.

ตัวอักษรจีนยากหน่อยครับ/ค่ะ

뚜아악썬 찐 약 너이 크랍/카

06 개인의 신상

태국인들과 처음 만나 이야기할 때 개인적인 이야기, 예를 들어 나이나 결혼 여부 등 개인적인 일에 대해 묻지 않는다. 특히 여성에게는 그렇다. 그러나 친숙해지면 형제나 집안 애기를 할 수 있다. 태국인은 우리와 달리 나이를 말할 때 만나이로 말한다. 보통 15세 미만은 "쿠업"(10 쿠업)을, 그 이상은 "삐"(45 삐)를 사용한다.

나이를 말할 때

• 몇 살입니까?

อายุเท่าไรครับ/คะ

아유 타오라이 크랍/카

• 29입니다. / 29살 입니다.

อายุยี่สิบเก้าปีครับ/ค่ะ

아유 이십까오 삐 크랍/카

• 7살 입니다.

เจ็ดขวบครับ/ค่ะ // เจ็ดปีครับ/ค่ะ

쩻 쿠압 크랍/카 // 쩻 삐 크랍/카

• 동생은 저보다 두 살 어립니다.

น้องอายุน้อยกว่าผม/ดิฉันสองปีครับ/ค่ะ

넝 아유 너이꽈 폼/디찬 썽삐 크랍/카

• 형은 동생보다 다섯 살 많습니다.

พี่ชายอายุมากกว่าน้องห้าปีครับ/ค่ะ

피차이 아유 막꽈 넝 하삐 크랍/카

• 연세가 몇 인지 여쭤봐도(물어봐도) 될까요?

ถามอายุได้ไหมครับ/คะ

탐 아유 다이 마이 크랍/카

Tip

태국문화도 중국의 영향을 받아 띠(삐낙쌋ปีนักษัตร)를 많이 따진다. 자(쥐띠)처럼 말하는데 아래 ( ) 안의 단어는 일상생활에서 사용하는 쉬운 단어이다. 어느 것을 사용해도 좋다.

자(子, 쥐띠) ชวด(หนู)	축(丑, 소띠) ฉลู(วัว)
인(寅, 호랑이띠) ขาล(เสือ)	묘(卯, 토끼띠) เถาะ(กระต่าย)
진(辰, 용띠) มะโรง(งูใหญ่)	사(巳, 뱀씨) มะเส็ง(งูเล็ก)
오(午, 말띠) มะเมีย(ม้า)	미(未, 양띠) มะแม(แพะ)
신(申, 원숭이띠) วอก(ลิง)	유(酉, 닭띠) ระกา(ไก่)
술(戌, 개띠) จอ(หมา)	해(亥, 돼지띠) กุน(หมู)

PART IV 개인의 신상

• 띠동갑이네요.

ปีนักษัตรเดียวกันเลยครับ/ค่ะ

삐낙쌋 디아우 깐 르이 크랍/카

• 제 나이를 한 번 맞춰 보세요.

ลองทายอายุของผม/ดิฉันดูสิครับ/คะ

렁 타이 아유 컹 폼/디찬 두 씨 크랍/카

• 선생님은 여전히 젊어 보이세요. (여성일 경우는 หนุ่ม 대신 สาว)

อาจารย์ยังดูหนุ่ม(สาว)เหมือนเดิมเลยครับ/ค่ะ

아짠 양두눔(싸우) 므안듬 르이 크랍/카

• 나이를 말하고 싶지 않아요.

ไม่อยากบอกอายุครับ/ค่ะ

마이 약 벅 아유 크랍/카

• 아버지는 50대입니다.

คุณพ่ออายุห้าสิบกว่าครับ

쿤퍼 아유 하씹꽈 크랍

• 저 중년 남자분은 우리 회사 사장님입니다.

ชายวัยกลางคนคนนั้นเป็นประธานของบริษัทเราครับ/ค่ะ

차이 와이끌랑콘 콘난 뻰 쁘라탄 컹 버리쌋 라오 크랍/카

• 쏨싹씨와 아란야씨는 동갑입니다.

คุณสมศักดิ์และคุณอรัญญาอายุเท่ากันครับ/ค่ะ

쿤쏨싹 래 쿤아란야 아유 타오깐 크랍/카

• 20대 후반으로 보입니다.

ดูเหมือนอายุยี่สิบปลาย ๆ ครับ/ค่ะ

두므안 아유 이씹 쁠라이쁠라이 크랍/카

• 나이에 비해 어려보입니다.(동안입니다)

ดูเด็กกว่าอายุครับ/ค่ะ (หน้าเด็กครับ/ค่ะ)

두 덱꽈 아유 크랍/카 (나덱 크랍/카)

• 나이 들어 보입니다.

ดูอายุมากกว่าอายุจริงครับ/ค่ะ

두 아유 막꽈 아유찡 크랍/카

생일에 대하여 말할 때

• 제 생일은 1월 15일입니다.

วันเกิดฉันวันที่ 15 มกราคมครับ/ค่ะ

완끗 찬 완티 씹하 마까라콤 크랍/카

• 어제가 아버님 환갑날이었습니다.

เมื่อวานเป็นวันอายุครบห้ารอบ(60ปี)ของคุณพ่อครับ/ค่ะ

므아완 뻰 완 아유크롭 하럽 (혹씹삐) 컹 쿤퍼 크랍/카

• 어머니 생일은 이미 지나갔어요.

วันเกิดคุณแม่ผ่านไปแล้วครับ/ค่ะ

완끗 쿤매 판빠이래우 크랍/카

• 엄마생일 바로 다음 날이 아버지 생일이에요.

วันเกิดคุณแม่แล้ววันถัดไปก็เป็นวันเกิดคุณพ่อครับ/ค่ะ

완끗 쿤매 래우 완탓빠이 꺼 뻰 완끗 쿤퍼 크랍/카

종교에 대하여 말할 때

• 무슨 종교를 믿으세요?

นับถือศาสนาอะไรครับ/คะ

납트 싸싸나 아라이 크랍/카

• 태국에는 불교도들이 많은가요?

ที่เมืองไทยมีคนนับถือศาสนาพุทธมากไหมครับ/คะ

티므앙타이 미 콘납트싸싸나풋 막 마이 크랍/카

• 한국에는 기독교인이 더 많아요.

ที่เกาหลีมีคนนับถือศาสนาคริสต์มากกว่าครับ/ค่ะ

티까올리 미 콘납트싸싸나 크리슷 막 꽈 크랍/카

• 저는 종교가 없어요.

ผม/ดิฉันไม่นับถือศาสนาอะไรครับ/ค่ะ //

폼/디찬 마이 납트 싸싸나 아라이 크랍/카 //

ผม/ดิฉันไม่มีศาสนาครับ/ค่ะ

폼/ 디찬 마이미 싸싸나 크랍/카

• 저의 집에서는 제사를 지내요.

ที่บ้านผม/ดิฉันไหว้บรรพบุรุษครับ/ค่ะ

티반 폼/디찬 와이 반파부룻 크랍/카

• 태국불교는 한국불교와 같은가요?

ศาสนาพุทธของไทยและของเกาหลีเหมือนกันไหมครับ/คะ

싸싸나풋 컹타이 래 컹까올리 므안깐 마이 크랍/카

• 태국에서는 스님들이 아침마다 탁발을 해요.

ที่เมืองไทยพระจะบิณฑบาตทุกเช้าครับ/ค่ะ

티므앙타이 프라 짜 빈타밧 툭차오 크랍/카

• 한국에도 이슬람을 믿는 사람들이 있어요.

ที่เกาหลีก็มีคนนับถืออิสลามครับ/ค่ะ

티까올리 꺼 미 콘납트 이슬람 크랍/카

• 무슬림은 이슬람을 믿는 태국인을 가리켜요.

มุสลิมหมายถึงคนไทยที่นับถือศาสนาอิสลามครับ/ค่ะ

무슬림 마이틍 콘타이 티 납트 싸싸나이슬람 크랍/카

• 태국에는 중국식 절과 태국식 절이 있어요.

ที่เมืองไทยมีวัดแบบไทยและแบบจีนครับ/ค่ะ

티므앙타이 미 왓 뱁타이 래 뱁찐 크랍/카

• 인도인들은 힌두교를 믿어요?

ชาวอินเดียนับถือศาสนาฮินดูเหรอครับ/คะ

차우인디아 납트싸싸나 힌두 르 크랍/카

• 당신도 일요일마다 절에 가나요?

คุณก็ไปวัดทุกวันอาทิตย์หรือเปล่าครับ/คะ

쿤 꺼 빠이왓 툭 완아팃 르 쁠라오 크랍/카

• 가톨릭 신자가 태국에도 많나요?

ในเมืองไทยคนนับถือคาทอลิกเยอะไหมครับ/คะ

나이므앙타이 콘 납트 카털릭 여 마이 크랍/카

• 그 분은 신앙심이 두터워요.

เขามีศรัทธาสูงครับ/ค่ะ

카오 미 쌋타 쑹 크랍/카

• 저의 집안에는 불단(선반)이 있어서 아침저녁으로 기도해요.

ที่บ้านผม/ดิฉันมีหิ้งพระก็เลยไหว้พระเช้าเย็นครับ/ค่ะ

티반 폼/디찬 미 힝프라 꺼르이 와이프라 차오옌 크랍/카

PART Ⅳ 개인의 신상

가족에 대하여 말할 때

- 부모님이 아직 생존해 계신가요?

คุณพ่อคุณแม่ยังมีอยู่ใช่ไหมครับ/คะ
쿤퍼쿤매 양 미유 차이마이 크랍/카

- 아버님은 외국에서 돌아가셨습니다.

คุณพ่อเสียชีวิตที่ต่างประเทศครับ/ค่ะ
쿤퍼 씨아치윗 티땅쁘라텟 크랍/카

- 어머님은 저의 가족과 같이 사세요.

คุณแม่อยู่กับครอบครัวผม/ดิฉันครับ/ค่ะ
쿤매 유 깝 크럽크루아 폼/디찬 크랍/카

- 우리 가족은 6명입니다. 아버지, 어머니, 아내, 아들, 딸, 그리고 저입니다.

ครอบครัวผมมีทั้งหมด 6 คน พ่อ แม่ ภรรยา ลูกชาย
크럽크루아폼 미 탕못 혹콘 퍼 매 판야 룩차이

ลูกสาวและผมครับ
룩싸우 래 폼 크랍

- 가족이 있어요?

คุณมีครอบครัวไหมครับ/คะ
쿤 미 크럽크루아 마이 크랍/카

- 전 가족이 없습니다. 혼자 삽니다.

ไม่มี อยู่คนเดียวครับ/ค่ะ
마이미 유 콘디아우 크랍/카

- 부모님이 돌아가신 후 동생과 함께 살고 있어요.

หลังจากคุณพ่อคุณแม่เสีย ผม/ดิฉันก็อยู่กับน้องครับ/ค่ะ
랑짝 쿤퍼쿤매 씨아 폼/디찬 꺼 유 깝 넝 크랍/카

PART IV 개인의 신상

• 저 아이는 고아입니다.

เด็กคนนั้นเป็นเด็กกำพร้าครับ/ค่ะ

덱 콘난 뻰 덱깜프라 크랍/카

• 이 아이를 양자로 입양했어요.

ผม/ดิฉันรับเด็กคนนี้เป็นลูกบุญธรรมครับ/ค่ะ

폼/디찬 랍 덱 콘니 뻰 룩분탐 크랍/카

• 이것은 가족사진이에요.

นี่คือรูปถ่ายครอบครัวผม/ดิฉันครับ/ค่ะ

니 크 룹타이 크럽크루아 폼/디찬 크랍/카

• 우리 가족은 화목해요.

ครอบครัวผม/ดิฉันอยู่อย่างมีความสุขครับ/ค่ะ

크럽크루아 폼/디찬 유 양미쾀쑥 크랍/카

• 저는 혼자 서울에 있고, 가족은 모두 방콕에 있어요.

ผม/ดิฉันอยู่กรุงโซลคนเดียว ส่วนครอบครัวนั้นอยู่ กรุงเทพฯ ครับ/ค่ะ

폼/디찬 유 끄룽서울 콘디아우 쑤안 크럽크루아난 유 끄룽텝 크랍/카

• 형제가 몇인가요?

มีพี่น้องกี่คนครับ/คะ

미 피넝 끼 콘 크랍/카

• 동생은 없고 누나만 둘 있어요.

ไม่มีน้อง มีแต่พี่สาวสองคนครับ

마이 미 넝 미 때 피싸우 썽콘 크랍

• 제가 맏이에요.

ผม/ดิฉันเป็นลูกคนโตครับ/ค่ะ
폼/디찬 뻰 룩콘또 크랍/카

• 아라야는 막내예요.

อารยาเป็นน้องคนสุดท้อง(ลูกคนสุดท้อง)ครับ/ค่ะ
아라야 뻰 넝콘쑷텅 (룩 콘쑷텅) 크랍/카

• 이 친구는 무남독녀에요.

เพื่อนคนนี้เป็นลูกสาวคนเดียวครับ/ค่ะ
프안 콘니 뻰 룩싸우 콘디아우 크랍/카

• 딸은 유치원생, 아들은 중학생입니다.

ลูกสาวเรียนอนุบาล ส่วนลูกชายเรียนมัธยมต้นครับ/ค่ะ
룩싸우 리안 아누반 쑤안 룩차이 리안 맛타욤 똔 크랍/카

• 삼촌은 할아버지와 함께 치앙마이에 살고 계세요.

คุณอาอยู่ที่เชียงใหม่กับคุณปู่ครับ/ค่ะ
쿤아 유 티 치앙마이 깝 쿤뿌 크랍/카

• 우리는 친척이 아닙니다.

เราไม่ได้เป็นญาติกันครับ/ค่ะ
라오 마이다이 뻰얏깐 크랍/카

• 우리 둘은 사돈지간입니다.

เราสองคนเกี่ยวดองกัน
라오 썽콘 끼아우덩깐

• 우린 부부예요.

เราเป็นสามีภรรยากันครับ/ค่ะ
라오 뻰 싸미판야깐 크랍/카

거주지 및 주소에 대하여 말할 때

- 제가 사는 동네에는 인도인이 많이 살아요.

แถวที่ผม/ดิฉันอยู่ มีคนอินเดียเยอะครับ/ค่ะ

태우 티 폼/디찬 유 미 콘인디아 여 크랍/카

- 집주소가 어떻게 됩니까?

บ้านเลขที่อะไรครับ/คะ

반 렉티아라이 크랍/카

- 댁 주소를 알 수 없을까요?

ขอทราบที่อยู่ของคุณได้ไหมครับ/คะ

커 쌉 티유 컹 쿤 다이마이 크랍/카

- 우리 집은 시내에 있어요.

บ้านของเราอยู่ในเมืองครับ/ค่ะ

반 컹 라오 유 나이므앙 크랍/카

- 형님은 교외에 사세요.

พี่ชายอยู่ชานเมืองครับ

피차이 유 찬므앙 크랍

- 여기서 사시는 곳까지 얼마나 걸리나요?

จากที่นี่ถึงบ้านคุณ ใช้เวลานานเท่าไรครับ/คะ

짝 티니 틍 반쿤 차이웰라 난 타오라이 크랍/카

- 언제부터 거기 사세요?

อยู่ที่นั่นตั้งแต่เมื่อไรครับ/คะ

유 티난 땅때 므아라이 크랍/카

- 이사 온지 한 3년 되었어요.

ย้ายมาอยู่ที่นี่ได้ประมาณสามปีแล้วครับ/ค่ะ

야이 마 유 티니 다이 쁘라만 쌈삐 래우 크랍/카

PART Ⅳ 개인의 신상

• 여기다 주소를 적으세요(써 넣으세요).

กรอกที่อยู่ที่นี่ครับ/ค่ะ

끄럭 티유 티니 크랍/카

• 여기 제 명함이 있습니다. 주소도 거기 있어요.

นี่นามบัตรผม/ดิฉันครับ/ค่ะ ที่อยู่ก็มีในนั้นครับ/ค่ะ

니 남밧 폼/디찬 크랍/카 티유 꺼 미 나이난 크랍/카

직업에 대하여 말할 때

• 어떤 직업을 가지고 있으세요? / 무슨 일을 하세요? / 어떤 일에 종사하세요?

ทำงานอะไรครับ/คะ // มีอาชีพอะไรครับ/คะ //

탐응안 아라이 크랍/카 // 미 아칩 아라이 크랍/카 //

ทำอาชีพอะไรครับ/คะ

탐 아칩 아라이 크랍/카

• 저는 공무원입니다.

ผม/ดิฉันเป็นข้าราชการครับ/ค่ะ

폼/디찬 뻰 카라차깐 크랍/카

• 회사에서 상품관리를 하고 있습니다.

ทำงานดูแลจัดการสินค้าที่บริษัทครับ/ค่ะ

탐응안 두래 짯깐 씬카 티 버리쌋 크랍/카

• 방송국 아나운서입니다.

เป็นผู้ประกาศข่าวสถานีโทรทัศน์ครับ/ค่ะ

뻰 푸 쁘라깟 카우 싸타니 토라탓 크랍/카

• 신문사 외신부 기자입니다.

เป็นนักข่าวฝ่ายต่างประเทศหนังสือพิมพ์ครับ/ค่ะ

뻰 낙카우 화이 땅쁘라텟 낭쓰핌 크랍/카

PART IV 개인의 신상

• 아직 대학생입니다.

ยังเป็นนักศึกษาอยู่ครับ/ค่ะ

양 뻰 낙쓱싸 유 크랍/카

• 소아과 의사입니다.

เป็นหมอแผนกกุมารเวชครับ/ค่ะ

뻰 머 파낵 꾸마라웻 크랍/카

• 국회의원입니다.

เป็นสมาชิกสภาผู้แทนราษฎร(ส.ส.)ครับ/ค่ะ

뻰 싸마칙 싸파 푸탠라싸던 (써.써.) 크랍/카

• 삼성전자 방콕지사 지사장입니다.

เป็นผู้จัดการใหญ่บริษัทซัมซุง Electronics สาขากรุงเทพฯ ครับ/ค่ะ

뻰 푸짯깐야이 버리쌋 삼성 Electronics 싸카 끄룽텝 크랍/카

• 오리엔탈호텔 매니저입니다.

เป็นผู้จัดการโรงแรมโอเรียนเต็ลครับ/ค่ะ

뻰 푸짯깐 롱램 오리엔탈 크랍/카

• 우체국장입니다.

เป็นผู้อำนวยการที่ทำการไปรษณีย์ครับ/ค่ะ

뻰 푸암누아이깐 티탐깐쁘라이싸니 크랍/카

• 자영업을 하고 있습니다.

ทำธุรกิจส่วนตัวครับ/ค่ะ

탐 툴라낏 쑤안 뚜아 크랍/카

PART IV 개인의 신상

• 정치학과 교수입니다.

เป็นอาจารย์ภาควิชารัฐศาสตร์ครับ/ค่ะ

뻰 아짠 팍 위차 랏타쌋 크랍/카

• 전업주부입니다.

เป็นแม่บ้านค่ะ

뻰 매반 카

• 프로그래머입니다만, 자택근무합니다.

เป็นโปรแกรมเมอร์ ทำงานที่บ้านครับ/ค่ะ

뻰 프로그래머 탐응안 티반 크랍/카

07 성격과 태도

한 사람의 성격을 표현하는 것은 주관적이기는 해도 그 성격을 파악하는 것은 인간관계에 도움이 된다. 그러나 자신이 알고 있는 바를 다른 이에게 전달하는 데에는 매우 조심스러워야 할 것이다.

성격에 대해 말할 때

- 한국인은 대체로 성격이 급하다고 하는데 맞나요?

ได้ยินว่าคนเกาหลีส่วนใหญ่ใจร้อน ถูกไหมครับ/คะ

다이인 와 콘까올리 쑤안야이 짜이런 툭 마이 크랍/카

- 누나 성격은 어떤가요?

นิสัยของพี่สาวเป็นยังไงบ้างครับ

니싸이 컹 피싸우 뻰양아이 방 크랍

- 누나는 남을 도울 줄 아는 착한 성격입니다.

พี่สาวเป็นคนดี รู้จักช่วยเหลือคนอื่นครับ

피싸우 뻰 콘디 루짝 추아이르아 콘은 크랍

- 그는 근면한 사람이에요.

เขาเป็นคนมีความพยายามครับ/ค่ะ // เขาเป็นคนขยันครับ/ค่ะ

카오 뻰 콘미콤파야얌 크랍/카 // 카오 뻰 콘카얀 크랍/카

• 그는 낙천적이고 긍정적인 성격의 소유자입니다.

เขาเป็นคนมองโลกในแง่ดีครับ/ค่ะ

카오 뻰 콘멍록 나이응애디 크랍/카

• 다소 부정적으로 보는 경향은 있지만 착해요.

มีนิสัยชอบมองอะไรแง่ลบบ้าง แต่ก็นิสัยดีครับ/ค่ะ

미 니싸이 첩 멍아라이 응애롭 방 때 꺼 니싸이디 크랍/카

• 어머니는 자상하시나 꼼꼼하세요(엄격하세요).

คุณแม่เป็นคนใจดีแต่เจ้าระเบียบครับ/ค่ะ

쿤매 뻰 콘 짜이디 때 짜오라비얍 크랍/카

• 아버지는 활달하시고 대범하시나 거짓말은 용서 안 합니다.

คุณพ่อเป็นคนใจกว้างและร่าเริง แต่ไม่ชอบคำโกหกครับ/ค่ะ

쿤퍼 뻰 콘짜이꽝 래 라릉 때 마이 첩 캄꼬혹 크랍/카

• 무뚝뚝하지만 정이 많아요.

ไม่ค่อยพูดเท่าไรแต่ใจดีครับ/ค่ะ

마이커이 풋 타오라이 때 짜이디 크랍/카

• 부드럽고 상냥해요.

ทั้งอ่อนโยนและใจดีครับ/ค่ะ

탕 언욘 래 짜이디 크랍/카

• 남의 말을 너무 잘 들어요.(귀가 여려요.)

หูเบามากครับ/ค่ะ // เชื่อคนอื่นง่ายมากครับ/ค่ะ

후 바오 막 크랍/카 // 츠아 콘은 응아이 막 크랍/카

• 자신의 장점과 단점을 여기 써서 제출하세요.

เขียนข้อดีและข้อเสียของตัวเองตรงนี้แล้วส่งครับ/ค่ะ

키안 커디 래 커씨아 컹 뚜아엥 뜨롱니 래우 쏭 크랍/카

• 에너지가 넘치는 활동적인 분입니다.

เป็นคนชอบทำกิจกรรมและคล่องแคล่วครับ/ค่ะ

뻰 콘 촙 탐 낏짜깜 래 클렁클래우 크랍/카

• 사교적인 성격이어서 남과 쉽게 사귑니다.

มีนิสัยชอบเข้าสังคมก็เลยเป็นเพื่อนกับคนอื่นได้ง่ายครับ/ค่ะ

미 니싸이 촙 카오쌍콤 꺼르이 뻰 프안 깝 콘은 다이 응아이 크랍/카

• 내성적이지만 생각이 신중하고 깊어요.

เป็นคนชอบเก็บตัว แต่มีความคิดที่ลึกครับ/ค่ะ

뻰 콘 촙껩뚜아 때 미 콰킷 티 륵 크랍/카

• 성을 잘 내는 편이나 아부하는 성격을 아니에요.

โกรธง่าย แต่ไม่มีนิสัยชอบประจบครับ/ค่ะ

끄롯 응아이 때 마이 미 니싸이 촙 쁘라쫍 크랍/카

• 냉담해 보이지만 유머 감각이 많아 재미있어요.

ดูเป็นคนเย็นชา แต่ตลกและสนุกครับ/ค่ะ

두 뻰 콘옌차 때 딸록 래 싸눅 크랍/카

• 그 형제는 성격이 극과 극입니다.

นิสัยของพี่กับน้องตรงข้ามกันมากครับ/ค่ะ

니싸이 컹 피 깝 넝 뜨롱캄깐 막 크랍/카

• 쌍둥이이지만 성격은 다릅니다.

เป็นฝาแฝดก็จริง แต่นิสัยต่างกันครับ/ค่ะ

뻰 화횃 꺼찡 때 니싸이 땅깐 크랍/카

• 그는 우유부단해요.

เขาเป็นคนไม่เด็ดขาดครับ/ค่ะ

카오 뻰 콘마이뎃캇 크랍/카

- 동생이 형보다 도전적이에요.

น้องชอบความท้าทายมากกว่าพี่ชายครับ/ค่ะ

넝 첩 쾀타타이 막꽈 피차이 크랍/카

- 그 아이는 순한 성격이라 말하면 잘 들어요.

เด็กคนนั้นว่านอนสอนง่าย พูดอะไรก็ฟังครับ/ค่ะ

덱 콘난 와넌썬응아이 풋 아라이 꺼 황 크랍/카

- 이모님은 정말 느긋한 성품이라 화를 내지 않아요.

คุณน้าเป็นคนสบาย ๆ ไม่ค่อยโกรธครับ/ค่ะ

쿤나 뻰 콘싸바이싸바이 마이커이 끄롯 크랍/카

- 얘는 아주 수줍음을 많이 탑니다.

เด็กคนนี้ขี้อายครับ/ค่ะ

덱 콘니 키아이 크랍/카

- 그 형제들은 만나기만 하면 (개나 고양이처럼) 서로 으르렁대요.

สองพี่น้องนั้นเจอกันเมื่อไร ทะเลาะกันทุกทีครับ/ค่ะ

썽 피넝 난 쯔깐 므아라이 탈러깐 툭티 크랍/카

- 그는 듣기 좋은 말만 하는 사람이에요.

เขาเป็นคนปากหวานครับ/ค่ะ

카오 뻰 콘빡완 크랍/카

성격을 칭찬할 때

- 유머 감각이 탁월하시네요.

เป็นคนมีอารมณ์ขันมากจริง ๆ นะครับ/คะ

뻰 콘미아롬칸 막 찡찐 나 크랍/카

• 정말 너그러우세요.

ใจกว้างจริง ๆ เลยครับ/ค่ะ

짜이꽝 찡찡 르이 크랍/카

• 친구 부모님이 제게 상냥하게 대해 주셨어요.

พ่อแม่ของเพื่อนดีต่อผม/ดิฉันมากเลยครับ/ค่ะ

퍼매 컹 프안 디 떠 폼/디찬 막 르이 크랍/카

• 그 분은 제 부모님 같이 잘 해주세요.

เขาดีกับผม/ดิฉันอย่างกับพ่อแม่ของผม/ดิฉันเลยครับ/ค่ะ

카오 디 깝 폼/디찬 양깝 퍼매 컹 폼/디찬 르이 크랍/카

• 과장님은 그렇게 속이 좁은 분이 아니에요.

หัวหน้าแผนกเราไม่ใช่คนใจแคบอย่างนั้นครับ/ค่ะ

후아나 파낵라오 마이차이 콘짜이캡 양난 크랍/카

• 자신에게는 엄격하고 남에게는 관대한 분입니다.

เขาเป็นคนเข้มงวดกับตัวเอง แต่ใจกว้างกับคนอื่นครับ/ค่ะ

카오 뻰 콘켐웅앗 깝 뚜아엥 때 짜이꽝 깝 콘은 크랍/카

• 그는 야박한 사람이 아니에요.

เขาไม่ใช่คนใจดำครับ/ค่ะ

카오 마이차이 콘짜이담 크랍/카

태도에 대하여 말할 때

• 그 친구는 잘난 척 하기를 좋아하나 봐요.

เพื่อนคนนั้นดูจะชอบอวดตัวเองนะครับ/คะ

프안 콘난 두짜 첩 우앗뚜아엥 나 크랍/카

PART IV 성격과 태도

• 정말 신사세요.

เป็นสุภาพบุรุษจริง ๆ ครับ/ค่ะ

뻰 쑤팝부룻 찡찡 크랍/카

• 그 분만 보면 소름이 끼쳐요.

แค่เห็นคนนั้นก็ขนลุกแล้วครับ/ค่ะ

캐 헨 콘난 꺼 콘룩 래우 크랍/카

• 여성에 대한 그 분의 언사는 비열해요.

คำดูถูกผู้หญิงของเขาคนนั้นช่างน่าเกลียดจริง ๆ ครับ/ค่ะ

캄두툭 푸잉 컹 카오 콘난 창나끌리앗 찡찡 크랍/카

• 그는 피도 눈물도 없는 인간이에요.

เขาเป็นมนุษย์ที่โหดร้ายมากครับ/ค่ะ

카오 뻰 마눗 티 홋라이 막 크랍/카

• 인면수심의 인간이에요.

เป็นคนหน้าเนื้อใจเสือครับ/ค่ะ

뻰 콘 나느아짜이쓰아 크랍/카

• 기분 상하게 한 말은 아니었어요.

ไม่ได้ตั้งใจพูดให้เสียใจนะครับ/คะ

마이다이 땅짜이 풋 하이씨아짜이 나 크랍/카

• 내가 바본 줄 아세요?

คิดว่าผม/ดิฉันโง่เหรอครับ/คะ

킷와 폼/디찬 응오 르 크랍/카

• 그 아이는 나이는 어리지만 알 건 다 알아요.

เด็กคนนั้นอายุยังน้อยแต่รู้อะไรไปหมดครับ/ค่ะ

덱콘난 아유 양너이 때 루 아라이 빠이 못 크랍/카

PART IV 성격과 태도

• 쓸데없는 일에 참견하지 마세요.

อย่ายุ่งเรื่องไร้สาระเลยครับ/ค่ะ

야 융 르앙라이싸라 르이 크랍/카

• 아랫사람을 이해하는 그 분이 존경스러워요.

ท่านน่านับถือมากที่เข้าใจผู้น้อยครับ/ค่ะ

탄 나납트 막 티 카오짜이 푸너이 크랍/카

• 그렇게 할 만한 배짱이 없었을 거예요.

คงไม่กล้าทำอย่างนั้นหรอกครับ/ค่ะ

콩 마이끌라 탐 양난 럭 크랍/카

• 예쁘게 생겼는데 입만 열면 몰상식한 말만 하네요.

หน้าตาก็สวย แต่พออ้าปากก็พูดแต่คำไร้สามัญสำนึกนะ

나따 꺼 쑤아이 때 퍼 아빡 꺼 풋 때 캄 라이 싸만쌈늑 나

ครับ/คะ

크랍/카

• 교양 없이 그러지 마세요.

อย่าทำตัวไร้มารยาทสิครับ/คะ

야 탐뚜아 라이마라얏 씨 크랍/카

• 남의 말을 엿 듣는 것은 부끄러운 짓이에요.

การแอบฟังคนอื่นเป็นเรื่องน่าอายนะครับ/คะ

깐 앱황 콘은 뻰 르앙나아이 나 크랍/카

• 그 두 사람은 이미 끝장 났어요.

สองคนนั้นจบกันไปแล้วครับ/ค่ะ

썽콘난 쫍깐 빠이 래우 크랍/카

• 이기적인 행동은 이제 그만 하세요.

เลิกทำเห็นแก่ตัวได้แล้วครับ/ค่ะ

륵 탐 헨깨뚜아 다이래우 크랍/카

• 왜 그녀가 내게 쌀쌀하게 대할까?

ทำไมผู้หญิงคนนั้นทำตัวเย็นชากับฉันจัง

탐마이 푸잉 콘난 탐뚜아 엔차 깝 찬 짱

• 내 여동생은 좀 거만해.

น้องสาวฉันหยิ่งไปหน่อย

넝싸우 찬 잉 빠이 너이

• 네 동생 그렇게 감싸고 돌지마.

อย่าปกป้องน้องแบบนั้น

야 뽁뻥 넝 밴난

PART IV 성격과 태도

08 외모와 패션

신체적인 외모도 중요하다. 실제로 인간관계에서 상대방에게 좋은 인상을 주기 때문이다. 언사와 행동도 중요하지만 의상이나 화장 등도 큰 영향을 준다는 의미이다. 그래서 패션에도 신경을 쓰나 보다.

체격에 대하여 말할 때

• 요즘 애들은 키가 큽니다.

เด็กสมัยนี้ตัวสูงครับ/ค่ะ

덱싸마이니 뚜아쑹 크랍/카

• 누나는 170cm입니다.

พี่สาวสูง 170 เซ็นครับ

피싸우 쑹 러이젯씹 쎈 크랍

• 동생이 형보다 3cm 작습니다.

น้องเตี้ยกว่าพี่ 3 เซ็นติเมตรครับ/ค่ะ

넝 띠아꽈 피 쌈 쎈띠멧 크랍/카

• 그 친구는 키가 크고 뚱뚱합니다.

เพื่อนคนนั้นสูงและอ้วนครับ/ค่ะ //

프안콘난 쑹 래 우안 크랍/카 //

เพื่อนคนนั้นทั้งสูงทั้งอ้วนครับ/ค่ะ

프안콘난 탕쑹 탕우안 크랍/카

• 키가 크고 날씬하네요.

สูงและผอมครับ/ค่ะ
쑹 래 펌 크랍/카

• 체격이 아주 좋아요.

หุ่นดีครับ/ค่ะ // รูปร่างดีครับ/ค่ะ
훈디 크랍/카 // 룹랑 디 크랍/카

• 키가 크고 작고는 문제가 되지 않습니다.

สูงหรือเตี้ยไม่ใช่ปัญหาครับ/ค่ะ
쑹 르 띠아 마이차이 빤하 크랍/카

• 어려서는 좀 뚱뚱했는데 크면서 날씬해졌어요.

ตอนเป็นเด็กอ้วน แต่พอโตขึ้นก็ผอมลงครับ/ค่ะ
떤뻰덱 우안 때 퍼 또큰 꺼 펌롱 크랍/카

PART IV 외모와 패션

체중에 대하여 말할 때

• 보기보다 몸무게가 많이 나갑니다.

หนักกว่าที่คิดไว้ครับ/ค่ะ
낙꽈 티 킷와이 크랍/카

• 몸무게가 많이 나가면 건강에 좋지 않아요.

ถ้าหนักมากเกินไปก็จะไม่ดีต่อสุขภาพครับ/ค่ะ
타 낙 막끈빠이 꺼 짜 마이디 떠 쑥카팝 크랍/카

• 요새 다이어트를 하고 있어요.

ช่วงนี้กำลังไดเอทอยู่ครับ/ค่ะ
추앙니 깜랑 다이엣 유 크랍/카

• 몸무게를 줄여야 합니다.

ต้องลดน้ำหนักครับ/ค่ะ

떵 롯 남낙 크랍/카

• 몸무게가 어떻게 돼요?

น้ำหนักเท่าไรครับ/คะ

남낙 타오라이 크랍/카

• 근 20년 동안 몸무게가 일정합니다.

ช่วง 20 ปีมานี้น้ำหนักเท่าเดิมครับ/ค่ะ

추앙 이씹 삐 마니 남낙 타오 듬 크랍/카

• 전혀 뚱뚱하지 않아요.

ไม่อ้วนเลยครับ/ค่ะ

마이 우안 르이 크랍/카

• 체중을 줄이려고 단음식은 피하고 있어요.

เลี่ยงการกินอาหารหวานเพื่อจะลดน้ำหนักอยู่ครับ/ค่ะ

리앙 깐낀아한완 프아 짜 롯 남낙 유 크랍/카

외모에 대하여 말할 때

• 허리가 굵어져서 걱정이에요.

เอวใหญ่ขึ้นเลยกลุ้มใจครับ/ค่ะ

에우 야이큰 르이 끌룸짜이 크랍/카

• 화장을 안 해도 아주 예뻐요.

ไม่แต่งหน้าก็ยังสวยมากนะครับ/คะ

마이 땡나 꺼 양 쑤아이 막 나 크랍/카

• 어떤 타입의 여성(남성)을 좋아하세요?

ชอบผู้หญิง(ผู้ชาย)แบบไหนครับ/คะ

첩 푸잉 (푸차이) 뱁나이 크랍/카

• 아버지를 닮아 얼굴이 둥근 편입니다.

หน้าค่อนข้างกลมเหมือนพ่อครับ/ค่ะ

나 컨캉 끌롬 므안 퍼 크랍/카

• 외모에 속지 마세요.

อย่าหลงแต่รูปลักษณ์ภายนอกครับ/ค่ะ

야 롱 때 룹빠락 파이넉 크랍/카

• 그 남자는 외모에 신경을 많이 씁니다.

ผู้ชายคนนั้นสนใจแต่หน้าตา(รูปลักษณ์ภายนอก)ครับ/ค่ะ

푸차이 콘난 쏜짜이 때 나따 (룹빠락 파이넉) 크랍/카

• 예쁜 여자를 아내로 맞고 싶어 해요.

เขาอยากได้ผู้หญิงสวย ๆ เป็นภรรยาครับ/ค่ะ

카오 약 다이 푸잉 쑤아이쑤아이 뻰 판야 크랍/카

• 외모로 사람을 평가하면 안 됩니다.

อย่าตัดสินคนที่ภายนอกครับ/ค่ะ

야 땃씬 콘 티 파이넉 크랍/카

패션에 대하여 말할 때

• 짧은 치마가 유행입니다.

กำลังฮิตกระโปรงสั้นครับ/ค่ะ // กระโปรงสั้นกำลังดังครับ/ค่ะ

깜랑 힛 끄라쁘롱싼 크랍/카 // 끄라쁘롱싼 깜랑 당 크랍/카

• 그 여성은 패션감각이 있어요.

ผู้หญิงนั้นรู้จักแต่งตัวครับ/ค่ะ

푸잉난 루짝 땡뚜아 크랍/카

• 아무 거나 입어도 멋져요.

ใส่อะไรก็เท่ห์(ดูดี)ครับ/ค่ะ

싸이 아라이 꺼 테(두디) 크랍/카

• 오늘 내 차림새 어때요?

วันนี้ผม/ดิฉันแต่งตัวเป็นยังไงบ้างครับ/คะ

완니 폼/디찬 땡뚜아 뻰 양아이 방 크랍/카

• 이 모자 어울려요?

หมวกใบนี้ดูเข้ากันไหมครับ/คะ // สวยไหมครับ/คะ

무악 바이니 두 카오깐 마이 크랍/카 // 쑤아이 마이 크랍/카

• 그 옷을 입으니 더 날씬해 보여요.

ใส่ชุดนั้นแล้วยิ่งดูผอมกว่าเดิมอีกครับ/ค่ะ

싸이 춧난 래우 잉 두 펌꽈 듬 익 크랍/카

• 오늘은 아주 세련된 옷차림이십니다.

วันนี้แต่งตัวดูดีมากครับ/ค่ะ

완니 땡뚜아 두디 막 크랍/카

• 어머니는 멋쟁이에요.

แม่แต่งตัวเก่งครับ/ค่ะ

매 땡뚜아 껭 크랍/카

• 그 색깔이 올해 유행이에요.

ปีนี้นิยมใส่สีนั้นกันมากครับ/ค่ะ

삐니 니욤 싸이 씨 난 깐 막 크랍/카

• 그 애는 화려한(선명한) 색깔의 옷을 좋아해요.

เด็กนั้นชอบใส่เสื้อสีสด ๆ ครับ/ค่ะ

덱난 첩 싸이 쓰아 씨쏫쏫 크랍/카

• 장미꽃 향수를 사용해요.

ใช้น้ำหอมกลิ่นกุหลาบครับ/ค่ะ

차이 남험 끌린 꾸랍 크랍/카

PART IV 외모와 패션

09 건강

건강은 누구나 관심을 갖는다. 때문에 건강문제는 언제 어디서나 화제가 될 수 있을 뿐더러 모두가 건강하기를 바란다. 오랜만에 어른을 만났을 때 "전에 뵈었을 때와 똑 같다", "조금도 변하지 않았다', 또는 "여전히 정정하다"라는 인사를 한다. 상대방의 건강을 염려하는 진정성 있는 인사는 상대방에 대한 예의도 있지만 언어생활을 밝게 해주는 힘이 되기도 한다.

PART IV 건강

건강에 대하여 말할 때

- 아들의 건강 상태는 양호합니다(좋습니다).

ลูกชายสุขภาพดีครับ/ค่ะ
룩차이 쑥카팝 디 크랍/카

- 요즘은 건강이 어떠세요?

ช่วงนี้สุขภาพเป็นยังไงครับ/คะ
추앙니 쑥카팝 뻰양아이 크랍/카

- 쉽게 피로해요.

เหนื่อยง่ายครับ/ค่ะ
느아이 응아이 크랍/카

• 밥맛이 없어서 잘 먹지 않아요.

รู้สึกเบื่ออาหารเลยไม่ค่อยกินเท่าไรครับ/ค่ะ

루쓱 브아 아한 르이 마이커이 낀 타오라이 크랍/카

• 건강이 예전 같지 않아요.

สุขภาพไม่เหมือนแต่ก่อนครับ/ค่ะ

쑥카팝 마이 므안 때 껀 크랍/카

• 나이를 먹어서 그런가 봐요.

คงเพราะอายุมากแล้วมั้งครับ/คะ

콩 프러 아유 막 래우 망 크랍/카

• 계단을 오를 때 숨이 차요.

เวลาขึ้นบันไดจะหายใจหอบครับ/ค่ะ

웰라 큰 반다이 짜 하이짜이 헙 크랍/카

• 연세에 비하면 아주 건강하신 거예요.

ยังแข็งแรงมาก เมื่อเทียบกับอายุนะครับ/คะ

양 캥랭 막 므아 티얍 깝 아유 나 크랍/카

• 신문이 잘 보이지 않아서 안과에 갔어요.

อ่านหนังสือพิมพ์ไม่ค่อยชัด เลยไปหาหมอตาครับ/ค่ะ

안 낭쓰핌 마이커이 찻 르이 빠이하 머따 크랍/카

건강관리에 대하여 말할 때

• 일년에 한 번은 병원에 가서 건강진단을 합니다.

ไปตรวจสุขภาพที่โรงพยาบาลปีละครั้งครับ/ค่ะ

빠이뜨루앗 쑥카팝 티롱파야반 삐라 크랑 크랍/카

• 건강을 위해 아침마다 운동을 합니다.

ออกกำลังกายทุกเช้าเพื่อสุขภาพครับ/ค่ะ

억깜랑까이 툭차오 프아 쑥카팝 크랍/카

• 어떻게 건강을 관리하나요?

รักษาสุขภาพอย่างไรเหรอครับ/คะ

락싸 쑥카팝 양라이 러 크랍/카

• 매일 수영을 1시간씩 해요.

ว่ายน้ำหนึ่งชั่วโมงทุกวันครับ/ค่ะ

와이남 능 추아몽 툭완 크랍/카

• 주말마다 자전거를 탑니다.

ขี่จักรยานทุกเสาร์อาทิตย์ครับ/ค่ะ

키 짝끄라얀 툭싸오아팃 크랍/카

• 무엇보다도 술을 줄이세요.

ก่อนอื่นต้องลดเหล้าครับ/ค่ะ

껀은 떵 롯 라오 크랍/카

• 금연하세요.

เลิกสูบบุหรี่สิครับ/คะ

륵 쑵 부리 씨 크랍/카

• 스트레스는 건강에 해로워요.

ความเครียดไม่ดีต่อสุขภาพครับ/ค่ะ

쾀크리앗 마이디 떠 쑥카팝 크랍/카

• 마음을 늘 편히 가지려고 노력하세요.

พยายามทำใจให้สงบเสมอนะครับ/คะ

파야얌 탐짜이 하이 쌍옵 싸므 나 크랍/카

PART Ⅳ 건강

• 1달 동안 전지요양을 추천합니다.

แนะนำให้ไปพักผ่อนเปลี่ยนบรรยากาศสัก 1 เดือนครับ/ค่ะ

내남 하이빠이 팍펀 쁠리안 반야깟 싹 능 드안 크랍/카

• 일광욕을 오래 하지 마세요.

อย่าอาบแดดนานเกินไปครับ/ค่ะ

야 압댓 난 끈빠이 크랍/카

• 비를 맞지 마세요. 자칫하면 감기에 걸려요.

อย่าตากฝน เดี๋ยวจะเป็นหวัดครับ/ค่ะ

야 딱혼 디아우 짜 뻰왓 크랍/카

컨디션에 대하여 말할 때

• 오늘은 기분이 좋지 않아요.

วันนี้อารมณ์ไม่ดีครับ/ค่ะ

완니 아롬 마이디 크랍/카

• 힘이 없어 보여요.

ดูคุณไม่มีแรงเลยครับ/ค่ะ // ดูหมดแรงนะครับ/คะ

두 쿤 마이미 랭 르이 크랍/카 // 두 못랭 나 크랍/카

• 잠시 쉬는 게 어때요?

พักสักหน่อยนึงดีไหมครับ/คะ

팍 싹너이능 디마이 크랍/카

• 피로감을 푸는 방법이 뭐예요?

วิธีแก้เหนื่อยคืออะไรครับ/คะ

위티 깨느아이 크 아라이 크랍/카

• 스트레스를 느끼나요?

รู้สึกเครียดไหมครับ/คะ

루쓱 크리앗 마이 크랍/카

• 맛있는 음식을 먹는 것도 기분전환에 좋아요.

กินอาหารอร่อยก็ช่วยให้อารมณ์ดีขึ้นนะครับ/คะ

낀 아한아러이 꺼 추아이하이 아롬 디큰 나 크랍/카

• 기분전환하러 밖에 나갈까요?

ออกไปข้างนอกเปลี่ยนบรรยากาศหน่อยไหมครับ/คะ

억빠이 캉넉 쁠리안 반야깟 너이 마이 크랍/카

다이어트에 대하여 말할 때

• 다이어트를 하는 이유가 뭐예요?

มีเหตุผลอะไรที่ลดน้ำหนักครับ/คะ

미 헷폰 아라이 티 롯 남낙 크랍/카

• 의사가 다이어트를 처방했어요.

หมอสั่งให้ลดน้ำหนักครับ/ค่ะ

머 쌍 하이롯 남낙 크랍/카

• 당장이라도 살을 빼야 해요.

ต้องเริ่มลดน้ำหนักได้แล้วครับ/ค่ะ

떵 름 롯 남낙 다이 래우 크랍/카

• 식이요법과 운동요법을 병행합니다.

ใช้วิธีลดอาหารและออกกำลังกายพร้อมกันครับ/ค่ะ

차이 위티롯아한 래 억깜랑까이 프럼깐 크랍/카

• 약물요법은 건강에 위험할 수도 있어요.

ใช้วิธีกินยาลดน้ำหนักอาจเป็นอันตรายต่อสุขภาพครับ/ค่ะ

차이 위티 낀야 롯 남낙 앗 뻰 안따라이 떠 쑥카팝 크랍/카

• 채소를 많이 먹고 기름기 많은 음식은 피합니다.

กินผักให้มากและหลีกเลี่ยงอาหารมันครับ/ค่ะ

낀 팍 하이막 래 릭리앙 아한 만 크랍/카

• 엄격히 지켜야 합니다.

ต้องทำต่อเรื่อย ๆ อย่างเคร่งครัดครับ/ค่ะ

떵 탐 떠 르아이르아이 양크렝크랏 크랍/카

• 체중조절을 위해 춤을 춥니다.

ออกกำลังกายด้วยการเต้นเพื่อควบคุมน้ำหนักครับ/ค่ะ

억깜랑까이 두아이 깐뗀 프아 쿠업쿰 남낙 크랍/카

• 자전거를 타고 출근해요.

ขี่จักรยานไปทำงานครับ/ค่ะ

키 짝끄라얀 빠이 탐응안 크랍/카

• 무리한 다이어트는 도리어 건강에 해로워요.

การลดน้ำหนักอย่างเกินกำลังเป็นอันตรายต่อสุขภาพครับ/ค่ะ

깐 롯 남낙 양끈깜랑 뻰안따라이 떠 쑥카팝 크랍/카

10 음주와 흡연

술과 담배, 특히 담배는 건강에 해롭다. 요즘은 금연은 세계적인 추세이다. 태국에도 금연구역이 정해져 있다. 그러나 술을 조금 마시는 것은 약이 된다고 한다. 우리나라는 옛부터 술은 어른으로부터 배우는 주도를 중시했다. 지나치게 술을 마시는 것은 삼가해야 한다.

태국인도 술을 마시고 담배를 핀다. 그러나 예법이 다르다. 태국인은 우리와 달리 담배는 어른과 같이 필 수 있으나 술은 그렇지 않다. 우리와 반대이다. 태국 승려들도 술은 마시지 못하나 담배는 피운다. 그리고 태국에는 우리나라처럼 대리기사 개념이 없다.

음주에 대하여 말할 때

• 주량이 어떻게 됩니까?

ดื่มเหล้าได้แค่ไหนครับ/คะ

듬 라오 다이 캐나이 크랍/카

• 소주 1병 정도입니다.

ดื่มเหล้าโซจูได้ประมาณ 1 ขวดครับ/ค่ะ

듬 라오 소주 다이 쁘라만 능 쿠앗 크랍/카

• 그는 술고래입니다. / 술이 셉니다.

เขาคอทองแดงครับ/ค่ะ // เขากินเหล้าเก่งครับ/ค่ะ

카오 커텅댕 크랍/카 // 카오 낀 라오 꼥 크랍/카

• 애주가입니다.

เขาเป็นคนรักเหล้าครับ/ค่ะ

카오 뻰 콘락라오 크랍/카

• 저는 술에 약합니다.

ผม/ดิฉันกินเหล้าไม่ค่อยเก่งครับ/ค่ะ

폼/디찬 낀 라오 마이커이 꼥 크랍/카

• 술을 한 모금도 못 합니다.

ดื่มเหล้าไม่ได้เลยครับ/ค่ะ

듬 라오 마이다이 르이 크랍/카

• 요즘은 포도주가 대세입니다.

หมู่นี้ไวน์กำลังมาแรงครับ/ค่ะ //

무니 와인 깜랑 마 랭 크랍/카 //

หมู่นี้คนนิยมดื่มไวน์กันครับ/ค่ะ

무니 콘 니욤 듬와인깐 크랍/카

• 술 마실 줄 몰라요.

ดื่มเหล้าไม่เป็นครับ/ค่ะ

듬 라오 마이뻰 크랍/카

• 조금만 마셔도 얼굴이 빨개지고 가슴이 뛰어요.

แค่ดื่มนิดเดียว หัวใจก็จะเต้นแรง หน้าก็จะแดงครับ/ค่ะ

캐 듬 닛디아우 후아짜이 꺼 짜 뗀랭 나 꺼 짜 댕 크랍/카

• 술이라면 종류를 가리지 않아요.

ถ้าเป็นเหล้า ผม/ดิฉันกินได้หมดทุกอย่างครับ/ค่ะ

타 뻰 라오 폼/디찬 낀 다이 못 툭양 크랍/카

• 음주 운전하지 마세요.

เมาแล้วอย่าขับรถนะครับ/คะ

마오 래우 야 캅롯 나 크랍/카

• 더 이상 술을 마실 수 없어요.

ดื่มเหล้าอีกไม่ไหวแล้วครับ/ค่ะ

듬 라오 익 마이와이 래우 크랍/카

흡연에 대하여 말할 때

• 담배를 많이 피우나요?

สูบบุหรี่มากไหมครับ/คะ

쑵 부리 막 마이 크랍/카

• 하루에 5가치 정도 핍니다.

สูบวันละประมาณ 5 มวนครับ/ค่ะ

쑵 완라 쁘라만 하 무안 크랍/카

• 흡연은 아이들 건강에 독이 됩니다.

การสูบบุหรี่เป็นอันตราต่อสุขภาพเด็กครับ/ค่ะ

깐쑵부리 뻰안따라이 떠쑥카팝 덱 크랍/카

• 담배를 당장 끊지 않으면 1년 안에 죽어요.

ถ้ายังไม่เลิกสูบก็จะตายภายใน 1 ปีนะครับ/คะ

타 양 마이 륵쑵 꺼 짜 따이 파이나이 능 삐 나 크랍/카

• 담배를 피고 싶어 죽겠어요(참을 수 없어요).

อยากสูบบุหรี่ใจจะขาด(จะตาย)อยู่แล้วครับ/ค่ะ

약 쑵부리 짜이짜캇 (짜따이) 유 래우 크랍/카

• 담뱃불 좀 빌려주세요.

ขอยืมไฟแช็คหน่อยครับ/ค่ะ

커 yeum 화이첵 너이 크랍/카

• 재떨이도 좀 집어주세요.

ช่วยหยิบที่เขี่ยบุหรี่ให้หน่อยครับ/ค่ะ

추아이 입 티키아부리 하이 너이 크랍/카

• 여기는 금연석(구역)입니다.

ที่นี่เป็นเขตห้ามสูบบุหรี่ครับ/ค่ะ

티니 뻰 켓 함 쑵부리 크랍/카

• 담뱃불 좀 꺼 주세요.

ช่วยดับบุหรี่หน่อยครับ/ค่ะ

추아이 답 부리 너이 크랍/카

• 담배꽁초를 아무 데나 버리면 안 됩니다.(지정된 장소에 버려야 됩니다)

ก้นบุหรี่ต้องทิ้งให้เป็นที่ครับ/ค่ะ

끈 부리 떵 팅 하이 뻰티 크랍/카

11 취미생활 · 여가활동과 오락

살다 보면 원하지 않아도 스트레스는 쌓이게 마련이다. 이러한 긴장감을 해소하거나 완화하는 방법이 여러 가지가 있겠지만 운동 등의 여가활동이나 취미생활로 푸는 게 보통이다. 사람마다 취미가 다르고 여가활동 또한 다르다.

취미활동(여가 활동)에 대하여 말할 때

- 취미가 무엇인가요?

  มีงานอดิเรกอะไรเหรอครับ/คะ

  미 응안아디렉 아라이 러 크랍/카

- 무엇에 관심이 있나요?

  มีสนใจในเรื่องอะไรครับ/คะ

  미 쏜짜이 나이 르앙아라이 크랍/카

- 시간이 나면 무엇을 하나요?

  ทำอะไรตอนมีเวลาว่างเหรอครับ/คะ

  탐 아라이 떤 미 웰라왕 러 크랍/카

- 취미활동인가요? 아니면 생계를 위한 건가요?

  ทำเป็นงานอดิเรกหรืองานเพื่อเลี้ยงชีพครับ/คะ

  탐 뻰 응안아디렉 르 응안 프아 리앙칩 크랍/카

• 우표수집을 하는데, 벌써 2만 장 가량 모았습니다.

สะสมสแตมป์อยู่ ตอนนี้สะสมได้ประมาณ 2 หมื่นกว่าดวงแล้วครับ/ค่ะ

싸쏨 싸탬 유 떤니 싸쏨 다이 쁘라만 썽 믄꽈 두앙 래우 크랍/카

• 골프는 제 취향에 맞지 않아요.

กอล์ฟไม่ถูกกับนิสัยของผม/ดิฉันครับ/ค่ะ

껍 마이툭 깝 니싸이 컹 폼/디찬 크랍/카

• 어떤 책을 즐겨 읽어요?

ชอบอ่านหนังสือประเภทอะไรเหรอครับ/คะ

첩 안 낭쓰 쁘라펫 아라이 러 크랍/카

• 손에 잡히는 대로 읽어요.

อ่านหนังสือได้ทุกประเภทครับ/ค่ะ

안 낭쓰 다이 툭쁘라펫 크랍/카

• 이 소설을 처음부터 끝까지 다 읽었어요.

อ่านนวนิยายเล่มนี้ตั้งแต่ต้นจนจบแล้วครับ/ค่ะ

안 나와니야이 렘니 땅때똔 쫀쫍 래우 크랍/카

• 그림을 그리세요?

วาดภาพเหรอครับ/คะ

왓 팝 르 크랍/카

• 시를 짓거나 동화책을 만듭니다.

แต่งกลอนหรือไม่ก็ทำหนังสือนิทานครับ/ค่ะ

땡 끌런 르마이꺼 탐 낭쓰 니탄 크랍/카

• 시간이 나면 찍어놓은 사진을 전시하기도 합니다.

ถ้ามีเวลาว่างก็จะเอารูปที่ถ่ายเก็บไว้ไปแสดงครับ/ค่ะ

타 미 웰라왕 꺼 짜 아오 룹 티 타이 껩 와이 빠이싸댕 크랍/카

• 고아원이나 양로원을 찾아 도와줍니다.

ไปช่วยทำงานที่บ้านเด็กกำพร้าหรือบ้านพักคนชราครับ/ค่ะ

빠이 추아이 탐응안 티반덱깜프라 르 반팍콘차라 크랍/카

• 학생 때 여가활동이 직업이 되었습니다.

งานอดิเรกตอนเป็นนักศึกษาตอนนี้กลายเป็นอาชีพ

응안 아디렉 떤뻰낙쓱싸 떤니 끌라이 뻰 아칩

ไปแล้วครับ/ค่ะ

빠이래우 크랍/카

• 당신 가족의 활동이 신문에 났어요.

กิจกรรมของครอบครัวคุณได้ลงหนังสือพิมพ์แล้วครับ/ค่ะ

낏짜깜 컹 크럽크루아 쿤 다이 롱 낭쓰핌 래우 크랍/카

• 아마추어 야구인입니다.

เป็นนักเบสบอลสมัครเล่นครับ/ค่ะ

뻰 낙 베스볼 싸막렌 크랍/카

• 일주일에 한 번 병원에 가서 피아노 연주를 합니다.

ไปเล่นเปียโนที่โรงพยาบาลอาทิตย์ละครั้งครับ/ค่ะ

빠이렌 피아노 티롱파야반 아팃라 크랑 크랍/카

• 친구와 영화구경을 가기도 하고 그림 전시회에 가기도 합니다.

ไปดูหนังกับเพื่อนบ้างไปชมนิทรรศการภาพเขียนบ้าง

빠이두낭 깝 프안 방 빠이촘 니탓싸깐 팝키안 방

ครับ/ค่ะ

크랍/카

• 음악회에 자주 가나요?

ไปงานแสดงดนตรีบ่อยไหมครับ/คะ

빠이 응안싸댕돈뜨리 버이 마이 크랍/카

• 연극보다 오페라를 즐깁니다만 돈이 많이 들어요.

ชอบชมโอเปร่ามากกว่าละคร แต่ต้องใช้เงินเยอะครับ/ค่ะ

첩 촘 오페라 막꽈 라컨 때 떵 차이응언 여 크랍/카

• 대학로에서 공연에 참여합니다.

ไปร่วมแสดงที่ถนนเทฮังโนครับ/ค่ะ

빠이루암 싸댕 티타논 대학로 크랍/카

• 저는 아마추어 가수로 주말에 활동합니다.

ผม/ดิฉันเป็นนักร้องสมัครเล่นร้องเพลงวันเสาร์อาทิตย์

폼/디찬 뻰 낙렁싸막렌 렁플렝 완싸오아팃

ครับ/ค่ะ

크랍/카

• 공부방에서 초등생의 공부를 봐 줍니다.

ช่วยสอนหนังสือเด็กประถมที่ที่เรียนพิเศษครับ/ค่ะ

추아이 썬 낭쓰 덱쁘라톰 티 티리안피쎗 크랍/카

• 그림을 그리러 야외로 나갑니다.

ออกไปข้างนอกเพื่อจะเขียนภาพครับ/ค่ะ

억빠이 캉넉 프아 짜 키안팝 크랍/카

• 보석 감정을 공부하러 다닙니다.

ไปเรียนการดูเพชรพลอยครับ/ค่ะ

빠이리안 깐두 펫플러이 크랍/카

PART IV 취미생활 · 여가활동과 오락

• 문화프로그램을 만들어 방송국에 보냅니다.

ทำรายการวัฒนธรรมแล้วส่งไปสถานีโทรทัศน์ครับ/ค่ะ

탐 라이깐 왓타나탐 래우 쏭빠이 싸타니토라탓 크랍/카

• 라디오 만드는 것을 좋아합니다.

ชอบทำเครื่องวิทยุครับ/ค่ะ

첩 탐 크르앙위타유 크랍/카

• 자동차 엔진에 대해 배웁니다.

เรียนเกี่ยวกับเครื่องยนต์ของรถยนต์ครับ/ค่ะ

리안 끼아우깝 크르앙욘 컹 롯욘 크랍/카

• 나무를 사서 책상을 만듭니다.

ซื้อไม้มาทำโต๊ะครับ/ค่ะ

쓰 마이 마 탐또 크랍/카

• 운전을 해서 한강변을 달립니다.

ขับรถวิ่งตามริมแม่น้ำฮันครับ/ค่ะ

캅롯 윙 땀 림매남한 크랍/카

• 친한 친구와 등반을 합니다.

ปีนเขากับเพื่อนสนิทครับ/ค่ะ

삔 카오 깝 프안 싸닛 크랍/카

오락에 대하여 말할 때

• 오락실에 자주 가니?

ไปร้านเกมบ่อยไหมครับ/คะ

빠이 란겜 버이 마이 크랍/카

• 카지노가 이 호텔 3층에 있어요.

คาซิโน่อยู่ชั้นสามของโรงแรมนี้ครับ/ค่ะ //
카지노 유 찬쌈 컹 롱램니 크랍/카 //
โรงแรมนี้มีคาซิโน่อยู่ชั้นสามครับ/ค่ะ
롱램니 미 카지노 유 찬쌈 크랍/카

• 카드놀이 좋아해요?

ชอบเล่นไพ่ไหมครับ/คะ
첩 렌 파이 마이 크랍/카

• 윷놀이는 참 재미있는 놀이에요.

ยุนโนรีเป็นการเล่นที่สนุกมากครับ/ค่ะ
윷놀이 뻰 깐렌 티 싸눅 막 크랍/카

• 포커를 할 때마다 나는 돈을 잃어요.

เล่นโป๊กเกอร์ทีไร ผม/ดิฉันเสียเงินตลอดครับ/ค่ะ
렌 포커 티라이 폼/디찬 씨아응언 딸럿 크랍/카

• 비디오를 빌려다 봅니다.

เช่าวีดีโอดูครับ/ค่ะ
차오 비디오 두 크랍/카

유흥에 대하여 말할 때

• 이 근처에 바나 클럽이 있나요?

แถวนี้มีบาร์หรือคลับไหมครับ/คะ
태우니 미 바 르 클럽 마이 크랍/카

• 식구들과 노래방에 자주 갑니다.

ไปคาราโอเกะกับครอบครัวบ่อย ๆ ครับ/ค่ะ
빠이 카라오케 깝 크럽크루아 버이버이 크랍/카

• 미성년자는 유흥업소에 가면 안 됩니다.

ผู้เยาว์ไม่ควรไปสถานที่เที่ยวของผู้ใหญ่ครับ/ค่ะ

푸야와 마이쿠안 빠이 싸탄티 티아우 컹 푸야이 크랍/카

• 이 곳에서는 우리도 악기를 연주하며 노래를 할 수 있어요.

ที่นี่เราสามารถเล่นเครื่องดนตรีและก็ร้องเพลงได้ครับ/ค่ะ

티니 라오 싸맛 렌 크르앙돈뜨리 래꺼 렁플렝 다이 크랍/카

• 유명한 가수가 와서 노래를 합니다.

มีนักร้องชื่อดังมาร้องเพลงครับ/ค่ะ

미 낙렁 츠당 마 렁플렝 크랍/카

• 가끔 유명인사를 초대해 댄스파티를 엽니다.

บางครั้งจะเชิญคนชื่อเสียงมาแล้วจัดงานเต้นรำครับ/ค่ะ

방 크랑 짜 츤 콘츠씨앙 마 래우 짯 응안뗀람 크랍/카

12 음식점이나 카페에서

대화할 때 요리에 대해 묻고 대답하거나 요리법에 대해 이야기하는 것은 즐거운 일이지만 태국에서의 식사법이나 식사예절은 우리와 다르므로 조심해야 한다. 태국의 상차림은 식탁 가운데 반찬을 놓고, 반찬 그릇(접시)마다 숟가락이나 포크를 놓는다. 이 숟가락이나 포크를 "천끌랑"이라고 부르는데 반찬을 떠서 개인의 접시에 옮기는 역할을 한다. 음식을 떠서 옮긴 후 반드시 그 반찬 그릇에 도로 놓아 다른 사람이 시용하도록 해야 한다. 국이나 찌개는 일반적으로 작은 그릇에 떠서 개개인에게 준다.

각 개인의 자리에는 빈 접시 위에 냅킨과 숟가락, 그리고 포크가 놓여있다. 이 접시 위에 놓여 있는 숟가락과 포크를 사용하여 식사를 한다. 찰밥은 손으로 떼어 먹어도 괜찮으나 국물을 입에 대고 마시는 것은 예의에 벗어나는 행위이다. 커피나 차 등을 제외하고 모든 국물은 숟가락으로 떠서 먹는다. 국수를 먹을 때는 젓가락과 숟가락을 사용한다.

태국은 각 지역마다 고유한 음식이 있어 그 음식을 찾아 먹는 것도 즐겁다. 음식 맛도 남쪽은 맵고 짠 편이지만 북쪽으로 올라갈수록 덜 맵고 싱겁다. 사탕수수가 많이 나는 지역의 음식은 그렇지 않은 지역에 비해 좀 단 편이다. 동북부는 매운 편이다.

음식을 먹고 계산을 할 때, 태국에서는 테이블에 앉아서 계산을 하겠다고 하면 웨이터가 계산서를 가지고 온다. 만일 국수, 밥과 반찬, 음료, 후식을 각각 다른 음식점에서 주문하여 식사를 할 경우, 가만히 앉아서 계산을 하겠다는 의사를 표시하면 각 점포의 주인이 와서 자기 점포의 음식이나 후식 값을 따로따로 계산해 간다.

계산을 하고 난 후 팁 여부는 점포에 따라 다르다. 고급 레스토랑에서는 팁을 주지만 카페나 보통 음식점에서는 주지 않는다.

요리와 맛에 대하여 말할 때

- 요리하는 것을 좋아하세요?

ชอบทำอาหารไหมครับ/คะ
첩 탐 아한 마이 크랍/카

- 만드는 것보다 먹는 것을 좋아합니다.

ชอบกินมากกว่าทำครับ/ค่ะ
첩 낀 막꽈 탐 크랍/카

- 젊은이들은 이태리 요리를 즐기는 것 같아요.

หนุ่มสาวสมัยนี้ดูจะชอบกินอาหารอิตาลี่ครับ/ค่ะ
눔싸우 싸마이니 두짜 첩낀 아한이딸리 크랍/카

- 요리할 줄 모릅니다.

ทำอาหารไม่เป็นครับ/ค่ะ
탐 아한 마이뻰 크랍/카

- 음식을 할 때 짜지 않게 조심합니다.

เวลาทำอาหารต้องระวังไม่ให้เค็มครับ/ค่ะ
웰라 탐 아한 떵 라왕 마이하이켐 크랍/카

• 불고기를 맛있게 만드는 방법이 있나요?
มีวิธีปรุงรสบุลโคกีให้อร่อยไหมครับ/คะ
미 위티쁘룽롯 불고기 하이아러이 마이 크랍/카

• 어머니 특유의 비법이 있어요.
แม่มีเคล็ดลับเฉพาะครับ/ค่ะ
매 미 클렛랍 차퍼 크랍/카

• 군침이 막 도네요.
น้ำลายไหลเลยครับ/ค่ะ
남라이 라이 르이 크랍/카

• 엄마 손만 가면 맛이 있어요.
แค่แม่ทำก็อร่อยทุกอย่างครับ/ค่ะ
캐 매 탐 꺼 아러이 툭양 크랍/카

• 생선비린내가 많이 날 땐 어떻게 하죠?
เวลาปลามีกลิ่นเหม็นคาวควรทำอย่างไรดีครับ/คะ
웰라 쁠라 미끌린 멘카우 쿠안 탐양라이 디 크랍/카

• 이 시금치는 싱싱하지 않아요.
ผักโขมนี้ไม่สดครับ/ค่ะ
팍콤니 마이 솟 크랍/카

• 상한 우유는 화초에 주세요.
นมที่เสียแล้วนั้นเอาไปรดให้ต้นไม้นะครับ/คะ
놈 티 씨아래우난 아오빠이 롯 하이본마이 나 크랍/카

• 고기가 아주 질겨요.
เนื้อเหนียวมากครับ/ค่ะ
느아 니아우 막 크랍/카

• 음식이 느끼할 땐 팍치와 함께 드세요.

เวลาอาหารเลี่ยนทานกับผักชีนะครับ/คะ

웰라 아한 리안 탄 깝 팍치 나 크랍/카

• 이 과일은 좀 떫어요.

ผลไม้นี้รสชาติฝาดหน่อยครับ/ค่ะ

폰라마이니 롯찻 홧 너이 크랍/카

• 저는 뭐든지 잘 먹어요.

ผม/ดิฉันกินง่ายครับ/ค่ะ // ผม/ดิฉันกินได้ทุกอย่างครับ/ค่ะ

폼/디찬 낀응아이 크랍/카 // 폼/디찬 낀다이 툭양 크랍/카

• 음식을 가리지 않아요.

ไม่เลือกกินครับ/ค่ะ

마이 르악 낀 크랍/카

• 동생은 식성이 까다로운 편이에요.

น้องค่อนข้างกินยากครับ/ค่ะ // น้องเป็นคนเลือกกินครับ/ค่ะ

넝 컨캉 낀약 크랍/카 // 넝 뻰 콘르악낀 크랍/카

• 우유를 먹으면 설사해요.

ถ้ากินนมจะท้องเสียครับ/ค่ะ

타 낀 놈 짜 텅씨아 크랍/카

• 이 걸 먹으면 입맛이 돌 거예요.

ถ้ากินอันนี้ จะทำให้อยากกินอาหารมากขึ้นครับ/ค่ะ

타 낀 안니 짜 탐 하이약낀아한 막큰 크랍/카

• 아빠는 생선요리를 잘 하세요.

พ่อทำปลาอร่อยครับ/ค่ะ

퍼 탐쁠라 아러이 크랍/카

• 식욕이 왕성해요.

อยากอาหารมากเลยครับ/ค่ะ

약 아한 막 르이 크랍/카

• 네가 만든 음식을 못 먹어서 아쉬워.

เสียดายที่ทานอาหารที่เธอทำไม่ได้

씨아다이 티 탄아한 티 트탐 마이다이

• 여기는 직접 커피를 볶아요.

ที่นี่คั่วถั่วกาแฟเองครับ/ค่ะ

티니 쿠아 투아까홰 엥 크랍/카

• 커피가 너무 진하네요.

กาแฟเข้มเกินไปครับ/ค่ะ

까홰 켐 끈빠이 크랍/카

식당이나 카페에서 말할 때

• 오늘은 뭘 먹을까요?

วันนี้จะทานอะไรดีครับ/คะ

완니 짜탄 아라이디 크랍/카

• 어제 예약을 했어요.

เมื่อวานนี้จองแล้วครับ/ค่ะ

므아완니 쩡 래우 크랍/카

• 누구 이름으로 예약했어요?

จองในนามใครครับ/คะ

쩡 나이남 크라이 크랍/카

• 저기 창가에 있는 테이블입니다.

โต๊ะข้างหน้าต่างตรงโน้นครับ/ค่ะ

또 캉나땅 뜨롱논 크랍/카

• 예약을 내일로 변경하고 싶어요.

อยากเปลี่ยนวันที่จองไว้เป็นพรุ่งนี้ครับ/ค่ะ

약 쁠리안 완 티 쩡와이 뻰 프룽니 크랍/카

• 예약을 취소해도 될까요?

ขอยกเลิกที่จองไว้ได้ไหมครับ/คะ

커 욕륵 티 쩡와이 다이마이 크랍/카

• 둥근 테이블로 해 주세요.

ขอเป็นโต๊ะกลมครับ/ค่ะ

커 뻰 또끌롬 크랍/카

• 빈 테이블이 있나요?

มีโต๊ะว่างไหมครับ/คะ

미 또왕 마이 크랍/카

• 테이블이 꽉 찼습니다.

โต๊ะเต็มหมดแล้วครับ/ค่ะ // ไม่มีโต๊ะว่างครับ/ค่ะ

또 뗌못 래우 크랍/카 // 마이미 또왕 크랍/카

• 오늘 맘껏 먹고 푹 쉬자.

วันนี้กินให้เต็มอิ่มแล้วพักให้เต็มที่

완니 낀 하이뗌임 래우 팍 하이뗌티

• 커피는 제가 타서 마실래요.

กาแฟผม/ดิฉันจะชงเองกินครับ/ค่ะ

까홰 폼/디찬 짜 총엥 낀 크랍/카

• 이 카페 참 아늑하지요? 분위기도 좋고.

ร้านกาแฟนี้สบายใช่ไหมครับ/คะ บรรยากาศก็ดี

란까쾌니 싸바이 차이마이 크랍/카 반야깟 꺼디

• 실내 장식이 참 멋있어요.

ตกแต่งภายในสวยดีครับ/ค่ะ

뚝땡 파이나이 쑤아이디 크랍/카

• 여기 긴의자에 앉아서 마시자.

นั่งดื่มที่เก้าอี้ยาวตรงนี้

낭듬 티까오이야우 뜨롱니

음식을 주문 할 때

• 메뉴 좀 주세요.

ขอเมนูหน่อยครับ/ค่ะ

커 메누 너이 크랍/카

• 아저씨, 여기 주문 받으세요.

ลุงครับ/คะ รับออเดอร์หน่อยครับ/ค่ะ

룽 크랍/카 랍 오더 너이 크랍/카

• 무엇이 빨리 되나요?

มีอะไรได้เร็วบ้างครับ/คะ

미 아라이 다이 레우 방 크랍/카

• 오늘의 추천 메뉴는 무엇이 있나요?

วันนี้มีเมนูแนะนำอะไรบ้างครับ/คะ

완니 미 메누 내남 아라이 방 크랍/카

• 점심 특별메뉴가 있나요?

มีเมนูอาหารกลางวันพิเศษไหมครับ/คะ

미 메누아한 끌랑완 피쎗 마이 크랍/카

• 아직 뭘 먹을지 고르지 못했어요.

ยังเลือกอาหารที่จะกินไม่ได้เลยครับ/ค่ะ

양 르악 아한 티짜낀 마이다이 르이 크랍/카

• 마실 것은 뭘 주문하는 게 좋을까요?

สั่งอะไรดื่มดีไหมครับ/คะ

쌍 아라이 듬 디마이 크랍/카

• 이건 무슨 요리인가요?

นี่อาหารอะไรเหรอครับ/คะ

니 아한아라이 러 크랍/카

• 밥 대신에 찰밥을 주세요.

ขอข้าวเหนียวแทนข้าวสวยครับ/ค่ะ

커 카우니아우 탠 카우쑤아이 크랍/카

• 새우가 푹 익도록 구워주세요.

ช่วยเผากุ้งให้สุกหน่อยครับ/ค่ะ

추아이 파오 꿍 하이쑥 너이 크랍/카

• 너무 맵지 않게 해 주세요.

อย่าทำเผ็ดมากครับ/ค่ะ

야 탐 펫 막 크랍/카

• 생선회도 있나요?

มีปลาดิบไหมครับ/คะ

미 쁠라딥 마이 크랍/카

• 팍치를 넣지 마세요.

ไม่ใส่ผักชีนะครับ/คะ

마이싸이 팍치 나 크랍/카

• 게는 볶음으로, 생선은 레몬즙을 넣고 쪄주세요.

ปูเอาไปผัด ส่วนปลาเอาไปนึ่งมะนาวให้หน่อยครับ/ค่ะ

뿌 아오빠이 팟 쑤안쁠라 아오빠이 능마나우 하이 너이 크랍/카

• 음식 주문이 많아서 조금 기다리셔야 합니다.

ลูกค้าสั่งอาหารมาก คงต้องรอสักหน่อยนะครับ/คะ

룩카 쌍아한 막 콩 떵 러 싹너이 나 크랍/카

Tip

계란 ไข่ไก่(카이까이)

생선 ปลา(쁠라)

버터 เนย(느이)

치즈 เนยแข็ง(ชีส , 느이캥)

돼지고기 (เนื้อ)หมู(무)

쇠고기 เนื้อ(เนื้อวัว, 느아우아)

닭고기 (เนื้อ)ไก่(까이)

오리고기 (เนื้อ)เป็ด(뻿)

양고기 (เนื้อ)แกะ(깨)

오징어 ปลาหมึก(쁠라믁)

조개 หอย(허이)

전복 หอยเป๋าฮื้อ(허이빠오흐)

김 สาหร่าย(싸라이)

굴 หอยนางรม(허이낭롬)

채소 ผัก(팍)

땅콩 ถั่วดิน(투아딘)

가물치 ปลาช่อน(쁠라천)

메기 ปลาดุก(쁠라둑)

민물생선 ปลาน้ำจืด(쁠라남쯧)

• 저는 밀가루 알레르기가 있어요.

ผม/ดิฉันแพ้แป้งสาลีครับ/ค่ะ

폼/디찬 패 빼쌀리 크랍/카

• 소금구이 생선을 하나 더 주세요.

ขอปลาย่างเกลือเพิ่มอีก ๑ ที่ครับ/ค่ะ

커 쁠라양끌르아 픔 익능티 크랍/카

• 냉커피 2잔과 뜨거운 커피 한 잔 주세요.

ขอกาแฟเย็น 2 ที่และกาแฟร้อน 1 ที่ครับ/ค่ะ

커 까홰옌 썽 티 래 까홰런 능 티 크랍/카

• 설탕은 따로 주세요.

ขอน้ำตาลต่างหากครับ/ค่ะ

커 남딴 땅학 크랍/카

• 뜨거운 물 한 잔 더 주세요.

ขอน้ำร้อนเพิ่มถ้วยหนึ่งครับ/ค่ะ

커 남런 픔 투아이능 크랍/카

• 얼음 냉수 한 잔 주세요.

ขอน้ำใส่น้ำแข็ง 1 แก้วครับ/ค่ะ

커 남 싸이남캥 능 깨우 크랍/카

• 물은 병으로 시켜야 하나요?

น้ำต้องสั่งเป็นขวดไหมครับ/คะ

남 떵 쌍뻰쿠앗 마이 크랍/카

• 채식주의자를 위한 음식이 있나요?

มีอาหารอะไรสำหรับคนกินแต่ผักไหมครับ/คะ //

미 아한아라이 쌈랍 콘낀때팍 마이 크랍/카 //

มีอะไรสำหรับคนกินมังสวิรัติไหมครับ/คะ

미 아라이 쌈랍 콘낀망싸위랏 마이 크랍/카

식사 중에 음식에 대하여 말할 때

- 정말 먹음직스러워요.

น่ากินจังเลยครับ/ค่ะ

나낀 짱르이 크랍/카

- 소금과 후추 좀 집어주시겠어요?

ขอช่วยหยิบเกลือและพริกไทยให้หน่อยครับ/ค่ะ

커 추아이 입 끌르아 래 프릭타이 하이 너이 크랍/카

- 똠얌꿍이 너무 신 것 같지 않아요?

ต้มยำกุ้งเปรี้ยวมากไปใช่ไหมครับ/คะ

똠얌꿍 쁘리아우 막빠이 차이마이 크랍/카

- 이 무침요리는 뭘로 뜨지요?

อาหารประเภทยำนี้ตักอย่างไรครับ/คะ

아한 쁘라펫얌니 딱 양라이 크랍/카

- (접시에) 숟가락이 있지요? 그 걸 사용하세요.

มีช้อนกลางใช่ไหมครับ/คะ ใช้คันนั้นเลยครับ/ค่ะ

미 천끌랑 차이마이 크랍/카 차이 칸난 르이 크랍/카

- 제가 과식을 한 것 같아요.

คิดว่าผม/ดิฉันกินมากเกินไปครับ/ค่ะ

킷 와 폼/디찬 낀 막끈빠이 크랍/카

- 그 음식이 맞지 않았나 봐요.

อาหารนั้นดูท่าจะไม่ถูกปากนะครับ/คะ

아한난 두타짜 마이 툭빡 나 크랍/카

- 숟가락과 포크를 새 걸로 바꿔 주세요.

ช่วยเปลี่ยนช้อนและส้อมให้ใหม่ด้วยครับ/ค่ะ

추아이 쁠리안 천 래 썸 하이마이 두아이 크랍/카

• 손으로 먹어도 되나요?

กินด้วยมือได้ไหมครับ/คะ // ใช้มือกินได้ไหมครับ/คะ

낀두아이므 다이마이 크랍/카 // 차이므 낀 다이마이 크랍/카

• 손으로 먹는 게 더 맛 있어요.

ใช้มือกินจะอร่อยกว่าครับ/ค่ะ

차이므 낀 짜 아러이꽈 크랍/카

• 후식은 뭘로 할래요?

จะกินของหวานอะไรดีครับ/คะ //

짜낀 컹완 아라이디 크랍/카 //

จะรับของหวานอะไรดีครับ/คะ

짜랍 컹완 아라이디 크랍/카

• 생선찌개에는 끓을 때 식초를 넣어 한 숟가락 넣으세요.

เวลาต้มปลา ให้ใส่น้ำส้มสายชูหนึ่งช้อนตอน

웰라 똠쁠라 하이싸이 남쏨싸이추 능천 떤

กำลังเดือดอยู่ครับ/ค่ะ

깜랑드앗유 크랍/카

• 테이블에서 끓이면서 먹는 건가요?

ต้มไปด้วยกินไปด้วยที่โต๊ะเหรอครับ/คะ

똠빠이두아이 낀빠이두아이 티또 러 크랍/카

• 나무 젓가락 있으면 2개만 주세요.

ถ้ามีตะเกียบไม้ก็ขอสองคู่นะครับ/คะ

타 미 따끼압마이 꺼 커 썽쿠 나 크랍/카

• 젓가락을 사용할 줄 몰라요. 포크를 주세요.

ใช้ตะเกียบไม่เป็น ขอส้อมละกันครับ/ค่ะ

차이 따끼압 마이뻰 커 썸 라깐 크랍/카

• 먹고 싶은 거 있으면 더 시켜요.

ถ้ามีอะไรอยากกินก็สั่งเพิ่มได้นะครับ/คะ

타 미 아라이 약낀 꺼 쌍 픔 다이 나 크랍/카

• 여기 커핀 너무 써.

กาแฟที่นี่ขมเกินไป

까쾌 티니 콤끈빠이

• 레몬케익 두 조각만 시켜주세요.

ช่วยสั่งเค้กมะนาว ๒ ชิ้นให้ด้วยครับ/ค่ะ

추아이 쌍 켁마나우 썽 친 하이 두아이 크랍/카

음식값을 계산할 때

• 계산하려는데요.

เก็บตังค์ครับ/ค่ะ // เก็บเงินครับ/ค่ะ // เช็คบิลครับ/ค่ะ

껩 땅 크랍/카 // 껩응언 크랍/카 // 첵빈 크랍/카

• 음식값은 어디서 내지요?

จ่ายค่าอาหารที่ไหนครับ/คะ

짜이 카아한 티나이 크랍/카

• 계산이 틀렸네요. 200 바트가 아니라 220바트예요.

คิดผิดแล้ว ไม่ใช่ 200 บาท เป็น 220 บาท

킷 핏 래우 마이차이 썽러이 밧 뻰 썽러이이씹 밧

• 봉사요금이 포함되어 있나요?

ค่าเซอร์วิสชาร์จรวมอยู่ด้วยหรือเปล่าครับ/คะ

카써비스찻 루암유 두아이 르 쁠라오 크랍/카

• 계산은 같이 하나요? 따로 하나요?

คิดเงินรวมกันหรือคิดแยกครับ/คะ

킷응언 루암깐 르 킷액 크랍/카

• 사람들이 와서 각각 값을 받아갈 거예요.

จะมีคนมาเก็บค่าอาหารแต่ละอย่างครับ/ค่ะ

짜 미 콘 마껩 카아한 때라양 크랍/카

• 우리 각자 계산하면 어때요?

เราต่างคนต่างจ่ายเป็นไงครับ/คะ

라오 땅 콘 땅 짜이 뻰응아이 크랍/카

• 오늘은 제가 내겠습니다. / 제가 쏠 게요./ 제가 대접할 게요.

วันนี้ผม/ดิฉันจะเลี้ยง(จะเป็นเจ้าภาพ)นะครับ/คะ

완니 폼/디찬 짜리앙 (짜 뻰 짜오팝) 나 크랍/카

• 술은 제가 살 게요.

ผม/ดิฉันจะเลี้ยงเหล้าเองครับ/ค่ะ

폼/디찬 짜 리앙 라오 엥 크랍/카

• 이미 저 분이 계산하셨어요.

คนนั้นจ่ายเรียบร้อยแล้วครับ/ค่ะ

콘 난 짜이 리압러이 래우 크랍/카

• 너는 내 손님이야.

เธอเป็นแขกของผม/ฉัน

트 뻰 캑 컹 폼/찬

• 이것은 주문하지 않았는데요?

อันนี้ไม่ได้สั่งนะครับ/คะ

안니 마이다이 쌍 나 크랍/카

• 다음에 또 오세요.

โอกาสหน้าเชิญอีกนะครับ/คะ

오깟 나 츤 익 나 크랍/카

• 거스름 돈을 틀리게 주셨어요.

ทอนเงินไม่ถูกนะครับ/คะ

턴 응언 마이툭 나 크랍/카

• 잔돈은 이 통에 넣어주세요.

เงินทอนช่วยใส่ในถังนี้ครับ/ค่ะ

응언턴 추아이 싸이 나이탕니 크랍/카

• 잔돈은 가지세요.

เก็บเงินทอนไว้ครับ/ค่ะ

껩 응언턴 와이 크랍/카

술집에서 말할 때

• 오늘 밤에 술 한 잔 할까요?

คืนนี้ดื่มเหล้ากันสักแก้วดีไหมครับ/คะ //

큰니 듬 라오깐 싹 깨우 디마이 크랍/카 //

ไปดื่มเหล้าด้วยกันไหมครับ/คะ

빠이 듬 라오 두아이깐 마이 크랍/카

• 매콩 1병, 소다 2 병, 그리고 얼음 주세요.

ขอแม่โขงขวดนึง โซดาสองขวดและก็น้ำแข็งครับ/ค่ะ

키 매콩 쿠앗능 소다 씽구앗 래 꺼 남캥 크랍/카

• 이 근처에 근사한 술집 없나요?

แถวนี้มีร้านเหล้าที่น่าไปไหมครับ/คะ

태우니 미 란라오 티 나빠이 마이 크랍/카

• 금요일에는 술을 팔지 않습니다.
วันศุกร์ไม่ขายเหล้าครับ/ค่ะ
완쑥 마이카이 라오 크랍/카

• 미성년자는 들어갈 수 없어요.
เยาวชนอายุต่ำกว่า 18 ปีเข้าไปไม่ได้ครับ/ค่ะ
야와촌 아유 땀꽈 씹뺏 삐 카오빠이 마이다이 크랍/카

• 한국에서는 식사 전에 술 한 잔 합니다.
ที่เกาหลีมักดื่มเหล้าแก้วหนึ่งก่อนกินอาหารครับ/ค่ะ
티 까올리 막 듬라오 깨우능 껀낀아한 크랍/카

• 우리 모두를 위해 건배합시다.
เรามาดื่มเพื่อพวกเราทุกคนกันครับ/ค่ะ
라오 마 듬 프아 푸악라오 툭콘 깐 크랍/카

• 건강을 위해 축배를 들어요.
มาไชโยเพื่อสุขภาพกันครับ/ค่ะ
마 차이요 프아 쑥카팝 깐 크랍/카

• 너무 취해서 택시를 타야겠어요.
เมามากแล้วเลยจะนั่งแท็กซี่ครับ/ค่ะ
마오 막 래우 르이 짜 낭 택씨 크랍/카

• 제가 댁까지 모셔다 드리지요.
ผม/ดิฉันจะไปส่งที่บ้านเองครับ/ค่ะ
폼/디찬 짜 빠이쏭 티반 엥 크랍/카

PART IV 음식점이나 카페에서

13 스포츠

스포츠는 대인관계를 원활하게 해준다. 가끔 일을 위해서 스포츠를 하기도 한다. 태국인들은 축구와 킥복싱(무에이타이)에 열광적이다. 그러나 야구나 등산을 즐기지는 않는다. 그래서인지 높은 산이나 경관이 수려한 산에 가면 자동차가 끝까지 올라갈 수 있도록 도로가 잘 놓여있다. 더위 때문에 야구 같은 야외 운동이나 등산을 즐기지 않는가 보다.

스포츠에 대하여 말할 때

• 축구결승전이 국립경기장에서 있어요.

มีการแข่งขันฟุตบอลรอบชิงชนะเลิศที่สนามกีฬาแห่งชาติ
미 깐 캥칸 훗볼 럽 칭차나릇 티싸남낄라 행 찻

ครับ/ค่ะ
크랍/카

• 올림픽출전 선수선발전

การแข่งขันคัดเลือกนักกีฬาไปโอลิมปิก
깐 캥칸 캇르악 낙낄라 빠이 올림픽

• 저는 스포츠를 하는 것보다 보는 것을 더 좋아합니다.

ผม/ดิฉันชอบดูกีฬามากกว่าเล่นครับ/ค่ะ
폼/디찬 첩두 낄라 막꽈 렌 크랍/카

• 얼마나 자주 운동을 하나요?

เล่นกีฬาบ่อยแค่ไหนครับ/คะ

렌 낄라 버이 캐나이 크랍/카

• 여기서 매일 운동연습을 합니다.

ซ้อมกีฬาที่นี่ทุกวันครับ/ค่ะ

썸 낄라 티니 툭완 크랍/카

• 저는 스포츠클럽에서 수영과 헬스를 합니다.

ผม/ดิฉันว่ายน้ำและออกกำลังที่ฟิตเนสครับ/ค่ะ

폼/디찬 와이남 래 억깜랑 티피트네스 크랍/카

• 한 게임 하실까요? / 저랑 시합하시겠어요?

จะแข่งกันสักเกม // ดวลกันสักตาหนึ่งไหมครับ/คะ

짜캥깐 싹겜 // 두안깐 싹 따능 마이 크랍/카

• 축구를 하다가 다쳤어요.(부상을 입었어요).

เล่นฟุตบอลแล้วได้รับบาดเจ็บครับ/ค่ะ

렌 훗볼 래우 다이랍 밧쩹 크랍/카

• 발이 삐었어요.

เท้าแพลงครับ/ค่ะ

타오 플랭 크랍/카

• 팔이 부러졌어요.

แขนหักแล้วครับ/ค่ะ

캔 학 래우 크랍/카

• 온 몸의 근육이 아파요.

กล้ามเนื้อทั้งตัวเจ็บมากครับ/ค่ะ

끌람느아 탕뚜아 쩹 막 크랍/카

• 같이 체육관에 가시겠어요?

ไปโรงยิมด้วยกันไหมครับ/คะ

빠이 롱 임 두아이 깐 마이 크랍/카

• 볼링은 게임비가 얼마입니까?

ค่าโบลิ่งเท่าไรครับ/คะ

카 볼링 타오라이 크랍/카

• 수영은 일일 티켓이 얼마인가요?

ว่ายน้ำต่อวันคิดเท่าไรครับ/คะ

와이남 떠 완 킷 타오라이 크랍/카

• 라켓을 빌릴 수 있나요?

ยืมไม้ตีเทนนิสได้ไหมครับ/คะ

yeum마이띠 테니스 다이마이 크랍/카

• 탈의실은 어디 있나요?

ห้องเปลี่ยนเสื้ออยู่ไหนครับ/คะ

헝 쁠리안 쓰아 유 나이 크랍/카

• 나는 스포츠뉴스에만 관심이 있어요.

ผม/ดิฉันสนใจแต่ข่าวกีฬาเท่านั้นครับ/ค่ะ

폼/디찬 쏜짜이 때 카우 낄라 타오난 크랍/카

• 겨울스포츠를 더 좋아해요.

ชอบกีฬาหน้าหนาวมากกว่าครับ/ค่ะ

첩 낄라나나우 막꽈 크랍/카

• 운동이라면 뭐든지 좋아해요.

ถ้าเป็นกีฬา ผม/ดิฉันชอบหมดครับ/ค่ะ

타 뻰 낄라 폼/디찬 첩 못 크랍/카

• 이 학교에 실내수영장이 있나요?

ที่โรงเรียนนี้มีสระว่ายน้ำในร่มไหมครับ/คะ

티롱리안니 미 싸와이남 나이롬 마이 크랍/카

• 아니오. 야외수영장이 있어요.

ไม่ครับ/ค่ะ มีสระว่ายน้ำกลางแจ้งครับ/ค่ะ

마이 크랍/카 미 싸와이남끌랑쨍 크랍/카

• 여기서 국립경기장은 멉니다.

สนามกีฬาแห่งชาติอยู่ไกลจากที่นี่ครับ/ค่ะ

싸남낄라행찻 유끌라이 짝 티니 크랍/카

• 대학시절에 학교대표선수였어요.

ตอนเรียนมหาวิทยาลัยเคยเป็นนักกีฬาตัวแทน

떤 리안 마하위타야라이 크이뻰 낙낄라 뚜아탠

มหาวิทยาลัยครับ/ค่ะ

마하위타야라이 크랍/카

• 수영을 배워보는 게 어때요?

ลองเรียนว่ายน้ำดูไหมครับ/คะ

렁 리안 와이남 두 마이 크랍/카

• 골프 치러 자주 필드에 나갑니까?

ออกรอบตีกอล์ฟบ่อยไหมครับ/คะ

억럽 띠골프 버이마이 크랍/카

PART Ⅳ 스포츠

Tip

실내경기 กีฬาในร่ม 육상경기 กีฬาประเภทลู่และลาน

오종경기 ปัญจกีฬา 십종경기 ทศกีฬา 마라톤 มาราธอน

경보 เดินทน 배드민턴 แบดมินตัน 테니스 เทนนิส

탁구 เทเบิลเทนนิส(ปิงปอง) 야구 เบสบอล

농구 บาสเกตบอล 핸드볼(송구) แฮนด์บอล

배구 วอลเลย์บอล 축구 ฟุตบอล 럭비 รักบี้ 하키 ฮักกี้

(세팍)따끄러 (เซปัก)ตะกร้อ 볼링 โบลลิ่ง 골프 กอล์ฟ

수영 ว่ายน้ำ 수구 โปโลน้ำ 조정 เรือกรรเชียง

요트 เรือใบ 아마추어권투 มวยสมัครเล่น

레슬링 มวยปล้ำ 태권도 เทควันโด 유도 ยูโด

체조 ยิมนาสติก 펜싱 ฟันดาบ 역도 ยกน้ำหนัก

사격 ยิงปืน 양궁 ยิงธนู 승마 ขี่ม้า

장기(태국, 중국, 한국) หมากรุก(ไทย/จีน/เกาหลี)

서양장기 หมากฮอส 당구 บิลเลียด(สนุกเกอร์)

싸이클 ขี่จักรยาน 킥복싱 มวยไทย 권투 มวย

- 체조는 오랫동안 훈련을 해야지요?

ยิมนาสติกต้องฝึกซ้อมเป็นเวลานานใช่ไหมครับ/คะ

임나스틱 떵 흑섬 뻰 웰라 난 차이마이 크랍/카

• 입장료가 얼마인가요?

ค่าผ่านประตู(ค่าชม)เท่าไรครับ/คะ

카 판 쁘라뚜 (카촘) 타오라이 크랍/카

• 오늘은 누가 시합합니까?

วันนี้ใครแข่งครับ/คะ

완니 크라이 캥 크랍/카

• 누구(어느 팀 / 어느 편)를 응원하세요?

เชียร์ใคร(ทีมไหน / ฝ่ายไหน)ครับ/คะ

치아 크라이(팀나이 / 화이나이) 크랍/카

• 산책을 규칙적으로 해야 건강에 좋습니다.

การเดินเล่นต้องทำเป็นกิจวัตรถึงจะดีต่อสุขภาพครับ/ค่ะ

깐든렌 떵 탐 뻰낏짜왓 틍짜디 떠쑥카팝 크랍/카

• 멀리 가지는 마세요. 갑자기 깊어져서 위험해요.

อย่าไปไกลครับ/ค่ะ จู่ ๆ อาจจะเจอน้ำลึกไม่รู้ตัว

야 빠이끌라이 크랍/카 쭈쭈 앗짜 쯔 남륵 마이루뚜아

อันตรายมากครับ/ค่ะ

안따라이 막 크랍/카

• 우리도 대표팀을 출전시켰어요.

เราก็ส่งทีมไปร่วมแข่งขันด้วยครับ/ค่ะ

라오 꺼 쏭 팀 빠이 루암 캥칸 두아이 크랍/카

• 개최권을 신청했어요.

เราเสนอตัวเป็นเจ้าภาพไปแล้วครับ/ค่ะ

라오 싸너 뚜아 뻰 짜오팝 빠이 래우 크랍/카

• 국제경기를 유치할 준비가 되어있어요.

เราพร้อมที่จะจัดการแข่งขันระดับนานาชาติครับ/ค่ะ

라오 프럼 티짜 짯 깐캥칸 라답 나나찻 크랍/카

스포츠를 관전할 때

• 경기장에서 직접 보는 게 더 재미있어요.

การดูการแข่งขันที่สนามด้วยตาตัวเองสนุกกว่าครับ/ค่ะ

깐두 깐캥칸 티싸남 두아이따 뚜아엥 싸눅꽈 크랍/카

• 비겼어요.(무승부예요)

เสมอกันครับ/ค่ะ

싸머 깐 크랍/카

• 우리 팀이 3대 1로 이겼어요.

ทีมเราชนะ 3 ต่อ 1 ครับ/ค่ะ

팀라오 차나 쌈 떠 능 크랍/카

• 어느 편이 한 수 윈가요?(잘 하나요? / 능숙한가요?)

ทีมไหนเหนือกว่า // เก่งกว่าครับ/คะ

팀나이 느아꽈 // 껭꽈 크랍/카

• 우리 팀이 2 : 7로 졌어요.(핸드볼, 농구 등)

ทีมเราแพ้ 2 ต่อ 7 ครับ/ค่ะ

팀라오 패 썽 떠 쪳 크랍/카

• 누가 1등을 했나요?

ใครได้ที่ 1 ครับ/คะ

크라이 다이 티 능 크랍/카

• 누가 지고 이기든 난 상관없어요.

ผม/ดิฉันไม่สนใจว่าใครชนะหรือแพ้ครับ/ค่ะ

폼/디찬 마이 쏜짜이 와 크라이 차나 르 패 크랍/카

• 그는 운동을 그만 두었어요.

เขาเลิกเล่นกีฬาแล้วครับ/ค่ะ

카오 륵 렌 낄라 래우 크랍/카

• 그는 아마추어 운동선수입니다. /프로선수입니다.

เขาเป็นนักกีฬาสมัครเล่น / นักกีฬามืออาชีพครับ/ค่ะ

카오 뻰 낙낄라 싸막렌 / 낙낄라 므아칩 크랍/카

• 막상막하였어요.

สูสีกันครับ/ค่ะ

쑤씨깐 크랍/카

• 손에 땀을 쥐게 하는 경기였어요.

เป็นการแข่งที่ตื่นเต้นมากครับ/ค่ะ

뻰 깐 캥 티 뜬뗀 막 크랍/카

• 말레이시아가 질 것은 미리 예고된 것이었어요.

มีการคาดการณ์ไว้ก่อนแล้วว่า มาเลเซียจะแพ้ครับ/ค่ะ

미 깐캇깐 와이껀 래우와 말레이시아 짜 패 크랍/카

• 우리 팀이 역전승했어요.

ทีมเราพลิกกลับมาเอาชนะได้ครับ/ค่ะ

팀라오 플릭 끌랍 마 아오차나 다이 크랍/카

• 숨이 막힐 것같이 긴장되었어요.

ตื่นเต้นมากจนหายใจไม่ออกครับ/ค่ะ

뜬뗀 막 쫀 하이짜이 마이억 크랍/카

- 오늘 경기 지루했어요.

การแข่งขันวันนี้น่าเบื่อครับ/ค่ะ
깐 캥칸 완니 나브아 크랍/카

- 아주 훌륭했어요.

ยอดเยี่ยมมากครับ/ค่ะ
엿 이암 막 크랍/카

- 그저 그랬어요.

เฉย ๆ ครับ/ค่ะ
츠이츠이 크랍/카

- 저 팀은 아주 매너가 좋은 훌륭한 팀이에요.

ทีมนั้นเป็นทีมยอดเยี่ยมและมารยาทดีมากครับ/ค่ะ
팀 난 뻰 팀엿이암 래 마라얏디 막 크랍/카

PART IV 스포츠

스포츠 중계를 볼 때

- 독일과 이태리 두 팀의 축구를 중계한다며요?

เขาบอกว่าจะมีการถ่ายทอดการแข่งขันระหว่าง
카오 벅와 짜 미 깐타이텃 깐캥칸 라왕

เยอรมันและอิตาลี่เหรอครับ/คะ
여르만 래 이딸리 러 크랍/카

- 티비 중계를 보려고 일찍 왔어요.

กลับบ้านเร็วเพื่อจะดูถ่ายทอดสดครับ/ค่ะ
끌랍반 레우 프아 짜 두 타이텃쏫 크랍/카

- 텔레비전으로 운동경기를 봅니다.

ดูการแข่งขันทางทีวีครับ/ค่ะ
두 깐캥칸 탕 티위 크랍/카

• 언제 중계한대요?

บอกว่าถ่ายทอดเมื่อไรนะครับ/คะ

벅 와 타이텃 므아라이 나 크랍/카

• 오늘 밤 자정에 한다고 들었어요.

ได้ยินว่าจะถ่ายทอดเที่ยงคืนครับ/ค่ะ

다이인와 짜 타이텃 티앙큰 크랍/카

• 이 게임은 생중계인가요?

การแข่งขันนี้ถ่ายทอดสดหรือเปล่าครับ/คะ

깐캥칸니 타이텃쏫 르 뺄라오 클랍/카

• 저 키가 큰 선수 이름이 뭐예요?

นักกีฬาตัวสูงคนโน้นชื่ออะไรครับ/คะ

낙낄라 뚜아쑹 콘논 츠 아라이 크랍/카

• 키가 작은 데도 발이 빨라요.

ตัวเล็กแต่ไวครับ/ค่ะ

뚜아렉 때 와이 크랍/카

• 탄력이 아주 좋아요.

ยืดหยุ่นมากครับ/ค่ะ

yeut윤 막 크랍/카

• 보통 아프리카 선수들이 마라톤에 강해요.

ปกตินักกีฬาชาวแอฟริกันเก่งมาราธอนครับ/ค่ะ

빠까띠 낙낄라 차우 아프리깐 껭 마라톤 크랍/카

• 겨울스포츠 중 스키를 즐겨 봅니다.

ในบรรดากีฬาหน้าหนาวผม/ดิฉันชอบดูสกีครับ/ค่ะ

나이반다 낄라나나우 폼/디찬 첩두 싸끼 크랍/카

14 우정과 이성교제

살아가면서 우정은 중요하다. 우정은 동성 또는 이성 간의 친교를 의미한다. 우정은 죽음도 갈라놓을 수 없는 그렇게 중요한 개념이다. 그리고 이성교제는 사랑과 결혼으로 이어질 수 있는 인간관계이므로, 그래서 자녀 출산과도 관계가 있으므로 우정과 같이 중요하다.

친구에 대하여 말할 때

• 이성과도 친구가 될 수 있다고 보세요?

คุณคิดว่าเป็นเพื่อนกับคนต่างเพศได้หรือเปล่าครับ/คะ

쿤킷와 뻰프안 깝 콘땅펫 다이 르 쁠라오 크랍/카

• '관포지교'와 같은 우정을 바랍니다.

ขอให้เรามีมิตรภาพที่ดีต่อกันครับ/ค่ะ

커 하이 라오 미 밋뜨라팝 티디 떠깐 크랍/카

• 저 사람은 가장 훌륭한 친구입니다.

คนนั้นเป็นเพื่อนที่ดีที่สุดครับ/ค่ะ

콘난 뻰 프안 티디티쑷 크랍/카

• 죽마고우입니다.

เป็นเพื่อนกันตั้งแต่เด็กครับ/ค่ะ

뻰 프안깐 땅때 덱 크랍/카

• 우리 세 사람은 서로 친한 친구사이에요.

เรา 3 คนเป็นเพื่อนที่สนิทกันมากครับ/ค่ะ

라오 쌈 콘 뻰프안 티 싸닛깐 막 크랍/카

• 너만큼 좋은 친구는 없어.

ไม่มีเพื่อนคนไหนดีเท่าเธอ

마이미 프안 콘나이 디 타오 트

• 이야기 친구예요.

เป็นเพื่อนที่คุยกันได้ครับ/ค่ะ

뻰 프안 티 쿠이깐 다이 크랍/카

• 우리 우정이 변하지 않기를 바랍니다.

ขอให้มิตรภาพของเราไม่เปลี่ยนแปลงครับ/ค่ะ

커 하이 밋뜨라팝 컹 라오 마이 쁠리안쁠랭 크랍/카

• 영원한 우리의 우정을 위하여!

เพื่อมิตรภาพถาวรของพวกเรา

프아 밋뜨라팝 타원 컹 푸악라오

• 당신의 호의와 우정에 감사드립니다.

ขอขอบคุณในความหวังดีและมิตรภาพของคุณครับ/ค่ะ

커 컵쿤 나이 쾀왕디 래 밋뜨라팝 컹 쿤 크랍/카

이성교제에 대하여 말할 때

• 사귀는 사람 있어요?

มีแฟนไหมครับ/คะ

미 홴 마이 크랍/카

• 남자(여자) 친구가 아직 없어요. / 아직 사귀는 사람 없어요.

ยังไม่มีแฟนครับ/ค่ะ

양 마이미 횐 크랍/카

• 어떤 여자를 좋아하세요?

ชอบผู้หญิงแบบไหนครับ/คะ

첩 푸잉 뱁나이 크랍/카

• 혹시 맘에 둔 사람이 있나요?

มีคนที่ชอบไหมครับ/คะ

미 콘 티 첩 마이 크랍/카

• 성실하고 착한 사람이면 됩니다.

ขอแค่เป็นคนดีและซื่อสัตย์ก็พอครับ/ค่ะ

커 캐 뻰 콘디 래 쓰쌋 꺼 퍼 크랍/카

• 네 애인이 어떤 사람인지 말해줘.

บอกหน่อยว่าแฟนของเธอเป็นคนยังไง

벅 너이 와 횐 컹 트 뻰 콘 양아이

• 누가 네 남친(여친)이니?

ใครเป็นแฟนเธอ

크라이 뻰 횐 트

• 그 남자가 저를 차버렸어요.

ผู้ชายนั้นทิ้งฉันแล้วค่ะ

푸차이 난 팅 찬 래우 카

• 우리는 오래 전에 헤어졌어요.

เราเลิกกันนานแล้วครับ/ค่ะ

라오 륵 깐 난 래우 크랍/카

• 지난 겨울부터 사귀었어요.

คบกันตั้งแต่ฤดูหนาวที่แล้วครับ/ค่ะ

콥깐 땅때 르두나우 티 래우 크랍/카

• 이번 토요일에 데이트 할까요?

เสาร์นี้จะเดทกันไหมครับ/คะ

싸오니 짜 데이트 깐 마이 크랍/카

• 생일파티에 같이 갈 사람이 없어요.

ไม่มีคนจะไปงานวันเกิดด้วยกันครับ/ค่ะ

마이미 콘 짜빠이 응안완끗 두아이깐 크랍/카

• 바람 맞히지 마시고 나오세요.

ต้องมา อย่าทำให้รอเก้อนะครับ/คะ

떵 마 야 탐하이러 꺼 나 크랍/카

• 그 여자 만날 생각으로 잠을 못 잤습니다.

แค่คิดว่าจะได้พบผู้หญิงคนนั้นก็เลยนอนไม่หลับครับ

캐 킷 와 짜 다이 폽 푸잉 콘난 꺼 르이 넌 마이 랍 크랍

• 데이트 할 생각만으로도 가슴이 뜁니다.

แค่คิดว่าจะได้เดทก็ใจสั่นแล้วครับ/ค่ะ

캐 킷 와 짜 다이 데이트 꺼 짜이싼 래우 크랍/카

• 너랑 같이 있어서 난 기뻐.

ดีใจที่ได้อยู่กับเธอ

디짜이 티 다이 유 깝 트

• 또 만나주시겠어요?

จะพบกันอีกได้ไหมครับ/คะ

짜 폽 깐 익 다이 마이 크랍/카

• 다음 목요일 저녁에 또 만날까요?

เจอกันเย็นวันพฤหัสหน้าอีกดีไหมครับ/คะ

쯔깐 옌 완프르핫 나 익 디마이 크랍/카

애정을 표현할 때

• 당신은 내게 아주 소중한 사람입니다.

คุณเป็นคนสำคัญสำหรับผม/ฉันครับ/ค่ะ

쿤 뻰 콘쌈칸 쌈랍 폼/찬 크랍/카

• 그 남자를 놓치기 싫어요.

ไม่อยากปล่อยผู้ชายคนนั้นไปค่ะ

마이 약 쁠러이 푸차이 콘난 빠이 카

• 날마다 당신을 만나고 싶어요.

อยากพบคุณทุกวันครับ/ค่ะ

약 폽 쿤 툭완 크랍/카

• 어젠 하루 종일 당신 생각만 했어요.

เมื่อวานนี้คิดถึงแต่คุณทั้งวันเลยครับ/ค่ะ

므아완니 킷틍 때 쿤 탕완 르이 크랍/카

• 아무래도 난 널 사랑하게 되었나 봐.

สงสัยว่าฉันคงจะรักเธอเข้าแล้ว

쏭싸이 와 찬 콩 짜 락 트 카오 래우

• 그 사람을 나도 모르게 사랑하게 되었어요.

รักเขาไปแล้วโดยไม่รู้ตัวครับ/ค่ะ

락 카오 빠이래우 도이마이루뚜아 크랍/카

PART IV 우정과 이성교제

• 첫눈에 반했어요(사랑에 빠졌어요).

รักตั้งแต่แรกพบครับ/ค่ะ

락 땅때 랙폽 크랍/카

• 당신을 짝사랑하고 있는 사람이에요.

ผม/ดิฉันเป็นคนที่รักคุณอยู่ข้างเดียวครับ/ค่ะ

폼/디찬 뻰 콘티락쿤 유 캉디아우 크랍/카

• 당신을 안 보면 미치겠어요.

ถ้าไม่ได้เห็นหน้าคุณ ผม/ดิฉันจะเป็นบ้าครับ/ค่ะ

타 마이다이헨 나쿤 폼/디찬 짜 뻰바 크랍/카

• 늘 내 곁에 당신이 있기를 바래요.

ขอให้คุณอยู่เคียงข้างผม/ดิฉันเสมอครับ/ค่ะ

커 하이 쿤 유 키앙캉 폼/디찬 싸므 크랍/카

• 항상 같이 있고 싶어요.

อยากอยู่กับคุณตลอดครับ/ค่ะ

약 유 깝 쿤 딸럿 크랍/카

• 당신의 모든 걸 사랑해요.

ผม/ดิฉันรักทุกอย่างของคุณครับ/ค่ะ

폼/디찬 락 툭양 컹 쿤 크랍/카

절교를 선언할 때

• 우리 이제 그만 만나요.

เราเลิกเจอกันตั้งแต่ตอนนี้เถอะครับ/ค่ะ

라오 륵 쯔깐 땅때 떤니 트 크랍/카

• 내게 다른 사람이 생겼어요.

ผม/ดิฉันมีคนอื่นแล้วครับ/ค่ะ

폼/디찬 미 콘은 래우 크랍/카

• 우리 헤어져요.

เราเลิกกันเถอะ

라오 륵깐 트

• 네가 싫어졌어.

ผม/ฉันไม่ชอบคุณแล้ว

폼/찬 마이첩 쿤 래우

• 이것으로 우린 끝이야.

จบกันเถอะ

쫍 깐 트

• 그래도 난 헤어지고 싶지 않아.

แต่ฉันไม่อยากเลิกกับเธอ

때 찬 마이 약 륵 깝 트

• 처음부터 다시 시작하면 어때요?

เรามาเริ่มต้นกันใหม่ได้ไหมครับ/คะ

라오 마 름똔 깐 마이 다이마이 크랍/카

• 우리 그냥 친구로 남는 게 어때요?

เราเป็นแค่เพื่อนกันได้ไหมครับ/คะ

라오 뻰 캐 프안 깐 다이마이 크랍/카

15 결혼과 출산

남이 하는 것을 다 해 보면 그렇지 않은 경우보다 덜 후회가 된다고 한다. 결혼? 살면서 놓치지 말고 해야 할 인생사이다. 출산? 그것도 역시 마찬가지이다.

태국여성을 만났을 때 대뜸 "결혼했어요? 또는 "애가 있어요?"라고 묻는 것은 실례가 된다. 태국여성은 물론 태국남성도 독신이 아주 많다. 만혼도 많고 또 결혼했어도 아이가 없이 서로 즐기며 자유롭게 사는 부부가 많다는 것을 유념하자.

청혼할 때

• 저와 결혼하시겠어요?

แต่งงานกับผม/ดิฉันไหมครับ/คะ

땡안 깝 폼/디찬 마이 크랍/카

• 우리 언제 결혼할까?

เราจะแต่งงานกันเมื่อไรดี

라오 짜 땡안 깐 므아라이 디

• 엄마, 그 사람이 제게 청혼했어요.

แม่ขา เขาขอหนูแต่งงานค่ะ

매 카 카오 커 누 땡안 카

• 내 아내가 되어주겠소?

ช่วยเป็นภรรยาผมได้ไหมครับ

추아이 뻰 판야 폼 다이마이 크랍

• 저에게 청혼하시는 건가요?

คุณขอฉันแต่งงานเหรอคะ

쿤 커 찬 땡안 르 카

• 당신의 청혼은 받아들이겠어요.

ดิฉันจะรับคำขอแต่งงานของคุณค่ะ

디찬 짜 랍 캄커땡안 컹 쿤 카

• 저도 당신을 영원히 사랑하겠어요.

ผม/ดิฉันก็จะรักคุณตลอดไปครับ/ค่ะ

폼/디찬 꺼 짜 락 쿤 딸럿빠이 크랍/카

• 물론이죠. 저도 그래요.

แน่นอนครับ/ค่ะ ผม/ดิฉันเองก็เหมือนกันครับ/ค่ะ

내넌 크랍/카 폼/디찬 엥 꺼 므안깐 크랍/카

약혼에 대하여 말할 때

• 약혼식을 어디서 언제 하나요?

พิธีหมั้นจะมีเมื่อไรและที่ไหนครับ/คะ

피티만 짜 미 므아라이 래 티나이 크랍/카

• 꼭 약혼식을 해야 하나요?

ต้องทำพิธีหมั้นเหรอครับ/คะ

떵 탐 피티만 러 크랍/카

• 우리는 이 달에 약혼합니다.

เราจะหมั้นกันเดือนนี้ครับ/ค่ะ

라오 짜 만 깐 드안니 크랍/카

• 그 두 사람은 약혼한 사이입니다.

สองคนนั้นหมั้นกันแล้วครับ/ค่ะ

썽콘난 만깐 래우 크랍/카

• 약혼반지를 받았어요?

ได้รับแหวนหมั้นแล้วเหรอครับ/คะ

다이랍 왠만 래우 러 크랍/카

• 약혼식에서 반지와 목걸이를 받았어요.

ตอนพิธีหมั้นดิฉันได้รับแหวนกับสร้อยคอค่ะ

떤 피티만 디찬 다이랍 왠 깝 써이커 카

• 집에서 간소하게 약혼식을 했어요.

ทำพิธีหมั้นอย่างง่าย ๆ ที่บ้านครับ/ค่ะ

탐 피티 만 양응아이응아이 티반 크랍/카

결혼과 결혼식에 대하여 말할 때

• 결혼날짜는 신부측에서 정한답니다.

วันแต่งงานนั้นทางบ้านเจ้าสาวจะเป็นคนกำหนดครับ

완땡안 난 탕반 짜오싸우 짜뻰콘깜놋 크랍

• 신혼부부에요.

เพิ่งแต่งงานกันครับ/ค่ะ

픙 땡안 깐 크랍/카

• 친구 소개로 만나 결혼했어요.

เพื่อนแนะนำให้รู้จักเลยได้แต่งงานกันครับ/ค่ะ

프안 내남 하이루짝 르이 다이땡안깐 크랍/카

• 기혼이세요? 미혼이세요?

แต่งงานแล้วหรือยังไม่แต่งครับ/คะ

땡안 래우 르 양 마이 땡 크랍/카

• 결혼을 아직 못했지만 행복해요.

ยังไม่ได้แต่งงานแต่ก็มีความสุขครับ/ค่ะ

양 마이다이 땡안 때 꺼 미 쾀쑥 크랍/카

• 부부사이입니다.

เป็นสามีภรรยากันครับ/ค่ะ

뻰 싸미판야깐 크랍/카

• 결혼날짜를 아직 정하지 않았어요.

ยังไม่ได้กำหนดวันแต่งงานเลยครับ/ค่ะ

양 마이다이 깜놋 완땡안 르이 크랍/카

• 보통 신부집에서 혼례를 올립니다.

ตามปกติจะจัดงานแต่งงานที่บ้านเจ้าสาวครับ/ค่ะ

땀빠까띠 짜 짯 응안땡안 티반 짜오싸우 크랍/카

• 신랑과 신부는 동갑이에요.

เจ้าบ่าวและเจ้าสาวอายุเท่ากันครับ/ค่ะ

짜오바우 래 짜오싸우 아유 타오깐 크랍/카

• 결혼식에 양가 일가친척만을 초대했어요.

ตอนพิธีแต่งงานเราเชิญเฉพาะญาติพี่น้องครับ/ค่ะ

떤 피티땡안 라오 츤 차퍼 얏피넝 크랍/카

• 두 분 건강하고 행복하세요.

ขอให้ทั้งสองคนแข็งแรงและมีความสุขครับ/ค่ะ

커하이 탕썽콘 캥랭 래 미 콰쑥 크랍/카

• 이 부부는 정말 잘 어울려요.

สามีภรรยาคู่นี้ดูเหมาะสมกันดีครับ/ค่ะ

싸미판야 쿠니 두 머쏨깐 디 크랍/카

• 신혼여행은 어디로 가세요?

ไปฮันนิมูนที่ไหนเหรอครับ/คะ

빠이 하니문 티나이 러 크랍/카

• 제 결혼식에 와주세요.

เชิญมางานแต่งงานของผม/ดิฉันด้วยนะครับ/คะ

츤 마 응안땡안 컹폼 /디찬 두아이나 크랍/카

• 결혼 후 신랑은 바로 출장을 가야 하나 봐요.

หลังแต่งงานเจ้าบ่าวอาจจะต้องไปทำงานที่อื่นทันทีนะ

랑 땡안 짜오바우 앗짜 떵 빠이 탐응안 티은 탄티 나

ครับ/คะ

크랍/카

• 결혼식이 끝난 후 두 사람은 유학을 떠난대요.

ได้ยินว่าหลังแต่งงานแล้วทั้งสองคนจะไปเรียนต่างประเทศ

다이인 와 랑 땡안 래우 탕썽콘 짜 빠이 리안 땅쁘라텟

ครับ/ค่ะ

크랍/카

• 결혼하고 살림을 난다고 해요.

แต่งงานแล้วทั้งสองคนบอกว่าจะแยกไปอยู่กันเองครับ/ค่ะ

땡안 래우 탕썽콘 벅와 짜 액 빠이 유 깐 엥 크랍/카

• 결혼하면 신부 부모님과 함께 산다고 해요.

เขาบอกว่าแต่งงานแล้วจะอยู่กับพ่อแม่เจ้าสาวครับ/ค่ะ
카오벅와 땡안 래우 짜 유 깝 퍼매 짜오싸우 크랍/카

• 부모님과 6개월 동안 살다가 따로 나갈 거예요.

จะอยู่กับพ่อแม่ 6 เดือนแล้วจะแยกไปอยู่เองครับ/ค่ะ
짜 유 깝 퍼매 혹 드안 래우 짜액빠이 유 엥 크랍/카

임신과 출산에 대하여 말할 때

• 입덧이 심해요.

อาการแพ้ท้องรุนแรงมากครับ/ค่ะ
아깐 패텅 룬랭 막 크랍/카

• 괜찮아요. 곧 입덧이 사라질 거예요.

ไม่เป็นไรครับ/ค่ะ เดี๋ยวอาการแพ้ท้องก็จะหายครับ/ค่ะ
마이뻰라이 크랍/카 디아우 아깐패텅 꺼 짜 하이 크랍/카

• 임신 몇 개월이에요?

ตั้งครรภ์แล้วกี่เดือนครับ/คะ
땅칸 래우 끼 드안 크랍/카

• 정기적으로 병원에 가겠지요?

จะไปหาหมอตามเวลาที่กำหนดใช่ไหมครับ/คะ
짜 빠이 하 머 땀 웰라 티 깜놋 차이마이 크랍/카

• 초산일 경우는 정기검진을 받아야 해요.

สำหรับการคลอดลูกเป็นครั้งแรกนั้นต้องตรวจตามเวลา
쌈랍 깐클럿룩 뻰크랑랙난 떵 뜨루앗 땀 웰라

กำหนดครับ/ค่ะ
깜놋 크랍/카

PART IV 결혼과 출산

• 제가 임신해서 어머님이 기뻐하셔요.

คุณแม่ดีใจมากที่ดิฉันตั้งครรภ์ค่ะ
쿤매 디짜이 막 티 디찬 땅칸 카

• 임신 중이라 먹는 것에 조심하고 있어요.

กำลังท้องเลยกำลังระวังอาหารอยู่ค่ะ
깜랑텅 르이 깜랑 라왕 아한 유 카

• 어떻게 임신이라는 걸 알았어요?

รู้ได้อย่างไรว่าตั้งท้องแล้วครับ/คะ
루 다이 양라이와 땅텅 래우 크랍/카

• 속이 메스껍다며 밥을 먹지 못해 눈치를 챘어요.

ก็เดาเอาเอง เพราะว่าอยากอาเจียนและกินข้าวไม่ลงค่ะ
꺼 다오아오엥 프러와 약 아찌안 래 낀카우 마이롱 카

• 임신을 하면 쉽게 피곤해진대요.

เขาบอกว่าถ้าตั้งท้องแล้วจะรู้สึกเหนื่อยง่ายครับ/ค่ะ
카오 벅와 타 땅텅 래우 짜 루쓱 느아이 응아이 크랍/카

• 신 과일이 자꾸 생각나요.

อยากกินผลไม้เปรี้ยว ๆ ค่ะ
약 낀 폰라마이 쁘리아우쁘리아우 카

• 먹고 싶은 건 다 말하세요. 제가 사다 드릴 게요.

อยากกินอะไรก็บอกมาเลยนะครับ/คะ ผม/ดิฉันจะ
약낀 아라이 꺼 벅마 르이 나 크랍/카 폼/디찬 짜

ซื้อมาให้ครับ/ค่ะ
쓰마하이 크랍/카

PART IV 결혼과 출산

• 출산예정일이 언제인가요?

กำหนดคลอดเมื่อไรครับ/คะ

깜놋 클럿 므아라이 크랍/카

• 집에서 아이를 낳을 수 있나요?

คลอดลูกที่บ้านได้ไหมครับ/คะ

클럿 룩 티반 다이마이 크랍/카

• 산통이 와서 병원에 갔어요.

เจ็บท้องก็เลยไปโรงพยาบาลแล้วครับ/ค่ะ

쩹 텅 꺼르이 빠이 롱파야반 래우 크랍/카

• 초산은 산통을 오래 한다고 들었어요.

ได้ยินว่าเวลาคลอดลูกครั้งแรกจะเจ็บท้องค่อนข้างนานครับ/ค่ะ

다이인 와 웰라클럿룩 크랑랙 짜 쩹텅 컨캉 난 크랍/카

• 금방 아기를 낳았다며요?

คลอดลูกแล้วเมื่อกี้ใช่ไหมครับ/คะ

클럿 룩 래우 므아끼 차이마이 크랍/카

• 산통으로 밤새 고생했어요.

เจ็บท้องทรมานทั้งคืนเลยค่ะ

쩹텅 터라만 탕큰 르이 카

• 아기가 누굴 닮았어요?

เด็กเหมือนใครเหรอครับ/คะ

덱 므안 크라이 르 크랍/카

• 삼칠일 동안은 산모가 몸조리를 해야 해요.

แม่ต้องดูแลร่างกายเป็นเวลา 3 สัปดาห์ครับ/ค่ะ

매 떵 둘래 랑까이 뻰웰라 쌈 쌉다 크랍/카

• 3일 후면 병원에서 퇴원해요.

อีก 3 วันก็จะออกจากโรงพยาบาลแล้วครับ/ค่ะ

익 쌈 완 꺼 짜 억 짝 롱파야반 래우 크랍/카

• 산후조리는 어머니께서 도와주시기로 했어요.

การดูแลสุขภาพหลังคลอดนั้น คุณแม่ตกลงว่าจะช่วยแล้วค่ะ

깐 둘래 쑥카팝 랑 클럿 난 쿤매 똑롱 와 짜추아이 래우 크랍/카

별거와 이혼에 대하여 말할 때

• 그 두 사람 이혼한 거 알아요?

รู้ไหมครับ/คะว่าเขาสองคนหย่ากันแล้ว

루마이 크랍/카 와 카오 썽 콘 야 깐 래우

• 그 부부는 지금 별거 중이에요.

สามีภรรยาคู่นั้นกำลังแยกอยู่กันครับ/ค่ะ

싸미판야 쿠니 깜랑 액 유 깐 크랍/키

• 별거하게 된 이유가 뭔가요?

มีเหตุผลอะไรที่แยกกันอยู่ครับ/คะ

미 헷폰 아라이 티 액깐 유 크랍/카

• 너무 쉽게 별거를 결정한 것은 아닐까요?

นี่ตัดสินใจจะแยกอยู่กันง่ายเกินไปไหมครับ/คะ

니 땃씬짜이 짜 액유깐 응아이 끈빠이 마이 크랍/카

• 아내가 친정에 가서 3-4개월 생각해 본다고 했어요.

ภรรยาบอกว่าจะกลับไปอยู่บ้านพ่อแม่ ขอเวลา 3-4

판야 벅 와 짜 끌랍 빠이유 반 퍼매 커웰라 쌈-씨

เดือนคิดเรื่องนี้ครับ

드안 킷 르앙니 크랍

PART IV 결혼과 출산

• 이혼한 것은 흉이 아니에요.

การหย่าไม่ใช่เรื่องเสียหายครับ/ค่ะ

깐 야 마이차이 르앙 씨아하이 크랍/카

• 성격차이로 이혼했어요.

หย่ากันแล้วเพราะนิสัยเข้ากันไม่ได้ครับ/ค่ะ

야 깐 래우 프러 니싸이 카오깐 마이다이 크랍/카

• 두 사람이 함께 살기 어려우면 이혼해야지요.

ถ้าสองคนนั้นอยู่ด้วยกันยากก็หย่ากันดีกว่าครับ/ค่ะ

타 썽콘난 유두아이깐 약 꺼 야깐 디꽈 크랍/카

• 별거 1년 만에 헤어졌어요.

แยกกันอยู่ได้ 1 ปีและก็หย่ากันครับ/ค่ะ

얙깐 유 다이 능 삐 래꺼 야깐 크랍/카

• 두 사람 관계가 어디서부터 잘 못 되었나요?

ความสัมพันธ์ของทั้งสองคนเริ่มผิดพลาดตั้งแต่ตรงไหนเหรอครับ/คะ

콤쌈판 컹 탕썽콘 름 핏플랏 땅때 뜨롱나이 러 크랍/카

• 결혼생활이 재미가 없고 지겨워요.

ชีวิตสมรสไม่สนุกและน่าเบื่อครับ/ค่ะ

치윗 쏨롯 마이 싸눅 래 나브아 크랍/카

• 우리는 이혼하기로 합의했어요.

เราตกลงกันแล้วว่าจะหย่าครับ/ค่ะ

라오 똑롱깐 래우 와 짜 야 크랍/카

• 지금 법원에 이혼서류를 제출하고 오는 길이에요.

กำลังกลับมาจากการยื่นเอกสารขอหย่าที่ศาลครับ/ค่ะ

깜랑 끌랍마 짝 깐yeun 엑까싼 커야 티싼 크랍/카

• 많이 생각하고 이혼을 결심했어요.

คิดมามากพอสมควรแล้วจึงตัดสินใจหย่าครับ/ค่ะ

킷마막 퍼쏨쿠안 래우 쯩 땃씬짜이 야 크랍/카

• 그 사람은 이혼하고 3개월 만에 재혼했어요.

คนนั้นหย่าแล้วก็แต่งงานใหม่ภายใน 3 เดือนครับ/ค่ะ

콘난 야 래우꺼 땡안 마이 파이나이 쌈 드안 크랍/카

• 재혼하지 않고 혼자 살아요.

อยู่คนเดียว ไม่ได้แต่งงานใหม่ครับ/ค่ะ

유 콘디아우 마이다이 땡안 마이 크랍/카

• 재혼하지 않고 아이들과 함께 살아요.

อยู่กับลูก ไม่ได้แต่งงานใหม่ครับ/ค่ะ

유 깝 룩 마이다이 땡안 마이 크랍/카

• 이혼한 후 양육비를 주나요?

หลังหย่าแล้วส่งเงินเลี้ยงลูกหรือเปล่าครับ/คะ

랑 야 래우 쏭 응언 리앙룩 르 쁠라오 크랍/카

• 위자료는 한 푼도 받지 않았어요.

ไม่ได้รับค่าปลอบขวัญแม้แต่สลึงเดียวเลยครับ/ค่ะ

마이다이랍 카쁠럽콴 매때 싸릉 디아우 르이 크랍/카

• 위자료는 현재 합의 중이에요.

กำลังเจรจาเรื่องค่าปลอบขวัญอยู่ครับ/ค่ะ

깜랑 쩨라짜 르앙 카쁠럽콴 유 크랍/카

• 이혼했다가 10년 후에 재결합했어요.

หย่ากันแล้ว แล้วอีก 10 ปีก็กลับมาอยู่ด้วยกันอีกครับ/ค่ะ

야깐래우 래우 익 씹 삐 꺼 끌랍마유 두아이깐 익 크랍/카

• 그렇게 쉽게 헤어질 수 있나요?

ทำไมถึงเลิกกันได้ง่ายแบบนั้นล่ะครับ/คะ

탐마이 틍 륵깐 다이 응아이 뱁난 라 크랍/카

16 구직과 직업 및 직장생활

살려면, 특히 성인이 되어 가정을 꾸리거나 독립을 하려면 직업이 필요하다. 누구나 직업을 가지고 있다. 없으면 우리는 '백수'라고 한다. 모르는 사람과 만나 우정을 쌓다 보면 직업이나 직장생활에 대해 묻고 서로 도움을 주고 받을 수도 있다. 상대방의 직업에 대해 묻는 것은 실례가 되지 않는다. 처음 만났을 때 자신이 하는 일을 말하는 것이 예의가 되었을 정도이다.

일자리를 구할 때

• 일자리를 찾고 있어요.

กำลังหางานทำอยู่ครับ/ค่ะ

깜랑 하 응안 탐 유 크랍/카

• 어떤 일을 찾고 있나요?

หางานประเภทอะไรเหรอครับ/คะ

하 응안 쁘라펫 아라이 러 크랍/카

• 업무경력이 있어요,

มีประสบการณ์ทำงานครับ/ค่ะ

미 쁘라쏩깐 탐응안 크랍/카

• 요즘 일자리를 찾기가 "하늘의 별 따기"예요.

ช่วงนี้การหางานทำยากอย่างกับงมเข็มในมหาสมุทรเลย ครับ/ค่ะ

추앙니 깐 하응안탐 약 양깝 응옴 켐 나이 마하싸쿳 르이 크랍/카

• 그는 자주 직장을 바꿨어요.

เขาเปลี่ยนที่ทำงานบ่อยครับ/ค่ะ

카오 쁠리안 티탐응안 버이 크랍/카

• 일자리를 구할 가능성은 충분합니다.

มีความเป็นไปได้ที่จะได้งานทำครับ/ค่ะ

미 쾀뻰빠이다이 티 짜 다이 응안탐 크랍/카

• 취업을 준비하고 있어요.

กำลังเตรียมตัวสมัครงานครับ/ค่ะ

깜랑 뜨리암 뚜아 싸막 응안 크랍/카

• 일자리를 잃었어요.

ตกงานแล้วครับ/ค่ะ

똑 응안 래우 크랍/카

• 올해는 꼭 취직을 할 거예요.

ปีนี้จะต้องหางานทำให้ได้ครับ/ค่ะ

삐니 짜 떵 하 응안탐 하이다이 크랍/카

• 우리는 운전기사를 원합니다.

เราต้องการคนขับรถครับ/ค่ะ

라오 떵깐 콘캅롯 크랍/카

• 자전거도 탈 줄 알아야 하나요?

ต้องขี่จักรยานเป็นด้วยเหรอครับ/คะ

떵 키 짝끄라얀 뻰 두아이 러 크랍/카

• 오는 금요일 오후 3시에 면접이 있습니다.

มีสอบสัมภาษณ์ตอนบ่าย 3 โมงวันศุกร์นี้ครับ/ค่ะ

미 썹 쌈팟 떤바이 쌈 몽 완쑥니 크랍/카

• 회사 5층에 있는 귀빈실에서 면접합니다.

สอบสัมภาษณ์ที่ห้องรับรองชั้น 5 ของบริษัทครับ/ค่ะ

썹 쌈팟 티 헝랍렁 찬 하 컹 버리쌋 크랍/카

• 면접 날짜와 시간이 정해졌나요?

กำหนดวันและเวลาสอบสัมภาษณ์แล้วหรือครับ/คะ

깜놋 완 래 웰라 썹쌈팟 래우 르 크랍/카

• 이력서를 어디로 제출하나요?

ยื่นใบประวัติส่วนตัวที่ไหนเหรอครับ/คะ

yeun바이쁘라왓 쑤안뚜아 티나이 러 크랍/카

• 인터넷상으로 지원하세요.

ยื่นสมัครทางอินเตอร์เนทนะครับ/คะ

yeun싸막 탕 인터넷 나 크랍/카

• 다른 서류는 입사가 결정된 후 제출합니다.

เอกสารอื่นส่งหลังจากได้เข้าทำงานได้แล้วครับ/ค่ะ

엑까싼 은 쏭 랑짝 다이 카오 탐응안 다이 래우 크랍/카

• 면접 때문에 초조합니다.

เครียดเพราะการสอบสัมภาษณ์ครับ/ค่ะ

크리앗 프러 깐 썹쌈팟 크랍/카

• 면접 결과는 언제 알 수 있을까요?
รู้ผลการสอบสัมภาษณ์ได้เมื่อไรเหรอครับ/คะ
루 폰 깐 썹쌈팟 다이 므아라이 러 크랍/카

면접을 할 때

• 언제 고등학교를 졸업했나요?
จบมัธยมปลายเมื่อไรเหรอครับ/คะ
쫍 맛타욤 쁠라이 므아라이 러 크랍/카

• 왜 우리 회사를 지원했지요?
ทำไมถึงเลือกสมัครบริษัทเราครับ/คะ
탐마이 틍 르악 싸막 버리쌋 라오 크랍/카

• 여기 적은 것 외에 특기사항이 있나요?
คุณมีจุดเด่นอะไรอีกนอกจากที่เขียนไว้ไหมครับ/คะ
쿤 미 쭛덴 아라이 익 넉짝 티 키안 와이 마이 크랍/카

• 부기입니다.
ทำบัญชีครับ/ค่ะ
탐 반치 크랍/카

• 경찰의 의무가 뭐라고 생각하나요?
คุณคิดว่าหน้าที่ของตำรวจคืออะไรครับ/คะ
쿤 킷 와 나티 컹 땀루앗 크 아라이 크랍/카

• 관광가이드는 어떤 일을 하나요?
อาชีพไกด์ทำงานอะไรบ้างครับ/คะ
아칩 가이드 탐응안 아라이 방 크랍/카

• 영어는 어느 정도 하나요?

พูดภาษาอังกฤษได้ระดับไหนครับ/คะ

풋 파싸 앙끄릿 다이라답 나이 크랍/카

• 무역을 전공했고 부전공은 중국어입니다.

เรียนเอกวิชาการค้าระหว่างประเทศและเรียนภาษาจีนเป็นวิชาโทครับ/ค่ะ

리안 엑위차 깐카라왕쁘라텟 래 리안 파싸찐 뻰 위차토 크랍/카

• 이중전공을 했습니다. 태국어와 영어입니다.

เรียน 2 วิชาเอกครับ/ค่ะ ภาษาไทยและภาษาอังกฤษครับ/ค่ะ

리안 썽 위차엑 크랍/카 파싸타이 래 파싸앙끄릿 크랍/카

• 근무조건은 어떻습니까?

เงื่อนไขการทำงานเป็นยังไงครับ/คะ

응안카이 깐 탐응안 양아이 크랍/카

• 보너스는 일 년에 몇 % 입니까?

โบนัสกี่เปอร์เซ็นต์ต่อปีเหรอครับ/คะ

보나스 끼 퍼센 떠 삐 러 크랍/카

• 월급제인가요?

ได้รับค่าตอบแทนเป็นเงินเดือนหรือเปล่าครับ/คะ

다이랍 카 떱탠 뻰 응언드안 르 쁠라오 크랍/카

• 주급제입니다.

จ่ายเป็นสัปดาห์ครับ/ค่ะ

짜이 뻰 쌉다 크랍/카

• 귀사에 지원하고 싶습니다.

อยากสมัครทำงานที่บริษัทของคุณครับ/ค่ะ

약 싸막 탐응안 티 버리쌋 컹 쿤 크랍/카

• 신문에 난 구인광고를 보고 왔습니다.

เห็นประกาศรับสมัครงานในหนังสือพิมพ์เลยมาสมัคร ครับ/ค่ะ

헨 쁘라깟 랍 싸막 응안 나이 낭쓰핌 르이 마 싸막 크랍/카

• 자격증은 무엇을 가지고 있나요?

มีใบรับรอง(ประกาศนียบัตร)อะไรบ้างไหมครับ/คะ

미 바이 랍렁 (쁘라깟싸니아밧) 아라이 방 마이 크랍/카

• 4학년 재학 중입니다.

กำลังเรียนอยู่ชั้นปีที่ 4 ครับ/ค่ะ

깜랑 리안 유 찬 삐 티 씨 크랍/카

• 직업경력이나 실습경력이 있나요?

มีประสบการณ์ทำงานหรือฝึกงานอะไรบ้างไหมครับ/คะ

미 쁘라쌉깐 탐응안 르 흑응안 아라이 방 마이 크랍/카

• 다른 회사에 지원한 적이 있나요?

เคยสมัครงานบริษัทอื่นไหมครับ/คะ

크이 싸막 응안 버리쌋 은 마이 크랍/카

• 지금까지 무슨 일을 하셨습니까?

จนถึงปัจจุบันนี้คุณทำงานอะไรมาบ้างครับ/คะ

쫀틍 빳쭈반니 쿤 탐응안 아라이 마 방 크랍/카

• 노동허가서는 있습니까?

มีเวิร์คเพอร์มิท(ใบอนุญาตทำงาน)หรือเปล่าครับ/คะ

미 워크퍼밋 (바이 아누얏) 탐응안 르 쁠라오 크랍/카

• 자신의 약점을 어떻게 보완할 것인가요?

คุณคิดว่าจะทำอย่างไรถึงจะแก้ไขข้อบกพร่องของคุณได้ครับ/คะ

쿤 킷 와 짜 탐양라이 틍 짜 깨카이 커복프렁 컹 쿤 다이 크랍/카

• 우리 회사에서 어떤 일을 하고 싶은가요?

อยากทำงานอะไรที่บริษัทเราครับ/คะ

약 탐응안 아라이 티 버리쌋 라오 크랍/카

• 왜 직장을 바꾸려고 하십니까?

ทำไมถึงคิดจะเปลี่ยนงานครับ/คะ

탐마이 틍 킷 짜 쁠리안 응안 크랍/카

• 지금까지 가장 어려웠던 결정은 무엇이었습니까?

จนถึงตอนนี้อะไรเป็นการตัดสินใจยากที่สุดของคุณครับ/คะ

쫀 틍 떤니 아라이 뻰 깐 땃씬짜이 약 티쑷 컹 쿤 크랍/카

• 팀에서 생긴 갈등을 어떻게 해소하겠습니까?

ถ้าเกิดความขัดแย้งขึ้นในทีมคุณจะแก้ปัญหาอย่างไรครับ/คะ

타 끗 쾀 캇얭 큰 나이 팀 쿤 짜 깨 빤하 양라이 크랍/카

• 수작업도 할 수 있나요?

ทำงานด้วยมือได้ไหมครับ/คะ

탐 응안 두아이 므 다이마이 크랍/카

PART Ⅳ 구직과 직업 및 직장생활

• 임시직인데 하시겠어요?

เป็นงานชั่วคราวนะคุณจะทำไหมครับ/คะ

뻰 응안 추아크라우 나 쿤 짜 탐 마이 크랍/카

• 시간외 근무도 가능한가요?

ทำงานนอกเวลาได้ไหมครับ/คะ

탐 응안 넉웰라 다이마이 크랍/카

• 15년 후 무엇이 되고 싶으십니까?

อีก 15 ปีข้างหน้าคุณอยากเป็นอะไรครับ/คะ

익 씹하 삐 캉나 쿤 약 뻰 아라이 크랍/카

• 당신을 채용해야 할 근거 3가지를 말해보세요.

ช่วยบอกเหตุผลที่เราต้องรับคุณเข้าทำงาน 3 อย่าง

추아이 벅 헷폰 티 라오 떵 랍 쿤 카오 탐응안 쌈 쁘라깐

ด้วยครับ/คะ

두아이 크랍/카

• 언제부터 출근 할 수 있습니까?

เริ่มทำงานได้ตั้งแต่เมื่อไรครับ/คะ

름 탐응안 다이 땅때 므아라이 크랍/카

• 지금 즉시 할 수 있습니다.

เริ่มได้ตอนนี้เลยครับ/คะ

름다이 떤니 르이 크랍/카

• 이 회사는 큰 회사이고 현재 확장 중에 있는 회사이기 때문입니다.

เพราะบริษัทนี้เป็นบริษัทใหญ่และกำลังขยายกิจการอยู่

프러 버리쌋니 뻰 버리쌋야이 래 깜랑 카야이 낏짜깐 유

ครับ/ค่ะ

크랍/카

• 제게 변화를 줄 수 있는 직장을 요구합니다.

ผม/ดิฉันต้องการที่ทำงานที่จะทำให้เกิดการเปลี่ยนแปลง
폼/디찬 떵깐 티탐응안 티 짜 탐 하이 끗 깐쁠리안쁠랭

ครับ/ค่ะ
크랍/카

• 취업비자 없이 일 할 수 있나요?

ทำงานโดยไม่มีวีซาทำงานได้ไหมครับ/คะ
탐 응안 도이 마이미 위자 탐응안 다이 마이 크랍/카

• 초과 근무가 많은가요?

ต้องทำงานล่วงเวลาบ่อยไหมครับ/คะ
떵 탐응안 루앙 웰라 버이 마이 크랍/카

• 일주일에 몇 시간 근무해야 하나요?

ต้องทำงานกี่ชั่วโมงต่อสัปดาห์ครับ/คะ
떵 탐응안 끼 추아몽 떠 쌉다 크랍/카

• 유급휴가는 몇 번 있나요?

ลาพักโดยไม่หักเงินเดือนได้กี่วันครับ/คะ
라 팍 도이 마이 학 응언드안 다이 끼 완 크랍/카

• 직원 복지제도가 있습니까?

มีระบบสวัสดิการสำหรับพนักงานไหมครับ/คะ
미 라봅 싸왓디깐 쌈랍 파낙응안 마이 크랍/카

• 직급은 어떻게 되나요?

ตำแหน่งอะไรเหรอครับ/คะ
땀냉 아라이 러 크랍/카

• 연수를 다음 주 월요일부터 2주간 받아야 합니다.

คุณต้องเข้ารับการอบรม 2 สัปดาห์ตั้งแต่วันจันทร์หน้า
쿤 떵 카오랍 깐옵롬 썽 쌉다 땅때 완짠나

ครับ/ค่ะ
크랍/카

취직을 했을 때

• 이 회사에 들어오기 위해 1년간 준비했습니다.

ผม/ดิฉันเตรียมตัวเป็นเวลา 1 ปีเพื่อจะเข้าทำงาน
폼/디찬 뜨리암뚜아 뻰웰라 능삐 프아 짜 카오탐응안

ที่บริษัทนี้ครับ/ค่ะ
티버리쌋니 크랍/카

• 저는 자격증 준비에 2년을 사용했습니다.

ผม/ดิฉันใช้เวลา 2 ปีในการสอบเอาประกาศนียบัตรครับ/ค่ะ
폼/디찬 차이 웰라 썽 삐 나이 깐 썹 아오 쁘라깟싸니아밧 크랍/카

• 누나는 회장실 비서로 취직했어요.

พี่สาวได้งานเป็นเลขาท่านประธานครับ
피싸우 다이 응안 뻰레카 탄쁘라탄 크랍

• 정규직으로 취직했어요.

ได้งานทำเป็นพนักงานประจำครับ/ค่ะ
다이 응안탐 뻰파낙응안쁘라짬 크랍/카

• 어제부터 이 병원 간호사로 근무합니다.

ได้ทำงานเป็นผู้พยาบาลที่โรงพยาบาลนี้ตั้งแต่เมื่อวานค่ะ
다이 탐응안 뻰푸파야반 티 롱파야반니 땅때 므아완 카

• 인턴사원 6개월 후 정규직으로 전환합니다.

ทำงานเป็นพนักงานทดลองงาน 6 เดือนแล้วจะเปลี่ยน
탐응안 뻰파낙응안톳렁응안 혹 드안 래우 짜 쁠리안

เป็นพนักงานประจำครับ/ค่ะ
뻰파낙응안쁘라짬 크랍/카

• 정규직으로 전환할 때 면접과 시험이 있습니다.

เวลาเปลี่ยนฐานะเป็นพนักงานประจำจะต้องสอบ
웰라 쁠리안 타나 뻰 파낙응안쁘라짬 짜 떵 썹

ข้อเขียนและสัมภาษณ์ด้วยครับ/ค่ะ
커키안 래 쌈팟 두아이 크랍/카

• 그 회사에서 네 꿈을 이루기 바란다.

ขอให้บริษัทนั้นทำให้ฝันของเธอเป็นจริงนะ
커 하이 버리쌋 난 탐 하이 환 컹 트 뻰찡 나

• 후배들에게 귀감이 되도록 최선을 다 하기 바란다.

ขอให้ตั้งใจพยายามเต็มที่และเป็นตัวอย่างที่ดีให้แก่
커 하이 땅짜이 파야얌 뗌티 래 뻰 뚜아양 티디 하이 깨

รุ่นน้อง
룬넝

• 학교의 명예를 걸고 열심히 하겠습니다.

จะพยายามเต็มที่ให้สมเกียรติของโรงเรียนครับ/ค่ะ
짜 파야얌 뗌티 하이 쏨끼얏 컹 롱리안 크랍/카

• 부모님 얼굴에 먹칠하지 않도록 노력하겠습니다.

จะพยายามไม่ให้เสียชื่อของคุณพ่อคุณแม่ครับ/ค่ะ
짜 파야얌 마이 하이 씨아츠 컹 쿤퍼쿤매 크랍/카

직업이나 직장에 대해 말할 때

- 직업이 무엇입니까?(어떤 직업을 갖고 계신가요?)

มีอาชีพอะไรครับ/คะ // ทำงานอะไรครับ/คะ

미 아칩 아라이 크랍/카 // 탐응안 아라이 크랍/카

- 어느 부서에서 일하나요?

ทำงานแผนกอะไรครับ/คะ

탐 응안 파낵 아라이 크랍/카

Tip

영업부 แผนกการค้า(파낵깐카)

기획부 แผนกวางแผน(파낵왕팬)

수출부 แผนกส่งออก (파낵쏭억)

무역부 แผนกการค้าระหว่างประเทศ(파낵깐카라왕쁘라텟)

경리부 แผนกบัญชี(파낵반치)

총무부 แผนกธุรการ(파낵투라깐)

- 출판업을 하고 있어요.

ทำสำนักพิมพ์ครับ/ค่ะ

탐 쌈낙핌 크랍/카

• 증권중개인입니다.

เป็นนายหน้าซื้อขายหุ้นครับ/ค่ะ

뻰 나이나 쓰 카이 훈 크랍/카

• 무역회사에 다니고 있어요.

ทำงานที่บริษัทค้าขายระหว่างประเทศครับ/ค่ะ

탐응안 티 버리쌋 카카이 라왕 쁘라텟 크랍/카

• 사무실이 어디죠?

ออฟฟิศของคุณอยู่ที่ไหนครับ/คะ

오피스 컹 쿤 유 티나이 크랍/카

• 직책은 무엇인가요?

ทำตำแหน่งอะไรเหรอครับ/คะ

탐 땀냉 아라이 러 크랍/카

• 무슨 업무를 담당하나요?

รับผิดชอบงานประเภทอะไรครับ/คะ

랍핏첩 응안 쁘라펫 아라이 크랍/카

• 요즘 놀고 있어요/백수예요/실업자예요.

ช่วงนี้อยู่บ้านเฉย ๆ ครับ/คะ // ตกงาน(ว่างงาน)ครับ/ค่ะ

추앙니 유 반 츠이츠이 크랍/카 // 뚝응안 (왕응안) 크랍/카

• 아버지는 작은 사업체를 운영하세요.

คุณพ่อมีกิจการขนาดเล็กของท่านเองครับ/ค่ะ

쿤퍼 미 낏짜깐 카낫렉 컹 탄엥 크랍/카

Tip

회사원 พนักงานบริษัท(파낙응안 버리쌋)

기자 นักข่าว(낙카우) 교사 ครู(크루) 교수 อาจารย์(아짠)

자영업자 ผู้ทำธุรกิจส่วนตัว(푸탐투라낏쑤안뚜아)

보험회사원 พนักงานบริษัทประกันภัย(파낙응안버리쌋쁘라깐파이)

사업가 นักธุรกิจ(낙투라낏)

승무원 พนักงานต้อนรับบนเครื่องบิน

공무원 ข้าราชการ(카라차깐) 기술자 วิศวกร(위싸와껀)

정비사 ช่างซ่อมบำรุง(창썸밤룽) 목수 ช่างไม้(창마이)

요리사 พ่อ(แม่)ครัว(퍼/매크르아) 매니저 ผู้จัดการ(푸짯깐)

학생 นักเรียน, นักศึกษา(낙리안, 낙쓱싸) 통역사 ล่าม(람)

의사 หมอ(머) 변호사 ทนายความ(타나이쾀)

약사 เภสัชกร(페쌋차껀) 배우 นักแสดง, ดารา(낙싸댕, 다라)

아나운서 โฆษก, ผู้ประกาศข่าว(코쏙, 푸쁘라깟카우)

• 지금 하는 일에 만족하나요?

พอใจงานที่กำลังทำอยู่ไหมครับ/คะ

퍼짜이 응안 티 깜랑 탐 유 마이 크랍/카

• 지금 있는 부서 분위기가 어때요?

บรรยากาศของแผนกที่กำลังทำงานอยู่เป็นยังไงครับ/คะ

반야깟 컹 파낵 티 깜랑 탐응안유 뻰 양아이 크랍/카

사업에 대해 말할 때

- 하시는 일은 잘 되나요?

กิจการของคุณราบรื่นไหมครับ/คะ

낏짜깐 컹 쿤 랍른 마이 크랍/카

- 사업이 어떠신가요?

กิจการ(ธุรกิจ)เป็นยังไงบ้างครับ/คะ

낏짜깐 (투라낏) 뻰 양아이 방 크랍/카

- 컴퓨터 업계는 어떤가요?

ธุรกิจด้านคอมพิวเตอร์เป็นยังไงบ้างครับ/คะ

투라낏 단 컴퓨터 뻰양아이방 크랍/카

- 새로 시작한 사업이 어떤가요?

กิจการที่เปิดใหม่เป็นยังไงบ้างครับ/คะ

낏짜깐 티 뻣 마이 뻰 양아이 방 크랍/카

- 그리 나쁘지 않아요.

ก็ไม่เลวครับ/ค่ะ

꺼 마이 레우 크랍/카

- 그렇게 좋지는 않아요.

ไม่ค่อยดี(ราบรื่น)เท่าไรครับ/ค่ะ

마이 커이 디(랍른) 타오라이 크랍/카

- 그럭저럭 지냅니다/그럭저럭요.

ก็เฉย ๆ ครับ/ค่ะ // งั้น ๆ ครับ/ค่ะ

꺼 초이초이 크랍/카 // 응안응안 크랍/카

- 사업이 잘 됩니다/호황입니다.

ดีมาก // ไปได้ดีมากครับ/ค่ะ

디 막 // 빠이 다이 디 막 크랍/카

• 적자를 보고 있어요.

ขาดทุนอยู่ครับ/ค่ะ

캇 툰 유 크랍/카

• 흑자를 내서 아주 다행입니다.

โชคดีที่ไม่ขาดทุนครับ/ค่ะ

촉 디티마이 캇툰 크랍/카

• 늘 어렵지요.

ลำบากตลอดครับ/ค่ะ

람박 딸럿 크랍/카

• 간신히 버티고 있어요.

กำลังค่อย ๆ ประคองอยู่ครับ/ค่ะ

깜랑 커이커이 쁘라컹 유 크랍/카

• 재정적인 곤란을 겪고 있어요.

กำลังมีปัญหาด้านการเงินอยู่ครับ/ค่ะ

깜랑 미 빤하 단 깐 응언 유 크랍/카

• 파산상태에요.

เจ๊งแล้ว // ล้มแล้วครับ/ค่ะ

쩽 래우 // 롬 래우 크랍/카

• 장사가 안 되어서 걱정이에요.

ขายไม่ดีก็เลยกังวลครับ/ค่ะ

카이 마이 디 꺼 르이 깡원 크랍/카

• 생각보다 괜찮아요.

ดีกว่าที่คิดไว้ครับ/ค่ะ

디 꽈 티 킷 와이 크랍/카

출퇴근과 근무에 대해 말할 때

- 어떻게 출퇴근하나요?

เดินทางไปทำงานอย่างไรครับ/คะ

든탕 빠이 탐응안 양라이 크랍/카

- 지하철로 다닙니다.

เดินทางด้วยรถไฟใต้ดินครับ/ค่ะ

든탕 두아이 롯화이따이딘 크랍/카

- 몇 시에 출근해요?

ไปทำงานกี่โมงครับ/คะ

빠이 탐응안 끼 몽 크랍/카

- 어제는 갑자기 어머니가 사골서 오셔서 지각했어요.

เมื่อวานจู่ ๆ คุณแม่ก็มาจากต่างจังหวัดก็เลยไปทำงานสายครับ/ค่ะ

므아완 쭈쭈 쿤매 꺼 마 짝 땅짱왓 꺼 르이 빠이 탐응안 싸이 크랍/카

- 괜찮아요. 8시가 되려면 아직 5분이나 남았어요.

ไม่เป็นไรครับ/ค่ะ อีก 5 นาทีกว่าจะ 8 โมงครับ/ค่ะ

마이뻰라이 크랍/카 익 하 나티 꽈 짜 뺏 몽 크랍/카

- 다음부터는 늦지 않도록 하세요.

ต่อไปอย่าสายอีกนะครับ/คะ

떠빠이 야 싸이 익 나 크랍/카

- 너무 길이 막혀 좀 늦었습니다.

รถติดมากก็เลยมาสายไปหน่อยครับ/ค่ะ

롯 띳 막 꺼 르이 마 싸이 빠이 너이 크랍/카

• 걸어서 갑니다. 집에서 사무실이 가까워요.

เดินไปกันเถอะครับ/ค่ะ ที่ทำงานใกล้บ้านครับ/ค่ะ

든빠이깐 터 크랍/카 티탐응안 끌라이 반 크랍/카

• 지각한 적이 없나요?

ไม่เคยไปทำงานสายเลยเหรอครับ/คะ

마이 크이 빠이 탐응안 싸이 르이 러 크랍/카

• 한 달에 1~2번은 늦어요.

มาสายเดือนละ 1~2 ครั้งครับ/ค่ะ

마 싸이 드안 라 능-썽 크랑 크랍/카

• 몇 시에 퇴근하나요? / 퇴근은 몇 시인가요?

เลิกงานกี่โมงครับ/คะ // ออกจากที่ทำงานกี่โมงครับ/คะ

륵 응안 끼 몽 크랍/카 // 억 짝 티 탐응안 끼 몽 크랍/카

• 거기서 근무한 지 얼마나 오래 되었나요?

ทำงานที่นั่นนานเท่าไรแล้วครับ/คะ

탐응안 티난 난 타오라이 래우 크랍/카

• 그 사무실로 나간 지 오래 되었나요?

ไปทำงานที่นั่นได้นานแล้วหรือยังครับ/คะ

빠이 탐응안 티난 다이 난 래우 르 양 크랍/카

• 3교대 근무입니다.

ทำงานเป็นกะ ๓ กะครับ/ค่ะ

탐응안 뻰 까 쌈 까 크랍/카

• 격주제로 자택근무합니다.

ทุกสองอาทิตย์จะทำงานที่บ้านครับ/ค่ะ

툭 썽 아팃 짜 탐응안 티 반 크랍/카

• 가끔 야근도 합니다.

บางทีก็ทำงานล่วงเวลา(โอที)ด้วยครับ/ค่ะ

방티 꺼 탐응안 루앙웰라 (오티) 두아이 크랍/카

• 상사가 누구인가요?

ใครเป็นหัวหน้าของคุณครับ/คะ

크라이 뻰 후아나 컹 쿤 크랍/카

• 상사와 사이가 어때요?

สนิทกับหัวหน้าไหมครับ/คะ

싸닛 깝 후아나 마이 크랍/카

• 제 상사를 존경하고 따릅니다.

ผม/ดิฉันนับถือและทำตามหัวหน้าครับ/ค่ะ

폼/디찬 납트 래 탐 땀 후아나 크랍/카

• 잔소리가 심해요.

บ่นเก่งมากเลยครับ/ค่ะ

본 껭 막 르이 크랍/카

• 좀 변덕스러운 성미인 거 아시잖아요?

ก็รู้อยู่แล้วนี่ครับ/คะว่าเขาอารมณ์เปลี่ยนแปลงง่าย

꺼 루 유 래우 니 크랍/카 와 카오 아롬 쁠리안쁠랭 응아이

• 썩 괜찮은 분이에요.

เป็นคนเรียบร้อยดีมากครับ/ค่ะ

뻰 콘 리압러이 디 막 크랍/카

• 활동적이라 그런지 제 일에도 간섭을 해요.

อาจจะเป็นคนที่ไม่ค่อยอยู่นิ่งก็เลยเข้ามายุ่งเรื่องงาน

앗짜 뻰 콘 티 마이 커이 유 닝 꺼 르이 카오마 융 르앙 응안

ของผม/ดิฉันด้วยครับ/ค่ะ

컹 폼/디찬 두아이 크랍/카

• 에너지가 넘치는 분이에요.

เป็นคนที่มีพลังงานเหลือเฟือครับ/ค่ะ

뻰 콘 티 미 팔랑 응안 르아흐아 크랍/카

• 사무실에서 제일 먼저 출근하세요.

มาทำงานเป็นคนแรกในสำนักงานครับ/ค่ะ

마 탐응안 뻰 콘랙 나이 쌈낙응안 크랍/카

• 별로 사이가 좋지 않아요.

ไม่ค่อยสนิทเท่าไรครับ/ค่ะ

마이 커이 싸닛 타오라이 크랍/카

• 아주 친해요. 매주 회식해요.

สนิทกันมากครับ/ค่ะ เราสังสรรค์กันทุกอาทิตย์ครับ/ค่ะ

싸닛 깐 막 크랍/카 라오 쌍싼 깐 툭아팃 크랍/카

• 대학 동기들이 많아서 친해요.

มีเพื่อนร่วมรุ่นมหาวิทยาลัยเยอะก็เลยสนิทกันครับ/ค่ะ

미 프안 루암 룬 마하위타야라이 여 꺼르이 싸닛 깐 크랍/카

• 4대 보험도 되고 분위기 아주 좋아요.

(บริษัท)ทำประกัน 4 อย่างให้และบรรยากาศก็ดีครับ/ค่ะ

(버리쌋) 탐쁘라깐 씨 양 하이 래 반야깟 꺼 디 크랍/카

• 분위기는 좋은데 일이 많아요.

บรรยากาศดีแต่งานเยอะครับ/ค่ะ

반야깟 디 때 응안 여 크랍/카

• 휴가도 있나요?

มีวันลาพักร้อนไหมครับ/คะ

미 완 라 팍 런 마이 크랍/카

• 일 년에 보름 휴가가 있어요.

ปีหนึ่งลาพักร้อนได้ 15 วันครับ/ค่ะ

삐 능 라팍런 다이 씹하 완 크랍/카

• 해외출장도 가나요?

มีเดินทางไปทำงานต่างประเทศไหมครับ/คะ

미 든탕빠이 탐응안 땅쁘라텟 마이 크랍/카

• 그럼요. 여자라고 해서 예외가 없어요.

แน่นอนค่ะ เป็นผู้หญิงก็ไม่มีข้อยกเว้นค่ะ

내넌 카 뻰 푸잉 꺼 마이미 커 욕웬 카

• 다음 달에 휴가를 4일 신청하려고 합니다.

ผม/ดิฉันตั้งใจจะขอลาพักร้อนเดือนหน้า 4 วันครับ/ค่ะ

폼/디찬 땅짜이 짜 커 라 팍 런 드안 나 씨 완 크랍/카

• 할 일이 너무 많아 휴가는 못 갑니다.

งานเยอะก็เลยลาพักร้อนไม่ได้ครับ/ค่ะ

응안 여 꺼 르이 라 팍 런 마이다이 크랍/카

• 휴가 갈 여유가 없어요.

ไม่ว่างลาพักร้อนครับ/ค่ะ

마이 왕 라 팍 런 크랍/카

• 휴가는 아직 생각해 보지 않았습니다.

ยังไม่เคยคิดถึงเรื่องลาพักร้อนเลยครับ/ค่ะ

양 마이 크이 킷 틍 르앙 라 팍 런 르이 크랍/카

• 병가도 낼 수 있나요?

ลาป่วยได้ไหมครับ/คะ

라 뿌아이 다이마이 크랍/카

• 출산 휴가는 어떤가요?

แล้วเรื่องลาคลอดเป็นยังไงครับ/คะ

래우 르앙 라 클럿 뻰 양아이 크랍/카

승진에 대하여 말할 때

• 과장으로 승진했어요.

ได้เลื่อนชั้นเป็นหัวหน้าฝ่ายแล้วครับ/ค่ะ

다이 르안 찬 뻰 후아나화이 래우 크랍/카

Tip

계장 หัวหน้าหน่วยงาน 과장 หัวหน้าแผนก(ฝ่าย)

부장 หัวหน้าฝ่าย 팀장 หัวหน้าทีม

• 승진하기가 어려워요.

เลื่อนตำแหน่งยากครับ/ค่ะ

르안 땀냉 약 크랍/카

• 그에게는 강력한 후원자가 있거든요.

เขามีเส้นใหญ่ครับ/ค่ะ //

카오 미 쎈야이 크랍/카 //

เขามีคนมีอำนาจคอยสนับสนุนครับ/ค่ะ

카오 미 콘 미암낫 커이 싸납싸눈 크랍/카

• 그의 승진은 이례적이었어요.

การเลื่อนชั้นของเขาเป็นกรณีพิเศษครับ/ค่ะ

깐 르안 찬 컹 카오 뻰 까러니 피쎗 크랍/카

• 승진은 근무성적에 달렸어요.
การเลื่อนชั้นขึ้นอยู่กับผลการทำงานครับ/ค่ะ
깐 르안 찬 큰 유 깝 폰 깐 탐응안 크랍/카

• 형님이 다음 승진대상자라고 들었어요.
ได้ยินมาว่าพี่จะเป็นคนได้เลื่อนชั้นคนต่อไปครับ
다이인 마 와 피 짜 뻰 콘 다이 르안찬 콘떠빠이 크랍

• 승진을 위하여 모든 노력을 아끼지 않는 분입니다.
เขาเป็นคนใช้ความพยายามทุกอย่างเพื่อให้ได้เลื่อนชั้นครับ/ค่ะ
카오 뻰 콘차이 쾀파야얌 툭양 프아 하이 다이 르안찬 크랍/카

• 목표 달성을 위해 노력하고 있어요.
กำลังพยายามเพื่อบรรลุเป้าหมายอยู่ครับ/ค่ะ
깜랑 파야얌 프아 반루 빠오마이 유 크랍/카

• 승진을 축하해요.
ขอแสดงความยินดีที่ได้เลื่อนชั้นครับ/ค่ะ
커 싸댕 쾀 인디 티 다이 르안찬 크랍/카

• 승진하면 다른 부서로 옮겨야 하나요?
ถ้าเลื่อนชั้นต้องย้ายไปแผนกอื่นไหมครับ/คะ
타 르안 찬 떵 야이 빠이 파낵 은 마이 크랍/카

• 승진하면 한 번은 지방근무를 해야 합니다.
ถ้าได้เลื่อนชั้นต้องไปทำงานต่างจังหวัดครับ/ค่ะ
타 다이 르안찬 떵 빠이 탐응안 땅짱왓 크랍/카

• 내년에는 승진하세요.
ปีหน้าขอให้ได้เลื่อนชั้นนะครับ/คะ
삐나 커 하이 다이 르안찬 나 크랍/카

• 승진을 기대하지 않아요.

ไม่หวังว่าจะได้เลื่อนชั้นครับ/ค่ะ

마이 왕 와 짜 다이 르안 찬 크랍/카

사직과 퇴직에 대하여 말할 때

• 왜 사직하려고 합니까?

ทำไมถึงจะลาออกครับ/คะ

탐마이 틍 짜 라억 크랍/카

• 여기 사표가 있습니다.

นี่ใบลาออกครับ/ค่ะ

니 바이 라 억 크랍/카

• 이 회사는 정년이 어제인가요?

บริษัทนี้เกษียณอายุเท่าไรครับ/คะ

버리쌋 니 까씨안 아유 타오라이 크랍/카

• 정년이 5년 더 연장되었어요.

อายุเกษียณเพิ่มขึ้นไปอีก ๕ ปีแล้วครับ/ค่ะ

아유 까씨안 픔 큰 빠이 익 하 삐 래우 크랍/카

• 이 일에 적성이 맞지 않아서요.

ผม/ดิฉันไม่ถนัดงานนี้ครับ/ค่ะ

폼/디찬 마이 타낫 응안 니 크랍/카

• 아무래도 저랑 이 업무가 맞지 않아요.

ผม/ดิฉันไม่เหมาะกับงานนี้ครับ/ค่ะ

폼/디찬 마이 머 깝 응안 니 크랍/카

• 그만 두기로 마음 먹었어요.

ตั้งใจจะลาออกครับ/ค่ะ

땅짜이 짜 라억 크랍/카

• 언제 퇴직하세요?

จะเกษียณเมื่อไรครับ/คะ

짜 까씨안 므아라이 크랍/카

• 작년에 퇴직해서 지금은 쉬고 있어요.

เกษียณปีที่แล้ว ตอนนี้อยู่บ้านเฉย ๆ ครับ/ค่ะ

까씨안 삐티래우 떤니 유 반 츠이 츠이 크랍/카

• 해고되었어요.

ถูกไล่ออกครับ/ค่ะ

툭 라이 억 크랍/카

• 도대체 무슨 이유로 당신을 해고 했나요?

เพราะอะไรเขาถึงไล่คุณออกจากงานครับ/คะ

프러 아라이 카오 틍 라이 쿤 억 짝 응안 크랍/카

• 해고당한 이유가 뭐예요?

เหตุผลอะไรที่ทำให้โดนไล่ออกครับ/คะ

헷폰 아라이 티 탐 하이 돈 라이 억 크랍/카

• 작년에 많은 사람들이 면직되었다.

ปีที่แล้วคนจำนวนมากโดนไล่ออกครับ/ค่ะ

삐티래우 콘 짬누안 막 돈 라이 억 크랍/카

• 학장 임기는 2년입니다.

คณบดีอยู่ในตำแหน่ง 2 ปีครับ/ค่ะ

카나버디 유 나이 땀냉 썽 삐 크랍/카

PART Ⅳ 구직과 직업 및 직장생활

• 우리나라 대통령 임기는 5년 단임제입니다.

ประธานาธิบดีเราอยู่ในตำแหน่ง 5 ปีและ
쁘라타나티버디 라오 유 나이 땀냉 하 삐 래

เป็นได้ครั้งเดียวเท่านั้นครับ/ค่ะ
뻰다이 크랑디아우 타오난 크랍/카

• 국회의원 임기는 4년입니다.

สส.มีวาระ ๔ ปีครับ/ค่ะ
써써 미 와라 씨 삐 크랍/카

• 2월로 임기가 만료되었습니다.

หมดวาระเดือนกุมภาพันธ์ครับ/ค่ะ
못 와라 드안 꿈파판 크랍/카

Tip

교사 ครู(크루)

교감 รองผู้อำรวยการโรงเรียน(렁푸암누아이깐 롱리안)

교장 ผู้อำนวยการโรงเรียน (푸암누아이깐 롱리안)

학과장 หัวหน้าภาควิชา(후아나 팍위차)

학장 คณบดี(카나버디) 총장 อธิการบดี(아티깐버디)

전임강사 อาจารย์ประจำ(아짠 쁘라짬)

조교수 ผู้ช่วยศาสตราจารย์(푸 추아이 싸쓰뜨라짠)

부교수 รองศาสตราจารย์(렁 싸쓰뜨라짠)

교수 ศาสตราจารย์(싸쓰뜨라짠)

명예교수 ศาสตราจารย์เกรียติคุณ(싸스뜨라짠 끼앗띠쿤)

PART V

전화와 메일,
그리고 팩스에 대한 표현

01 전화 통화

전화가 없는 생활은 생각할 수도 없는 세상이다. 어디를 가도 전화는 필수품이 되었고 그 종류도 다양하다. 우리와 달리 태국에서는 선불폰을 많이 사용한다. 주머니 사정에 따라 먼저 돈을 충전하고 사용하는 방법이다. 기본요금제도 없다. 반면에 공중 전화기의 수는 점점 줄어들고 있다. 공중전화(국제전화 가능한 전화기 포함)는 현금을 사용하기도 하지만 카드를 사용하는 기기가 늘고 있다.

그러나 공공장소나 여러 사람이 함께 있는 장소에서 전화를 할 때는 상대방의 양해를 구하는 것이 우선이고, 작은 소리로 길지 않게 용건 중심으로 통화한다. 특히 남의 전화를 사용하려고 할 때는 반드시 상대방의 양해를 구해야 한다.

상대방에게 양해를 구할 때

• 전화를 한 통 걸어도 될까요? (남의 전화를 빌리면서)

ขอยืมโทรศัพท์โทรออกสายหนึ่งได้ไหมครับ/คะ

커 YEUM 토라쌉 토 억 싸이능 다이마이 크랍/카

• 전화를 사용해도 됩니까?
ขอใช้โทรศัพท์ได้ไหมครับ/คะ
커 차이 토라쌉 다이마이 크랍/카

• 전화 좀 빌려주시겠어요?
ขอยืมโทรศัพท์หน่อยได้ไหมครับ/คะ
커 yeum 토라쌉 너이 다이마이 크랍/카

• 제 핸드폰을 사용하시겠어요?
จะใช้มือถือผม/ดิฉันไหมครับ/คะ
짜 차이 므트 폼/디찬 마이 크랍/카

• 저 전화기로 국제전화를 할 수 있나요?
ใช้โทรศัพท์เครื่องนั้นโทรไปต่างประเทศได้ไหมครับ/คะ
차이 토라쌉 크르앙난 토 빠이 땅쁘라텟 다이마이 크랍/카

• 안 됩니다. 국내전화만 가능합니다.
ไม่ได้ครับ/ค่ะ ใช้ได้เฉพาะภายในประเทศเท่านั้นครับ/ค่ะ
마이다이 크랍/카 차이 다이 차퍼 파이나이 쁘라텟 타오난 크랍/카

• 전화카드를 사용할 수 있나요?
ใช้บัตรโทรศัพท์ได้ไหมครับ/คะ
차이 밧 토라쌉 다이마이 크랍/카

• 잠깐 전화기 충전을 해도 될까요?
ชาร์จโทรศัพท์หน่อยได้ไหมครับ/คะ
찻 토라쌉 너이 다이마이 크랍/카

• 전화번호부를 좀 볼 수 없을까요?
ขอดูสมุดโทรศัพท์หน่อยได้ไหมครับ/คะ
커 두 싸뭇 토라쌉 너이 다이마이 크랍/카

- 장거리 전화를 해도 괜찮을까요?

โทรทางไกลได้ไหมครับ/คะ

토 탕끌라이 다이마이 크랍/카

- 핸드폰을 1달 동안 임대할 수 있나요?

ขอเช่าโทรศัพท์เป็นเวลา ๑ เดือนได้ไหมครับ/คะ

커 차오토라쌉 뻰 웰라 능 드안 다이마이 크랍/카

- 로밍은 어디서 어떻게 하나요?

เปิดโรมมิ่งที่ไหนและยังไงครับ/คะ

뻣 로밍 티나이 래 양아이 크랍/카

전화 통화를 할 때

- 여보세요? 쌈얀입니다.

ฮัลโหล ที่นี่สามย่านครับ/ค่ะ

할로 티니 쌈얀 크랍/카

- 여보세요. 쏨차이씨댁입니다.

ฮัลโหล บ้านคุณสมชายครับ/ค่ะ

할로 반 쿤 쏨차이 크랍/카

- 거기 엑선생님댁인가요?

ที่นั่นบ้านอาจารย์เอกใช่ไหมครับ/คะ

티난 반 아짠 엑 차이마이 크랍/카

- 네 그렇습니다. 누구시죠?

ใช่ครับ/ค่ะ ใครพูดครับ/คะ

차이 크랍/카 크라이 풋 크랍/카

• 방콕에서 온 제자 잉언입니다.

อิงอร ลูกศิษย์ที่มาจากกรุงเทพฯ ค่ะ
잉언 룩씻 티 마짝 끄룽텝 카

• 213호실 부탁합니다.

ช่วยต่อห้อง 213 ด้วยครับ/ค่ะ
추아이 떠 헝 썽능쌈 두아이 크랍/카

• 어머니 댁에 계신가요?

คุณแม่อยู่บ้านไหมครับ/คะ
쿤매 유 반 마이 크랍/카

• 싸린야과장님 자리에 계신가요?

หัวหน้าศริญญาอยู่ที่โต๊ะไหมครับ/คะ
후아나 싸린야 유 티또 마이 크랍/카

• 쏨차이씨 바꿔주세요.

ขอพูดกับคุณสมชายครับ/ค่ะ
커 풋 깝 쿤 쏨차이 크랍/카

• 드언씨와 통화하고 싶은데요.

อยากคุยกับคุณเดือนครับ/ค่ะ
약 쿠이 깝 쿤드안 크랍/카

• 제가 드언인데 누구시죠?

กำลังพูดอยู่ค่ะ ไม่ทราบว่าใครคะ
깜랑 풋 유 카 마이 쌉 와 크라이 카

• 어! 꿍이니? 반갑다.

อ้อ กุ้งหรอ ดีใจจัง
어 꿍러 디짜이 짱

• 전화왔어요.

มีโทรมาครับ/ค่ะ

미 토 마 크랍/카

• 잠깐만 기다리세요. 바꿔드릴 게요.

รอสักครู่ครับ/ค่ะ เดี๋ยวจะตามให้ครับ/ค่ะ

러 싹크루 크랍/카 디아우 짜 땀하이 크랍/카

• 외출하고 안 계셔요.

ไม่อยู่ ออกไปข้างนอกครับ/ค่ะ

마이 유 억빠이 캉넉 크랍/카

• 언제쯤 전화하면 통화할 수 있을까요?

ต้องโทรเมื่อไรถึงจะได้คุยครับ/คะ

떵 토 므아라이 틍 짜 다이 쿠이 크랍/카

• 내일 오전 10시에 전화하시겠어요?

ลองโทรมาพรุ่งนี้10 โมงเช้าไหมครับ/คะ

렁 토 마 프룽니 씹 몽 차오 마이 크랍/카

• 오늘 저녁 5시에는 자리에 계실 것입니다.

วันนี้ 5 โมงเย็นคงจะอยู่ที่โต๊ะครับ/ค่ะ

완니 하 몽 옌 콩짜 유 티또 크랍/카

• 전화 좀 받아주세요.

ช่วยรับโทรศัพท์หน่อยครับ/ค่ะ

추아이 랍 토라쌉 너이 크랍/카

• 내가 받을 게.

ฉันจะรับเอง

찬 짜 랍엥

• 전화한 사람 누구야?

ใครโทรมา

크라이 토 마

• 누가 전화했다고 할까요?

ให้บอกว่าใครโทรมาดีครับ/คะ

하이 벅 와 크라이 토 마 디 크랍/카

• 언니, 꿍 이모가 바꿔달래요.

พี่ น้ากุ้งอยากคุยกับพี่ค่ะ

피 나꿍 약 쿠이 깝 피 카

• 여보세요. 관광청입니다. 뭘 도와드릴까요?

ฮัลโหล ททท.ครับ/ค่ะ มีอะไรให้ช่วยครับ/คะ

할로 터터터 크랍/카 미 아라이 하이 추아이 크랍/카

• 성함이 어떻게 되시나요?

ไม่ทราบว่าชื่ออะไรครับ/คะ

마이 쌉 와 츠 아라이 크랍/카

• 잘 못 들었습니다. 다시 말씀해 주시겠어요?

ไม่ค่อยได้ยินครับ/ค่ะ ช่วยบอกอีกทีด้วยครับ/ค่ะ

마이 커이 다이인 크랍/카 추아이 벅 익티 두아이 크랍/카

• 좀 더 크게 말씀해 주세요. 안 들려요.

ช่วยพูดดังกว่านี้หน่อยครับ/ค่ะ ไม่ได้ยินเลยครับ/ค่ะ

추아이 풋 당꽈 니 너이 크랍/카 마이 다이인 르이 크랍/카

• 좀 천천히 말씀하세요.

ช่วยพูดช้า ๆ หน่อยครับ/ค่ะ

추아이 풋 차차 너이 크랍/카

- 누구에게 전화하셨나요?

โทรมาหาใครครับ/คะ

토 마 하 크라이 크랍/카

- 여기 그런 분 안 계십니다.

ที่นี่ไม่มีคนชื่อนั้นครับ/ค่ะ

티니 마이 미 콘 츠난 크랍/카

- 용건을 여쭤도 될까요?

โทรมามีธุระอะไรเหรอครับ/คะ

토 마 미 투라 아라이 러 크랍/카

- 메시지를 남기시겠어요?

จะฝากข้อความไว้ไหมครับ/คะ

짜 확 커콤 와이 마이 크랍/카

- 어느 부서로 전화하셨나요?

โทรมาแผนกอะไรครับ/คะ

토 마 파낵 아라이 크랍/카

- 판촉부로 전화해 보시겠어요?

ลองโทรไปแผนกจัดจำหน่ายไหมครับ/คะ

렁 토 빠이 파낵 짯짬나이 마이 크랍/카

- 잠깐만요. 연결해 드리겠습니다.

สักครู่ครับ/ค่ะ เดี๋ยวจะโอนสายให้ครับ/ค่ะ

싹크루 크랍 디아우 짜 온 싸이 하이 크랍/카

- 전화 끊고 기다리세요.

วางหูแล้วรอนะครับ/คะ

왕 후 래우 러 나 크랍/카

• 어디서 국제전화를 할 수 있을까요?

โทรไปต่างประเทศได้ที่ไหนเหรอครับ/คะ

토 빠이 땅쁘라텟 다이 티나이 러 크랍/카

• 중앙우체국에 가면 국제전화를 할 수 있나요?

ไปไปรษณีย์กลางจะโทรไปต่างประเทศได้ไหมครับ/คะ

빠이 쁘라이싸니끌랑 짜 토 빠이 땅쁘라텟 다이마이 크랍/카

• 핸드폰으로도 할 수 있어요.

ใช้โทรศัพท์มือถือก็โทรได้ครับ/ค่ะ

차이 토라쌉므트 꺼 토 다이 크랍/카

• 핸드폰은 정말 쓸 모가 많아요(다용도 기기예요).

โทรศัพท์มือถือมีประโยชน์มากครับ/ค่ะ //

토라쌉므트 미 쁘라욧 막 크랍/카 //

เป็นเครื่องสารพัดประโยชน์ครับ/ค่ะ

뻰 크르앙 싸라팟쁘라욧 크랍/카

• 서울로 전화하고 싶은데 좀 도와주시겠어요?

อยากโทรไปกรุงโซล ช่วยหน่อยได้ไหมครับ/คะ

약 토 빠이 끄룽서울 추아이 너이 다이마이 크랍/카

• 태국의 국가번호는 어떻게 되나요?

รหัสประเทศของไทยคืออะไรครับ/คะ

라핫 쁘라텟 컹 타이 크 아라이 크랍/카

• 핸드폰으로 국제전화하려면 앞의 0은 빼고 누르면 됩니다.

ถ้าจะใช้มือถือโทรไปต่างประเทศก็แค่กดเบอร์โทรศัพท์

타 짜 차이 므트 토 빠이 땅쁘라텟 꺼 캐 꼿 버 토라쌉

โดยไม่ต้องใส่ 0 ครับ/ค่ะ

도이 마이 떵 싸이 쑨 크랍/카

• 콜렉트콜로 전화하려면 어떻게 하나요?

จะโทรแบบคอลเล็กต์คอล(เรียกเก็บเงินปลายทาง)

짜 토 뱁 컬렉트컬 (리악 껩 응언 쁘라이 탕)

จะต้องทำอย่างไรครับ/คะ

짜 떵 탐 양라이 크랍/카

• 끊지 말고 기다릴까요?

ให้ถือสายรอไหมครับ/คะ

하이 트 싸이 러 마이 크랍/카

• 수신인 지불통화 요청이 왔는데 받으시겠어요?

มีโทรศัพท์เรียกเก็บเงินปลายทางเข้า จะรับไหมครับ/คะ

미 토라쌉 리악 껩 응언 쁠라이탕 카오 짜 랍 마이 크랍/카

• 전화요금은 누가 내십니까?(부담합니까?)

ค่าโทรศัพท์ใครจ่ายครับ/คะ

카토라쌉 크라이 짜이 크랍/카

• 신용카드로 전화할 수 있나요?

ใช้บัตรเครดิตโทรได้ไหมครับ/คะ

차이 밧크레딧 토 다이마이 크랍/카

• 통화 후 요금을 알려면 이것을 누르세요.

หลังพูดโทรศัพท์แล้วอยากรู้ค่าใช้จ่ายให้กดปุ่มนี้ครับ/ค่ะ

랑 풋 토라쌉 래우 약 루 카차이짜이 하이 꼿 뿜 니 크랍/카

• 통화료가 얼마인가요?

ค่าโทรศัพท์เท่าไรครับ/คะ

카토라쌉 타오라이 크랍/카

전화 통화가 안 되었을 경우

- 아직도 통화 중이에요.

สายยังไม่ว่างครับ/ค่ะ

싸이 양 마이 왕 크랍/카

- 엄마가 통화 중이니까 이따가 다시 전화해라.

แม่กำลังพูดโทรศัพท์อยู่ ไว้ค่อยโทรทีหลัง

매 깜랑 풋 토라쌉 유 와이 커이 토 티랑

- 아무도 받지 않아요.

ไม่มีคนรับสายครับ/ค่ะ

마이 미 콘 랍싸이 크랍/카

- 집에 아무도 없나 봐요.

คิดว่าไม่มีใครอยู่บ้านครับ/ค่ะ

킷 와 마이미 크라이 유 반 크랍/카

- 점심 때라 모두 식사하러 나갔나 봐요.

ตอนนี้พักเที่ยง ทุกคนคงจะไปกินข้าวกันหมดมั้งครับ/คะ

떤니 팍 티앙 툭콘 콩짜 빠이 낀 카우 깐 못 망 크랍/카

- 급한 용무이면 얼른 가서 모셔오겠습니다.

ถ้าเป็นธุระด่วน จะรีบไปตามให้ครับ/ค่ะ

타 뻰 투라 두안 짜 립 빠이 땀 하이 크랍/카

- 아닙니다. 그냥 안부전화입니다.

ไม่เป็นไรครับ/ค่ะ แค่โทรมาถามทุกข์สุขเฉย ๆ ครับ/ค่ะ

마이뻰라이 크랍/카 캐 토 마 탐 툭쑥 츠이츠이 크랍/카

- 제가 다시 전화하지요.

ผม/ดิฉันจะโทรมา/ไปใหม่ครับ/ค่ะ

폼/디찬 짜 토 마 /빠이 마이 크랍/카

• 그러세요. 꼭 다시 전화주세요.

ครับ/ค่ะ แล้วโทรมาใหม่นะครับ/คะ

크랍/카 래우 토 마 마이 나 크랍/카

• 20분 후에 다시 전화하시겠어요?

อีก 20 นาทีโทรมาใหม่ไหมครับ/คะ

익 이씹 나티 토 마 마이 마이 크랍/카

• 어머니는 지금 급한 전화를 받고 계십니다.

ตอนนี้แม่กำลังรับโทรศัพท์ธุระด่วนอยู่ครับ/ค่ะ

떤니 매 깜랑 랍 토라쌉 투라 두안 유 크랍/카

• 지금 전화 받을 수 없어요. 누나가 대신 받아주세요.

ตอนนี้รับโทรศัพท์ไม่ได้ครับ/ค่ะ พี่ช่วยรับสายแทนด้วยครับ/ค่ะ

떤니 랍 토라쌉 마이다이 크랍/카 피 추아이 랍 싸이 탠 두아이 크랍/카

메시지와 관련하여 말할 때

• 그 분은 본점에 들어가셨는데 오시면 뭐라고 할까요

ท่านไปสำนักงานใหญ่ ถ้ากลับมาจะให้เรียนว่าอะไรดีครับ/คะ

탄 빠이 쌈낙응안야이 타 끌랍 마 짜 하이 리안 와 아라이 디 크랍/카

• 지금 연락이 되지 않는데요.

ตอนนี้ติดต่อไม่ได้ครับ/ค่ะ

떤니 띳떠 마이다이 크랍/카

• 해외 출장 중입니다.

ไปทำงานที่ต่างประเทศครับ/ค่ะ

빠이탐응안 티 땅쁘라텟 크랍/카

• 지금 다른 전화를 받고 있는데, 오래 할 것 같아요.

ตอนนี้กำลังรับโทรสายอื่นอยู่ คิดว่าคงนานกว่าจะ
떤니 깜랑 랍토 싸이은 유 킷와 콩 난꽈 짜

เสร็จครับ/ค่ะ
쎗 크랍/카

• 메시지를 남겨도 될까요?

ฝากข้อความได้ไหมครับ/คะ
확 커쾀 다이마이 크랍/카

• 전할 말씀이 있으세요?

มีอะไรจะฝากไว้ไหมครับ/คะ
미 아라이 짜 확 와이 마이 크랍/카

• 내일 다시 전화하신다고 메모해 두겠습니다.

จะบันทึกไว้ว่าคุณจะโทรมาใหม่พรุ่งนี้นะครับ/คะ
짜 반특 와이 와 쿤 짜 토 마 마이 프룽니 나 크랍/카

• 전화 드리라고 할까요?(전화 걸라고 할까요?)

จะบอกให้โทรกลับไหมครับ/คะ
짜 벅 하이 토 끌랍 마이 크랍/카

• 전화번호를 제게 주시겠습니까?

ขอทราบเบอร์โทรศัพท์ได้ไหมครับ/คะ
커 쌉 버토라쌉 다이 마이 크랍/카

• 제 번호는 66-89-765-1116 입니다

เบอร์ผม/ดิฉัน 66-89-765-1116 ครับ/ค่ะ
버 폼/디찬 혹혹 뺏까오 쩻혹하 능능능혹 크랍/카

• 서울 지역코드는 2 입니다.

รหัสจังหวัดของโซลคือ 2 ครับ/ค่ะ
라핫 짱왓 컹 서울 크 썽 크랍/카

• 제 전화번호를 알고 있을 겁니다.

เขาคงทราบเบอร์โทรศัพท์ของผม/ดิฉันอยู่แล้วครับ/ค่ะ

카오 콩 쌉 버토라쌉 컹 폼/디찬 유 래우 크랍/카

• 제 번호를 드릴 테니 나중에라도 전화 부탁드립니다.

เดี๋ยวจะฝากเบอร์ไว้ ถ้ายังไงรบกวน ช่วยบอกให้โทรกลับด้วยครับ/ค่ะ

디아우 짜 확 버 와이 타 양아이 롭꾸안 추아이 벅 하이 토끌랍 두아이 크랍/카

• 친구 영희가 전화했다고 전해주세요.

ช่วยบอกว่าเพื่อนชื่อยองฮีโทรมาด้วยครับ/ค่ะ

추아이 벅 와 프안 츠 영희 토 마 두아이 크랍/카

• 제가 직접 전하겠습니다.

ผม/ดิฉันจะบอกเองครับ/ค่ะ

폼/디찬 짜 벅 엥 크랍/카

• 사장님 비서에게 그렇게 전하겠습니다.

จะบอกกับเลขานุการของท่านประธานแบบนั้นครับ/ค่ะ

짜 벅 깝 레카누깐 컹 탄쁘라탄 뱁난 크랍/카

• 10분 전에 과장님을 찾는 전화가 있었어요.

เมื่อ10 นาทีก่อนมีคนโทรมาหาหัวหน้าครับ/ค่ะ

므아 씹 나티 껀 미 콘 토 마 하 후아나 크랍/카

전화를 잘못 걸었을 때

• 전화 잘 못 하셨어요. 여기는 학교가 아니에요.

โทรผิดแล้วครับ/ค่ะ ที่นี่ไม่ใช่โรงเรียนครับ/ค่ะ

토 핏 래우 크랍/ 카 티니 마이차이 롱리안 크랍/카

• 죄송해요. 제가 잘못 눌렀어요.

ขอโทษครับ/ค่ะ โทร/กดผิดครับ/ค่ะ

커톳 크랍/카 토 /꼿 핏 크랍/카

• 몇 번에 거셨어요?

โทรมาเบอร์อะไรครับ/คะ

토 마 버 아라이 크랍/카

• 여기는 김만수라는 분이 없습니다.

ที่นี่ไม่มีคนชื่อคิมมันซูครับ/ค่ะ

티니 마이 미 콘 츠 김민수 크랍/카

• 홍이라는 분이 여기 살지(있지) 않는데요.

คนที่ชื่อฮงไม่ได้อยู่ที่นี่แล้วครับ/ค่ะ

콘 티 츠 홍 마이다이 유 티니 래우 크랍/카

• (그런 분) 저는 모릅니다.

ผม/ดิฉันไม่รู้จักครับ/ค่ะ

폼/디찬 마이 루짝 크랍/카

• 전화번호를 한 번 확인하시고 전화주세요.

ลองเช็คเบอร์โทรศัพท์อีกทีแล้วโทรมานะครับ/คะ

렁 첵 버토라쌉 익 티 래우 토마 나 크랍/카

• 방금 거신 번호는 없는 번호입니다.

ไม่มีหมายเรียกที่ท่านเรียกค่ะ

마이 미 마이 리악 티 탄 리악 카

• 음성메시지를 남기시겠습니까?

ฝากข้อความเสียงไว้ไหมคะ

확 커쾀씨앙 와이 마이 카

통화에 문제가 생겼을 때

• 잘 안 들립니다.
ไม่ค่อยได้ยินเลยครับ/ค่ะ
마이 커이 다이인 르이 크랍/카

• 좀 크게 말씀하세요.
พูดดังหน่อยครับ/ค่ะ
풋 당 너이 크랍/카

• 너무 큰소리로 말하지 마세요. 귀 아파요.
อย่าพูดดังมากครับ/ค่ะ ปวดหูครับ/ค่ะ
야 풋 당 막 크랍/카 뿌앗 후 크랍/카

• 작은 소리로 말 해도 잘 들려요.
พูดเบา ๆ ก็ได้ยินชัดเจนดีครับ/ค่ะ
풋 바오바오 꺼 다이인 찻쩬 디 크랍/카

• 전화상태가 아주 안 좋아요.
สัญญาณไม่ค่อยดีเท่าไรครับ/ค่ะ
싼얀 마이 커이 디 타오라이 크랍/카

• 이 방이 시끄러워서 전화를 받을 수 없어요.
ห้องนี้หนวกหูมากเลยพูดโทรศัพท์ไม่ค่อยได้ครับ/ค่ะ
헝 니 누악후 막 르이 풋 토라쌉 마이 커이 다이 크랍/카

• 텔레비전을 좀 줄이거나 꺼요. 전화 받아야 해요.
ปิดทีวีหรือหรี่เสียงให้เบาลงหน่อยครับ/ค่ะ ผม/ดิฉัน
삣 티위 르 리 씨앙 하이 바오 롱 너이 크랍/카 폼/디찬
ต้องรับโทรศัพท์ครับ/ค่ะ
떵 랍 토라쌉 크랍/카

• 혼선이 되었어요.

สายพันกันครับ/ค่ะ

싸이 판깐 크랍/카

• 교환에게 다시 물으세요.

ลองถามโอเปอเรเตอร์ดูอีกทีนะครับ/คะ

렁 탐 오퍼레이터 두 익티 나 크랍/카

• 연결이 잘못 되었어요.

ต่อสายผิดแล้วครับ/ค่ะ

떠 싸이 핏 래우 크랍/카

• 배터리가 다 되어서 길게 얘기 못 해요.

แบตกำลังจะหมด พูดยาวไม่ได้ครับ/ค่ะ

뱃 깜랑 짜 못 풋 야우 마이다이 크랍/카

• 배터리가 나갔어요.

แบตหมดแล้วครับ/ค่ะ

뱃 못 래우 크랍/카

• 충전을 여기서도 할 수 있나요?

ชาร์จโทรศัพท์ที่นี่ได้ไหมครับ/คะ

찻 토라쌉 티니 다이마이 크랍/카

• 세븐일레븐에 가서 충전카드를 사서 충전하면 됩니다.

ไปซื้อบัตรเติมเงินที่เซเว่นได้ครับ/ค่ะ

빠이 쓰 밧 뜸응언 티 쎄븐 다이 크랍/카

• 전화기 충전은 여기 써 있는 대로 하시면 됩니다.

วิธีเติมเงินนั้นทำตามที่เขียนไว้ตามนี้ก็ได้ครับ/ค่ะ

위티 뜸응언 난 탐 땀 티 키안 와이 땀 니 꺼 다이 크랍/카

• 충전할 줄 모르는데 도와주시겠어요?

เติมเงินไม่เป็น ช่วยหน่อยได้ไหมครับ/คะ

뜸응언 마이 뻰 추아이 너이 다이마이 크랍/카

• 예비배터리가 있어요.

มีแบตสำรองครับ/ค่ะ

미 뱃 쌈렁 크랍/카

• 배터리만 바꾸면 됩니다.

เปลี่ยนแบตก็พอครับ/ค่ะ

쁠리안 뱃 꺼 퍼 크랍/카

전화를 끊을 때

• 다음에 다시 전화드릴 게요.

ไว้จะโทรมาใหม่ครับ/ค่ะ

와이 짜 토 마 마이 크랍/카

• 내일 또 전화해.

พรุ่งนี้จะโทรมาอีก

프룽니 짜 토 마 익

• 주말에 전화하고 만나자.

วันเสาร์อาทิตย์โทรนัดเวลาแล้วเจอกันนะ

완 싸오 아팃 토 낫 웰라 래우 쯔 깐 나

• 잘 있어. 엄마한테 안부 전해 줘.

สวัสดี ฝากความคิดถึงถึงคุณแม่ด้วย

싸왓디 확 콤킷틍 틍 쿤매 두아이

• 이제 전화를 끊어야겠습니다.

ต้องวางหูแล้วครับ/ค่ะ

떵 왕 후 래우 크랍/카

• 다른 전화가 와서 부득이 끊어야겠네요.

มีสายอื่นโทรเข้ามา ต้องวางหูแล้วครับ/ค่ะ

미 싸이 은 토 카오 마 떵 왕 후 래우 크랍/카

• 전화 주셔서 감사합니다.

ขอบคุณที่โทรมาครับ/ค่ะ

컵쿤 티 토 마 크랍/카

• 너무 많은 시간을 빼앗아 죄송합니다.

ขอโทษที่ทำให้คุณเสียเวลามากครับ/ค่ะ

커톳 티 탐 하이 쿤 씨아 웰라 막 크랍/카

• 전화라 긴 이야기는 다음으로 미루지요.

เพราะเป็นการพูดทางโทรศัพท์ เรื่องยาว ๆ นั้นเก็บไว

프러 뻰 깐 풋 탕 토라쌉 르앙 야우야우 난 껩 와이

คุยทีหลังนะครับ/คะ

쿠이티랑 나 크랍/카

• 얼른 끊어야겠어요.

ต้องรีบวางหูแล้วครับ/ค่ะ

떵 립 왕 후 래우 크랍/카

02 이메일 · 팩스 · 컴퓨터

현대에 들어서 이메일이나 팩스 스캔 그리고 핸드폰과 더불어 컴퓨터는 필수품이 되었다. 컴퓨터로, 핸드폰으로 못 하는 일이 없을 정도가 되었다. 그러므로 이러한 문명의 이기를 사용할 때 사용되는 표현에 대해서도 익혀두는 것이 필요하다. 너무 빠르게 실생활로 밀어닥친 문명의 이기들은 그 속도가 너무 빨라 태국이나 한국에서 모두 외래어를 그대로 사용한다. 이른 바 "탑쌉"이다. 태국에서는 이멜, 팩, 싸깬, 컴퓨터로 불린다. 뿐만 아니라 상표가 보통명사로 사용되는 경우도 적지 않다. Stapler 경우 "맥" (Max)으로 통한다.

이메일 주소나 팩스 번호를 물을 때

• 이메일 주소 있으신가요?

มีอีเมล์ไหมครับ/คะ

미 이멜 마이 크랍/카

• 이메일 주소를 가르쳐주시겠어요?

ขอทราบที่อยู่อีเมล์ได้ไหมครับ/คะ

커 쌉 티유 이멜 다이마이 크랍/카

• 팩스 번호가 어떻게 되나요?

เบอร์แฟกซ์เบอร์อะไรครับ/คะ

버 홱스 버 아라이 크랍/카

• 팩스번호가 전화번호와 같은가요?

เบอร์แฟกซ์กับเบอร์โทรศัพท์เบอร์เดียวกันเหรอครับ/คะ

버 홱스 깝 버 토라쌉 버 디아우깐 러 크랍/카

• 끝이 5번인 전화가 팩스전용이에요.

เบอร์ที่ลงท้ายด้วย 5 เป็นเครื่องสำหรับรับแฟกซ์

버 티 롱타이 두아이 하 뻰 크르앙 쌈랍 랍 홱스

โดยเฉพาะครับ/ค่ะ

도이차퍼 크랍/카

• 팩스 좀 사용해도 될까요?

ขอใช้แฟกซ์หน่อยได้ไหมครับ/คะ

커 차이 홱스 너이 다이마이 크랍/카

• 인터넷 전화를 사용해요.

ใช้โทรศัพท์อินเทอร์เน็ตครับ/ค่ะ

차이 토라쌉 인터넷 크랍/카

• 인터넷 전화번호가 어떻게 되나요?

โทรศัพท์อินเทอร์เน็ตเบอร์อะไรครับ/คะ

토라쌉 인터넷 버 아라이 크랍/카

• 070으로 시작되는 번호입니다.

เป็นเบอร์ที่ขึ้นต้นด้วย 070 ครับ/ค่ะ

뻰 버 티 큰똔 두아이 쑨쩻쑨 크랍/카

• 팩스번호가 혹시 바꾸지 않았나요?

เปลี่ยนเบอร์แฟกซ์แล้วหรือเปล่าครับ/คะ

쁠리안 버 퐥 래우 르 쁠라오 크랍/카

이메일이나 팩스에 대하여 말할 때

• 내가 어제 보낸 이메일 읽어 봤니?

อ่านอีเมล์ที่ฉันส่งไปเมื่อวานแล้วหรือยัง

안 이멜 티 찬 쏭 빠이 므아완 래우 르 양

• 인터넷에 접속되어 있나요?

ต่ออินเทอร์เน็ตอยู่หรือเปล่าครับ/คะ

떠 인터넷 유 르 쁠라오 크랍/카

• 인터넷(라인) 할 줄 아세요?

ใช้อินเทอร์เน็ตเป็นไหมครับ/คะ

차이 인터넷 뻰마이 크랍/카

• 지금 인터넷 할 수 있나요?

ตอนนี้ใช้อินเทอร์เน็ตได้ไหมครับ/คะ

떤니 차이 인터넷 다이마이 크랍/카

• 인터넷을 뺀 생활은 상상할 수 없어요.

นึกถึงชีวิตที่ไม่มีอินเทอร์เน็ตไม่ออกเลยครับ/ค่ะ

늑틍 치윗 티 마이미 인터넷 마이 억 르이 크랍/카

• 자료를 스캔해서 제게 보내주시겠어요?

ช่วยสแกนข้อมูลแล้วส่งให้ผม/ดิฉันได้ไหมครับ/คะ

추아이 싸캔 커문 래우 쏭 하이 폼/디찬 다이마이 크랍/카

- 팩스 잉크를 바꿔야겠어요.

คงจะต้องเปลี่ยนหมึกเครื่องแฟกซ์แล้วครับ/ค่ะ

콩짜 떵 쁠리안 믁 크르앙홱 래우 크랍/카

- 잉크가 떨어졌나 봐요.

สงสัยหมึกหมดแล้วครับ/ค่ะ

쏭싸이 믁 못 래우 크랍/카

- 이 복사본을 팩스로 보내주세요.

ช่วยเอาสำเนานี้ส่งแฟกซ์ให้ด้วยครับ/ค่ะ

추아이 아오 쌈나오니 쏭 홱 하이 두아이 크랍/카

- 팩스를 보내고 있는 중이에요.

กำลังส่งแฟกซ์อยู่ครับ/ค่ะ

깜랑 쏭 홱 유 크랍/카

- 팩스가 안 들어가네요.

ไม่มีแฟกซ์มานะครับ/คะ

마이미 홱 마 나 크랍/카

- 팩스를 다시 보내주세요.

ช่วยส่งแฟกซ์ใหม่ให้อีกทีด้วยครับ/ค่ะ

추아이 쏭 홱 마이 하이 익티 두아이 크랍/카

- 보내주신 팩스가 읽을 수가 없어요.(팩스 인쇄상태가 아주 나빠요.)

อ่านแฟกซ์ที่ส่งมาไม่ได้เลยครับ/ค่ะ

안 홱 티 쏭 마 마이다이 르이 크랍/카

- 팩스보다 이메일로 보내주세요.

ส่งทางอีเมล์ดีกว่าส่งทางแฟกซ์ครับ/ค่ะ

쏭 탕 이멜 디꽈 쏭 탕홱 크랍/카

• 팩스가 아니라 이메일로 보내줘요.

ช่วยส่งทางอีเมล์ไม่ใช่ทางแฟกซ์ครับ/ค่ะ

추아이 쏭 탕이멜 마이차이 탕핵 크랍/카

• 이메일이 더 편리해요.

อีเมล์สะดวกกว่าครับ/ค่ะ

이멜 싸두악꽈 크랍/카

• 이메일은 핸드폰으로도 확인할 수 있어요.

อีเมล์นั้นเราสามารถใช้มือถือเช็คได้ครับ/ค่ะ

이멜난 라오 싸맛 차이므트 첵다이 크랍/카

• 여기서 이메일을 확인할 수 있나요?

เช็คอีเมล์ที่นี่ได้ไหมครับ/คะ

첵 이멜 티니 다이마이 크랍/카

• 이메일을 확인한 후 답을 주세요.

เช็คอีเมล์แล้วตอบด้วยนะครับ/คะ

첵 이멜 래우 떱 두아이 나 크랍/카

• 메일 답장을 더 일찍 하지 못해 죄송합니다.

ขอโทษที่ตอบเมล์ช้าครับ/ค่ะ

커톳 티 떱 멜 차 크랍/카

• 컴퓨터로 스캔해서 발송할 줄 알아요?

สแกนเข้าคอมพิวเตอร์แล้วส่งเป็นไหมครับ/คะ

싸캔 카오 컴퓨터 래우 쏭 뻰 마이 크랍/카

• 복합기라서 다 할 수 있어요.

เพราะเป็นเครื่องพิมพ์อเนกประสงค์(All in one)จึงทำได้

프러 뻰 크르앙핌아넥쁘라쏭 (All in one) 쯩 탐다이

ทุกอย่างครับ/ค่ะ

툭양 크랍/카

• 이메일을 받지 못했어요. 언제 보냈어요?

ยังไม่ได้รับอีเมล์นะครับ/คะ ส่งมาเมื่อไรครับ/คะ

양 마이다이 랍 이멜 나 크랍/카 쏭 마 므아라이 크랍/카

• 컴퓨터가 고장 났어요. 열리지가 않아요.

เครื่องคอมพิวเตอร์เสียครับ/ค่ะ เปิดไม่ได้ครับ/ค่ะ

크르앙컴퓨터 씨아 크랍/카 쁫 마이다이 크랍/카

복사할 때

• 복사기 있나요?

มีเครื่องถ่ายเอกสาร(ซีร็อกซ์)ไหมครับ/คะ

미 크르앙 타이 엑까싼 (지럭) 마이 크랍/카

• 컴퓨터로 복사해 드릴까요?

ใช้คอมพิวเตอร์ถ่ายเอกสารให้ไหมครับ/คะ

차이 컴퓨터 타이 엑까싼 하이 마이 크랍/카

• 서류를 3부 복사해 주세요.

ช่วยถ่ายเอกสารให้ ๓ ฉบับครับ/ค่ะ

추아이 타이 엑까싼 하이 쌈 차밥 크랍/카

• 복사하는 데 오래 걸리나요?

ถ่ายเอกสารใช้เวลานานไหมครับ/คะ

타이 엑까싼 차이웰라 난 마이 크랍/카

• 많은 것을 복사하려면 복사기를 사용하세요.

ถ้าจะถ่ายเอกสารจำนวนมากก็ใช้เครื่องถ่ายเอกสารเถอะครับ/ค่ะ

타 짜 타이 엑까싼 짬누안 막 꺼 차이 크르앙타이엑까싼 터 크랍/카

- 5쪽에서 10쪽만 복사하세요.

ถ่ายหน้าที่ ๕ ถึงหน้าที่ ๑๐ ครับ/ค่ะ
타이 나 티 하 틍 나 티 씹 크랍/카

- 3쪽과 7쪽만 복사하세요.

ถ่ายเฉพาะหน้าที่ ๓ และหน้าที่ ๗ ครับ/ค่ะ
타이 차퍼 나 티 쌈 래 나 티 쩻 크랍/카

- 복사본이 흐려요.

สำเนาไม่ชัดครับ/ค่ะ
쌈나오 마이 찻 크랍/카

- 복사기가 작동이 안 돼요.

เครื่องถ่ายเอกสารใช้งานไม่ได้ครับ/ค่ะ
크르앙 타이엑까싼 차이 응안 마이다이 크랍/카

- 먼저 스위치(전원)를 켜야 돼요.

ต้องกดปุ่มเปิดเครื่องก่อนครับ/ค่ะ
떵 꼿 뿜 쁫 크르앙 껀 크랍/카

- (복사기)에 종이가 끼었어요.

กระดาษติดครับ/ค่ะ
끄라닷 띳 크랍/카

컴퓨터에 대하여 말할 때

- 인터넷 접속이 안 돼요.

ต่ออินเทอร์เน็ตไม่ได้ครับ/ค่ะ
떠 인터넷 마이다이 크랍/카

• 무선인터넷은 사용할 수 없나 봐요.

คิดว่าคงใช้อินเตอร์เน็ทไร้สาย(ไวไฟ)ไม่ได้

킷와 콩 차이 인터넷 라이 싸이(WiFi) 마이다이

• 컴퓨터 할 줄 아니?

เล่นคอมพิวเตอร์เป็นไหม

렌 컴퓨터 뻰 마이

• MS WORD 잘 해요?

ใช้ MS WORD เก่งไหมครับ/คะ

차이 엠엣 웟 껭 마이 크랍/카

• 간신히 이메일만 주고 받을 수 있어요.

แค่รับส่งอีเมล์ก็ยากแล้วครับ/ค่ะ

캐 랍 쏭 이멜 꺼 약 래우 크랍/카

• 컴맹이에요.

ใช้คอมไม่เป็นเลยครับ/ค่ะ

차이 컴 마이 뻰 르이 크랍/카

• 이 내용을 컴퓨터에 입력해 줘요.

ช่วยป้อนข้อมูลในคอมพิวเตอร์หน่อยครับ/ค่ะ

추아이 뻔 커문 나이 컴퓨터 너이 크랍/카

• 데이터를 어떻게 불러오지요?

(เปิด)เรียกข้อมูลอย่างไรครับ/ค่ะ

(쁫) 리악 커문 양라이 크랍/카

• POWER POINT 사용할 줄 알아요?

ใช้ POWER POINT เป็นไหมครับ/คะ

차이 파워포인 뻰 마이 크랍/카

• POWER POINT 를 사용하면 아주 편리해요.

ถ้าใช้ POWER POINT จะสะดวกมากครับ/ค่ะ

타 차이 파워포인 짜 싸두악 막 크랍/카

• POWER POINT에 그림을 넣어 만들어요.

ใส่ภาพลงใน POWER POINT ได้ครับ/ค่ะ

싸이 팝 롱 나이 파워포인 다이 크랍/카

• 브리핑용은 POWER POINT 로 만드세요.

เอกสารที่เอาไว้พูดสรุปนั้นทำเป็น POWER POINT นะครับ/คะ

엑까싼 티 아오와이 풋싸룹 난 탐 뻰 파워포인 나 크랍/카

• EXCEL 할 줄 알아요?

ใช้ EXCEL เป็นไหมครับ/คะ

차이 엑쎌 뻰 마이 크랍/카

• EXCEL 사용법을 지금 배우고 있어요.

กำลังเรียนวิธีใช้ EXCEL อยู่ครับ/ค่ะ

깜랑 리안 위티차이 엑쎌 유 크랍/카

• 혼자서 책을 보며 익히는 중이에요.

กำลังเรียนด้วยตัวเองผ่านหนังสือครับ/ค่ะ

깜랑 리안 두아이 뚜아엥 판 낭쓰 크랍/카

• 데이터가 다 사라졌어요. 복구할 수 있나요?

ข้อมูลหายหมดแล้วครับ/ค่ะ เรียกคืนได้ไหมครับ/คะ

커문 하이 못 래우 크랍/카 리악 큰 다이마이 크랍/카

• 이 컴퓨터가 바이러스에 감염되었어요.

คอมพิวเตอร์เครื่องนี้ติดไวรัสแล้วครับ/ค่ะ

컴퓨터 크르앙니 띳 와이랏 래우 크랍/카

• 바이러스를 치료할 수 있나요?

กำจัดไวรัสได้ไหมครับ/คะ

깜짯 와이랏 다이마이 크랍/카

• 바이러스를 치료하려면 어떻게 하나요?

ถ้าจะกำจัดไวรัสต้องทำอย่างไรครับ/คะ

타 짜 깜짯 와이랏 떵 탐 양라이 크랍/카

• 압축파일 만드는 법을 설명해주세요.

ช่วยอธิบายวิธีบีบอัดไฟล์(Zip file)หน่อยครับ/ค่ะ

추아이 아티바이 위티 빕앗 화일 (Zip file) 너이 크랍/카

• 노트북은 들고 다닐 수 있어서 편리해요.

โน้ตบุคนั้นหิ้วไปไหนมาไหนได้เลยสะดวกมากครับ/ค่ะ

놋북난 히우 빠이 나이 마 나이 다이 르이 싸두악 막 크랍/카

• 이 프로그램을 실행하면 자동적으로 치료됩니다.

ถ้าเรียกใช้โปรแกรมนี้ก็จะกำจัดโดยอัตโนมัติครับ/ค่ะ

타 리악 차이 프로그램 니 꺼 짜 깜짯 도이 앗따노맛 크랍/카

• 그 파일은 어떻게 다운받나요?

ไฟล์นั้นดาวน์โหลดได้อย่างไรครับ/คะ

파일난 다운롯 다이 양라이 크랍/카

• 음악을 컴퓨터로 들을 수 있나요?

ใช้คอมพิวเตอร์ฟังเพลงได้ไหมครับ/คะ

차이 컴퓨터 황 플렝 다이마이 크랍/카

• 그 사진들은 제 컴퓨터에 있어요.

รูปพวกนั้นมีอยู่ในคอมพิวเตอร์ผม/ดิฉันครับ/ค่ะ

룹 푸악 난 미 유 나이 컴퓨터 폼/디찬 크랍/카

• 음악프로그램을 다운은 받았는데 소리가 안 나네요.

โหลดโปรแกรมเล่นเพลงแล้วแต่ไม่มีเสียงครับ/ค่ะ

롯 쁘로그램 렌플렝 래우 때 마이미 씨앙 크랍/카

Tip

한국인들은 일상에서 보통 ms-word보다 한글 프로그램을 더 많이 사용한다. 한국인의 컴퓨터에는 99%정도가 한글 프로그램을 갖고 있기 때문이다. 그러나 한글 프로그램이 없는, ms word를 사용하는 태국과 같은 나라의 컴퓨터를 생각해 보자. 한글로 만든 프로그램이나 파일을 pdf 파일이나 ms word file 등으로 변형시켜 보내지 않으면 열 수 없다. file 제목도 영어로 해야 함은 물론이다. 그리고 상대방의 컴퓨터에 한글 program이 깔려 있어야 한다는 점이 우선이라는 것도 유념해 두자.

PART VI

비즈니스를 위한 표현

01 업무의 위임과 진행

비즈니스를 하거나 직장생활을 할 때 개개인의 상황과 능력에 따라 업무의 한계를 분명히 하는 것은 능률적이다. 이렇게 사람이나 직책에 따라 업무의 내용과 한계를 정하는 것은 개인 생활에서도 마찬가지이다.

업무에 대하여 대화할 때

- 이 일을 내일 오전까지 마무리하세요.

  ทำงานนี้ให้เสร็จภายในพรุ่งนี้เที่ยงนะครับ/คะ

  탐 응안 니 하이쎗 파이나이 프룽니 티앙 나 크랍/카

- 이 일을 대신 처리해 주시겠어요?

  ช่วยทำงานนี้แทนผม/ดิฉันได้ไหมครับ/คะ

  추아이 탐응안 니 탠 폼/디찬 다이마이 크랍/카

- 당신이 해야 할 일이 좀 있어요.

  มีงานที่คุณต้องทำนิดหน่อยครับ/ค่ะ

  미 응안 티 쿤 떵 탐 닛너이 크랍/카

- 밀린 일이 많아요.

  มีงานค้างเยอะครับ/ค่ะ

  미 응안 캉 여 크랍/카

• 상품 수주는 어느 부서에 맡길까요?

การสั่งสินค้านั้นให้ทำแผนกไหนรับผิดชอบดีครับ/คะ

깐 쌍 씬카난 하이 탐 파낵나이 랍핏첩 디 크랍/카

• 업무를 나누어 처리하면 빠를 겁니다.

ถ้าแบ่งงานกันทำจะเร็วกว่าครับ/ค่ะ

타 뱅 응안 깐 탐 짜 레우꽈 크랍/카

• 김군이 이 일을 맡아 처리하세요.

คุณคิมช่วยจัดการเรื่องนี้หน่อยครับ/ค่ะ

쿤김 추아이 짯깐 르앙니 너이 크랍/카

• 계획안을 짜서 내일 회의에 보고하세요.

ร่างแผนการและรายงานในที่ประชุมพรุ่งนี้ด้วยครับ/ค่ะ

랑 팬깐 래 라이응안 나이 티쁘라춤 프룽니 두아이 크랍/카

• 미국기업과 합작기업을 만드세요.

ลองทำกิจการร่วมทุนกับบริษัทอเมริกันดูสิครับ/คะ

럼 탐 낏짜깐 루암 툰 깝 버리쌋 아메리깐 두 씨 크랍/카

• 이런 형태의 협력은 많은 이점이 있어요.

การร่วมมือแบบนี้มีประโยชน์หลายอย่างครับ/ค่ะ

깐 루암므 뱁니 미쁘라욧 라이 양 크랍/카

• 이런 협력은 전망도 밝습니다.

การร่วมมือประเภทนี้มีโอกาสเติบโตด้วยครับ/ค่ะ

깐 루암므 쁘라펫니 미 오깟 뜹또 두아이 크랍/카

• 얼른 보고하라고 재촉하십니다.

ข้างบนกำลังเร่งให้รายงานเร็ว ๆ ครับ/ค่ะ

캉본 깜랑 렝 하이 라이응안 레우레우 크랍/카

• 제가 이 일을 맡고 싶습니다.
ผม/ดิฉันอยากทำงานนี้ครับ/ค่ะ
폼/디찬 약 탐응안니 크랍/카

• 제게 맡겨주세요.
ให้ผม/ดิฉันทำ(รับผิดชอบ)นะครับ/คะ
하이 폼/디찬 탐 (랍핏첩) 나 크랍/카

• 과장님이 적임자십니다.
หัวหน้าแผนกเป็นคนเหมาะสมที่สุดครับ/ค่ะ
후아나 파낵 뻰 콘 머쏨 티쑷 크랍/카

• 우선 가 본 후에 가부를 결정하지요.
ลองไปดูก่อนแล้วค่อยตัดสินใจครับ/ค่ะ
렁 빠이두 껀 래우 커이 땃씬짜이 크랍/카

• 공장을 둘러 본 후 사장을 만나고 오세요.
ลองไปชมโรงงานแล้วพบประธานของบริษัทนั้นดูสิครับ/คะ
렁 빠이촘 롱응안 래우 폽 쁘라탄 컹 버리쌋난 두씨 크랍/카

• 그 회사 사장을 만나는 건 급하지 않아요.
เรื่องการพบประธานนั้นไม่ใช่เรื่องเร่งด่วนครับ/ค่ะ
르앙 깐 폽 쁘라탄난 마이차이 르앙 렝두안 크랍/카

• 그 일을 하면 우리 회사가 얻는 것은 무엇이지요?
ถ้าทำงานนั้นบริษัทเราได้อะไรครับ/คะ
타 탐응안난 버리쌋라오 다이 아라이 크랍/카

• 그 업무 담당자와 직접 만나겠습니다.
ผม/ดิฉันจะไปพบเจ้าหน้าที่ที่รับผิดชอบด้วยตัวเองครับ/ค่ะ
폼/디찬 짜 빠이 폽 짜오나티 티 랍핏첩 두아이뚜아엥 크랍/카

• 이 공장은 무엇을 생산하나요?
โรงงานนี้ผลิตอะไรบ้างครับ/คะ
롱응안니 팔릿 아라이 방 크랍/카

• 그 기계는 언제부터 작동하는가?
เครื่องจักรนี้เริ่มใช้ตั้งแต่เมื่อไร
크르앙짝니 름 차이 땅때 므아라이

• 이 프로젝트에 재정지원자가 있습니까?
โปรเจคนี้มีใครเป็นสปอนเซอร์ไหมครับ/คะ
프로젝니 미 크라이 뻰 스폰서 마이 크랍/카

• 이 프로젝트는 대자본을 요구하지 않습니다.
โปรเจคนี้ไม่ต้องการงบประมาณสูงครับ/ค่ะ
프로젝니 마이 떵깐 응옵쁘라만 쑹 크랍/카

• 좋은 광고를 기획해야 합니다.
ต้องวางแผนโฆษณาให้ดีครับ/ค่ะ
떵 왕팬 코싸나 하이디 크랍/카

업무 진행 및 확인할 때

• 티비 수출 건은 어떻게 진행되고 있나요?
เรื่องการส่งออกทีวีนั้นคืบหน้าไปถึงไหนแล้วครับ/คะ
르앙 깐 쏭억 티비 난 큽나 빠이틍 나이 래우 크랍/카

• 얼마나 있으면 그 일이 끝날까요?
งานนั้นเมื่อไรจะเสร็จครับ/คะ
응안난 므아라이 짜 쎗 크랍/카

- 그 일은 이미 처리했습니다.

งานนั้นจัดการเรียบร้อยแล้วครับ/ค่ะ

응안난 짯깐 리압러이 래우 크랍/카

- 아직 시작도 못 했어요.

ยังไม่ได้ลงมือทำเลยครับ/ค่ะ

양 마이다이 롱므 탐 르이 크랍/카

- 마감 시간에 맞춰 끝내야 해요.

ต้องทำให้เสร็จทันเวลาที่กำหนดครับ/ค่ะ

떵 탐 하이쎗 탄웰라 티 깜놋 크랍/카

- 마감일이 얼마 남지 않았어요.

ใกล้ถึงวันที่กำหนด(เดดไลน์)แล้วครับ/ค่ะ

끌라이 틍 완티깜놋 (뎃라인) 래우 크랍/카

- 할 수 있는 사람이 하기로 하지요.

ให้คนที่ทำได้ทำละกันครับ/ค่ะ

하이 콘티탐다이 탐라깐 크랍/카

- 진행상황을 회의에서 설명하세요.

ช่วยอธิบายความคืบหน้าในที่การประชุมด้วยครับ/ค่ะ

추아이 아티바이 쾀큽나 나이티 깐쁘라춤 두아이 크랍/카

- 사장님이 진척상황을 보고하라고 하십니다.

ท่านประธานสั่งให้รายงารความคืบหน้าครับ/ค่ะ

탄쁘라탄 쌍 하이 라이응안 쾀큽나 크랍/카

- 한 번 더 그 회사에 문의하는 게 좋겠습니다.

คิดว่าถามบริษัทนั้นอีกครั้งหนึ่งจะดีกว่าครับ/ค่ะ

킷와 탐 버리쌋난 익크랑능 짜 디꽈 크랍/카

• 그 회사에 대한 정보가 있는지요?

มีข้อมูลอะไรเกี่ยวกับบริษัทนั้นไหมครับ/คะ

미 커문 아라이 끼아우깝 버리쌋난 마이 크랍/카

• 그 공장으로 누군가 출장을 가야 합니다.

ต้องมีใครสักคนเดินทางไปดูงานที่โรงงานนั้นครับ/ค่ะ

떵 미 크라이 싹콘 든탕 빠이두 응안 티롱안 난 크랍/카

• 그 서류 좀 우선 볼 수 있을까요?

ก่อนอื่นขอดูเอกสารนั้นก่อนได้ไหมครับ/คะ

껀은 커 두 엑까싼 난 껀 다이마이 크랍/카

• 상대방 회사에서 무슨 연락이 왔어요?

บริษัททางโน้นติดต่ออะไรมาบ้างหรือเปล่าครับ/คะ

버리쌋 탕논 띳떠 아라이 마 방 르 쁠라오 크랍/카

• 그 회사에서 보내온 홍보자료입니다.

นี่คือข้อมูลประชาสัมพันธ์ที่บริษัทนั้นส่งมาให้ครับ/ค่ะ

니 크 커문 쁘라차쌈판 티 버리쌋난 쏭마하이 크랍/카

• 또 우리가 필요로 하는 자료는 무엇이 있지요?

มีข้อมูลอะไรที่เราต้องใช้(จำเป็น)อีกบ้างครับ/คะ

미 커문 아라이 티 라오 떵차이 (짬뻰) 익방 크랍/카

• 매일 오후 4시에 업무를 점검하겠습니다.

ผม/ดิฉันจะมาเช็คงานตอน 4 โมงเย็นทุกวันครับ/ค่ะ

폼/디찬 짜 마 첵 응안 떤 씨 몽옌 툭완 크랍/카

• 계약조건을 어떻게 하는 게 좋겠습니까?

เงื่อนไขสัญญาทำอย่างไรถึงจะดีครับ/คะ

응안카이 싼야 탐 양라이 틍짜디 크랍/카

• 누가 당신 측 납품자입니까?

ใครเป็นผู้ส่งสินค้าของฝ่ายคุณครับ/คะ

크라이 뻰 푸쏭씬카 컹 화이쿤 크랍/카

• 좀 더 적합한 가격대의 물건을 찾으세요.

ช่วยหาสินค้าที่มีราคาเหมาะสมกว่านี้ด้วยครับ/ค่ะ

추아이 하 씬카 티 미 라카 머쏨 꽈니 두아이 크랍/카

• 그 회사는 어느 나라로 수출하나요?

บริษัทนั้นส่งออกไปประเทศอะไรบ้างครับ/คะ

버리쌋난 쏭 억빠이 쁘라텟 아라이 방 크랍/카

• 그 쪽 엔지니어는 어느 나라 사람입니까?

วิศวกรฝ่ายโน้นมาจากประเทศอะไร(เป็น

위싸와껀 화이논 마짝 쁘라텟아라이 (뻰

คนประเทศอะไร)ครับ/คะ

콘쁘라텟아라이) 크랍/카

• 설비임대료는 얼마나 될까요?

ค่าเช่าโรงงานราคาประมาณเท่าไรครับ/คะ

카차오롱안 라카 쁘라만 타오라이 크랍/카

• 우리가 생산한 제품을 어디로 공급하지요?

ผลิตภัณฑ์ของเราส่งไปที่ไหนบ้างครับ/คะ

팔릿따판 컹 라오 쏭빠이 티나이 방 크랍/카

• 이윤은 어떻게 분배하지요?

จะแบ่งกำไรอย่างไรดีครับ/คะ

짜 뱅 깜라이 양라이 디 크랍/카

• 이윤은 50:50입니다.

แบ่ง 50:50 ครับ/ค่ะ

뱅 하씹 하씹 크랍/카

• 우리는 이미 많은 자본을 이 회사에 투자했습니다.

บริษัทเราได้ลงทุนกับบริษัทนี้มากแล้วครับ/ค่ะ

버리쌋라오 다이 롱툰 깝 버리쌋니 막 래우 크랍/카

• 최종답변은 언제까지 해야 됩니까?

ต้องให้คำตอบภายในเมื่อไรครับ/คะ

떵 하이 캄떱 파이나이 므아라이 크랍/카

• 우리 입장은 바꾸지 않았어요.

จุดยืนเรายังเหมือนเดิมครับ/ค่ะ

쭛yeun라오 양 므안듬 크랍/카

• 우리가 의견 일치를 본 것이 가장 기쁩니다.

ยินดีมากที่สุดที่เรามีความเห็นตรงกันครับ/ค่ะ

인디 막 티쑷 티 라오 미쾀헨 뜨롱깐 크랍/카

• 이 문서를 검토하려면 얼마나 걸립니까?

จะใช้เวลานานเท่าไรในการตรวจสอบเอกสารนี้ครับ/คะ

짜 차이웰라 난타오라이 나이 깐 뜨루앗썹 엑까싼니 크랍/카

• 모든 문서가 준비되었습니다.

เอกสารทุกอย่างเตรียมพร้อมแล้วครับ/ค่ะ

엑까싼 툭양 뜨리암프럼 래우 크랍/카

기타 업무와 관계된 표현을 할 때

• 생산성이 어떤가요?

สภาพการผลิตเป็นยังไงบ้างครับ/คะ

싸팝깐팔릿 뻰양아이방 크랍/카

• 이 기업 소유주는 누구인가요?

เจ้าของของบริษัทนี้คือใครครับ/คะ

짜오컹 컹 버리쌋니 크 크라이 크랍/카

• 설비를 구입하고 싶은데 너무 가격이 높습니다.

เราอยากซื้ออุปกรณ์แต่ราคาสูงเกินไปครับ/ค่ะ

라오 약 쓰 우빠껀 때 라카 쑹끈빠이 크랍/카

• 가격이 너무 높게 책정되어 있어요.

ราคาตั้งไว้สูงเกินไปครับ/ค่ะ

라카 땅와이 쑹끈빠이 크랍/카

• 환율이 오르고 있어 얼른 사는 게 유리합니다.

อัตราแลกเปลี่ยนเงินกำลังขึ้นเพราะฉะนั้นรีบซื้อจะดีกว่า

앗뜨라 랙쁠리안응언 깜랑 큰 프러차난 립쓰 짜 디꽈

ครับ/ค่ะ

크랍/카

• 얼마만큼 할인해 줄 수 있습니까?

จะลดราคาให้ได้เท่าไรครับ/คะ

짜 롯 라카 하이다이 타오라이 크랍/카

• 언제부터 상품을 공급할 수 있습니까?

จะสามารถส่งสินค้าให้ได้ตั้งแต่เมื่อไรครับ/คะ

짜 싸맛 쏭 씬카 하이다이 땅때 므아라이 크랍/카

• 부품은 비행기와 배로 공급할 수 있습니다.

ส่วนประกอบ/อะไหล่นั้นสามารถส่งโดยเครื่องบินและ

쑤안쁘라껍 /아라이 난 싸맛 쏭 도이크르앙빈 래

เรือได้ครับ/ค่ะ

르아 다이 크랍/카

• 화물을 어떻게 포장할까요?

จะแพคสินค้าอย่างไรครับ/คะ

짜 팩 씬카 양라이 크랍/카

• 결제형태는 무엇인지요?

จะชำระ(ค่าสินค้า)อย่างไรครับ/คะ

짜 참라 (카씬카) 양라이 크랍/카

• 지불은 어느 화폐로 하나요?

จะชำระค่าสินค้าเป็นเงินอะไรครับ/คะ

짜 참라 카씬카 뻰 응언아라이 크랍/카

• 건실한 은행의 보증이 필요합니다.

เราต้องการหนังสือค้ำประกันของธนาคารที่เชื่อถือได้ครับ/ค่ะ

라오 떵깐 낭쓰캄쁘라깐 컹 타나칸 티 츠아트다이 크랍/카

• 어떤 조건에서 대출해줄 수 있습니까?

คุณจะให้กู้เงินโดยมีเงื่อนไขอะไรครับ/คะ

쿤 짜 하이꾸응언 도이미응안카이 아라이 크랍/카

• 대출 이자는 몇 %인가요?

อัตราดอกเบี้ยเงินกู้กี่เปอร์เซนต์ครับ/คะ

앗뜨라 덕비아 응언꾸 끼 퍼센 크랍/카

• 대출금은 5년 이내에 상환해야 합니다.

ต้องคืนเงินกู้ภายใน 5 ปีครับ/ค่ะ

떵 큰 응언꾸 파이나이 하 삐 크랍/카

• 어떤 상품을 바터무역으로 공급할 수 있나요?

จะให้สินค้าอะไรในการทำสัญญาแลกเปลี่ยน(Barter)ครับ/ค่ะ

짜 하이 씬카아라이 나이 깐탐싼야랙쁠리안 크랍/카

PART Ⅵ 업무의 위임과 진행

• 저는 처음으로 이 협상에 참여합니다.

ผม/ดิฉันมาร่วมประชุมเจรจาครั้งนี้เป็นครั้งแรกครับ/ค่ะ

폼/디찬 마 루암쁘라춤 쩨라짜 크랑니 뻰크랑랙 크랍/카

• 제 사업파트너와 상의해야 합니다.

ผม/ดิฉันต้องปรึกษาหุ้นส่วนก่อนครับ/ค่ะ

폼/디찬 떵 쁘륵싸 훈쑤안 껀 크랍/카

• 우리는 계약서에 서명할 준비가 되어 있습니다.

ฝ่ายเราพร้อมที่จะเซ็นสัญญาแล้วครับ/ค่ะ

화이라오 프럼 티 짜 쎈 싼야 래우 크랍/카

• 우리 두 회사의 협력관계가 확대되길 바랍니다.

หวังว่าความร่วมมือของบริษัทเราจะพัฒนาขึ้นนะครับ/คะ

왕와 쾀루암므 컹 버리쌋 라오 짜 팟타나 큰 나 크랍/카

• 집에 갈 때 컴퓨터를 끄세요.

ตอนกลับบ้านช่วยปิดคอมพิวเตอร์ด้วยครับ/ค่ะ

떤 끌랍반 추아이 삣 컴퓨터 두아이 크랍/카

02 회사 방문

업무 차 다른 사람의 사무실이나 거래처를 방문할 때는 먼저 전화나 이메일로 약속을 하는 것이 우선이다. 상대방의 스케줄을 확인하고 자신의 필요성을 이야기하여 적당한 시간을 잡는다. 약속한 시간에 늦지 않게 도착하는 것 또한 예의이다.

전화로 방문을 예약할 때

• 내일 사무실로 찾아 뵈어도 될까요?

พรุ่งนี้ไปพบที่ออฟฟิศได้ไหมครับ/คะ

프룽니 빠이폽 티오핏 다이마이 크랍/카

• 김미란 기자인데, 쏨끼앗씨를 뵐 수 있을까요?

ดิฉันเป็นนักข่าวชื่อคิมมีรันค่ะ

디찬 뻰 낙카우 츠 김미란

ขอพบคุณสมเกียรติหน่อยได้ไหมคะ

커폽 쿤쏨끼앗 너이 다이마이 카

• 사장님이 오후 4시에는 시간이 없으십니다.

ท่านประธานไม่ว่างตอน 4 โมงเย็นครับ/ค่ะ

탄쁘라탄 마이왕 떤 씨 몽옌 크랍/카

• 언제 시간이 되시나요?

สะดวกเมื่อไรครับ/คะ

싸두악 므아라이 크랍/카

• 그럼 모레 오전에 귀사로 방문하겠습니다.

ถ้าอย่างนั้นตอนเช้าวันมะรืนจะไปเยี่ยมบริษัทของคุณครับ/ค่ะ

타양난 떤차오 완마른 짜빠이이암 버리쌋컹쿤 크랍/카

• 아무 때나 오셔도 됩니다.

มาเมื่อไรก็ได้ครับ/ค่ะ

마 므아라이 꺼다이 크랍/카

• 무슨 용건(일)인가요?

มีธุระอะไรครับ/คะ

미 투라 아라이 크랍/카

• 미리 약속을 드렸으면 합니다.

อยากให้นัดก่อนล่วงหน้าครับ/ค่ะ

약 하이낫 껀 루앙나 크랍/카

• 우선 약속을 하시는 게 좋습니다.

นัดเวลาพบก่อนจะดีว่าครับ/ค่ะ

낫 웰라폽 껀 짜디꽈 크랍/카

• 어제 전화로 약속했습니다.

เมื่อวานโทรนัดแล้วครับ/ค่ะ

므아완 토낫 래우 크랍/카

• 오늘 방문한다고 메일을 보냈습니다.

ส่งเมล์บอกแล้วว่าจะมาเยี่ยมวันนี้ครับ/ค่ะ

쏭멜 벅래우 와 짜 마이암 완니 크랍/카

• 제 비서가 이미 약속을 했을 텐데요.

เลขาของผม/ดิฉันน่าจะนัดไว้แล้วนะครับ/คะ

레카 컹폼/디찬 나짜낫와이 래우 나 크랍/카

• 5층 사무실로 직접 올라가겠습니다.

จะขึ้นไปที่ออฟฟิศชั้น 5 เองครับ/ค่ะ

짜 큰빠이 티 오핏 찬 하 엥 크랍/카

거래처를 방문하고 인사할 때

• 우리 회사 위치를 아시나요?

ทราบที่ตั้งของบริษัทเราไหมครับ/คะ

쌉 티땅 컹 버리쌋라오 마이 크랍/카

• 저희가 차를 보내드리겠습니다.

ทางเราจะส่งรถไปรับครับ/ค่ะ

탕라오 짜쏭 롯 빠이랍 크랍/카

• 직원이 안내데스크 앞에서 9시에 기다리고 있겠습니다.

เจ้าหน้าที่ของเราจะคอยคุณอยู่ที่ information desk

짜오나티 컹라오 짜커이 쿤 유 티 information desk

ตอน 9 โมงครับ/ค่ะ

떤 까오 몽 크랍/카

• 삼성에서 온 000입니다.

ผม/ดิฉันชื่อ ooo มาจากซัมซุงครับ/ค่ะ

폼/디찬 츠 000 마짝 쌈성 크랍/카

• 교통이 복잡해서 그만 늦었습니다.

รถติดก็เลยมาถึงสายครับ/ค่ะ

롯띳 꺼르이 마틍 싸이 크랍/카

• 서울서 온 안방만입니다. 약속을 하고 왔습니다.

ผมอันบังมันจากกรุงโซลครับ นัดไว้แล้วครับ
폼 안방만 짝 끄룽서울 크랍 낫와이 래우 크랍/카

• 지금 자리에 안 계신데 잠깐만 이방에서 기다려주세요.

ตอนนี้ไม่อยู่ที่โต๊ะ กรุณารอที่ห้องนี้สักครู่ครับ/ค่ะ
떤니 마이유 티또 까루나 러 티 헝니 싹크루 크랍/카

• 사장님이 곧 나오실 것입니다.

เดี๋ยวท่านประธานก็จะออกมาครับ/ค่ะ
디아우 탄쁘라탄 꺼 짜억마 크랍/카

• 방문하실 거라는 연락을 받았습니다.

ได้รับการติดต่อว่าคุณจะมาเยี่ยมแล้วครับ/ค่ะ
다이랍 깐띳떠 와 쿤 짜마이얌 래우 크랍/카

• 이메일을 받아서 이미 알고 있습니다.

ทราบอยู่เพราะได้รับอีเมล์แล้วครับ/ค่ะ
쌉유 프러 다이랍 이멜 래우 크랍/카

• 오래 기다리셨지요? 갑작스럽게 회의가 잡혀서요.

รอนานไหมครับ/คะ พอมีประชุมด่วนครับ/ค่ะ
러 난 마이 크랍/카 퍼 미쁘라춤 두안 크랍/카

• 어서 오세요. 사무실로 안내하겠습니다.

เชิญครับ/ค่ะ ผม/ดิฉันจะพาไปที่ออฟฟิศครับ/ค่ะ
츤 크랍/카 폼/디찬 짜 파빠이 티 오핏 크랍/카

• 사장님께 오셨다고 말씀드리겠습니다.

จะเรียนท่านประธานให้ว่าคุณมาถึงแล้วครับ/ค่ะ
짜리안 탄쁘라탄 하이 와 쿤 마틍 래우 크랍/카

• 오른쪽 두 번째 방으로 가세요.

เชิญที่ห้องที่สองทางขวามือครับ/ค่ะ

츤 티헝 티썽 탕콰므 크랍/카

• 엘리베이터를 타고 10층에서 내리면 오른쪽에 있습니다.

ขึ้นลิฟต์และลงที่ชั้น 10 จะมีทางขวามือครับ/ค่ะ

큰 릿 래 롱 티 찬 씹 짜미 탕콰므 크랍/카

• 우리 제품에 대해 설명하러 왔습니다.

ผม/ดิฉันมาอธิบายเกี่ยวกับสินค้าของบริษัทเราครับ/ค่ะ

폼/디찬 마 아티바이 끼아우깝 씬카 컹 버리쌋라오 크랍/카

• 먼저 사업얘기부터 할까요?

จะคุยเกี่ยวกับกิจการของเราก่อนไหมครับ/คะ

짜 쿠이 끼아우깝 낏짜깐 컹 라오 껀 마이 크랍/카

• 우리 회사는 처음이신가요?

มาบริษัทเราเป็นครั้งแรกใช่ไหมครับ/คะ

마 버리쌋라오 뻰 크랑랙 차이마이 크랍/카

회사를 안내할 때

• 회의실에서 우선 설명을 드리겠습니다.

ก่อนอื่นจะขออธิบายที่ห้องประชุมครับ/ค่ะ

껀은 짜 커아티바이 티헝쁘라춤 크랍/카

• 여기가 본사고 저쪽에 공장이 있습니다.

ที่นี่คือสำนักงานใหญ่และด้านโน่นคือโรงงานครับ/ค่ะ

티니 크 쌈낙응안야이 래 단논 크 롱안 크랍/카

• 저희 회사는 수원에 본사가 있습니다.

บริษัทเรามีสำนักงานใหญ่อยู่ที่เมืองซูวอนครับ/ค่ะ

버리쌋 라오 미 쌈낙응안야이 유 티므앙 수원 크랍/카

• 이 회사는 1970년에 설립되었습니다.

บริษัทนี้จัดตั้งขึ้นเมื่อปี 1970 ครับ/ค่ะ

버리쌋니 짯땅 큰 므아 삐 능까오쩻쑨 크랍/카

• 공장이 깨끗하고 쾌적합니다.

โรงงานสะอาดและบรรยากาศดีครับ/ค่ะ

롱안 싸앗 래 반야깟 디 크랍/카

• 미얀마에 제2공장을 건설하고 있어요.

กำลังสร้างโรงงานแห่งที่สองที่ประเทศพม่าครับ/ค่ะ

깜랑 쌍 롱안 행티썽 티 쁘라텟 파마 크랍/카

• 외국인 근로자가 약 반이 됩니다.

แรงงานต่างชาติมีประมาณครึ่งหนึ่งของแรงงานทั้งหมด

랭안땅찻 미 쁘라만 크릉능 컹 랭안 탕못

ครับ/ค่ะ

크랍/카

• 이 공장에서 5분 거리에 기숙사가 있습니다.

หอพักอยู่ห่างจากโรงงานนี้ 5 นาทีครับ/ค่ะ

허팍 유 항 짝 롱안니 하 나티 크랍/카

• 이 공장 안에 여성기숙사가 있습니다.

ในโรงงานนี้มีหอพักหญิงครับ/ค่ะ

나이롱안니 미 허팍잉 크랍/카

03 회의

회의를 준비할 때

- 회의 시간이 8시로 1시간 앞당겨졌어요.

  เวลาประชุมเลื่อนเร็วขึ้น 1 ชั่วโมงเป็น 8 โมงเช้าครับ/ค่ะ

  웰라 쁘라춤 르안 레우 큰 능 추아몽 뻰 뺏 몽차오 크랍/카

- 오늘 회의에 참석하실 건가요?

  จะเข้าประชุมวันนี้ไหมครับ/คะ

  짜 카오쁘라춤 완니 마이 크랍/카

- 이번 주 회의 일정을 말해주세요.

  ช่วยบอกรายการการประชุมของสัปดาห์นี้หน่อยครับ/ค่ะ

  추아이벅 라이깐 깐쁘라춤 컹 쌉다니 너이 크랍/카

- 영업부 직원과의 회의는 언제죠?

  มีประชุมกับเจ้าหน้าที่ฝ่ายขายเมื่อไรครับ/คะ

  미쁘라춤 깝 짜오나티 화이카이 므아라이 크랍/카

- 12시에 오시는 나라씨를 누가 마중 나가나요?

  ใครจะไปรับคุณนาราที่จะมาถึงตอนเที่ยงครับ/คะ

  크라이 짜빠이랍 쿤나라 티 짜 마틍 떤티앙 크랍/카

- 나라씨는 어느 비행기로 오나요?

  คุณนารามาเที่ยวบินอะไรครับ/คะ

  쿤나라 마 티아우빈 아라이 크랍/카

• 회의자료를 모두 복사해서 10부를 만드세요.

ถ่ายเอกสารการประชุมทั้งหมด 10 ชุดครับ/ค่ะ

타이 엑까싼 깐쁘라춤 탕못 씹 춧 크랍/카

• 오늘 회의 브리핑은 누가 맡았나요?

ใครจะเป็นคนสรุปการประชุมวันนี้ครับ/คะ

크라이 짜 뻰 콘싸룹 깐쁘라춤 완니 크랍/카

• 이번 회의에 태국지사에서는 누가 참석하는지요?

การประชุมครั้งนี้จะมีใครจากสาขาเมืองไทยมาร่วมบ้างครับ/คะ

깐쁘라춤 크랑니 짜 미 크라이 짝 싸카 므앙타이 마루암 방 크랍/카

회의를 진행할 때

• 그 계획에 대해 최종 검토를 시작하겠습니다.

จะเริ่มการพิจารณาครั้งสุดท้ายเกี่ยวกับโครงการนั้นครับ/ค่ะ

짜 름 깐 피짜라나 크랑쑷타이 끼아우깝 크롱깐난 크랍/카

• 다음 주제로 넘어가겠습니다.

จะพูดถึงหัวข้อต่อไปครับ/ค่ะ

짜 풋 틍 후아커 떠빠이 크랍/카

• 과반수가 찬성했으므로 통과되었습니다.

เพราะมีเสียงเห็นชอบมากกว่าครึ่งหนึ่งเรื่องนี้จึงผ่านครับ/ค่ะ

프러 미 씨앙헨첩 막꽈 크릉능 르앙니 쯩 판 크랍/카

• 그 안건은 만장일치를 요하는 안건입니다.

เรื่องนั้นเป็นเรื่องที่ต้องการเสียงเอกฉันท์ครับ/ค่ะ

르앙난 뻰 르앙 티 떵깐 씨앙엑까찬 크랍/카

• 그 프로젝트는 아무래도 기각해야 할 것 같습니다.

คิดว่าโปรเจคนั้นยังไงก็ต้องยกเลิกครับ/ค่ะ

킷와 프로젝난 양아이꺼 떵 욕륵 크랍/카

• 좋은 계획이지만 경비가 너무 소요됩니다.

เป็นโครงการที่ดี แต่ค่าใช้จ่ายสูงเกินไปครับ/ค่ะ

뻰 크롱깐 티디 때 카차이짜이 쑹끈빠이 크랍/카

• 다음 회의로 미뤘으면 합니다.

อยากให้เลื่อนออกไปในการประชุมคราวหน้าครับ/ค่ะ

약 하이 르안 억빠이 나이깐쁘라춤 크라우나 크랍/카

• 간단한 질문을 드려도 될까요?

ขอถามอะไรนิดหน่อยได้ไหมครับ/คะ

커 탐 아라이 닛너이 다이마이 크랍/카

• 아직 제 말이 다 끝나지 않았습니다.

ผม/ดิฉันยังพูดไม่จบครับ/ค่ะ

폼/디찬 양 풋 마이쫍 크랍/카

• 한 마디만 더 하고요.

ขอพูดอีกหน่อยครับ/ค่ะ

커 풋 익 너이 크랍/카

• 한 사람씩 의견을 내 주세요.

ช่วยแสดงความเห็นทีละคนครับ/ค่ะ

추아이 싸댕 쾀헨 티라콘 크랍/카

• 한꺼번에 말씀하지 마세요.

กรุณาอย่าแย่งกันพูดครับ/ค่ะ

까루나 야 얭 깐 풋 크랍/카

• 그것에 대해 투표를 하지요.

เรามาลงคะแนนเสียง(โหวต)เกี่ยวกับเรื่องนี้กันครับ/ค่ะ
라오 마 롱카낸 씨앙 (웟) 끼아우깝 르앙니 깐 크랍/카

• 다수결로 결정하지요.

เอาตามมติเสียงข้างมากละกันครับ/ค่ะ
아오 땀 마띠 씨앙캉막 라깐 크랍/카

• 반대하시는 분은 손을 들어주세요.

ใครคัดค้านช่วยยกมือขึ้นครับ/ค่ะ
크라이 캇칸 추아이 욕므 큰 크랍/카

• 남은 문제는 내일 여기서 토론하도록 하지요.

ปัญหาที่ยังเหลือค่อยมาคุยกันอีกทีพรุ่งนี้ละกันครับ/ค่ะ
빤하 티 양 르아 커이 마쿠이깐 익티 프룽니 라 깐 크랍/카

회의를 끝낼 때

• 회의를 끝내도록 하겠습니다.

จบประชุมครับ/ค่ะ
쫍 쁘라춤 크랍/카

• 시간이 충분하지 않은 것 같으니 내일 다시 하지요.

คิดว่าเวลาไม่พอ ดังนั้นค่อยมาประชุมต่อพรุ่งนี้นะครับ/คะ
킷와 웰라 마이퍼 당난 커이마쁘라춤 떠 프룽니 나 크랍/카

• 오늘은 그만 하지요.

วันนี้เลิกประชุมแค่นี้ครับ/ค่ะ
완니 륵쁘라춤 캐니 크랍/카

• 다음 회의는 일주일 후에 하면 어떻겠습니까/
จัดการประชุมครั้งหน้าอาทิตย์หน้าเป็นยังไงครับ/คะ
짯 깐쁘라춤 크랑나 아팃나 뻰 양아이 크랍/카

• 같은 요일, 같은 시간으로 하지요.
เอาเป็นวันเวลาเดียวกันละกันครับ/ค่ะ
아오 뻰 완웰라 디아우깐 라깐 크랍/카

• 저는 외부 약속이 있습니다.
ผม/ดิฉันมีนัดกับภายนอกครับ/ค่ะ
폼/디찬 미낫 깝 파이넉 크랍/카

• 그 날 손님이 방문하기로 되어 있어요.
วันนั้นจะมีลูกค้ามาเยี่ยมครับ/ค่ะ
완난 짜 미 룩카 마이암 크랍/카

• 9월 첫 주가 어떨까요?
สัปดาห์แรกของเดือนกันยายนเป็นยังไงครับ/คะ
쌉다랙 컹 드안 깐야욘 뻰양아이 크랍/카

• 일정은 추후 통보하겠습니다.
กำหนดการจะแจ้งให้ทราบภายหลังครับ/ค่ะ
깜녹깐 짜 쨍하이쌉 파이랑 크랍/카

04 상담

비즈니스는 거래와 협상이다. 상행위는 국내에서 이루어지기도 하고 외국에서 이루어지기도 한다. 외국인 바이어에게 자신의 회사와 상품에 대해 설명을 하고 상품을 구매하도록 하는 일 외에 우리는 상대방 회사로부터 상품을 구입하기도 한다. 구체적으로 상품에 대해 설명하거나 묻고 가격을 협상하고 구매를 결정할 때는 일상생활과는 좀 다른 표현이 사용된다. 미리 익혀두고 현장에서 응용하도록 하자.

바이어를 맞아 회사에 대해 설명할 때

• 어서 오세요. 저의 회사에 와 주셔서 감사합니다.
ยินดีต้อนรับครับ/ค่ะ ขอขอบคุณที่มาเยี่ยมบริษัทเราครับ/ค่ะ
인디 떤랍 크랍/카 커 컵쿤 티 마이암 버리쌋 라오 크랍/카

• 피곤하신데 쉬지 않고 와 주셔서 고맙습니다.
ขอขอบคุณที่มาเยี่ยมทั้ง ๆ ที่ยังเหนื่อยอยู่ครับ/ค่ะ
커 컵쿤 티 마이암 탕탕티 양 느아이 유 크랍/카

• 귀사와의 상담에 응하라는 말씀이 계셨습니다.
มีคำสั่งว่าให้ไปเจรจากับบริษัทของคุณครับ/ค่ะ
미 캄쌍 와 하이빠이 쩨라짜 깝 버리쌋 컹 쿤 크랍/카

- 저는 생산라인을 맡고 있는 김대리입니다.

ผม/ดิฉันหัวหน้ากลุ่มคิมที่รับผิดชอบไลน์การผลิตครับ/ค่ะ

폼/디찬 후아나끌룸 킴 티 랍핏첩 라인깐팔릿 크랍/카

- 송 지점장님으로부터 연락 받았습니다.

ได้รับการติดต่อจากผู้จัดการซงครับ/ค่ะ

다이랍 깐띳떠 짝 푸짯깐 송 크랍/카

- 저희 회사는 물류회사입니다.

บริษัทเราเป็นบริษัทขนส่งสินค้าครับ/ค่ะ

버리쌋라오 뻰 버리쌋 콘쏭 씬카 크랍/카

- 저의 회사는 핸드폰용 배터리를 생산합니다.

บริษัทเราผลิตแบตเตอรี่โทรศัพท์มือถือครับ/ค่ะ

버리쌋라오 팔릿 배터리 토라쌉므트 크랍/카

- 공장에는 200명의 근로자가 3교대로 일합니다.

ที่โรงงานมีพนักงาน 200 คนทำงานวันละ 3 กะครับ/ค่ะ

티롱안 미 파낙응안 썽러이 콘 탐응안 완라 쌈 까 크랍/카

- 우리 회사 가격은 세계시장에서 경쟁력이 있어요.

ราคาของบริษัทเราสามารถแข่งขันในตลาดโลกได้ครับ/ค่ะ

라카 컹 버리쌋라오 싸맛 캥칸 나이 딸랏록 다이 크랍/카

제품을 설명할 때

- 이것이 최신모델입니다.

นี่คือรุ่นล่าสุดครับ/ค่ะ

니 크 룬라쑷 크랍/카

• 그 모델은 2010년도 모델입니다.

รุ่นนั้นเป็นรุ่นปี 2010 ครับ/ค่ะ

룬난 뻰 룬 삐썽판씹 크랍/카

• 이 모델이 가장 인기가 있습니다.

รุ่นนี้ได้รับความนิยมมากที่สุดครับ/ค่ะ

룬니 다이랍 쾀니욤 막 티쑷 크랍/카

• 이 모델은 색깔도 다양합니다.

รุ่นนี้มีหลายสีครับ/ค่ะ

룬니 미 라이씨 크랍/카

• 원하시는 색깔로 맞춰드릴 수 있습니다.

สามารถทำสีที่คุณต้องการได้ครับ/ค่ะ

싸맛 탐 씨 티 쿤 떵깐 다이 크랍/카

• 저의 제품에 대해 들어보셨는지요?

เคยได้ยินอะไรเกี่ยวกับสินค้าของเราไหมครับ/คะ

크이 다이인 아라이 끼아우깝 씬카 컹 라오 마이 크랍/카

• 사장님도 저희 회사 제품을 사용하고 계시군요.

ท่านประธานก็ใช้สินค้าของบริษัทเราอยู่แล้วครับ/ค่ะ

탄쁘라탄 꺼 차이 씬카 컹 버리쌋라오 유 래우 크랍/카

• 여기 상품에 대한 카탈로그가 있습니다.

นี่แคตตาล็อกสินค้าครับ/ค่ะ

니 캐타록 씬카 크랍/카

• 이 가구는 성능이 좋고 저렴한 가구로 이름이 나 있습니다.

เฟอร์นิเจอร์นี้มีชื่อเสียงเพราะคุณภาพดีและราคาถูกครับ/ค่ะ

훠니처니 미 츠씨앙 프러 쿤나팝 디 래 라카툭 크랍/카

• 이 제품의 특징은 무엇인가요?

สินค้านี้มีอะไรพิเศษครับ/คะ

씬카니 미 아라이 피쎗 크랍/카

• 가장 시장에서 수요가 많은 상품입니다.

เป็นสินค้าที่ตลาดต้องการมากครับ/ค่ะ

뻰 씬카 티 딸랏 떵깐 막 크랍/카

• 다양한 연령층이 사용할 수 있는 상품입니다.

เป็นสินค้าที่ใช้ได้ทุกวัยครับ/ค่ะ

뻰 씬카 티 차이다이 툭와이 크랍/카

• 조작이 간단하고 쉬워요.

วิธีใช้ง่ายมากครับ/ค่ะ

위티차이 응아이 막 크랍/카

• 절대 고장이 없는 반영구적인 상품입니다.

เป็นสินค้าที่ใช้ได้ถาวร ไม่มีวันเสียครับ/ค่ะ

뻰 씬카 티 차이다이 타원 마이 미 완씨아 크랍/카

• 3년간 AS를 보장합니다.

รับประกัน 3 ปีครับ/ค่ะ

랍쁘라깐 쌈 삐 크랍/카

가격을 협상할 때

• 물건은 좋은데 가격이 좀 높군요.

สินค้าดี แต่ราคาสูงไปหน่อยครับ/ค่ะ

씬카 디 때 라카 쑹빠이 너이 크랍/카

• 가격은 주문량에 따라 달라집니다.

ราคาจะเปลี่ยนแปลงตามปริมาณที่สั่งครับ/ค่ะ

라카 짜 쁠리안쁠랭 땀 빠리만 티 쌍 크랍/카

• 많이 주문할수록 가격은 더 내려갑니다.

ยิ่งสั่งมากราคาก็ถูกลงครับ/ค่ะ

잉 쌍 막 라카 꺼 툭 롱 크랍/카

• 이제 가격을 협상하시지요.

เรามาตกลงราคากันครับ/ค่ะ

라오 마 똑롱 라카 깐 크랍/카

• 가격에 대해서는 어느 정도 생각하고 있나요?

คุณคิดยังไงเกี่ยวกับราคาครับ/คะ

쿤 킷 양아이 끼아우깝 라카 크랍/카

• 그 가격은 너무 낮습니다. 생산가에 미치지 못합니다.

ราคานั้นต่ำเกินไปครับ/ค่ะ

라카난 땀 끈빠이 크랍/카

ยังไม่ได้ราคาต้นทุนเลยครับ/ค่ะ

양 마이다이 라카똔툰 르이 크랍/카

• 제가 견적서를 보내드리지요.

ผม/ดิฉันจะส่งใบเสนอราคาให้คุณครับ/ค่ะ

폼/디찬 짜 쏭 바이싸너라카 하이 쿤 크랍/카

• 단가는 어떻게 됩니까?

ราคาต่อหน่วยเท่าไรครับ/คะ

라카 떠 누아이 타오라이 크랍/카

• 그 가격은 받아들일 수 없습니다.

รับราคานั้นไม่ได้ครับ/ค่ะ

랍 라카난 마이다이 크랍/카

• 부가가치세가 포함된 가격입니다.

เป็นราคาที่รวมภาษีมูลค่าเพิ่มแล้วครับ/ค่ะ

뻰 라카 티 루암파씨문라카픔 래우 크랍/카

• 색깔을 빨강으로 원하시면 단가가 좀 오릅니다.

ถ้าต้องการสินค้าสีแดง ราคาต่อหน่วยจะสูงขึ้น

타 떵깐 씬카씨댕 라카떠누아이 짜 쑹큰

นิดหน่อยครับ/ค่ะ

닛너이 크랍/카

• 현금할인은 어떻게 되나요?

ถ้าจ่ายด้วยเงินสดมีส่วนลดไหมครับ/คะ

타 짜이 두아이 응언쏫 미 쑤안롯 마이 크랍/카

• 특별할인을 부탁 드립니다.

ช่วยลดราคาให้เป็นพิเศษด้วยครับ/ค่ะ

추아이 롯라카 하이 뻰피쎗 두아이 크랍/카

• 일년에도 몇 번씩 구입하는데 좀 할인해 주세요.

ปีนึงซื้อตั้งหลายครั้ง ช่วยลดให้หน่อยครับ/ค่ะ

삐능 쓰 땅라이 크랑 추아이 롯 하이 너이 크랍/카

• 귀사에게는 특별가에 드리는 겁니다.

เราให้ราคาพิเศษกับบริษัทคุณครับ/ค่ะ

라오 하이라카 피쎗 깝 버리쌋쿤 크랍/카

• 일주일 이내에 선적하면 특별가로 드리겠습니다.

ถ้าคุณให้ส่งของภายใน ๑ สัปดาห์ เราจะให้ราคาพิเศษ
타 쿤 하이 쏭컹 파이나이 능 쌉다 라오 짜 하이 라카피쎗

ครับ/ค่ะ
크랍/카

• 보름 안에 일시불로 지불하면 1% 할인해 드립니다.

ถ้าชำระหมดทีเดียวภายใน 15 วัน เราจะลดให้ 1% ครับ/ค่ะ
타 참라 못 티디아우 파이나이 씹하 완 라오 짜 롯 하이 능 퍼쎈 크랍/카

• 1%는 너무 적어요. 5% 할인해 주세요.

1% น้อยไป ขอ 5%นะครับ/คะ
능퍼쎈 너이빠이 커 하퍼센 나 크랍/카

• 카탈로그 가격에서 10% 할인해 드리지요.

จะลดให้ 10%จากราคาในแคตตาล็อกครับ/ค่ะ
짜 롯 하이 씹퍼센 짝 라카 나이 캐터록 크랍/카

• 납품기간에 따라 할인율이 다릅니다.

ส่วนลดจะแตกต่างกันไป ขึ้นอยู่กับระยะเวลาขนส่ง
쑤안롯 짜 땍땅깐 빠이 큰 유 깝 라야웰라 콘쏭

ครับ/ค่ะ
크랍/카

결정을 유보하거나 합의할 때

• 본사와 상의한 후 답변을 드리겠습니다.

ทางเราจะให้คำตอบหลังจากปรึกษากับสำนักงานใหญ่
탕라오 짜 하이캄떱 랑짝 쁘륵싸 깝 쌈낙응안야이

ครับ/ค่ะ
크랍/카

• 저도 역시 본사에 연락한 후 답변을 드리겠습니다.

ผม/ดิฉันเองก็จะให้คำตอบหลังปรึกษากับสำนักงานใหญ่

폼/디찬엥 꺼 짜 하이캄떱 랑쁘륵싸 깝 쌈낙응안야이

ครับ/ค่ะ

크랍/카

• 제가 여기서 결정할 수 있는 문제가 아닙니다.

นี่ไม่ใช่ปัญหาที่ผม/ดิฉันสามารถตัดสินใจเองได้ที่นี่ครับ/ค่ะ

니 마이차이 빤하 티 폼/디찬 싸맛 땃씬짜이 엥 다이 티니 크랍/카

• 좀 더 검토하고 답변을 드리겠습니다.

ต้องขอเวลาพิจารณาอีกหน่อยแล้วจะให้คำตอบครับ/ค่ะ

떵 커웰라 피짜라나 익 너이 래우 짜 하이 캄떱 크랍/카

• 그 조건에 대해 더 생각해 보겠습니다.

ขอเวลาคิดทบทวนเพิ่มเกี่ยวกับเงื่อนไขนั้นสักหน่อยครับ/ค่ะ

커 웰라킷 톱투안 픔 끼아우깝 응안카이난 싹너이 크랍/카

• 부장님의 지시가 있을 때까지 기다려주세요.

ช่วยรอจนกว่าท่านรองจะออกคำสั่งครับ/ค่ะ

추아이 러 쫀꽈 탄렁 짜 억캄쌍 크랍/카

• 주문견적서입니다.

นี่คือใบประเมินการสั่งสินค้าครับ/ค่ะ

니 크 바이쁘라믄 깐쌍씬카 크랍/카

• 납품과 지불조건은 어떻게 하지요?

เงื่อนไขในการขนส่งและการชำระจะเอายังไงครับ/ค่ะ

응안카이 나이 깐콘쏭 래 깐참라 짜 아오 양아이 크랍/카

• 보통 우리 회사는 보험료 운임 포함 조건으로 납품합니다.

ปกติบริษัทเราจะส่งสินค้าโดยรวมค่าประกันแล้วครับ/ค่ะ

빠까띠 버리쌋라오 짜 쏭 씬카 도이 루암카쁘라깐 래우 크랍/카

• 계약 체결 후 6개월 이내에 공급 받기를 원합니다.

เราต้องการสินค้าภายใน 6 เดือนหลังจากทำสัญญา
라오 떵깐 씬카 파이나이 혹 드안 랑짝 깐탐싼야

ครับ/ค่ะ
크랍/카

• 외환은행을 통해 취소불능 보증 신용장으로 지불하겠습니다.

จะชำระด้วย letter of credit ชนิดเพิกถอนไม่ได้โดย
짜 참라 두아이 letter of credit 차닛 픅턴마이다이 도이

ผ่านธนาคาร KEB ครับ/ค่ะ
판타나칸 KEB 크랍/카

• 신용장은 언제 개설할 것입니까?

จะทำ letter of credit เมื่อไรครับ/คะ
짜탐 letter of credit 므아라이 크랍/카

• 귀측의 발송 준비완료 통지를 받는 즉시 개설하겠습니다.

จะทำทันทีที่ได้รับการแจ้งว่าพร้อมจะส่งสินค้าจาก
짜 탐 탄티 티 다이랍 깐쨍 와 프럼 짜 쏭 씬카 짝

ทางฝ่ายคุณครับ/ค่ะ
탕화이쿤 크랍/카

• 100일 분할지급을 제안합니다.

ทางเราขอเสนอการชำระผ่อนส่ง 100 วันครับ/ค่ะ
탕라오 커 싸너 깐참라 펀쏭 러이 완 크랍/카

• 계약서를 작성하고 서명합시다.

กรอกหนังสือสัญญาแล้วลงชื่อกันครับ/ค่ะ
끄럭 낭쓰 싼야 래우 롱츠깐 크랍/카

• 1차는 한 달 이내에 보내시고 나머지는 3개월 이내에 보내세요.

งวดแรกให้ส่งภายใน 1 เดือนและของเหลือส่งภายใน 3 เดือนครับ/ค่ะ

웅앗랙 하이쏭 파이나이 능 드안 래 컹르아 쏭 파이나이 쌈 드안 크랍/카

• 이미 말씀 드린 대로 이행하겠습니다.

จะดำเนินการตามที่เรียนไว้ครับ/ค่ะ

짜 담는깐 땀티 리안와이 크랍/카

조건을 거부할 때

• 귀사의 조건을 모두 받아들이기 어렵겠네요.

ยากที่จะรับเงื่อนไขของบริษัทคุณทั้งหมดครับ/ค่ะ

약 티짜랍 응안카이 컹버리쌋쿤 탕못 크랍/카

• 그 조건에는 동의할 수 없어요.

เห็นด้วยกับเงื่อนไขนั้นไม่ได้ครับ/ค่ะ

헨두아이 깝 응안카이난 마이다이 크랍/카

• 3일 이내 선적은 불가능합니다.

ขนส่งภายใน 3 วันไม่ได้ครับ/ค่ะ

콘쏭 파이나이 쌈 완 마이다이 크랍/카

• 현 단계에서는 긍정적인 답을 드릴 수 없어 유감입니다.

ทางเราเสียใจด้วยที่ตอบที่น่าพอใจในขั้นตอนนี้ไม่ได้ครับ/ค่ะ

탕라오 씨아짜이두아이 티 떱 티 나퍼짜이 나이칸떤니 마이다이 크랍/카

• 뭔가 혼동하고 계신 것 같아요.

คิดว่าคุณกำลังสับสนอะไรบางอย่างอยู่นะครับ/คะ

킷와 쿤 깜랑 쌉쏜 아라이 방양 유 나 크랍/카

• 시간을 두고 타협점을 찾아보지요.

ให้เวลาอีกสักหน่อยแล้วค่อย ๆ หาจุดที่เราเห็นตรงกันละกันครับ/ค่ะ

차이웰라 익 싹너이 래우 커이커이 하 쭛 티 라오 헨뜨롱깐 라깐 크랍/카

05 납품과 클레임

납품할 때

- 귀사의 상품에 대해 알고 싶어요.

อยากรู้ข้อมูลเกี่ยวกับสินค้าของคุณครับ/ค่ะ
약 루 커문 끼아우깝 씬카 컹 쿤 크랍/카

- 그 상품 재고가 있나요?

มีสินค้านั้นเหลืออยู่ไหมครับ/คะ
미 씬카난 르아 유 마이 크랍/카

- 가능한 한 빨리요.

เร็วที่สุดเท่าที่จะได้ครับ/ค่ะ
레우 티쑷 타오티 짜 다이 크랍/카

- 좀 시간이 걸리는군요. 2–3일만 단축할 수 있나요?

ใช้เวลามากไปหน่อยครับ/ค่ะ ช่วยเร่งให้เร็วขึ้น 2-3 วัน
차이웰라 막빠이너이 크랍/카 추아이 렝 하이 레우큰 썽쌈 완

ได้ไหมครับ/คะ
다이마이 크랍/카

- 다음 주 수요일에 입하할 예정입니다.

สินค้าจะเข้าวันพุธหน้าครับ/ค่ะ
씬카 짜 카오 완풋 나 크랍/카

• 선적한 후에 즉시 연락 드리겠습니다.

หลังจากบรรทุกเรือแล้วจะแจ้งให้ทราบทันทีครับ/ค่ะ

랑짝 반툭르아 래우짜 쨍 하이쌉 탄티 크랍/카

• 물건을 받자마자 연락 드리겠어요.

พอรับสินค้าแล้วจะรีบติดต่อให้ทราบทันทีครับ/ค่ะ

퍼 랍 씬카 래우 짜 립 띳떠 하이쌉 탄티 크랍/카

클레임을 제기하거나 응할 때

• 클레임 담당자가 있습니까?

มีเจ้าหน้าที่ที่รับผิดชอบการเคลมไหมครับ/คะ

미 짜오나티 티 랍핏첩 깐클렘 마이 크랍/카

• 클레임담당자가 누구입니까?

ใครคือเจ้าหน้าที่ที่รับผิดชอบการเคลมครับ/คะ

크라이 크 짜오나티 티랍핏첩 깐클렘 크랍/카

• 귀사의 제품에 오류가 있습니다.

สินค้าของบริษัทคุณมีข้อผิดพลาดครับ/ค่ะ

씬카 컹 버리쌋쿤 미 커핏플랏 크랍/카

• 책임자와 이야기를 하고 싶어요.

อยากคุยกับเจ้าหน้าที่ที่รับผิดชอบครับ/ค่ะ

약 쿠이 깝 짜오나티 티랍핏첩 크랍/카

• 주문한 상품이 아직 도착하지 않았어요.

สินค้าที่เราสั่งยังไม่มาถึงนะครับ/คะ

씬카 티 라오 쌍 양 마이 마틍 나 크랍/카

• 우리가 주문한 조건과 다른 상품이 도착했어요.

สินค้าที่มาถึงต่างกับสินค้าที่เราสั่งครับ/ค่ะ

씬카 티 마틍 땅깝 씬카 티 라오 쌍 크랍/카

• 상품의 품질이 나빠 사용할 수 없어요.

คุณภาพสินค้าแย่จนใช้ไม่ได้ครับ/ค่ะ

쿤나팝 씬카 얘 쫀 차이 마이다이 크랍/카

• 기준미달의 부품이 왔어요.

สินค้าที่มาถึงมีคุณภาพต่ำกว่ามาตรฐานครับ/ค่ะ

씬카 티 마틍 미 쿤나팝 땀꽈 마뜨라탄 크랍/카

• 우리가 주문한 색깔이 아닙니다.

ไม่ใช่สีที่เราสั่งครับ/ค่ะ

마이차이 씨 티 라오 쌍 크랍/카

• 우리의 실수를 지적해 주셔서 감사합니다.

ขอขอบคุณที่ช่วยบอกข้อผิดพลาดของเราครับ/ค่ะ

커 컵쿤 티 추아이 벅 커핏플랏 컹 라오 크랍/카

• 흠이 없는 상품으로 바꿔드리겠어요.

จะเปลี่ยนเป็นสินค้าที่ไม่มีตำหนิให้ครับ/ค่ะ

짜 쁠리안 뻰 씬카 티 마이미 땀니 하이 크랍/카

• 새 상품으로 교환해 드리겠어요.

จะเปลี่ยนเป็นสินค้าใหม่ให้ครับ/ค่ะ

짜 쁠리안 뻰 씬카 마이 하이 크랍/카

• 아무리 빨라도 한 달은 걸려요.

ถึงให้เร่งยังไงก็ใช้เวลาหนึ่งเดือนครับ/ค่ะ

틍 하이 렝 양아이 꺼 차이웰라 능드안 크랍/카

• 풍랑을 만나서 그리 되었나 봅니다.

คงจะเป็นเพราะโดนพายุกลางทางครับ/ค่ะ

콩 짜 뻰 프러 돈 파유 끌랑 탕 크랍/카

• 그 물건을 돌려받을 수 없습니다.

เรารับสินค้านั้นคืนไม่ได้ครับ/ค่ะ

라오 랍 씬카난 큰 마이다이 크랍/카

• 그럴 리가 없습니다.

เป็นไปไม่ได้ครับ/ค่ะ

뻰빠이마이다이 크랍/카

• 저희가 조사한 결과, 제품에는 아무 하자가 없어요.

จากที่เราตรวจสอบ สินค้าไม่มีข้อบกพร่องนะครับ/ค่ะ

짝 티 라오 뜨루앗썹 씬카 마이미 커복프렁 나 크랍/카

• 귀사의 요구대로 처리할 수 없어요.

ทางเราไม่สามารถจัดการตามที่ฝ่ายคุณได้ครับ/ค่ะ

탕라오 마이 싸맛 짯깐 땀티 화이쿤 다이 크랍/카

• 그 경우 우리가 떠맡을 수 없어요.

กรณีนั้นเรารับ(ผิดชอบ)แทนไม่ได้ครับ/ค่ะ

까러니난 라오 랍 (핏첩) 탠 마이다이 크랍/카

• 귀사는 보험회사에 손실을 청구하시지요.

ฝ่ายคุณควรจะเรียกร้องค่าเสียหายกับบริษัทประกันภัย

화이쿤 쿠안 짜 리악렁 카씨아하이 깝 버리쌋 쁘라깐 파이

นะครับ/คะ

나 크랍/카

• 이 분쟁을 조정하기 위해 법원에서 만나지요.

ไว้เราไปพบกันที่ศาลเพื่อจัดการปัญหานี้นะครับ/คะ

와이 라오 빠이폽깐 티싼 프아 짯깐 빤하니 나 크랍/카

• 분쟁판정 결과를 후에 알려드리지요.

จะแจ้งผลการพิพากษาให้ภายหลังครับ/ค่ะ

짜 쟁 폰깐피팍싸 하이 파이랑 크랍/카

PART VII

편리한 태국 생활을 위한 표현

01 길 안내

낯선 장소에서 길을 잃었거나 어떻게 어디로 가야 할 지 모를 때는 난감하기 짝이 없다. 방법은 경찰서를 찾아 묻거나 옆에 있는 사람에게 묻는 수밖에 없다. 태국인들은 외국인이 길을 물으면 매우 친절하게 가르쳐준다. 설명하기 어려울 때는 직접 데려다 주는 경우도 있다. 그러므로 길을 물을 때에도 예의를 갖춰서 물어야 한다. 그리고 길을 안내 받은 후에는 반드시 '컵쿤크랍(카)'라고 고맙다는 인사를 잊지 말아야 한다.

자동차가 많은 방콕에는 일방통행도나 자동차 전용도로 등이 있으므로 운전할 때 미리 알고 있는 것이 편리하다. 방콕에는 지상철(롯화이화), 지하철(롯화이따이딘), 택시, 다양한 종류의 시내 버스(롯메), 마을 버스(썽태우) 등의 육상교통수단과 배 등이 있어 자가용이 없는 경우도 생활에 불편함이 적으나 지방에 가면 썽태우가 택시의 역할과 시내버스의 역할을 한다.

방콕에서 지방으로 여행해야 할 경우 여러 가지 교통기관을 이용할 수 있다. 비행기를 탈 경우를 보자. 공항은 쑤완나품 공항과 던므앙 공항이 있는데, 쑤완나품 공항은 국제공항이므로, 세계 여러 나라는 물론 태국 내 국제선이 이착륙하는 도시로 갈 수 있다. 던므앙 공항은 대체로 국내 지방도시로 갈 경우 이용한다.

태국에서 지방으로 갈 경우 기차보다는 고속버스를 더 선호한다. 편리하고 빠르기 때문이다. 일반적으로 북부나 동북부 도시로 가는 노선은 머칫 터미널에서, 파타야 등 동부는 에까마이 터미널에서, 그리고 남부 도시는 톤부리에 있는 싸이따이 터미널을 이용하면 된다. 방콕 기차역은 '후아람퐁'이라고 한다.

길이나 장소를 물을 때

- 공항으로 가려면 몇 번 버스를 타지요?

ถ้าจะไปสนามบินต้องนั่งรถเมล์สายอะไรครับ/คะ

타 짜 빠이 싸남빈 떵 낭 롯메 싸이 아라이 크랍/카

- 이 길이 후어람퐁 가는 길인가요?

ทางนี้ไปหัวลำโพงหรือเปล่าครับ/คะ

탕니 빠이 후아람퐁 르 쁠라오 크랍/카

- 버스를 어느 쪽에서 타야 하나요?

ต้องขึ้นรถเมล์ฝั่งไหนครับ/คะ

떵 큰 롯메 황나이 크랍/카

- 이 길은 어디로 가는 길인가요?

ทางนี้ไปถึงไหนครับ/คะ

탕니 빠이틍 나이 크랍/카

- 이곳은 일방통행도로입니다.

ที่นี่เป็นถนนเดินรถทางเดียว(วันเวย์)ครับ/ค่ะ

티니 뻰 타논 든 롯 탕디아우 (완웨이) 크랍/카

PART Ⅶ 길 안내

• 아쏙으로 가는 가장 빠른 길은 무엇인가요?

ทางไปอโศกที่เร็วที่สุดคือทางไหนครับ/คะ

탕빠이 아쏙 티 레우티쑷 크 탕 나이 크랍/카

• 에메랄드 사원이 여기서 먼가요?

วัดพระแก้วไกลจากที่นี่ไหมครับ/คะ

왓프라깨우 끌라이 짝 티니 마이 크랍/카

• 짜오프라야강으로 가려면 어떻게 가나요?

จะไปแม่น้ำเจ้าพระยาต้องไปอย่างไรครับ/คะ

짜 빠이 매남 짜오프라야 떵 빠이 양라이 크랍/카

• 이 배를 타면 아유타야에 갈 수 있나요?

นั่งเรือลำนี้ไปอยุธยาได้ไหมครับ/คะ

낭 르아 람니 빠이 아유타야 다이마이 크랍/카

• 이 종이에 짐 톰슨으로 가는 길을 그려주세요.

ช่วยเขียนแผนที่ที่ไปจิมทอมป์สันบนกระดาษนี้หน่อย ครับ/ค่ะ

추아이 키안 팬티 티 빠이 짐 톰슨 본 끄라닷 니 너이 크랍/카

• 지상철을 타고 아쏙에서 지하철로 갈아 타면 됩니다.

นั่งรถไฟฟ้าและไปต่อรถใต้ดินที่สถานีอโศกครับ/ค่ะ

낭 롯화이화 래 빠이떠 롯화이따이딘 티 싸타니아쏙 크랍/카

걸리는 시간과 거리를 말할 때

• 그리 멀진 않지만 지금은 30분 이상 걸려요.

ไม่ไกลมากแต่ตอนนี้คงใช้เวลานานกว่า 30 นาทีครับ/ค่ะ

마이 끌라이 막 때 떤니 콩 차이웰라 난꽈 쌈씹 나티 크랍/카

• 버스를 타면 금방이에요.

นั่งรถเมล์แป๊บเดียวก็ถึงครับ/ค่ะ

낭 롯메 빱디아우 꺼 틍 크랍/카

• 38번 버스를 타고 두 정거장 가서 내리면 됩니다.

นั่งรถเมล์สาย 38 ไปสองป้ายก็ถึงครับ/ค่ะ

낭 롯메 싸이 쌉씹뺏 빠이 썽 빠이 꺼틍 크랍/카

• 지하철은 빠르지만 많이 걸어요.

รถไฟใต้ดินเร็วแต่ต้องเดินไกลครับ/ค่ะ

롯화이따이딘 레우 때 떵 든 끌라이 크랍/카

• 머칫에서 고속버스를 타면 1시간 반 걸려요.

ถ้านั่งรถทัวร์จากหมอชิตชั่วโมงครึ่งก็ถึงครับ/ค่ะ

타 낭 롯투아 짝 머칫 추아몽크릉 꺼틍 크랍/카

• 공항서 치앙마이까지는 몇 km가 되나요?

จากสนามบินถึงตัวเมืองเชียงใหม่ประมาณกี่กิโลครับ/คะ

짝 싸남빈 틍 뚜아므앙 치앙마이 쁘라만 끼 낄로 크랍/카

• 골목을 걸어가면 배 타는 곳이 있어요.

เดินตามซอยนี้ไปเรื่อย ๆ ก็จะถึงท่าเรือครับ/ค่ะ

든 땀 써이 니 빠이 르아이르아이 꺼 짜 틍 타르아 크랍/카

• 걸어가면 15분쯤 걸려요.

ถ้าเดินไปใช้เวลาประมาณ 15 นาทีครับ/ค่ะ

타 든 빠이 차이웰라 쁘라만 씹하 나티 크랍/카

• 걸어가기에는 너무 멀어요.

ไกลมาก เดินไม่ไหวหรอกครับ/ค่ะ

끌라이 막 든 마이와이 럭 크랍/카

PART Ⅶ 길 안내

• 그렇게 오래 걸리지는 않을 거예요.

ไม่นานขนาดนั้นครับ/ค่ะ

마이 난 카낫난 크랍/카

길을 알려줄 때

• 저도 이곳이 처음이라 잘 몰라요.

ผม/ดิฉันเองก็มาที่นี่เป็นครั้งแรกเลยไม่รู้เหมือนกันครับ/ค่ะ

폼/디찬 엥 꺼 마 티니 뻰크랑랙 르이 마이루 므안깐 크랍/카

• 저도 여행객입니다.

ผม/ดิฉันก็เป็นนักท่องเที่ยวครับ/ค่ะ

폼/디찬 꺼 뻰 낙텅티아우 크랍/카

• 저 경찰관에게 묻지요.

ลองถามตำรวจคนนั้นดูสิครับ/คะ

렁 탐 땀루앗 콘난 두씨 크랍/카

• 관광안내소에서 물으세요.

ลองสอบถามที่ศูนย์ข้อมูลการท่องเที่ยวดูสิครับ/คะ

렁 썹 탐 티 쑨커문 깐텅티아우 두씨 크랍/카

• 잠깐만요. 저 학생에게 물어볼 게요(물어봐 드릴게요).

แป๊บนะครับ/คะ จะถามนักศึกษาคนนั้นให้ครับ/ค่ะ

뺍나 크랍/카 짜 탐 낙쓱싸 콘난 하이 크랍/카

• 택시를 타고 가는 게 제일 빨라요.

นั่งแท็กซี่ไปเร็วที่สุดครับ/ค่ะ

낭 택씨 빠이 레우티쏫 크랍/카

• 음식박물관은 아주 가까운데 있어요.

พิพิธภัณฑ์อาหารอยู่ใกล้มากครับ/ค่ะ

피핏타판 아한 유 끌라이 막 크랍/카

• 룸피니공원은 걸어가는 게 더 빨라요.

สวนลุมฯ เดินไปเร็วกว่าครับ/ค่ะ

쑤안룸 든 빠이 레우꽈 크랍/카

• 지상철을 타고 언눗에서 내려 다시 물으세요.

นั่งรถไฟฟ้าไปลงที่สถานีอ่อนนุชแล้วค่อยถามที่โน่นอีกนะครับ/ค่ะ

낭 롯화이화 빠이 롱 티 싸타니 언눗 래우 커이 탐 티논 익 나 크랍/카

• 길을 건너서 오른쪽으로 가세요.

ข้ามถนนแล้วไปทางขวานะครับ/ค่ะ

캄 타논 래우 빠이 탕 콰 나 크랍/카

• 곧장 가세요.

ตรงไปเลยครับ/ค่ะ

뜨롱 빠이 르이 크랍/카

• 저 네거리에서 왼쪽으로 가세요.

ไปซ้ายตรงสี่แยกโน้นครับ/ค่ะ

빠이싸이 뜨롱 씨액논 크랍/카

• 이 골목 안에 있어요.

อยู่ในซอยนี้ครับ/ค่ะ

유 나이 써이니 크랍/카

• 이 모퉁이를 돌아서 곧장 가세요.

เลี้ยวมุมนี้แล้วตรงไปครับ/ค่ะ

리아우 뭄니 래우 뜨롱빠이 크랍/카

• 우체국 오른쪽에 시청이 있어요.

ศาลากลางจังหวัดอยู่ทางขวามือของไปรษณีย์ครับ/ค่ะ

싸라끌랑짱왓 유 탕콰므 컹 쁘라이싸니 크랍/카

• 여기다 차를 세우시면 안 됩니다.

จอดรถไว้ที่นี่ไม่ได้ครับ/ค่ะ

쩟 롯 와이 티니 마이다이 크랍/카

• 저기 저 주차장에 세우시면 안전합니다.

จอดไว้ที่จอดรถที่โน่นจะปลอดภัยครับ/ค่ะ

쩟 와이 티쩟롯 티논 짜 쁠럿파이 크랍/카

• 그 다리를 건너면 황톤입니다.

ข้ามสะพานนั้นไปก็ฝั่งธนแล้วครับ/ค่ะ

캄 싸판난 빠이 꺼 황톤 래우 크랍/카

길을 잃었을 때

• 여기가 어딘가요?

ที่นี่ที่ไหนครับ/คะ

티니 티나이 크랍/카

• 이 도로가 무슨 도로인가요?

ถนนนี้ถนนอะไรครับ/คะ

타논니 타논 아라이 크랍/카

PART VII 길 안내

• 제가 길을 잘못 든 것 같은데, 여기가 방쌘인가요?

ผม/ดิฉันคิดว่าเข้ามาผิดทาง ที่นี่ใช่บางแสนหรือเปล่า
폼/디찬 킷와 카오마 핏탕 티니 차이 방쌘 르쁠 라오

ครับ/คะ
크랍/카

• 길을 잃었어요.

หลงทางแล้วครับ/ค่ะ
롱탕 래우 크랍/카

• 건물이 바뀌어서 어디가 어딘지 모르겠어요.

ตึกเปลี่ยนไปหมด จำทางไม่ได้แล้วครับ/ค่ะ
뜩 쁠리안빠이 못 짬탕 마이다이 래우 크랍/카

• 10년 전에 왔었는데 여기가 아닌가 봐요.

เคยมาเมื่อ10 ปีที่แล้ว แต่คิดว่าไม่ใช่ที่นี่นะครับ/คะ
크이마 므아 씹 삐티래우 때 킷와 마이차이 티니 나 크랍/카

02 교통 및 여행

대중교통을 이용할 때

- 이 버스가 쑤쿰윗에 가나요?

  รถเมล์คันนี้ไปสุขุมวิทไหมครับ/คะ

  롯메 칸니 빠이 쑤쿰윗 마이 크랍/카

- 택시 좀 잡아주세요.

  ช่วยเรียกแท็กซี่ให้หน่อยครับ/ค่ะ

  추아이 리악 택씨 하이 너이 크랍/카

- 이 버스 타고 차장에게 써이 15에서 내려달라고 말하세요.

  นั่งรถเมล์สายนี้และบอกกระเป๋ารถว่าจะลงซอย 15 นะครับ/คะ

  낭 롯메 싸이니 래 벅 끄라빠오롯 와 짜 롱 써이 씹하 나 크랍/카

- 요즘은 롯뚜(VAN)가 더 편해요.

  สมัยนี้นั่งรถตู้สะดวกกว่าครับ/ค่ะ

  싸마이니 낭 롯뚜 싸두악꽈 크랍/카

- 아누싸와리에 가면 롯뚜를 탈 수 있어요.

  นั่งรถตู้ได้ที่อนุสาวรีย์ฯ ครับ/ค่ะ

  낭 롯뚜 다이 티 아누싸와리 크랍/카

• 북부로 가는 고속버스는 머칫터미널에서 타세요.

รถทัวร์ไปภาคเหนือขึ้นที่หมอชิตครับ/ค่ะ

롯투아 빠이 팍느아 큰 티 머칫 크랍/카

• 남쪽으로 가는 버스는 어디서 타나요?

รถทัวร์ไปภาคใต้ขึ้นได้ที่ไหนครับ/คะ

롯투아 빠이 팍따이 큰 다이 티나이 크랍/카

• 공항까지 요금이 얼마쯤 나올까요?

ค่ารถไปถึงสนามบินราคาประมาณเท่าไรครับ/คะ

카롯 빠이 틍 싸남빈 라카 쁘라만 타오라이 크랍/카

• (자동차)트렁크를 열어주세요.

ช่วยเปิดกระโปรงท้ายหน่อยครับ/ค่ะ

추아이 쁫 끄라쁘롱타이 너이 크랍/카

• 이 주소로 데려다 주세요.

ช่วยไปส่งตามที่อยู่นี้ด้วยครับ/ค่ะ

추아이 빠이 쏭 땀티유니 두아이 크랍/카

• 천천히 가주세요. 멀미할 것 같아요.

ช่วยขับช้า ๆ หน่อยครับ/ค่ะ เหมือนจะเมารถแล้วครับ/ค่ะ

추아이 캅 차차 너이 크랍/카 므안 짜 마오롯 래우 크랍/카

• 어디서 갈아타나요?

ต้องไปต่อรถที่ไหนครับ/คะ

떵빠이 떠롯 티나이 크랍/카

• 다음 정거장에서 내리세요.

ลงป้าย(지하철이나 지상철은 สถานี)หน้านะครับ/คะ

롱 빠이 (싸타니) 나 나 크랍/카

- 동전을 어디서 바꾸나요?(지상철 정류장에서)

แลกเหรียญได้ที่ไหนครับ/คะ

랙 리안 다이 티나이 크랍/카

- 표가 보이지 않아요. 잃어버렸나 봐요.

หาตั๋วไม่เจอครับ/ค่ะ สงสัยจะทำหายครับ/ค่ะ

하 뚜아 마이쯔 크랍/카 쏭싸이 짜 탐하이 크랍/카

- 치앙마이가는 기차표 두 장 주세요.

ซื้อตั๋วรถไฟไปเชียงใหม่ 2 ใบครับ/ค่ะ

커 뚜아롯화이 빠이치앙마이 썽 바이 크랍/카

- 침대칸으로요.

ขอเป็นตู้นอนครับ/ค่ะ

커 뻰 뚜넌 크랍/카

- 아유타야행 막차가 몇 시에 있나요?

รถไฟขบวนสุดท้ายที่ไปอยุธยาเที่ยว(รอบ)กี่โมงครับ/คะ

롯화이 카부안쏫타이 티 빠이 아유타야 티아우(럽) 끼몽 크랍/카

- 차(비행기)를 놓쳤어요.

ตกรถ(เครื่องบิน)แล้วครับ/ค่ะ

똑롯 (크르앙빈) 래우 크랍/카

- 얼마나 연착하나요?

จะถึงช้าแค่ไหนครับ/คะ

짜틍 차 캐나이 크랍/카

교통수단을 빌릴 때

- 일주일간 승용차를 빌리고 싶은데요.

อยากจะเช่ารถยนตร์สักหนึ่งอาทิตย์ครับ/ค่ะ

약짜 차오 롯욘 싹 능 아팃 크랍/카

• 렌터카를 한 대 예약하려고 합니다.

อยากจะจองรถเช่าสักคันหนึ่งครับ/ค่ะ

약짜 쩡 롯차오 싹 칸능 크랍/카

• 하루에 비용(요금)이 어떻게 되나요?

คิดค่าเช่าวันละเท่าไรครับ/คะ

킷 카차오 완 라 타오라이 크랍/카

• 보증금도 있나요?

มีเงินมัดจำด้วยไหมครับ/คะ

미 응언맛짬 두아이 마이 크랍/카

• 기름값과 기사요금은 별도입니다.

ไม่รวมค่าน้ำมันและค่าจ้างคนขับรถครับ/ค่ะ

마이 루암 카남만 래 카짱 콘캅롯 크랍/카

• 운전은 아무나 해도 되나요?

ใครขับก็ได้หรือเปล่าครับ/คะ

크라이 캅 꺼 다이 르 쁠라오 크랍/카

• 이번 금요일에 사용하려고 합니다.

จะใช้วันศุกร์นี้ครับ/ค่ะ

짜 차이 완쑥니 크랍/카

• 얼마동안 차를 쓰실 겁니까?

จะใช้รถนานเท่าไรครับ/คะ

짜 차이 롯 난타오라이 크랍/카

• 딱 하루만 사용합니다.

จะใช้แค่วันเดียวครับ/ค่ะ

짜 차이 캐 완디아우 크랍/카

• 지방에 가면 기사의 숙식을 책임져야 하나요?

ถ้าไปต่างจังหวัด เราต้องรับผิดชอบที่พักและอาหาร
타 빠이 땅짱왓 라오 떵 랍핏첩 티팍 래아한

ของคนขับรถด้วยหรือเปล่าครับ/คะ
컹 콘캅롯 두아이 르 쁠라오 크랍/카

• 목적지에 도착해서 차를 반납해도 되나요?

ถึงปลายทางแล้วค่อยคืนรถได้ไหมครับ/คะ
틍 쁠라이탕 래우 커이 큰 롯 다이마이 크랍/카

• 반납은 꼭 이곳에 해야 하나요?

ต้องคืนรถที่นี่เท่านั้นเหรอครับ/คะ
떵 큰 롯 티니 타오난 러 크랍/카

• 그 요금에 보험도 들어있나요?

ค่าเช่านี่รวมค่าประกันหรือเปล่าครับ/คะ
카차오 니 루암 카쁘라깐 르 쁠라오 크랍/카

직접 차를 운전할 때

• 국제면허증을 가지고 있어요?

มีใบขับขี่ระหว่างประเทศไหมครับ/คะ
미 바이캅키 라왕쁘라텟 마이 크랍/카

• 지도를 따라서 운전하면 됩니다.

ขับรถไปตามแผนที่ก็ได้ครับ/ค่ะ
캅롯 빠이 땀 팬티 꺼다이 크랍/카

• 네비가 지시하는 대로 가면 됩니다.

ขับไปตามที่เนวิเกเตอร์บอกก็ได้ครับ/ค่ะ
캅빠이 땀 티 네비게터 벅 꺼다이 크랍/카

• 에어컨을 켜 주세요.

ช่วยเปิดแอร์หน่อยครับ/ค่ะ

추아이 쁫 에어 너이 크랍/카

• 운전할 때 말 시키지 말아요.

เวลาขับรถอย่าชวนคุยครับ/ค่ะ

웰라캅롯 야 추안 쿠이 크랍/카

• 안전벨트를 매야 합니다.

ต้องคาดเข็มขัดนิรภัยครับ/ค่ะ

떵 캇 켐캇니라파이 크랍/카

• 밤에는 운전을 조심해야 합니다.

ขับรถตอนกลางคืนต้องระวังครับ/ค่ะ

캅롯 떤끌랑큰 떵 라왕 크랍/카

• 속도를 좀 줄이세요.

ลดความเร็วลงหน่อยครับ/ค่ะ

롯 콤레우 롱 너이 크랍/카

• 조금 더 빨리 운전할래요?

ขับเร็วกว่านี้หน่อยได้ไหมครับ/คะ

캅 레우꽈니 너이 다이마이 크랍/카

• 속도를 좀 내세요.

เร่งความเร็วหน่อยครับ/ค่ะ

렝 콤레우 너이 크랍/카

• 거북이처럼 느리잖아요.

ช้าเป็นเต่าเลยครับ/ค่ะ

차 뻰따오 르이 크랍/카

• 여기서 추월하지 말아요.

อย่าขับแซงที่นี่ครับ/ค่ะ

야 캅쌩 티니 크랍/카

• 우측 차선으로 바꾸세요.

เปลี่ยนไปเลนขวาสิครับ/คะ

쁠리안 빠이 렌콰 씨 크랍/카

• 여기는 정차는 되지만 주차는 안 됩니다.

ที่นี่หยุดได้แต่จอดรถไม่ได้ครับ/ค่ะ

티니 윳 다이 때 쩟롯 마이다이 크랍/카

주유소에서 대화할 때

• 2km는 더 가야 주유소가 나옵니다.

ปั๊มน้ำมันต้องไปอีก 2 กิโลครับ/ค่ะ

빰남만 떵 빠이 익 썽 낄로 크랍/카

• 기름부터 충분히 넣고 출발하지요.

เติมน้ำมันให้เต็มก่อนแล้วค่อยออกเดินทางกันครับ/ค่ะ

뜸 남만 하이뗌 껀 래우 커이 억든탕깐 크랍/카

• 가득 채워주세요.

เต็มถังครับ/ค่ะ

뗌탕 크랍/카

• 1,000 바트치만 넣어요.

เติม 1,000 บาท

뜸 판 밧

• 가스는 어디서 넣나요?

เติมแก๊สได้ที่ไหนครับ/คะ

뜸 개스 다이 티나이 크랍/카

• 세차 좀 부탁합니다.

ล้างรถหน่อยครับ/ค่ะ

랑 롯 너이 크랍/카

• 리터 당 30바트입니다.

ลิตรละ 30 บาทครับ/ค่ะ

릿 라 쌈씹 밧 크랍/카

• 기름값이 자꾸 올라 걱정이에요.

ราคาน้ำมันแพงขึ้นเรื่อย ๆ น่ากังวลครับ/ค่ะ

라카 남만 팽 큰 르아이르아이 나깡원 크랍/카

• 화장실에 갈 사람은 다녀오세요.

ใครอยากไปห้องน้ำก็เชิญเลยครับ/ค่ะ

크라이 약 빠이 헝남 꺼 츤 르이 크랍/카

• 이 주유소의 화장실이 깨끗해요.

ห้องน้ำปั๊มนี้สะอาดครับ/ค่ะ

헝남 빰니 싸앗 크랍/카

• 간단히 뭐 좀 먹고 가지요.

กินอะไรสักหน่อยแล้วค่อยไปต่อกันครับ/ค่ะ

낀 아라이 싹너이 래우 커이 빠이떠 깐 크랍/카

주차장에서 대화할 때

• 지하주차장도 있나요?

มีที่จอดรถชั้นใต้ดินด้วยไหมครับ/คะ

미 티쩟롯 찬따이딘 두아이 마이 크랍/카

• 주차요금은 어떻게 계산하나요?

ค่าจอดรถคิดยังไงครับ/คะ

카쩟롯 킷 양아이 크랍/카

• 여기 주차요금은 무료입니다.

ที่นี่จอดฟรีครับ/ค่ะ

티니 쩟 후리 크랍/카

• 버스는 너무 커서 어렵지만 롯뚜는 가능합니다.

รถเมล์ใหญ่น่าจะจอดลำบากแต่รถตู้นั้นจอดได้ครับ/ค่ะ

롯메야이 나짜 쩟 람박 때 롯뚜난 쩟 다이 크랍/카

• 주차장에 감시원이 있나요?

ที่จอดรถมียามไหมครับ/คะ

티쩟롯 미 얌 마이 크랍/카

• 주차권에 도장 좀 찍어주세요.

ช่วยปั๊ม(ประทับตรา)บัตรจอดรถให้หน่อยครับ/ค่ะ

추아이 빰 (쁘라탑뜨라) 밧쩟롯 하이 너이 크랍/카

예약을 하거나 재확인 또는 변경할 때

• 비행기를 예약하려고 합니다.

จะจองตั๋วเครื่องบินครับ/ค่ะ

짜 쩡 뚜아 크르앙빈 크랍/카

• 서울로 가는 비행기가 몇 시에 있나요?

เครื่องบินไปกรุงโซลมีกี่โมงบ้างครับ/คะ

크르앙빈 빠이끄룽서울 미 끼몽 방 크랍/카

• 서울행 표 어른 두 장 주세요.

ตั๋วไปกรุงโซลสำหรับผู้ใหญ่ 2 ใบครับ/ค่ะ

뚜아 빠이끄룽서울 쌈랍 푸야이 썽 바이 크랍/카

• 부산행 왕복표를 주세요.

ขอตั๋วไปกลับพูซานครับ/ค่ะ

커 뚜아 빠이끌랍 부산 크랍/카

• 저가항공에도 좌석이 있나요?

สายการบินโลว์คอส(ต้นทุนต่ำ)ก็มีที่ว่างไหมครับ/คะ

싸이깐빈 로코스트 (똔툰땀) 꺼 미 티 왕 마이 크랍/카

• 오늘이나 내일 표를 사려고 합니다.

จะซื้อตั๋ววันนี้ไม่ก็พรุ่งนี้ครับ/ค่ะ

짜 쓰 뚜아 완니 마이꺼 프룽니 크랍/카

• 카드로 사도 되지요?

จ่ายด้วยบัตรก็ได้ใช่ไหมครับ/คะ

짜이 두아이밧 꺼다이 차이마이 크랍/카

• 밤에 떠나는 비행기는 몇 시에 도착합니까?

เครื่องที่ออกตอนกลางคืนจะถึงกี่โมงครับ/คะ

크르앙 티 억 떤끌랑큰 짜틍 끼몽 크랍/카

• 직항을 원합니다.

อยากได้บินตรงครับ/ค่ะ

약 다이 빈뜨롱 크랍/카

• 아직은 빈 좌석이 있어요.

ยังมีที่ว่างอยู่ครับ/ค่ะ

양 미 티왕 유 크랍/카

• 그 날은 좌석이 꽉 찼는데요.

วันนั้นที่เต็มแล้วครับ/ค่ะ // ไม่มีที่ว่างแล้วครับ/ค่ะ

완난 티남 뗌 래우 크랍/카 // 마이미 티 왕 래우 크랍/카

• 대기자 명단에 올리지요.

จะใส่ชื่อไว้ในเวตติ้งลิสท์ครับ/ค่ะ

짜 싸이 츠 와이 나이 웨팅리스트 크랍/카

• 손님은 대기 순서 3번입니다.

คุณลำดับที่ 3 ครับ/ค่ะ

쿤 람답 티 쌈 크랍/카

• 다른 비행사도 있나요?

มีสายการบินอื่นไหมครับ/คะ

미 싸이깐빈 은 마이 크랍/카

• 모든 비행기가 꽉 찼을 것입니다.

คิดว่าทุกไฟลท์ก็น่าจะเต็มหมดแล้วครับ/ค่ะ

킷와툭훌라잇 꺼 나짜 뗌못 래우 크랍/카

• 비행기표를 전자메일로 보내드리지요.

จะส่งตั๋วเครื่องบินไปทางอีเมล์ให้ครับ/ค่ะ

짜쏭 뚜아크르앙빈 빠이 탕이멜 하이 크랍/카

• 지난 6월에 예약했는데 제 이름이 있나요?

ผม/ดิฉันจองเอาไว้เดือนมิถุนายน มีชื่อไหมครับ/คะ

폼/디찬 쩡 아오와이 드안 밋투나욘 미 츠 마이 크랍/카

• 늦어도 출발 2시간 전에 공항에 나오셔야 합니다.

อย่างช้าคุณต้องถึงสนามบินก่อนเครื่องออก2 ชั่วโมงครับ/ค่ะ

양차 쿤 떵 틍 싸남빈 껀 크르앙 억 쌩 추아몽 크랍/카

PART VII 교통 및 여행

• 비행기표를 취소할 수 있나요?

ขอยกเลิกตั๋วเครื่องบินได้ไหมครับ/คะ

커 욕륵 뚜아크르앙빈 다이마이 크랍/카

• 5일 표를 다음 주 12일 표로 바꿀 수 있을까요?

จะเปลี่ยนตั๋ววันที่ 5 เป็นวันที่ 12 ได้ไหมครับ/คะ

짜 쁠리안 뚜아 완티 하 뻰 완티 씹썽 다이마이 크랍/카

공항에서 대화할 때

• 예약을 했는데 확인해 주시겠어요?

จองตั๋วไว้แล้ว ช่วยเช็คได้ไหมครับ/คะ

쩡 뚜아 와이 래우 추아이첵 다이마이 크랍/카

• 가방은 하나입니다.

มีกระเป๋า ๑ ใบครับ/ค่ะ

미 끄라빠오 능 바이 크랍/카

• 여기 여권과 비행기표가 있어요.

นี่หนังสือเดินทางและตั๋วเครื่องบินครับ/ค่ะ

니 낭쓰 든탕 래 뚜아 크르앙빈 크랍/카

• 마일리지 카드도 있어요.

มีบัตรสะสมไมล์ด้วยครับ/ค่ะ

미 밧 싸쏨마일 두아이 크랍/카

• 통로쪽을 원합니다.

ต้องการที่นั่งตรงทางเดินครับ/ค่ะ

떵깐 티낭 뜨롱 탕든 크랍/카

• 창쪽을 주세요.

ขอที่นั่งริมหน้าต่างครับ/ค่ะ

커 티낭 림 나땅 크랍/카

• 이것을 기내에 가지고 들어갈 수 있나요?

เอากระเป๋านี้ขึ้นเครื่องบินได้ไหมครับ/คะ

아오 끄라빠오니 큰 크르앙빈 다이마이 크랍/카

• 탑승시간은 8시 30분부터입니다.

ขึ้นเครื่องได้ตั้งแต่ 8 โมงครึ่งครับ/ค่ะ

큰 크르앙 다이 땅때 뺏 몽 크릉 크랍/카

• 면세점에서 산 물건은 어디서 받나요?

รับของที่ซื้อที่ดิวตี้ฟรีได้ที่ไหนครับ/คะ

랍 컹 티 쓰 티 듀티후리 다이 티나이 크랍/카

• 면세점에서 쇼핑할 시간이 있나요?

มีเวลาที่ซื้อของที่ร้านปลอดภาษีไหมครับ/คะ

미 웰라 티 쓰 컹 티 란쁠럿파씨 마이 크랍/카

• 예정대로 출발하나요?

ออกตรงเวลาไหมครับ/คะ

억 뜨롱웰라 마이 크랍/카

• 1시간 연발합니다.

ดีเลย์(ออกช้า)หนึ่งชั่วโมงครับ/ค่ะ

디레 (억 차) 능 추아몽 크랍/카

• 짐은 몇 번에서 찾나요?

รับสัมภาระได้ที่สายพานเบอร์อะไรครับ/คะ

랍 쌈파라 다이 티 싸이판 버 아라이 크랍/카

PART VIII 교통 및 여행

• 제 짐이 보이지 않습니다.

ไม่เห็นกระเป๋าของผม/ดิฉันเลยครับ/ค่ะ

마이헨 끄라빠오 컹 폼/디찬 르이 크랍/카

• 찾으면 이 주소로 연락주세요.

ถ้าหาเจอ ช่วยติดต่อมาทางที่อยู่นี้ด้วยครับ/ค่ะ

타 하 쯔 추아이 띳떠 마 탕 티유 니 두아이 크랍/카

• 여행목적이 무엇입니까?

เดินทางมาด้วยเหตุผลอะไรครับ/คะ

든탕마 두아이 헷폰 아라이 크랍/카

• 세미나에 참석하러 왔습니다.

มาร่วมสัมมนาครับ/ค่ะ

마 루암 쌈마나 크랍/카

• 휴가를 보내려고 왔습니다.

มาพักผ่อน(มาท่องเที่ยว)ครับ/ค่ะ

마 팍펀 (마 텅티아우) 크랍/카

• 표시대로 서서 이 카메라를 바라보세요.

ยืนตามเครื่องหมายแล้วมองกล้องครับ/ค่ะ

yeun 땀 크르앙마이 래우 멍 끌렁 크랍/카

• 노란선 뒤에 서서 순서를 기다리세요.

เข้าคิวรอหลังเส้นเหลืองครับ/ค่ะ

카오키우 러 랑 쎈르앙 크랍/카

• 가방을 좀 열어보시겠어요?

ช่วยเปิดกระเป๋าหน่อยครับ/ค่ะ

추아이 쁫 끄라빠오 너이 크랍/카

• 관세를 낼 물건이 없어요.

ไม่มีของที่ต้องเสียภาษีศุลกากรครับ/ค่ะ

마이미 컹 티 떵 씨아 파씨 쑨라까껀 크랍/카

• 모두 제 개인용품입니다.

ทั้งหมดนี่เป็นของใช้ส่วนตัวผม/ดิฉันครับ/ค่ะ

탕못 니 뻰 컹 차이쑤안뚜아 폼/디찬 크랍/카

• 이 술이 과세대상이니 세관으로 가십시오.

เหล้าพวกนี้ต้องเสียภาษี กรุณาไปตรงศุลกากรครับ/ค่ะ

라오 푸악니 떵 씨아파씨 까루나 빠이뜨롱 쑨라까껀 크랍/카

• 검색이 끝났습니다.

ตรวจเสร็จแล้วครับ/ค่ะ

뜨루앗 쎗 래우 크랍/카

• 푸껫 가는 비행기로 갈아타려면 어떻게 합니까?

จะต่อเครื่องไปภูเก็ต ต้องทำอย่างไรครับ/คะ

짜 떠 크르앙빠이푸껫 떵 탐 양라이 크랍/카

• 탑승카드를 보여주세요.

ขอดูบัตรขึ้นเครื่องบินครับ/ค่ะ

커두 밧 큰 크르앙빈 크랍/카

• 시내지도가 있습니까?

มีแผนที่ในเมืองไหมครับ/คะ

미 팬티 나이므앙 마이 크랍/카

• 국내선으로 갈아타려면 어디로 가죠?

ถ้าจะต่อเครื่องภายในประเทศต้องไปที่ไหนครับ/คะ

타 짜 떠 크르앙 파이나이쁘라텟 떵 빠이 티나이 크랍/카

• 방콕 공항에서 환승이 가능한가요?

ต่อเครื่องที่สนามบินกรุงเทพฯ ได้ไหมครับ/คะ

떠 크르앙 티 싸남빈끄룽텝 다이마이 크랍/카

• 탑승수속은 어디서 하나요?

เช็คอินได้ที่ไหนครับ/คะ

첵인 다이 티나이 크랍/카

• 환승카운터는 어디인가요?

เค้าน์เตอร์ต่อเครื่องอยู่ที่ไหนครับ/คะ

카운터 떠 크르앙 유 티나이 크랍/카

비행기 안에서 대화할 때

• 제 자리에 다른 사람이 앉아있어요.

ที่ผม/ดิฉันมีคนนั่งอยู่ครับ/ค่ะ

티폼/디찬 미 콘 낭 유 크랍/카

• 미안합니다. 좀 지나갈까요?

ขอโทษครับ/ค่ะ ขอทางหน่อยครับ/ค่ะ

커톳크랍/카 커 탕 너이 크랍/카

• 이 가방은 좌석 밑에 놓으세요.

กรุณาเก็บกระเป๋านี้ไว้ใต้เก้าอี้ครับ/ค่ะ

까루나 껩 끄라빠오니 와이 따이 까오이 크랍/카

• 자리를 좀 앞으로 당겨주시겠어요?

ช่วยปรับที่นั่งไปข้างหน้าหน่อยได้ไหมครับ/คะ

추아이 쁘랍 티낭 빠이 캉나 너이 다이마이 크랍/카

• 자리를 뒤로 눕혀도 될까요?

เอนที่นั่งหน่อยได้ไหมครับ/คะ

엔 티낭 너이 다이마이 크랍/카

• 모포 한 장 주세요.

ขอผ้าห่มผืนหนึ่งหน่อยครับ/ค่ะ

커 파홈 픈능 너이 크랍/카

• 기내에서 면세품을 판매합니까?

บนเครื่องบินมีขายสินค้าปลอดภาษีไหมครับ/คะ

본 크르앙빈 미 카이 씬카쁠럿파씨 마이 크랍/카

• 입국카드를 작성해야 하나요?

ต้องกรอกบัตรขาเข้าไหมครับ/คะ

떵 끄럭 밧카카오 마이 크랍/카

• 혹시 두통약 있나요?

มียาแก้ปวดหัวไหมครับ/คะ

미 야 깨 뿌앗후아 마이 크랍/카

03 관공서

관광객들은 교통사고나 여권 분실 등의 도난사고의 경우를 제외하고는 태국에서 관공서에 갈 기회가 거의 없지만 상주하는 사람의 경우에는 비교적 많다. 사업을 할 경우에는 더 많을 것이다. 관공서는 일반 서비스기관과는 다른 분위기인 것을 유념하자.

스스럼 없으나 깍듯한 예의를 갖춘 언행이 요구될 것으로 본다.

관광 중에 교통사고나 도난사고를 당했을 때 경찰서 등을 갈 수 있다. 이런 경우는 다음 장에서 보도록 하자.

신고나 등록할 때

• 입주신고를 하러 왔습니다.

มาแจ้งย้ายที่อยู่ครับ/ค่ะ

마 쨍 야이 티유 크랍/카

• 비자를 연장하려면 무슨 서류가 필요한가요?

ถ้าจะต่อวีซ่า ต้องใช้เอกสารอะไรบ้างครับ/คะ

타 짜 떠 위자 떵 차이 엑까싼 아라이 방 크랍/카

• 입주등록을 꼭 해야 하나요?

ต้องลงทะเบียนย้ายเหรอครับ/คะ

떵 롱타비안 야이 러 크랍/카

• 외국인 등록처가 몇 층에 있나요?

แผนกลงทะเบียนคนต่างชาติอยู่ชั้นไหนครับ/คะ

파낵 롱타비안 콘땅찻 유 찬 나이 크랍/카

• 두 달 전에 태국에 왔습니다. 두 달을 더 있어야 합니다.

มาเมืองไทยเมื่อสองเดือนก่อนครับ/ค่ะ

마 므앙타이 므아 썽 드안 껀 크랍/카

แต่ต้องอยู่ต่ออีกสองเดือนครับ/ค่ะ

때 떵 유 떠 익 썽 드안 크랍/카

• 복수비자를 신청하려고 합니다.

ขอวีซ่าแบบ multiple ครับ/ค่ะ

커 비자 뱁 말티플 크랍/카

• 노동허가서를 받는데 수수료가 얼마인가요?

ถ้าจะทำเวิร์คเพอร์มิทต้องจ่ายค่าธรรมเนียมเท่าไร

타 짜 탐 워퍼밋 떵 짜이 카탐니암 타오라이

ครับ/คะ

크랍/카

• 이 서류만 작성해서 제출하면 됩니다.

กรอกเอกสารฉบับนี้และยื่นหนังสือเดินทางก็พอครับ/ค่ะ

끄럭 엑까싼 차밥니 래 yeun 낭쓰든탕 꺼 퍼 크랍/카

• 임대계약서를 가지고 오셨어요?

เอาสัญญาเช่ามาด้วยหรือเปล่าครับ/คะ

아오 싼야 차오 마 두아이 르 쁠라오 크랍/카

PART Ⅶ 관공서

• 통장사본과 사진 한 장을 내세요.
ยื่นสำเนาสมุดบัญชีและรูปถ่าย ๑ ใบครับ/ค่ะ
yeun 쌈나오 싸뭇반치 래 룹타이 능 바이 크랍/카

• 필요한 서류는 다시 요구하겠습니다.
จะขอเอกสารที่จำเป็นอีกทีครับ/ค่ะ
짜 커 엑까싼 티 짬뻰 익 티 크랍/카

• 영주권을 받으려면 필요한 조건이 있나요?
มีเงื่อนไขอะไรบ้างในการรับสิทธิอาศัยถาวรครับ/คะ
미 응안카이 아라이 방 나이 깐 랍 씻티 아싸이 타원 크랍/카

• 여권을 분실했는데 어떻게 하나요?
ทำหนังสือเดินทางหายต้องทำอย่างไรครับ/คะ
탐 낭쓰 든탕 하이 떵 탐 양라이 크랍/카

• 관할 경찰서에 우선 도난신고를 하세요.
รีบไปแจ้งหายที่สถานีตำรวจของเขตนี้ก่อนครับ/ค่ะ
립 빠이 쨍 하이 티 싸타니 땀루앗 컹 켓니 껀 크랍/카

• 임시여권을 발급해 드리겠습니다.
จะออกหนังสือเดินทางชั่วคราวให้ครับ/ค่ะ
짜 억 낭쓰든탕 추아크라우 하이 크랍/카

PART Ⅶ 관공서

04 은행과 우체국에서

은행은 외국에서 생활할 때 공공기관 중 가장 자주 가는 곳이다. 태국에서 환전할 경우 보통 은행에서 한다. 태국에서는 100$짜리 지폐가 20$짜리 지폐보다 값이 더 나간다는 사실을 유념하자. 그러므로 달러를 가지고 태국에 갈 경우, 가서 환전해 사용할 경우 가능하면 큰돈(100$)으로 환전해 가는 것이 유리하다.

태국의 은행은 일반적으로 월요일에서 금요일까지 근무한다. 그러나 대형백화점은 일주일 내내, 주말에만 문을 여는 주말시장 같은 곳은 주말에 문을 열어 고객의 편의를 돕고 있다.

그리고 태국은 은행권이 전국적으로 4권역–중부, 북부, 동북부, 남부–으로 나뉘어 있다. 다른 권역에서 입금이나 출금할 때는 수수료를 내야 한다.

은행에서 계좌를 개설하거나 해지할 때

• 계좌를 개설하고 싶은데요.

อยากจะเปิดบัญชีครับ/ค่ะ

약 짜 쁫 반치 크랍/카

• 여권이 있어야 하는데, 가지고 오셨나요?

ต้องใช้หนังสือเดินทาง คุณเอามาหรือเปล่าครับ/คะ

떵 차이 낭쓰 든탕 쿤 아오마 르 쁠라오 크랍/카

• 신분증이 있어야 하는데…

ต้องมีบัตรประจำตัวนะ.....

떵 미 밧쁘라짬뚜아 나…

• 신분증은 여권도 되나요?

ใช้หนังสือเดินทางแทนบัตรประจำตัวได้ไหมครับ/คะ

차이 낭쓰든탕 탠 밧쁘라짬뚜아 다이마이 크랍/카

• 계좌를 개설할 때 카드도 만들 수 있나요?

เวลาเปิดบัญชีทำบัตรพร้อมกันได้ไหมครับ/คะ

웰라 뻣 반치 탐 밧 프럼깐 다이마이 크랍/카

• 비밀번호를 여기 누르세요.

กดรหัสที่นี่ครับ/ค่ะ

꼿 라핫 티니 크랍/카

• 당좌계좌도 개설할 수 있나요?

เปิดบัญชีกระแสรายวันได้ไหมครับ/คะ

뻣 반치 끄라쌔 라이완 다이마이 크랍/카

• 보통예금과 저축예금이 어떻게 다른가요?

บัญชีธรรมดากับบัญชีออมทรัพย์ต่างกันอย่างไรครับ/คะ

반치 탐마다 깝 반치 엄쌉 땅깐 양라이 크랍/카

• 이자가 다릅니다. 저축예금 이자가 좀 높아요.

ต่างกันที่ดอกเบี้ยครับ/ค่ะ บัญชีออมทรัพย์ดอกเบี้ย
땅깐 티 덕비아 크랍/카 반치 엄쌉 덕비아

สูงกว่าครับ/ค่ะ
쑹꽈 크랍/카

• 정기예금은 어떤 종류가 있나요?

เงินฝากประจำมีประเภทอะไรบ้างครับ/คะ
응언 확 쁘라짬 미 쁘라펫 아라이 방 크랍/카

• 저도 대출받을 수 있나요?

ผม/ดิฉันก็กู้เงินจากธนาคารได้ไหมครับ/คะ
폼/디찬 꺼 꾸 응언 짝 타나칸 다이마이 크랍/카

• 무엇을 담보로 하겠습니까?

จะใช้อะไรค้ำประกันครับ/คะ
짜 차이 아라이 캄쁘라깐 크랍/카

• 돈을 찾으려고 합니다.

จะถอนเงิน // จะเบิกเงินครับ/ค่ะ
짜 턴 응언 // 짜 븍 응언 크랍/카

• 이 통장은 치앙마이 계좌이므로 수수료가 붙습니다.

บัญชีนี้เป็นบัญชีเปิดที่เชียงใหม่ต้องเสียค่าธรรมเนียม
반치니 뻰 반치 뻣 티 치앙마이 떵 씨아 카탐니암

ครับ/ค่ะ
크랍/카

• 통장정리를 하려고 합니다.

จะอัพเดทบุ๊ค(อัพบุ๊ค)ครับ/ค่ะ
짜 업데잇 북 (압북) 크랍/카

• 이 수표를 어떻게 바꿔드릴까요?

เช็คฉบับนี้จะแลกอย่างไรครับ/คะ

첵 차밥니 짜 랙 양라이 크랍/카

• 반은 이 통장에 넣어주시고 나머지는 천 바트 짜리로 주세요.

ครึ่งหนึ่งฝากในบัญชีนี้และที่เหลือขอเป็นเงินสดใบละ

크릉 능 확 나이 반치니 래 티르아 커 뻰 응언쏫 바이 라

พันบาทครับ/ค่ะ

판 밧 크랍/카

• 이 계좌를 해지하려고 합니다.

จะปิดบัญชีนี้ครับ/ค่ะ

짜 삣 반치니 크랍/카

환전할 때

• 여기서 한국돈을 환전할 수 있나요?

ที่นี่แลกเงินเกาหลีได้ไหมครับ/คะ

티니 랙 응언까올리 다이마이 크랍/카

• 우리 은행은 달러만 취급합니다.

ธนาคารของเราให้บริการเฉพาะเงินดอลล่าร์ครับ/ค่ะ

타나칸 컹 라오 하이 버리깐 차펴 응언 달러 크랍/카

• 한화는 끄룽씨아유타야 은행으로 가시면 됩니다.

เงินเกาหลีนั้นไปแลกที่ธนาคารกรุงศรีอยุธยาได้ครับ/ค่ะ

응언까올리 난 빠이랙 티 타나칸 끄룽씨아유타야 다이 크랍/카

• 달러를 어떻게 드릴까요?

จะเอาแบงค์ดอลล่าห์อย่างไรครับ/คะ

짜 아오 뱅 덜라 양라이 크랍/카

• 모두 20,500바트인데 어떻게 드릴까요?
ทั้งหมด 20,500 บาท จะเอาเป็นแบงค์อะไรดีครับ/คะ
탕못 썽믄하러이 밧 짜 아오 뻰 뱅 아라이 디 크랍/카

• 100$짜리는 44바트이고, 50$ 짜리는 43바트입니다.
ใบร้อยดอลล่าร์แลกได้ 44 บาท ใบ 50 แลกได้ 42 บาท ครับ/ค่ะ
바이러이덜라 랙 다이 씨십씨밧 바이 하씹 랙다이 씨씹썽 밧 크랍/카

• 제가 가지고 있는 달러를 팔려고 합니다.
จะขายดอลล่าห์ที่มีอยู่ครับ/ค่ะ
짜 카이 덜라 티 미 유 크랍/카

• 한국 돈(원화)을 살 수 있나요?
จะซื้อเงินวอนได้ไหมครับ/คะ
짜 쓰 응언 원 다이 마이 크랍/카

• 환율이 어떻게 되나요?
อัตราแลกเปลี่ยนเท่าไรครับ/คะ
앗뜨라 랙 쁠리안 타오라이 크랍/카

• 저 전광판(board)을 보시면 환율이 나와 있습니다.
สามารถดูอัตราแลกเปลี่ยนได้ที่บอร์ดตรงนั้นครับ/ค่ะ
싸맛 두 앗뜨라 랙쁠리안 다이 티 보드 뜨롱난 크랍/카

• 이 통장에서 3만바트를 꺼내 한국 돈으로 바꾸고자 합니다.
จะเบิกเงิน 3 หมื่นบาทจากบัญชีนี้และแลกเป็นเงินเกาหลี ครับ/ค่ะ
짜 븍 응언 쌈 믄 밧 짝 반치니 래 랙 뻰 응언까올리 크랍/카

• 모두 현금으로 드릴까요?

จะรับเป็นเงินสดทั้งหมดไหมครับ/คะ

짜 랍 뻰 응언쏫 탕못 마이 크랍/카

• 수표로 주세요.

ขอเป็นเช็คครับ/ค่ะ

커 뻰 첵 크랍/카

은행에서 나눌 수 있는기타 대화

• 현금인출기가 어디 있나요?

เครื่องเอทีเอ็ม(ATM) อยู่ที่ไหนครับ/คะ

크르앙 에티엠 (ATM) 유 티나이 크랍/카

• 이것을 잔돈으로 바꿀 수 있나요?

ขอแลกแบงค์ย่อยได้ไหมครับ/คะ

카 랙 뱅여이 다이마이 크랍/카

• 천 바트짜리 5장, 오백 바트 짜리 12장 받았습니다.

รับแบงค์พัน 5 ใบ ห้าร้อย 12 ใบครับ/ค่ะ

랍 뱅 판 하 바이 하러이 씹썽 바이 크랍//카

• 한국에서 받는 사람의 이름과 주소를 여기 쓰세요.

กรุณากรอกชื่อและที่อยู่ของผู้รับในประเทศเกาหลีที่นี่

까루나 끄럭 츠 래 티유 컹 푸랍 나이쁘라텟까올리 티니

ครับ/ค่ะ

크랍/카

• 송금수수료가 얼마나 되나요?

ค่าธรรมเนียมส่งเงินเท่าไรครับ/คะ

카탐니암 쏭응언 타오라이 크랍/카

• 은행에서 전기세를 내도 되나요?
จ่ายค่าไฟฟ้าที่ธนาคารได้ไหมครับ/คะ
짜이 카화이화 티 타나칸 다이마이 크랍/카

• 컴퓨터나 휴대폰으로도 세금을 낼 수 있나요?
ใช้คอมพิวเตอร์หรือโทรศัพท์มือถือเสียภาษีได้ไหมครับ/คะ
차이 컴퓨터 르 토라쌉므트 씨아파씨 다이마이 크랍/카

• 이 계좌에서 정기적으로 이체할 수 있나요?
เลือกโอนเงินจากบัญชีนี้ประจำได้ไหมครับ/คะ
르악 온 응언 짝 반치니 쁘라짬 다이마이 크랍/카

• 의료보험료도 이 통장에서 이체했으면 합니다.
อยากจะโอนเงินค่าประกันสุขภาพจากบัญชีนี้ด้วยครับ/ค่ะ
약 짜 온응언 카쁘라깐 쑥카팝 짝 반치니 두아이 크랍/카

• 주로 어느 은행과 거래하세요?
ปกติใช้ธนาคารอะไรเป็นหลักครับ/คะ
빠까띠 차이 타나칸 아라이 뻰락 크랍/카

• 이 계좌에 돈이 송금되었는지 알아보려고 합니다.
อยากเช็คว่าบัญชีนี้มีเงินเข้ามาแล้วหรือยังครับ/ค่ะ
약 첵 와 반치니 미 응언 카오마 래우 르 양 크랍/카

• 은행 마감 시간은 언제인가요?
ธนาคารเปิดถึงกี่โมงครับ/คะ
타나칸 뻣 틍 끼몽 크랍/카

• 현금자동인출기에서는 24시간 인출할 수 있어요.
ATM สามารถถอนเงินได้ตลอด 24 ชั่วโมงครับ/ค่ะ
에티엠 싸맛 턴 응언 다이 딸럿 이씹씨 추아몰 크랍/카

• 신용카드를 만들고 싶은데요.

อยากจะทำบัตรเครดิตครับ/ค่ะ

약 짜 탐 밧크레딧 크랍/카

• 이 카드에는 연회비가 얼마입니까?

การ์ดนี้คิดค่ารายปีเท่าไรครับ/คะ

깟 니 킷 카 라이삐 타오라이 크랍/카

• 이 은행에서 주식도 사고 팔 수 있나요?

ซื้อขายหุ้นผ่านธนาคารนี้ได้ไหมครับ/คะ

쓰 카이 훈 판 타나칸니 다이마이 크랍/카

우편물을 부치거나 찾을 때

• 이 소포를 서울로 보내고 싶은데 어떻게 하나요?

อยากจะส่งพัสดุนี้ไปเกาหลีต้องทำอย่างไรครับ/คะ

약 짜 쏭 팟싸두니 빠이 까올리 떵 탐 양라이 크랍/카

• 내용물이 무엇인지요?

ข้างในมีอะไรบ้างครับ/คะ

캉나이 미 아라이 방 크랍/카

• 이 저울에 올려 놓고 무게를 달아 보지요.

เอาวางบนเครื่องชั่งและลองชั่งน้ำหนักดูครับ/ค่ะ

아오 왕 본 크르앙창 래 렁 창 남낙 두 크랍/카

• 런던까지 가는데 며칠이 걸리나요?

ถ้าส่งไปลอนดอนใช้เวลานานเท่าไรครับ/คะ

타 쏭빠이 런던 차이웰라 난 타오라이 크랍/카

• 항공으로 보내면 좀 비싸지만 5일이면 도착합니다.

ถ้าส่งทางเครื่องบินราคาจะแพงหน่อยแต่ใช้เวลาแค่ 5 วัน

타 쏭 탕크르앙빈 라카 짜 팽 너이 때 차이웰라 캐 하 완

ครับ/ค่ะ

크랍/카

• 배는 싼데 오래 걸려요. 3달 걸려요.

ส่งทางเรือถูกแต่ใช้เวลานานครับ/ค่ะ ประมาณ 3 เดือน

쏭 탕 르아 툭 때 차이웰라 난 크랍/카 쁘라만 쌈 드안

ครับ/ค่ะ

크랍/카

• 소포를 받으러 왔어요. 여기 통지서가 있어요.

มารับพัสดุครับ/ค่ะ นี่ใบแจ้งรับพัสดุครับ/ค่ะ

마 랍 팟싸두 크랍/카 니 바이쨍 랍 팟싸두 크랍/카

• 이 박스를 열어 보시겠어요? 내용물을 확인해야 합니다.

ช่วยเปิดกล่องด้วยครับ/ค่ะ ต้องเช็คของภายในกล่อง

추아이 뻣 끌렁 두아이 크랍/카 떵 첵 컹 파이나이 끌렁

ครับ/ค่ะ

크랍/카

• 이 편지를 등기로 보내려고 합니다.

จะส่งจดหมายนี้แบบลงทะเบียนครับ/ค่ะ

짜 쏭 쫏마이니 뱁 롱타비안 크랍/카

• EMS로 보내고 싶은데, 요금이 얼마인가요?

อยากจะส่งทาง EMS แต่ว่าค่าส่งเท่าไรครับ/คะ

약 짜 쏭 탕 이엠엣 때와 카쏭 타오라이 크랍/카

PART VIII 은행과 우체국에서

• 한국 어디로 보내는지요?

จะส่งไปที่ไหนของเกาหลีครับ/คะ

짜 쏭 빠이 티나이 컹 까올리 크랍/카

• 급하지 않으면 배로 부치세요. 경제적이에요.

ถ้าไม่รีบก็ส่งทางเรือสิครับ/คะ ประหยัดกว่าครับ/ค่ะ

타 마이 립 꺼 쏭 탕 르아 씨 크랍/카 쁘라얏꽈 크랍/카

• 기념우표를 사고 싶어요.

อยากซื้อแสตมป์ที่ระลึกครับ/ค่ะ

약 쓰 싸댐 티라륵 크랍/카

• 우표를 500원짜리 3장, 15원짜리 2 장 주세요.

ขอแสตมป์ 500 วอน 3 ดวงและ 15 วอน 2 ดวงครับ/ค่ะ

커 싸땜 하러이 원 쌈 두앙 래 씹하 원 썽 두앙 크랍/카

05 주택 매매나 임대

주택이나 방, 건물을 임대할 때는 계약서를 꼼꼼하게 읽어봐야 한다. 입주할 때 입주자는 집주인에게 조건을 확실히 물어야 하고, 입주할 때는 집주인과 함께 들어가서 설비나 가구 등을 꼼꼼히 살펴야 한다. 만일 수리나 새로운 설비를 설치할 경우 집주인의 동의를 얻어야 한다. 그리고 이사를 나갈 때는 원상복귀를 해 두고 나가야 한다. 그렇지 못할 경우에는 보상을 해야 한다.

주택이나 건물을 임대하거나 구입, 또는 매매할 때

• 방을 보러 왔습니다. 빈 방 있나요?

มาดูห้องครับ/ค่ะ มีห้องว่างไหมครับ/คะ

마 두 헝 크랍/카 미 헝왕 마이 크랍/카

• 어떤 방(집)을 원하시는지요?

ต้องการห้อง(บ้าน)แบบไหนครับ/คะ

떵깐 헝 (반) 뱁 나이 크랍/카

• 가구가 달린 원룸을 원합니다.

อยากได้ห้องเดี่ยวที่มีเฟอร์นิเจอร์ติดตั้งไว้ครับ/ค่ะ

약 다이 헝디아우 티 미 훠니처 띳땅 와이 크랍/카

• 방이 두 개 있는 아파트가 있나요?

มีคอนโดที่มี 2 ห้องนอนไหมครับ/คะ

미 컨도 티 미 썽 헝넌 마이 크랍/카

• 월세가 만 바트인 방이 있나요?

มีห้องค่าเช่าเดือนละหมื่นบาทไหมครับ/คะ

미 헝 카차오 드안 라 믄 밧 마이 크랍/카

• 이 기숙사는 화장실을 공동으로 사용합니다.

หอพักที่นี่ใช้ห้องน้ำรวมกันครับ/ค่ะ

허팍 티니 차이 헝남 루암 깐 크랍/카

• 그 집은 이미 팔렸습니다(세가 나갔습니다).

บ้านนั้นขายไปแล้วครับ/ค่ะ (ให้เช่าไปแล้วครับ/ค่ะ)

반 난 카이 빠이 래우 크랍/카 (하이차오 빠이래우 크랍/카)

• 그 집보다 더 좋은 집이 있는데 보시겠어요?

มีบ้านที่ดีกว่าหลังนั้น จะไปดูไหมครับ/คะ

미 반 티 디꽈 랑난 짜 빠이 두 마이 크랍/카

• 그 방은 크고 좋아요. 가격도 저렴하고요.

ห้องนั้นกว้างและดีครับ/ค่ะ ค่าเช่าก็ถูกด้วยครับ/ค่ะ

헝난 꽝 래 디 크랍/카 카차오 꺼 툭 두아이 크랍/카

• 이 집으로 하겠어요. 계약서는 언제 쓸까요?

ตกลงเอาบ้านนี้ครับ/ค่ะ ต้องเขียนใบสัญญาเมื่อไรครับ/คะ

똑롱 아오 반니 크랍/카 떵 키안 바이싼야 므아라이 크랍/카

• 4층에 원룸이 하나 나왔는데, 보시겠어요?

ที่ชั้น 4 มีห้องเดี่ยวว่าง 1 ห้อง จะไปดูไหมครับ/คะ

티 찬 씨 미 헝디아우 왕 능 헝 짜 빠이 두 마이 크랍/카

• 전기세와 수도료가 집세에 포함되어 있나요?

ค่าเช่ารวมค่าน้ำค่าไฟหรือเปล่าครับ/คะ

카차오 루암 카남 카화이 르 뺄라오 크랍/카

• 아니오. 사용량에 따라 입주자가 따로 냅니다.

ไม่ครับ/ค่ะ ผู้เช่าต้องจ่ายตามปริมาณที่ใช้ครับ/ค่ะ

마이 크랍/카 푸차오 떵 짜이 땀 빠리만 티 차이 크랍/카

• 방은 마음에 드는데 너무 비싸네요.

ห้องถูกใจแต่ว่าค่าเช่าแพงไปครับ/ค่ะ

헝 툭짜이 때와 카차오 팽 빠이 크랍/카

집을 구경할 때

• 마당도 있고 나무가 많지만 아주 밝아서 좋아요.

มีสวน มีต้นไม้เยอะ สว่างดีเลยชอบครับ/ค่ะ

미 쑤안 미 똔마이 여 싸왕디 르이 첩 크랍/카

• 변기를 바꿔주실 수 있나요?

ช่วยเปลี่ยนชักโครกให้หน่อยได้ไหมครับ/คะ

추아이 쁠리안 착크록 하이 너이 다이마이 크랍/카

• 집안이 좀 어둡군요.

ข้างในบ้านมืดไปหน่อยครับ/ค่ะ

캉나이 반 믓 빠이 너이 크랍/카

• 벽은 새로 칠해 드리겠어요.

ฝาผนังจะทาสีให้ใหม่ครับ/ค่ะ

화파낭 짜 타씨 하이 마이 크랍/카

• 좀 시끄럽겠네요.

น่าจะหนวกหูหน่อยนะครับ/ค่ะ

나 짜 누악후 너이 나 크랍/카

• 방이 넓어 3 사람이 같이 사용할 수 있어요.

ห้องกว้างสามคนก็ใช้ด้วยกันได้ครับ/ค่ะ

헝 꽝 쌈 콘 꺼 차이 두아이깐 다이 크랍/카

• 지하철도 가깝고 쇼핑센터도 가까워요.

อยู่ใกล้กับสถานีรถไฟฟ้าและช็อปปิ้งเซนเตอร์ครับ/ค่ะ

유 끌라이 깝 싸타니 롯화이화 래 쇼핑센터 크랍/카

• 교통은 어떤가요?

การเดินทางสะดวกไหมครับ/คะ

깐 든탕 싸두악 마이 크랍/카

• 집 앞 길가에 주차시켜야 합니다.

ต้องจอดรถไว้ที่ถนนหน้าบ้านครับ/ค่ะ

떵 쩟 롯 와이 티 타논 나반 크랍/카

• 가스가 아니라 전기로 요리를 해야 합니다.

เวลาทำอาหารต้องใช้ไฟฟ้า ไม่ใช่แก๊สครับ/ค่ะ

웰라 탐 아한 떵 차이 화이화 마이차이 개스 크랍/카

• 에어컨을 달아주실 수 있어요?

ติดแอร์ให้ได้ไหมครับ/คะ

띳 에어 하이 다이마이 크랍/카

• 이 방은 에어컨이 없고 선풍기가 있습니다.

ห้องนี้มีพัดลมไม่มีแอร์ครับ/ค่ะ

헝니 미 팟롬 마이미 에어 크랍/카

• 여긴 에어컨이 없어도 시원해요.

ที่นี่ไม่มีแอร์ก็เย็นสบายครับ/ค่ะ

티니 마이미 에어 꺼 옌싸바이 크랍/카

• 요리를 할 수 없는 방입니다. 음식물 반입은 안 됩니다.

เป็นห้องที่ทำอาหารไม่ได้ครับ/ค่ะ เอาอาหารเข้ามาในห้องไม่ได้ครับ/ค่ะ

뻰 헝 티 탐아한 마이다이 크랍/카 아오 아한 카오마 나이 헝 마이다이 크랍/카

계약할 때

• 임대계약은 어디서 하나요?

ทำสัญญาเช่าห้องที่ไหนครับ/คะ

탐 싼야 차오헝 티나이 크랍/카

• 사무실로 가셔서 계약을 하시지요.

ไปทำที่ออฟฟิศกันครับ/ค่ะ

빠이탐 티오피스 깐 크랍/카

• 생각해 보고 내일 전화 드릴게요.

ขอคิดดูก่อนแล้วพรุ่งนี้จะโทรบอกครับ/ค่ะ

커 킷두 껀 래우 프룽니 짜 토 벅 크랍/카

• 임대계약은 누구하고 하나요?

ต้องทำสัญญาเช่าห้องกับใครครับ/คะ

떵 탐 싼야 차오 헝 깝 크라이 크랍/카

• 저하고 하면 됩니다. 제가 입주자/집주인예요.

ทำกับผม/ดิฉันนี่แหละครับ/ค่ะ ผม/ดิฉันเป็นผู้เช่า/ผู้ให้เช่าครับ/ค่ะ

탐 깝 폼/디찬 니 래 크랍/카 폼/디찬 뻰 푸차오/푸하이차오 크랍/카

• 집주인과 직접 계약하고 싶어요.

อยากทำสัญญากับเจ้าของบ้านโดยตรงครับ/ค่ะ

약 탐싼야 깝 짜오컹반 도이뜨롱 크랍/카

• 임대계약에 다른 조건이 있나요?

มีเงื่อนไขอื่นนอกจากในสัญญานี้ไหมครับ/คะ

미 응안카이 은 넉짝 나이 싼야니 마이 크랍/카

• 언제 입주가 가능한가요?

เข้าอยู่ได้ตั้งแต่เมื่อไรครับ/คะ

카오 유 다이 땅때 므아라이 크랍/카

• 당장 입주할 수 있어요. 비어 있거든요.

ย้ายเข้ามาอยู่เลยได้ครับ/ค่ะ ว่างอยู่แล้วครับ/ค่ะ

야이 카오마 유 르이 다이 크랍/카 왕 유 래우 크랍/카

• 빠르면 빠를수록 좋습니다.

ยิ่งเร็วยิ่งดีครับ/ค่ะ

잉레우 잉디 크랍/카

• 빨라야 12월에 이사할 수 있어요.

อย่างเร็วก็คงจะย้ายเข้ามาได้ตอนธันวาคมครับ/ค่ะ

양레우 꺼 콩짜 야이카오마 다이 떤 탄와콤 크랍/카

PART VII 주택 매매나 임대

• 보증금을 좀 깎아주실 수 있나요?

ช่วยลดเงินมัดจำให้หน่อยได้ไหมครับ/คะ

추아이 롯 응언맛짬 하이 너이 다이마이 크랍/카

• 보증금은 나갈 때 돌려 받나요?

เงินมัดจำจะได้คืนตอนย้ายออกหรือเปล่าครับ/คะ

응언맛짬 짜 다이큰 떤 야이억 르 쁠라오 크랍/카

이사할 때

• 오늘 이사오시는 분이군요.

คุณเป็นคนที่ย้ายมาวันนี้สินะครับ/คะ

쿤 뻰 콘 티 야이마 완니 씨나 크랍/카

• 이삿짐센터가 있나요?

มีบริษัทย้ายบ้านไหมครับ/คะ

미 버리쌋야이반 마이 크랍/카

• 아무 때나 이사할 수 있어요.

ย้ายมาเมื่อไรก็ได้ครับ/ค่ะ

야이마 므아라이 꺼다이 크랍/카

• 2~3일 전에만 연락주세요.

ช่วยติดต่อล่วงหน้าสัก 2~3 วันนะครับ/คะ

추아이 띳떠 루앙나 싹 썽쌈 완 나 크랍/카

• 즉시 이사 오고 싶어요.

อยากย้ายเข้ามาทันทีครับ/ค่ะ

약 야이카오마 탄티 크랍/카

06 세탁소

세탁은 보통 집에서 물세탁을 하지만 요새는 물세탁 빨래도 맡긴다. 자동세탁기에 직접 돈을 넣고 세탁하는 방법도 있다. 세탁물을 맡길 때는 손빨래를 해야 하는 비싼 옷은 맡기지 않는 것이 좋다. 일반적으로 세탁물 개수 또는 부피나 무게로 값을 계산한다.

드라이클리닝을 해야 할 경우는 물세탁 때보다 더욱 꼼꼼하게 살피고 세탁소측에 세탁제와 세탁방법 등에 대해 자세히 일러주거나 대답해야 한다. 그래야 세탁 결과에 이상이 있을 때 책임을 물을 수 있다.

세탁물을 맡길 때

• 이 옷을 세탁해 주세요.

ช่วยซักเสื้อตัวนี้หน่อยครับ/ค่ะ

추아이 싹 쓰아 뚜아니 너이 크랍/카

• 양복 2벌과 셔츠 2장입니다.

สูท 2 ชุดและเสื้อเชิ้ต 2 ตัวครับ/ค่ะ

쑷 썽 춧 래 쓰어첫 썽 뚜아 크랍/카

- 다림질만 되나요?

รีดอย่างเดียวได้ไหมครับ/คะ
릿 양디아우 다이마이 크랍/카

- 이 실크치마는 드라이클리닝으로 해 주세요.

กระโปรงผ้าไหมตัวนี้ช่วยซักแห้งนะครับ/คะ
끄라쁘롱 파마이 뚜아니 추아이 싹행 나 크랍/카

- 여기 음식물 자국이 있는데, 아시지요?

รู้แล้วใช่ไหมครับ/คะว่าตรงนี้มีคราบอาหาร
루래우 차이마이 크랍/카 와 뜨롱니 미 크랍 아한

- 커피 자국은 세탁 후에도 좀 남는데, 그래도 하시겠어요?

คราบกาแฟซักก็หายไม่หมด ยังจะซักไหมครับ/คะ
크랍 까홰 싹 꺼 하이 마이 못 양 짜 싹 마이 크랍/카

- 이 바지 허벅지 부분에 페인트가 묻었는데 세탁되나요?

ตรงส่วนต้นขาของกางเกงตัวนี้เปื้อนสี จะซักได้ไหมครับ/คะ
뜨롱 쑤안 똔카 컹 깡껭 뚜아니 쁘안씨 짜 싹 다이마이 크랍/카

- 끝나면 연락드릴 게요.

ถ้าเสร็จแล้วจะติดต่อไปครับ/ค่ะ
타 쎗 래우 짜 띳떠 빠이 크랍/카

- 급하시면 2시간 후에 오세요.

ถ้ารีบมากก็อีก 2 ชั่วโมงมารับนะครับ/คะ
타 립 막 꺼 익 썽 추아몽 마랍 나 크랍/카

- 저녁에 입을 양복인데 지금 맡겨도 될까요?

เสื้อสูทจะใส่เย็นนี้ ถ้าส่งซักตอนนี้จะได้ไหมครับ/คะ
쓰아쑷 짜 싸이 옌니 타 쏭싹 떤니 짜 다이마이 크랍/카

PART VII 세탁소

• 여기 와서 갈아 입고 가도 되지요?

มาเปลี่ยนชุดที่นี่ก็ได้ใช่ไหมครับ/คะ

마 쁠리안 춧 티니 꺼 다이 차이마이 크랍/카

• 이 얼룩을 빼주세요.

ช่วยซักให้รอยเปื้อนนี้หายไปหน่อยครับ/ค่ะ

추아이 싹 하이 러이쁘안니 하이빠이 너이 크랍/카

• 무슨 얼룩인지 말씀해 주시겠어요?

ช่วยบอกได้ไหมครับ/คะว่านี่รอยเปื้อนอะไร

추아이 벅 다이마이 크랍/카 와 니 러이쁘안 아라이

• 여기가 찢어졌는데 고치는 방법이 있나요?

ตรงนี้ขาด มีวิธีแก้ไหมครับ/คะ

뜨롱니 캇 미 위티깨 마이 크랍/카

• 자국이 나지 않게 깁는 방법이 있어요.

มีวิธีเย็บให้ไม่มีรอยครับ/ค่ะ

미 위티 옙 하이 마이미 러이 크랍/카

• 이 옷을 수선할 수 있나요?

ซ่อมเสื้อตัวนี้ได้ไหมครับ/คะ

썸 쓰아 뚜아니 다이마이 크랍/카

• 바짓단을 줄이려고 하는데, 되나요?

จะตัดขากางเกง ตัดได้ไหมครับ/คะ

짜 땃 카 깡껭 땃 다이마이 크랍/카

• 여기 표시해 놓은 대로 줄여주세요.

ช่วยตัดขาตามที่ทำเครื่องหมายไว้นะครับ/คะ

추아이 땃 카 땀 티 탐 크르앙마이 와이 나 크랍/카

• 이 소매단을 내서 길게 해주세요.

ช่วยทำให้แขนเสื้อยาวขึ้นหน่อยครับ/ค่ะ

추아이 탐 하이 캔쓰아 야우큰 너이 크랍/카

• 낼 수 있는 건 다 내주세요.

ช่วยทำให้ยาวขึ้นเท่าที่จะทำได้ครับ/ค่ะ

추아이 탐하이 야우큰 타오티 짜탐 다이 크랍/카

세탁물을 찾을 때

• 얼룩이 말끔해졌네요.

รอยเปื้อนหายไปหมดแล้วนี่ครับ/ค่ะ

러이쁘안 하이빠이 못 래우 니 크랍/카

• 페인트 자국이 조금은 남아 있네요.

รอยสียังเหลืออยู่นิดหน่อยนะครับ/คะ

러이씨 양 르아 유 닛너이 나 크랍/카

• 물로 빠신 후에 가져 오셔서 그래요.

ก็เพราะคุณซักน้ำก่อนแล้วค่อยมาฝากซักครับ/ค่ะ

꺼프러 쿤 싹남 껀 래우 커이마 확싹 크랍/카

• 한 두 번 세탁하면 없어질 거예요.

ซักอีก 1-2 ครั้งก็จะหายไปครับ/ค่ะ

싹 익 능 썽 크랑 꺼 짜 하이빠이 크랍/카

• 세탁비가 모두 얼마인가요?

ค่าซักทั้งหมดเท่าไรครับ/คะ

카싹 탕못 타오라이 크랍/카

• 제가 맡긴 옷 다 됐나요?

เสื้อที่ผม/ดิฉันฝากซักเสร็จแล้วยังครับ/คะ

쓰아 티 폼/디찬 확 싹 쎗 래우 양 크랍/카

• 단추가 하나 떨어졌네요.

กระดุมหายไปเม็ดหนึ่งครับ/ค่ะ

끄라둠 하이빠이 멧능 크랍/카

• 그 단추 주머니 속에 있어요. 달아 드릴까요?

กระดุมเม็ดนั้นอยู่ในกระเป๋าเสื้อครับ/ค่ะ

끄라둠 멧난 유 나이 끄라빠오쓰아 크랍/카

ให้ติดให้ไหมครับ/คะ

하이 띳 하이 마이 크랍/카

• 세탁물 찾으러 왔는데요.

มาเอาเสื้อครับ/ค่ะ

마 아오 쓰아 크랍/카

• 넥타이 얼룩이 말끔히 빠지지 않았네요.

รอยเปื้อนตรงเนคไทซักไม่ออกครับ/ค่ะ

러아쁘안 뜨롱 넥타이 싹 마이 억 크랍/카

• 소매가 꼭 맞아요.

แขนเสื้อยาวพอดีครับ/ค่ะ

캔쓰아 야우 퍼디 크랍/카

• 그래도 바지가 기네요. 더 잘라주시겠어요?

กางเกงยังยาวอยู่ครับ/ค่ะ ช่วยตัดให้สั้นอีกได้ไหมครับ/คะ

깡껭 양 야우 유 크랍/카 추아이 땃 하이 싼 익 다이마이 크랍/카

• 여기 와서 서 보세요. 제가 칫수를 잴 게요.

มายืนที่นี่ดูครับ/ค่ะ จะวัดความยาวให้ครับ/ค่ะ

마yeun 티니 두 크랍/카 짜 왓 콰야우 하이 크랍/카

07 이발소와 미용실

이발소와 미용실은 누구든 가는 장소이다. 자신의 머리를 깎기가 쉽지 않으니까. 방콕에서는 동네 작은 곳이 아니면 일반적으로 예약을 하고 간다. 그래야 기다리지 않는다. 머리를 감기도 하고 자르기도 하며 퍼머를 하기도 한다. 때로는 손톱과 발톱을 깎거나 예쁘게 다듬기도 하고 피부 맛사지도 한다.

머리를 하거나 자를 때

• 이발 하러 왔어요.

มาตัดผมครับ/ค่ะ

마 땃 폼 크랍/카

• 머리 하러 왔어요.

มาทำผมครับ/ค่ะ

마 탐 폼 크랍/카

• 어떻게 자를까요?

ตัดแบบไหนดีครับ/คะ

땃 뱁나이 디 크랍/카

• 생각하시는 머리형이 있는지요?

มีทรงอะไรที่อยากตัด(ทำ)ไหมครับ/คะ

미 쏭 아라이 티 약 땃 (탐) 마이 크랍/카

• 머리를 어떻게 해 드릴까요?

ให้ทำผมอย่างไรดีครับ/คะ

하이 탐 폼 양라이 디 크랍/카

• 머리 모양이 변하지 않게 조금만 잘라주세요.

ช่วยซอย/ตัดนิดหน่อย ไม่ให้ทรงเปลี่ยนครับ/ค่ะ

추아이 써이/땃 닛너이 마이 하이 쏭 쁠리안 크랍/카

• 요새 유행하는 모양은 어떤 거지요?

ช่วงนี้กำลังนิยมทรงอะไรครับ/คะ

추앙니 깜랑 니욤 쏭 아라이 크랍/카

• 머리도 감겨주나요?

สระผมให้ด้วยหรือเปล่าครับ/คะ

싸 폼 하이 두아이 르 쁠라오 크랍/카

• 이발 후에 감겨 드립니다.

หลังตัดเสร็จจะสระให้ครับ/ค่ะ

랑 땃 쎗 짜 싸 하이 크랍/카

• 너무 짧지 않게 해 주세요.

ช่วยตัดไม่ให้สั้นไปครับ/ค่ะ

추아이 땃 마이하이 싼빠이 크랍/카

• 양 옆은 짧게 쳐주세요.

ตัดด้านข้างให้สั้นครับ/ค่ะ

땃 단 캉 하이싼 크랍/카

• 어깨에 닿지 않게 잘라주세요.

ช่วยตัดไม่ให้ถึงไหล่ครับ/ค่ะ

추아이 땃 마이하이 틍 라이 크랍/카

• 이 사진처럼 앞머리를 잘라주세요.

ช่วยตัดผมข้างหน้าให้เหมือนในรูปนี้หน่อยครับ/ค่ะ

추아이 땃 폼 캉나 하이므안 나이룹니 너이 크랍/카

• 머리 모양을 좀 바꾸고 싶은데요.

อยากเปลี่ยนทรงผมหน่อยครับ/ค่ะ

약 쁠리안 쏭폼 너이 크랍/카

• 머리를 자르고 면도도 해 주세요.

ช่วยตัดผมและโกนหนวดให้ด้วยครับ

추아이 땃 폼 래 꼰 누앗 하이 두아이 크랍/카

• 드라이도 해 주세요.

ช่วยไดร์ผมให้ด้วยครับ/ค่ะ

추아이 드라이폼 하이 두아이 크랍/카

• 퍼머를 하고 싶어요.

อยากดัดผมครับ/ค่ะ

약 땃 폼 크랍/카

• 염색도 할 수 있나요?

ย้อมผมได้ไหมครับ/คะ

염폼 다이마이 크랍/카

• 머리색을 탈색할 수 있나요?

ล้างสีผมได้ไหมครับ/คะ

랑씨폼 다이마이 크랍/카

• 샴푸를 한 다음에 세트를 해 주세요.

ช่วยสระแล้วก็เซ็ทผมให้ด้วยครับ/ค่ะ

추아이 싸 래우꺼 쎗 폼 하이 두아이 크랍/카

• 가운데 가르마를 타시나요?

ทำผมแสกกลางหรือเปล่าครับ/คะ

탐 폼 쌕 끌랑 르 쁠라오 크랍/카

• 왼쪽으로 옮기셔도 좋을 것 같아요.

คิดว่าแสกไปทางซ้ายหน่อยก็ดีนะครับ/คะ

킷와 쌕빠이 탕싸이 너이 꺼디 나 크랍/카

• 머리를 모두 뒤로 넘겨주세요.

ช่วยหวีผมให้ไปทางด้านหลังหน่อยครับ/ค่ะ

추아이 위 폼 하이빠이 탕단랑 너이 크랍/카

• 손님은 머리맛사지크림을 사용하시는 게 좋을 것 같아요.

คิดว่าคุณควรจะใช้ครีมนวดผมนะครับ/คะ

킷와 쿤 쿠안짜 차이 크림누앗폼 나 크랍/카

• 머리끝을 좀 다듬으시지요. 갈라졌어요.

เล็มปลายผมหน่อยค่ะ แตกปลายหมดแล้วค่ะ

렘 쁠라이폼 너이 카 땍 쁠라이 못 래우 카

• 스프레이는 하지 마세요.

ไม่ต้องฉีดสเปรย์นะคะ

마이떵 칫 스프레 나 카

• 아침마다 무스나 젤을 살짝만 바르세요.

ตอนเช้าทามูสหรือเยลสักหน่อยนะครับ/คะ

떤차오 타 뭇 르 젤(옐) 싹너이 나 크랍/카

PART Ⅷ 이발소와 미용실

• 눈썹도 조금만 다듬어 주세요.

ช่วยเล็มคิ้วให้ด้วยครับ/ค่ะ

추아이 렘 키우 하이 두아이 크랍/카

손톱이나 발톱을 손질할 때

• 손톱도 해 주나요?

ทำเล็บมือให้ด้วยหรือเปล่าคะ

탐 렙므 하이 두아이 르 쁠라오 카

• 손톱색을 바꾸고 싶어요.

อยากจะเปลี่ยนสีเล็บมือค่ะ

약 짜 쁠리안 씨 렙므 카

• 색을 지울 때 꼼꼼하게 닦아주세요.

เวลาลบสีออก ช่วยลบให้สะอาดด้วยนะคะ

웰라 롭 씨 억 추아이 롭 하이싸앗 두아이 나 카

• 손톱에도 영양크림을 발라야 해요.

เล็บมือก็ต้องทาครีมบำรุงนะคะ

렙므 꺼 떵 타 크림밤룽 나 카

• 너무 진한 색을 오래 바르면 손톱색이 변하기도 해요.

ถ้าทาสีเข้มนาน ๆ สีเล็บก็อาจจะเปลี่ยนได้ค่ะ

타 타씨 켐 난난 씨 렙 꺼 앗짜 쁠리안 다이 카

• 손톱을 자른 후 연분홍색으로 칠해 주세요.

ตัดเล็บแล้วช่วยทาสีชมพูอ่อนด้วยค่ะ

땃 렙 래우 추아이 타 씨촘푸언 두아이 카

PART VII 이발소와 미용실

• 이 따뜻한 물에 손을 담그세요.

แช่มือในน้ำอุ่นนะคะ

채므 나이 남운 나 카

• 발톱 매니큐어도 하고 싶어요.

อยากทาสีเล็บเท้าด้วยค่ะ

약 타씨 렙타오 두아이 카

• 엄지 발톱만 파란색으로 칠해 주세요.

ช่วยทาสีน้ำเงินเฉพาะนิ้วโป้งเท้าเท่านั้นนะคะ

추아이 타 씨남응언 차퍼 니우뽕타오 타오난 나 카

마사지를 받을 때

• 맛사지를 받을 수 있나요?

ขอได้รับการนวดได้ไหม

커 다이랍 깐누앗 다이마이

• 우선 샤워를 하고 이 가운으로 바꿔 입으세요.

อาบน้ำก่อนแล้วเปลี่ยนเป็นเสื้อคลุมนี้นะคะ

압남 껀 래우 쁠리안 뻰 쓰아클룸 니 나 카

• 어깨가 자꾸 결려요.

ปวดไหล่บ่อยครับ/ค่ะ

뿌앗 라이 버이 크랍/카

• 팔도 뻐근하니 근육을 좀 풀어주세요.

แขนก็ปวดด้วย ช่วยนวดผ่อนคลายกล้ามเนื้อให้หน่อยครับ/ค่ะ

캔 꺼 뿌앗 두아이 추아이 누앗 펀클라이 끌람느아 하이 너이 크랍/카

• 많이 걸어서 종아리가 아파요.

เดินมากก็เลยเจ็บน่องครับ/ค่ะ

든 막 꺼 르이 쩹 넝 크랍/카

• 발맛사지도 받을 수 있나요?(발맛사지 하나요?)

ที่นี่นวดเท้าด้วยไหมครับ/คะ

티니 누앗 타오 두아이 마이 크랍/카

• 시간 당 얼마인가요?

คิดชั่วโมงละเท่าไรครับ/คะ

킷 추아몽 라 타오라이 크랍/카

• 여기는 전통맛사지실인가요?

ที่นี่นวดแผนโบราณหรือเปล่าครับ/คะ

티니 누앗 팬보란 르 쁠라오 크랍/카

• 정기적으로 왓포에서 교육받습니다.

ไปอบรมที่วัดโพธิ์เป็นประจำครับ/ค่ะ

빠이 옵롬 티 왓포 뻰쁘라짬 크랍/카

• 발이 많이 부었군요.

เท้าบวมมากเลยนะครับ/คะ

타오 부암 막 르이 나 크랍/카

• 맛사지를 받으시면 피곤함이 사라질 것입니다.

ได้นวดแล้วจะหายเหนื่อยครับ/ค่ะ

다이누앗 래우 짜 하이 느아이 크랍/카

• 몸에서 힘을 빼세요.(힘 주지 마세요)

อย่าเกร็งครับ/ค่ะ

야 끄렝 크랍/카

• 아프면 아프다고 말하세요.

ถ้าเจ็บก็บอกนะครับ/คะ

타 쩹 꺼벅 나 크랍/카

• 어떤 향유를 쓰실 것인지 고르시지요.

เลือกดูสิครับ/คะว่าอยากจะใช้น้ำมันอะไร

르악 두 씨 크랍/카 와 약 짜 차이 남만 아라이

• 맛사지 향유를 고르세요.

เลือกน้ำมันนวดสิครับ/คะ

르악 남만누앗 씨 크랍/카

• 조금만 걸어도 발이 아파요.

เดินนิดเดียวก็เจ็บเท้าครับ/ค่ะ

든 닛디아우 꺼 쩹타오 크랍/카

08 쇼핑 및 시장 보기

살면서 시장이나 쇼핑센터 또는 백화점은 안 갈 수 없다. 정가표를 붙여 놓고 파는 곳이 많지만 재래시장에 가면 물건 값을 일일이 물어야 한다. 시장에서 우리는 물건을 고르고 값을 묻고 에누리도 하고 흥정도 하고 또 덤을 더 달라고 하며 정을 쌓기도 한다.

물건을 파는 단위도 염두에 두어야 한다. 태국에서는 포장되어 있는 것이 아니면 일반적으로 음식물 등은 kg이나 g 단위로 팔고, 옷감은 미터나 야드(라)로 판다. 소량이나 가벼운 물건이나 채소는 그램보다 킷(ขีด) 을 더 많이 사용한다.

물건을 살 때 명사에 대한 수량사(포기, 그루, 개 등)를 알아두면 편리하다.

선물용 물건은 예쁘게 포장을 부탁하는 것을 잊지 말자. 태국인은 포장을 예쁘게 하고 보(리본)을 붙여서 주고 받는다.

쇼핑 센터나 시장 등에서 물건을 구입할 때

• 집에서 입을 옷은 시장에서 사요.

ซื้อเสื้อใส่อยู่บ้านที่ตลาดครับ/ค่ะ

쓰 쓰아싸이유반 티딸랏 크랍/카

PART VII 쇼핑 및 시장 보기

• 시장에서는 값을 깎을 수 있나요?

ที่ตลาดเราต่อราคาได้ไหมครับ/คะ

티딸랏 라오 떠 라카 다이마이 크랍/카

• 저 쇼핑센터는 커서 물건이 없는 게 없어요.

ศูนย์การค้านั้นใหญ่มากจนไม่มีอะไรที่ไม่มีขายครับ/ค่ะ

쑨 깐카난 야이 막 쫀 마이미 아라이 티 마이미 카이 크랍/카

• 이 쇼핑센터에서 오늘부터 5일 동안 세일한대요.

ศูนย์การค้านี้จะลดราคา 5 วันตั้งแต่วันนี้ครับ/ค่ะ

쑨깐카니 짜 롯라카 하 완 땅때 완니 크랍/카

• 이 치즈를 시식해 볼 수 있나요?

ลองชิมชีสนี้ได้ไหมครับ/คะ

렁 침 치즈니 다이마이 크랍/카

• 시식코너는 저쪽에 있어요.

ซุ้มชิมอยู่ด้านโน่นครับ/ค่ะ

쑴침 유 단논 크랍/카

• 이 천은 1야드에 200바트입니다. 구김이 안 가서 편리합니다.

ผ้านี้ขายหลาละ 200 บาทครับ/ค่ะ เนื้อผ้าไม่ยับดีครับ/ค่ะ

파니 카이 라 라 썽러이 밧 크랍/카 느아파 마이 얍 디 크랍/카

• 채소는 묶음으로 팔고, 이 과일은 한 개에 50바트입니다.

พวกผักขายเป็นมัดและผลไม้นี้ลูกละ 50 บาทครับ/ค่ะ

푸악팍 카이 뻰 맛 래 폰라마이니 룩 라 하씹 밧 크랍/카

• 한 봉지에 얼마예요?

ถุงละเท่าไรครับ/คะ

퉁 라 타오라이 크랍/카

• 감자핏자를 한 판 사고 싶은데 있나요?

อยากซื้อพิซซ่าหน้ามันฝรั่งสักถาดหนึ่ง มีไหมครับ/คะ

약 쓰 핏싸 나 만화랑 싹 탓 능 미 마이 크랍/카

• 오늘은 다 팔리고 없습니다.

วันนี้ขายหมดแล้วครับ/ค่ะ

완니 카이 못 래우 크랍/카

• 송이(바나나) 당 2바트만 깎아주세요.

ลดหวีละ 2 บาทหน่อยสิครับ/คะ

롯 위 라 썽 밧 너이 씨 크랍/카

• (이 바나나) 반 송이만 살 수 있나요?

ขอซื้อครึ่งหวีได้ไหมครับ/คะ

커 쓰 크릉 위 다이마이 크랍/카

• 이 감자와 마늘은 중국 거라 좀 비싸요.

มันฝรั่งกับกระเทียมนี้เป็นของจีนเลยแพงหน่อยครับ/ค่ะ

만화랑 깝 끄라티암 니 뻰 컹찐 르이 팽 너이 크랍/카

• 설탕 500그람만 주세요.

ขอน้ำตาล 5 ขีดหน่อยครับ/ค่ะ

커 남딴 하 킷 너이 크랍/카

• 싸이의 "강남스타일" 디비디 있나요?

มีดีวีดีเพลงคังนัมสไตล์ของไซไหมครับ/คะ

미 디비디 플렝 강남스타일 컹 싸이 마이 크랍/카

• 다 팔려서 주문 중에 있어요.

ขายหมดแล้ว กำลังสั่งเพิ่มอยู่ครับ/ค่ะ

카이 못 래우 깜랑 쌍 픔 유 크랍/카

• 이 포도는 한국산인가요?
องุ่นนี้ของเกาหลีหรือครับ/คะ
앙운니 컹 까올리 르 빨라오 크랍/카

• 한 번 잡숴 보세요. 아주 맛 있습니다.
ลองชิมดูซิครับ/คะ อร่อยมากครับ/ค่ะ
렁 침 두 씨 크랍/카 아러이 막 크랍/카

• 선물 포장 부탁드려요.
ช่วยขอห่อของขวัญให้ด้วยครับ/ค่ะ
추아이 커 허 컹콴 하이 두아이 크랍/카

• 선물이니까 예쁘게 포장해 주세요.
จะเอาไปเป็นของขวัญ ช่วยห่อให้สวย ๆ หน่อยนะครับ/คะ
짜 아오빠이 뻰 컹콴 추아이 허하이 쑤아이쑤아이 너이 나 크랍/카

• 리본도 달까요?
ติดโบว์ด้วยไหมครับ/คะ
띳 보 두아이 마이 크랍/카

• 분홍색 큰 리본으로 장식해 주세요.
เอาเป็นโบว์สีชมพูอันใหญ่ครับ/ค่ะ
아오 뻰 보 씨촘푸 안 야이 크랍/카

• 이 생선은 한 마리에 69바트입니다.
ปลานี้ขายตัวละ 69 บาทครับ/ค่ะ
쁠라니 카이 뚜아라 혹씹까오 밧 크랍/카

• 두 마리를 사면 130바트에 드립니다.
ซื้อ 2 ตัวให้ 130 บาทครับ/ค่ะ
쓰 썽 뚜아 하이 러이쌉씹 밧 크랍/카

• 생으로 먹어도 데쳐 먹어도 다 맛있어요.

ทานสดก็ดี ลวกทานก็อร่อยครับ/ค่ะ

탄 쏫 꺼디 루악탄 꺼 아러이 크랍/카

• 유제품은 다른 식품에 비해 비싸요.

อาหารที่ทำจากนมแพงกว่าของอย่างอื่นครับ/ค่ะ

아한 티 탐 짝 놈 팽꽈 컹 양은 크랍/카

• 이 돼지고기는 냄새가 나지 않아요.

หมูนี้ไม่มีกลิ่นครับ/ค่ะ

무니 마이 미 끌린 크랍/카

• 인터넷 쇼핑은 믿어도 되나요?

ซื้อของทางอินเตอร์เน็ทนี่เชื่อถือได้ไหมครับ/คะ

쓰 컹 탕 인터넷 니 츠아트 다이마이 크랍/카

• 저는 시장에 나가지 않고 인터넷으로 사요.

ผม/ดิฉันไม่ไปตลาด ซื้อของทางอินเตอร์เน็ทแทนครับ/ค่ะ

폼/디찬 마이빠이 딸랏 쓰 컹 탕인터넷 탠 크랍/카

Tip

채소(ผัก 팍)

배추 ผักกาดขาว(팍깟카우)

상추 ผักหอม(팍험)

파 ต้นหอม(똔험)

가지 มะเขือ(마크아)

무 หัวไช้เท้า(후아차이타오)

양파 หัวหอมใหญ่(후아험야이)

고추 พริก(프릭)

버섯 เห็ด(헷)

오이 แตงกวา(땡꽈)
고구마 มันเทศ(만텟)
깨 งา(응아)
옥수수 ข้าวโพด(카우폿)
양배추 กะหล่ำปลี(깔람쁠리)
참외 แตงไทย(땡타이)
사과 แอปเปิ้ล(애픈)
딸기 สตรอเบอรี่(스트로버리)
포도 องุ่น (앙운)
밤 เกาลัด(까오랏)
복숭아 ลูกพีช(ท้อ)(룩핏, 룩터)
로즈애플 ชมพู่(촘푸)
잭 후르츠 ขนุน(카눈)
바나나 กล้วย(끌루아이)
망고스틴 มังคุด(망쿳)

감자 มันฝรั่ง(만화랑)
마늘 กระเทียม (끄라티암)
당근 แครอท(캐롯)
부추 กุยช่าย(꾸이차이)
토마토 มะเขือเทศ(마크아텟)

과일(ผลไม้)

배 ลูกแพร์(룩패)
수박 แตงโม(땡모)
감 ลูกพลับ(룩플랍)
대추 พุทรา(푸싸)
파인애플 สับปะรด(쌉빠롯)
투리안 ทุเรียน (투리안)
오렌지 ส้ม (쏨)
파파야 มะละกอ(말라꺼)

생선(ปลา)

고등어 ปลาซาบะ(쁠라싸바)
굴 หอยนางรม(허이낭롬)
전복 หอยเป๋าฮื้อ (허이빠오흐)
게 ปู(뿌)
참치 ปลาทูน่า (쁠라투나)
갈치 ปลาดาบ(쁠라답)
새우 กุ้ง(꿍)
오징어 ปลาหมึก(쁠라믁)
김 สาหร่าย(싸라이)
조개 หอย(허이)

서점이나 문방구에서 나누는 대화

- 요즘 잘 팔리는 소설이 무엇인가요?

  ช่วงนี้นวนิยายเรื่องอะไรขายดีครับ/คะ

  추앙니 나와니야이 르앙 아라이 카이디 크랍/카

- 어디가 어린이용 도서 코너인가요?

  หนังสือสำหรับเด็กอยู่ที่ไหนครับ/คะ

  낭쓰 쌈랍 덱 유 티나이 크랍/카

- 한국어시험교재는 어디에 있나요?

  หนังสือเตรียมสอบภาษาเกาหลีอยู่ไหนครับ/คะ

  낭쓰 뜨리암 썹 파싸까올리 유나이 크랍/카

- 외국어서적도 파나요?

  มีหนังสือภาษาต่างประเทศขายด้วยไหมครับ/คะ

  미 낭쓰 파싸 땅쁘라텟 카이 두아이 마이 크랍/카

- 한국 영화는 어디에 진열되어 있나요?

  หนังเกาหลีวางขายตรงไหนครับ/คะ

  낭 까올리 왕 카이 뜨롱 나이 크랍/카

- 한국의 최신 드라마는 무엇이 있나요?

  ละครเกาหลีล่าสุดมีเรื่องอะไรบ้างครับ/คะ

  라컨 까올리 라쏫 미 르앙 아라이 방 크랍/카

- 원하시면 주문해 드리겠습니다.

  ถ้าต้องการจะสั่งให้ครับ/ค่ะ

  타 떵깐 짜 쌍 하이 크랍/카

• 다른 지점에 있나 알아보겠습니다.

เดี๋ยวจะเช็คดูว่าสาขาอื่นมีสินค้าหรือเปล่าครับ/ค่ะ

디아우 짜 첵 두 와 싸카 은 미 씬카 르 쁠라오 크랍/카

• 강남점에 하나 있다는데, 댁으로 보내드릴까요?

ที่สาขาคังนัมมีหนึ่งอัน จะให้ส่งไปที่บ้านไหมครับ/คะ

티 싸카 강남 미 능 안 짜 하이 쏭 빠이 티반 마이 크랍/카

• 제가 강남점에 가서 사지요. 예약해 주세요.

ผม/ดิฉันจะไปซื้อที่สาขาคังนัมเองครับ/ค่ะ ช่วยจองให้หน่อยครับ/ค่ะ

폼/디찬 짜 빠이 쓰 티 싸카강남 엥 크랍/카 추아이 쩡 하이 너이 크랍/카

• 언제 가지러 올까요?

ให้มารับเมื่อไรดีครับ/คะ

하이 마랍 므아라이 디 크랍/카

• 책이 오면 연락을 드리겠습니다.

ถ้าหนังสือมาถึง จะติดต่อให้ทราบครับ/ค่ะ

타 낭쓰 마틍 짜 띳떠 하이쌉 크랍/카

• 더 큰(작은) 필통이 있나요?

(필통 :ที่ใส่ดินสอ / กล่องดินสอ / กระเป๋าดินสอ)

ที่ใส่ดินสอมีใหญ่(เล็ก)กว่านี้ไหมครับ/คะ

티 싸이 딘써 미 야이 (렉) 꽈니 마이 크랍/카

• 24가지 색 색연필이 있습니까?

มีดินสอสี 24 สีไหมครับ/คะ

미 딘써 씨 이씹씨 씨 마이 크랍/카

• 긴 자와 삼각자를 사고 싶어요.

อยากซื้อไม้บรรทัดยาวและไม้บรรทัดสามเหลี่ยมครับ/ค่ะ

약 쓰 마이반탓야우 래 마이반탓쌈리암 크랍/카

• 유아용 동화책도 팝니까?

มีหนังสือนิทานสำหรับเด็กขายไหมครับ/คะ

미 낭쓰 니탄 쌈랍덱 카이 마이 크랍/카

• 색칠하기 공책도 있나요?

มีสมุดระบายสีไหมครับ/คะ

미 싸뭇 라바이씨 마이 크랍/카

• 어린이용 블록도 팝니까?

มีตัวต่อสำหรับเด็กขายไหมครับ/คะ

미 뚜아떠 쌈랍덱 카이 마이 크랍/카

• 팬시점에서는 어린이가 좋아하는 물건을 취급합니다.

ที่ร้านแฟนซีมีของที่เด็ก ๆ ชอบขายครับ/ค่ะ

티란퇜씨 미 컹 티 덱덱 첩 카이 크랍/카

• 한국 것이라 품질도 좋아요.

ของเกาหลีคุณภาพดีครับ/ค่ะ

컹까올리 쿤나팝 디 크랍/카

Tip

문방구 ร้านเครื่องเขียน(란카이크르앙키안)

편지지 กระดาษจดหมาย(끄라닷 쫏마이)

편지봉투 ซองจดหมาย(썽 쫏마이)

연필 ดินสอ(딘써)

볼펜 ปากกา(빡까)

자 ไม้บรรทัด(마이반탓)

클립 คลิป (클립)

공책 สมุด(싸뭇)

풀 กาว(까우)

가위 กรรไกร (깐끄라이)

A4 용지 กระดาษ เอ 4(끄라닷 에 훠)

지우개 ยางลบ(양롭)

만년필 ปากกาหมึกซึม(빡까믁씀)

색연필 ดินสอสี (딘써씨)

배달과 배송을 부탁할 때

- 지금은 가지고 갈 수 없는데 배달이 되나요?

ตอนนี้เอาไปไม่ได้ ส่งที่บ้านให้ได้ไหมครับ/คะ

떤니 아오빠이 마이다이 쏭 티반 하이 다이마이 크랍/카

- 어디로 배달해 드릴까요?

ให้ไปส่งที่ไหนดีครับ/คะ

하이 빠이쏭 티나이 디 크랍/카

- 배송은 우리가 책임집니다.

เรื่องส่งของ เรารับผิดชอบเองครับ/ค่ะ

르앙 쏭컹 라오 랍핏첩 엥 크랍/카

• 물건을 받는 대로 배송해 드리겠습니다.

ทันทีที่ได้รับสินค้า จะจัดส่งให้ครับ/ค่ะ

탄티 티 다이랍 씬카 짜 짯 쏭 하이 크랍/카

• 시내이니까 2일 이내에 받으실 것입니다.

บ้านคุณอยู่ในตัวเมือง น่าจะรับได้ภายในสองวันครับ/ค่ะ

반쿤 유 나이 뚜아므앙 나 짜 랍다이 파이나이 썽완 크랍/카

• 즉시 보내는지요?

ส่งให้เลยหรือเปล่าครับ/คะ

쏭 하이 르이 르 쁠라오 크랍/카

• 배송비는 무료입니다.

ค่าส่งฟรีครับ/ค่ะ

카쏭 후리 크랍/카

• 속포장은 예쁘게 해 주세요.

ช่วยห่อข้างในให้สวยด้วยนะครับ/คะ

추아이 허 캉나이 하이쑤아이 두아이 나 크랍/카

• 받는 대로 냉동실에 보관하셔야 합니다.

ต้องเอาใส่ช่องฟรีซทันทีที่ได้รับครับ/ค่ะ

떵 아오 싸이 청 후릿 탄티 티 다이랍 크랍/카

• 택배는 어떻게 부탁하지요?

จะเรียกใช้บริการส่งถึงบ้านต้องทำยังไงครับ/คะ

짜 리악 차이 버리깐쏭틍반 떵 탐 양아이 크랍/카

물건을 교환하거나 환불 받을 때

• 일주일 이내에 반송해야 합니다.

ต้องส่งของกลับ(คืน)มาภายในหนึ่งสัปดาห์ครับ/ค่ะ

떵 쏭 컹끌랍 (큰) 마 파이나이 능 쌉다 크랍/카

• 마음에 들지 않으면 어떻게 하나요?

ถ้าของไม่ถูกใจ ต้องทำอย่างไรครับ/คะ

타 컹 마이 툭짜이 떵 탐 양라이 크랍/카

• 제품에 하자가 있으면 이리로 전화주세요.

ถ้าสินค้ามีตำหนิ กรุณาโทรมาที่นี่ครับ/ค่ะ

타 씬카 미 땀니 까루나 토 마 티니 크랍/카

• 물건을 바꿔주실 수 있는지요?

เปลี่ยนของให้ได้ไหมครับ/คะ

쁠리안 컹 하이 다이마이 크랍/카

• 사이즈가 좀 작은데 큰 것으로 보내 주세요.

ขนาดเล็กไปหน่อย ช่วยส่งเป็นของที่ใหญ่กว่ามาหน่อย ครับ/ค่ะ

카낫 렉 빠이 너이 추아이 쏭 뻰 컹 티 야이꽈 마 너이 크랍/카

• 환불 받을 수 있나요?

ขอคืนเงินได้ไหมครับ/คะ

커 큰 응언 다이마이 크랍/카

• 반품도 되나요?

ส่งสินค้าคืนได้ไหมครับ/คะ

쏭 씬카 큰 다이마이 크랍/카

• 반송비를 내셔야 합니다.

ต้องจ่ายค่าส่งคืนต่างหากครับ/ค่ะ

떵 짜이 카쏭큰 땅학 크랍/카

• 환불은 시간이 좀 오래 걸립니다.

การคืนเงินต้องจะใช้เวลานานหน่อยครับ/ค่ะ

깐 큰응언 떵 짜 차이웰라 난 너이 크랍/카

• 원칙적으로 환불은 없습니다.

ตามกฎระเบียบแล้วไม่มีการคืนเงินครับ/ค่ะ

땀 꼿 라비압 래우 마이미 깐큰응언 크랍/카

• 이미 봉투를 뜯으셔서 반품이 어렵겠습니다.

คุณฉีกซองไปแล้ว น่าจะคืนสินค้ายากครับ/ค่ะ

쿤 칙 썽 빠이래우 나짜 큰 씬카 약 크랍/카

• 설명서를 잘 읽고 그대로 해 보세요.

ลองอ่านคู่มือดี ๆ และทำตามดูครับ/ค่ะ

렁 안 쿠므 디디 래 탐 땀 두 크랍/카

면세로 살 때

• 면세로 사면 물건을 들고 갈 수 있나요?

ถ้าซื้อของปลอดภาษี จะเอาของไปเลยได้ไหมครับ/คะ

타 쓰 컹 쁠럿 파씨 짜 아오 컹 빠이 르이 다이마이 크랍/카

• 아닙니다. 공항에서 받으십시오.

ไม่ได้ครับ/ค่ะ ต้องไปรับที่สนามบินครับ/ค่ะ

마이다이 크랍/카 떵 빠이랍 티 싸남빈 크랍/카

• 공항에 도착하면 안내인이 설명해 줄 것입니다.

เมื่อถึงสนามบิน จะมีพนักงานให้ข้อมูลครับ/ค่ะ

므아 틍 싸남빈 짜 미 파낙응안 하이 커문 크랍/카

• 면세점이 더 쌉니다.

ซื้อสินค้าที่ร้านปลอดภาษีถูกกว่า

쓰 씬카 티 란쁠럿파씨 툭꽈

• 백화점보다 물건의 종류가 적습니다.

มีประเภทสินค้าน้อยกว่าห้างสรรพสินค้าครับ/ค่ะ

미 쁘라펫 씬카 너이꽈 항쌉파씬카 크랍/카

09 병원과 약국

병원과 약국은 자주 가려고 하지 않는다. 한국인이나 태국인은 병원보다 약국을 더 많이 찾는다. 처방전을 가지고 가기도 하지만 아스피린이나 소화제든 간단한 약은 쉽게 약국에서 구입한다. 약사에게 자세히 증세를 설명하고 약을 산다.

병원에서 나누는 대화

• 의사선생님은 왕진 가셨어요.

คุณหมอไปรักษาคนป่วยที่บ้านครับ/ค่ะ
쿤머 빠이 락싸 콘뿌아이 티반 크랍/카

• 회의(식사, 수술) 중이세요.

กำลังติดประชุม(ทานอาหารอยู่, ผ่าตัดอยู่)ครับ/ค่ะ
깜랑 띳 쁘라춤 (탄아한유, 파땃유) 크랍/카

• 체온과 체중을 먼저 재지요.

วัดปรอทและชั่งน้ำหนักก่อนครับ/ค่ะ
왓 쁘럿 래 창 남낙 껀 크랍/카

• 구급차를 불러서 얼른 병원으로 오세요.

เรียกรถพยาบาลแล้วรีบไปโรงพยาบาลเร็ว ๆ ครับ/ค่ะ
리악 롯파야반 래우 립 빠이 롱파야반 레우레우 크랍/카

• 구급차를 댁으로 보내겠습니다.

จะส่งรถพยาบาลไปที่บ้านครับ/ค่ะ

짜 쏭 롯파야반 빠이 티반 크랍/카

• 주사를 맞으면 회복이 좀 빠를 것입니다.

ถ้าฉีดยา อาการจะดีขึ้นเร็วหน่อยครับ/ค่ะ

타 칫 야 아깐 짜 디큰 레우 너이 크랍/카

• 의사선생님과 상담을 하고 싶습니다.

อยากปรึกษากับคุณหมอครับ/ค่ะ

약 쁘륵싸 깝 쿤머 크랍/카

• 접수창구에 신청부터 하세요.

ลงทะเบียนที่เค้าน์เตอร์ก่อนครับ/ค่ะ

롱타비안 티 카운터 껀 크랍/카

• 1번 진료실(진찰실)로 가세요.

เชิญที่ห้องตรวจหมายเลข 1 ครับ/ค่ะ

츤 티 헝뜨루앗 마이렉 능 크랍/카

의사의 진찰을 받으면서 나누는 대화

• 증세가 어떤지요?

มีอาการอย่างไรบ้างครับ/คะ

미 아깐 양라이 방 크랍/카

• 여기가 자꾸 쑤시고 아픕니다.

เจ็บตรงนี้บ่อย ๆ ครับ/ค่ะ

쩹 뜨롱니 버이버이 크랍/카

• 물을 삼키기 어려울 정도로 목이 아파요.

เจ็บคอมากจนกลืนน้ำไม่ค่อยได้ครับ/ค่ะ

쩹 커 막 쫀 끌른 남 마이커이다이 크랍/카

• 어지러워서 일어날 수가 없어요.

เวียนหัวมากจนลุกไม่ได้ครับ/ค่ะ

위안 후아 막 쫀 룩 마이다이 크랍/카

• 목소리가 안 나옵니다.

ไม่มีเสียงครับ/ค่ะ

마이미 씨앙 크랍/카

• 이 증세가 얼마나 계속되었나요?

เป็นแบบนี้นานแค่ไหนแล้วครับ/คะ

뻰 뱁니 난 캐 나이 래우 크랍/카

• 혀를 보여 주세요.

ขอดูลิ้นหน่อยครับ/ค่ะ

커 두 린 너이 크랍/카

• 아주 심한 정도는 아니니까 곧 나을 것입니다.

อาการไม่หนักเท่าไร เดี๋ยวก็จะหายครับ/ค่ะ

아깐 마이 낙 타오라이 디아우 꺼 짜 하이 크랍/카

• 밤에 잠이 안 와요.

กลางคืนนอนไม่หลับครับ/ค่ะ

끌랑큰 넌 마이 랍 크랍/카

• 자꾸 떨리고 추워요.

ตัวสั่นและรู้สึกหนาวครับ/ค่ะ

뚜아 싼 래 루쓱 나우 크랍/카

• 아무래도 입원을 하셔야 할 것 같습니다.

คิดว่าคุณต้องนอนโรงพยาบาล/แอดมิทครับ/ค่ะ

킷와 쿤 떵 넌 롱파야반 /애드밋 크랍/카

• 입원할 정도는 아닙니다.

ไม่ถึงขนาดต้องนอนโรงพยาบาลครับ/ค่ะ

마이틍 카낫 떵 넌 롱파야반 크랍/카

• 복용하고 있는 약이 있나요?

มียาที่กินประจำไหมครับ/คะ

미 야 티 낀 쁘라짬 마이 크랍/카

• 혈액검사부터 해야겠습니다.

ต้องเจาะเลือดตรวจก่อนครับ/ค่ะ

떵 쩌르앗 뜨루앗 껀 크랍/카

• 응급실에 계셔야겠어요.

คุณคงต้องอยู่ที่ห้องฉุกเฉินไปก่อนครับ/ค่ะ

쿤 콩 떵 유 티 헝축츤 빠이 껀 크랍/카

• 병실이 나는 대로 옮겨드릴 게요.

ถ้ามีห้องคนไข้ว่าง จะย้ายไปให้ครับ/ค่ะ

타 미 헝콘카이 왕 짜 야이 빠이 하이 크랍/카

• 팔이 부러졌군요. 기브스를 해야겠어요.

แขนหักนะครับ/คะ ต้องเข้าเฝือกครับ/ค่ะ

캔 학 나 크랍/카 떵 카오 흐악 크랍/카

• 무릎이 자꾸 아파요.

เจ็บเข่ามากครับ/ค่ะ

쨉 카오 막 크랍/카

• 가끔 가슴이 뻐근합니다.

บางทีก็รู้สึกเจ็บหน้าอกครับ/ค่ะ

방티 꺼 루쓱 쩹 나옥 크랍/카

• 땀을 많이 흘리는 편입니다.

เป็นคนเหงื่อออกเยอะครับ/ค่ะ

뻰 콘 응어 억 여 크랍/카

• 상처를 꿰매야겠습니다.

ต้องเย็บแผลครับ/ค่ะ

떵 옙 플래 크랍/카

• 목을 움직일 수가 없어요.

ขยับคอไม่ได้เลยครับ/ค่ะ

카얍 커 마이다이 르이 크랍/카

• 다리가 저려요(아파요).

ขาชา(ปวดขา)ครับ/ค่ะ

카 차 (뿌앗 카) 크랍/카

• 왼쪽 다리에 감각이 없어요(마비되었어요).

ขาข้างซ้ายไม่มีความรู้สึกครับ/ค่ะ

카 캉싸이 마이미 쾀루쓱 크랍/카

• 상처가 곪았어요.

มีหนองที่แผลครับ/ค่ะ

미 넝 티 플래 크랍/카

• 멍이 들었어요.

เป็นรอยช้ำครับ/ค่ะ

뻰 러이참 크랍/카

• 콧물이 많이 납니다.

มีน้ำมูกมากครับ/ค่ะ

미 남묵 막 크랍/카

• 코가 막혀서 숨 쉬기가 어려워요.

คัดจมูกเลยหายใจไม่ค่อยออกครับ/ค่ะ

캇 짜묵 르이 하이짜이 마이 커이 억 크랍/카

• 이가 흔들립니다.

ฟันโยกครับ/ค่ะ

환 욕 크랍/카

• 이가 부러졌어요.

ฟันหักครับ/ค่ะ

환 학 크랍/카

• 이를 뽑아야겠습니다.

ต้องถอนฟันครับ/ค่ะ

떵 턴 환 크랍/카

• 이를 해 넣고 싶어요.

อยากใส่ฟันปลอมครับ/ค่ะ

약 싸이 환쁠럼 크랍/카

• 찬 것을 먹을 때 이가 시려요.

ตอนกินของเย็น จะเสียวฟันครับ/ค่ะ

떤 낀 컹옌 짜 씨아우 환 크랍/카

• 잇몸이 아파요.

เจ็บเหงือกครับ/ค่ะ

쩹 응악 크랍/카

• (치과 치료 후) 양치질하세요.

บ้วนปากครับ/ค่ะ

부안 빡 크랍/카

• 임신중절은 불법입니다.

การทำแท้งเป็นสิ่งที่ผิดกฎหมายครับ/ค่ะ

깐 탐 탱 뻰 씽 티 핏 꼿마이 크랍/카

Tip

내과 แผนกอายุรกรรม

외과 แผนกศัลยกรรม

피부과 แผนกผิวหนัง

이비인후과 แผนกหูจมูกคอ

소아과 แผนกกุมารเวช

안과 แผนกจักษุวิทยา

치과 แผนกทันตกรรม

정형외과 แผนกศัลยกรรมกระดูก

성형외과 แผนกศัลยกรรมพลาสติก

산부인과 แผนกสูตินารีเวช

방사선과 แผนกรังสีวิทยา

의사 หมอ, นายแพทย์

간호사 พยาบาล

응급실 ห้องฉุกเฉิน

구급차 รถพยาบาล

환자 คนไข้, ผู้ป่วย

병실 ห้องคนไข้

의료보험증 บัตรประกันสุขภาพ

주민등록증 บัตรประชาชน

의료 보험 ประกันสุขภาพ

예방주사 การฉีดวัคซีนป้องกัน

진단서 ใบรับรองแพทย์ 결핵 วัณโรค

암 มะเร็ง 폐렴 ปอดอักเสบ

맹장염 ไส้ติ่งอักเสบ 퇴행성 관절염 ข้ออักเสบ

통풍 โรคเกาต์ 당뇨병 โรคเบาหวาน

파상풍 โรคบาดทะยัก 여드름 สิว

무좀 โรคน้ำกัดเท้า 중이염 หูชั้นกลางอักเสบ

인후염 คออักเสบ

기관지염 โรคหลอดลมอักเสบ

편도선염 โรคต่อมทอนซิลอักเสบ

홍역 โรคหัด 풍진 โรคหัดเยอรมัน

소아마비 โรคโปลิโอ 수두 โรคอีสุกอีใส

천연두 โรคฝีดาษ(ไข้ทรพิษ) 독감 ไข้หวัดใหญ่

감기 หวัด 위장병 โรคกระเพาะ

두통 อาการปวดหัว

신경통 อาการปวดประสาท 복통 อาการปวดท้อง

산통 เจ็บท้องคลอด

현기증 อาการวิงเวียนศรีษะ

고(저)혈압 ความดันโลหิตสูง(ต่ำ)

고열 ไข้สูง 기침 ไอ

설사 ท้องร่วง

구토 อาเจียน

위궤양 แผลในกระเพาะอาหาร

요통 โรคปวดหลัง

피부발진 การเป็นผื่นบนผิวหนัง

치통 อาการปวดฟัน

치질 โรคริดสีดวงทวารหนัก

변비 ท้องผูก

식중독 อาหารเป็นพิษ

맥박 ชีพจร

경기 ลมชัก

기저귀 ผ้าอ้อม

발진 การขึ้นผื่น

염증 อาการอักเสบ

충치 ฟันผุ

치석 คราบหินปูน

치과교정 การจัดฟัน

사랑니 ฟันกรามซี่สุดท้าย

생리통 การปวดประจำเดือน

월경 ประจำเดือน

피임약 ยาคุมกำเนิด

불임수술 การผ่าตัดทำหมัน

양수 น้ำคร่ำ

(발을) 삐다 (เท้า)แพลง

가렵다 คัน

따끔거리다 แสบ

쑤시다 เจ็บ, ปวด

저리다 ปวดเมื่อย

붓다 บวม

부러지다 หัก

상처가 나다 เกิดบาดแผล เป็นแผล

데다 ถูกลวก

다치다 ได้รับบาดเจ็บ

PART VII 병원과 약국

약국에서 나누는 대화

• 여기 처방전이 있습니다.

นี่ใบสั่งยาครับ/ค่ะ

니 바이쌍야 크랍/카

• 아스피린을 두 판 주세요.

ขอยาแอสไพรินสองแผงครับ/ค่ะ

커 야 애스피린 썽 팽 크랍/카

• 이 약을 식후에, 하루 3번씩 드세요.

กินยานี้วันละ 3 ครั้งหลังอาหารครับ/ค่ะ

낀 야 니 완 라 쌈 크랑 랑 아한 크랍/카

• 공복에 약을 먼저 드세요.

ทานยานี้ตอนท้องว่างครับ/ค่ะ

탄 야 니 떤 텅 왕 크랍/카

• 약을 드실 때는 커피보다 상온수가 좋아요.

เวลาทานยา ทานกับน้ำอุ่นดีกว่าทานกับกาแฟครับ/ค่ะ

웰라 탄 야 탄 깝 남운 디꽈 탄 깝 까홰 크랍/카

• 이 알약은 1알씩 3번 드세요.

ยาเม็ดนี้กินครั้งละ 1 เม็ดวันละ 3 ครั้งครับ/ค่ะ

야 멧 니 낀 크랑 라 능 멧 완 라 쌈 크랑 크랍/카

• 가루약은 자기 전에 1봉씩 드세요.

ยาผงนั้นกินก่อนนอน 1 ถุงครับ/ค่ะ

야 퐁 난 낀 껀 넌 능 퉁 크랍/카

• 이 물약은 점심 때 식사 전에 5cc씩 먹이세요.

ยาน้ำนี้ให้กิน 5 ซีซีก่อนอาหารกลางวันครับ/ค่ะ

야 남 니 하이 낀 하 씨씨 껀 아한 끌랑완 크랍/카

• 더운 목욕을 하고 푹 쉬면 빨리 회복될 것입니다.

อาบน้ำร้อนและพักผ่อนมาก ๆ จะหายเร็วครับ/ค่ะ

압 남 런 래 팍펀 막막 짜 하이 레우 크랍/카

• 상처가 난 곳을 소독하고 이 약을 발라주세요.

ล้างแผลและทายานี้นะครับ/คะ

랑 플래 래 타 야 니 나 크랍/카

• 뻐근하고 땡기는 부위에 이것을 부치세요.

ติดอันนี้ตรงที่ปวดครับ/ค่ะ

띳 안니 뜨롱 티 뿌앗 크랍/카

• 매일 갈아 붙이세요.

ต้องเปลี่ยนแล้วติดใหม่ทุกวันครับ/ค่ะ

떵 쁠리안 래우 띳 마이 툭완 크랍/카

• 오래 붙이면 가렵습니다.

ถ้าติดนานจะคันครับ/ค่ะ

타 띳 난 짜 칸 크랍/카

• 일하지 마시고 누워서 쉬세요.

อย่าทำงาน นอนพักผ่อนนะครับ/คะ

야 탐 응안 넌 팍펀 나 크랍/카

• 통증이 심하면 이 약을 드세요.

ถ้าปวดมาก ๆ ให้กินยานี้ครับ/ค่ะ

타 뿌앗 막막 하이 낀 야니 크랍/카

• 규칙적으로 약을 드셔야 낫습니다.

ต้องกินยาตามหมอสั่งถึงจะหายนะครับ/คะ

떵 낀 야 땀 머 쌍 틍 짜 하이 나 크랍/카

Tip

해열좌약 ยาเหน็บแก้ไข้

감기약 ยาแก้หวัด

변비약 ยาถ่าย

해열제 ยาแก้ไข้

기침약 ยาแก้ไอ

설사약 ยาแก้ท้องเสีย

두통약 ยาแก้ปวดหัว

진통제 ยาระงับปวด

소염제 ยาแก้อักเสบ

10 호텔이나 숙박 장소

당일여행이 아니면 우리는 숙소를 이용해야 한다. 호텔이나 게스트하우스, 또는 지인의 집에서 숙박하기도 하며 때로는, 특히 야간 비행기를 탔을 때에는 비행기나 기차 등의 교통수단에서 지내고 다음 날 도착한다.

멀리 또는 외국을 여행할 때 숙소 예약은 필수적이다. 예약할 때는 호텔의 등급, (숙박할) 방의 종류와 조건, 시설과 시설의 이용, 요금 등등에 대해 사전에 자세히 문의해야 한다. 만일 예약할 때의 조건과 다른 경우에는 호텔측에 조정을 요구해야 한다.

호텔이나 숙박 장소에 대하여 알아볼 때

• 이 호텔이 어디에 있나요?

โรงแรมนี้อยู่ที่ไหนครับ/คะ

롱램니 유 티나이 크랍/카

• 그 호텔 옆에는 공원이 있어 아침운동하기에 좋습니다.

ข้าง ๆ โรงแรมนั้นมีสวนสาธารณะ

캉캉 롬램난 미 쑤안싸타라나

ดีต่อการออกกำลังกายตอนเช้าครับ/ค่ะ

디 떠 깐억깜랑까이 떤차오 크랍/카

• 공항에서 그 숙소까지는 어떻게 가는 게 가장 빠르지요?

จากสนามบินไปถึงโรงแรมนั้นไปอย่างไรถึงจะเร็วที่สุด
짝 싸남빈 빠이틍 롱램난 빠이 양라이 틍짜 레우티쑷

ครับ/คะ
크랍/카

• 여기서도 호텔 예약을 할 수 있나요?

ที่นี่สามารถจองโรงแรมได้ด้วยไหมครับ/คะ
티니 싸맛 쩡 롱램 다이 두아이마이 크랍/카

• 호텔버스가 이리로 저를 데리러 올 수 있나요?(저를 픽업할 수 있나요?)

รถโรงแรมจะมารับผม/ดิฉันที่นี่ได้หรือเปล่าครับ/คะ
롯 롱램 짜 마 랍 폼/디찬 티니 다이 르 쁠라오 크랍/카

• 해변가에 있는 호텔은 무슨 호텔이 있나요?

แถวชายหาดมีโรงแรมอะไรบ้างครับ/คะ
태우 차이핫 미 롱램 아라이 방 크랍/카

• 공항 근처에 호텔이 있나요?

ใกล้ ๆ สนามบินมีโรมแรมไหมครับ/คะ
끌라이끌라이 싸남빈 미 롱램 마이 크랍/카

• 방에 금고가 있나요?

ที่ห้องมีตู้เซฟหรือเปล่าครับ/คะ
티헝 미 뚜쎕 르 쁠라오 크랍/카

• 그 호텔은 유흥업소 한 가운데 있지 않나요?

โรงแรมนั้นอยู่ในย่านสถานบันเทิงหรือเปล่าครับ/คะ
롱램난 유 나이 얀 싸탄 반틍 르쁠라오 크랍/카

• 공항에서 얼마나 떨어져 있나요?

ไกลจากสนามบินแค่ไหนครับ/คะ

끌라이 짝 싸남빈 캐나이 크랍/카

• Airport link 와 바로 연결이 되나요?

ต่อ Airport link ได้เลยหรือเปล่าครับ/คะ

떠 에어포트링크 다이르이 르쁠라오 크랍/카

• 직접 조리해 먹을 수 있는 리조트형 호텔도 있나요?

มีโรงแรมที่สามารถทำอาหารกินเองได้ไหมครับ/คะ

미 롱램 티 싸맛 탐 아한 낀 엥 다이마이 크랍/카

숙박 장소를 예약하거나 체크아웃할 때

• 일주일 전에 전화로 예약을 했어요.

โทรมาจองเมื่ออาทิตย์ที่แล้วครับ/ค่ะ

토 마 쩡 므아 아틧 티래우 크랍/카

• 어떤 이름으로 예약하셨나요?

จองในนามใครครับ/คะ

쩡 나이남 크라이 크랍/카

• 예약이 안 되어 있는데, 어떤 방을 원하세요?

ไม่มีการจองเอาไว้ แต่คุณต้องการห้องแบบไหนครับ/คะ

마이미 깐 쩡 아오 와이 때 쿤 떵깐 헝 뱁나이 크랍/카

• 예약을 어제 취소하셨는데요. 다른 곳을 안내해 드릴까요?

คุณได้ยกเลิกจองไปเมื่อวานแล้วครับ/ค่ะ ให้ผม/ดิฉัน

쿤 다이 욕륵 쩡 빠이 므아완 래우 크랍/카 하이 폼/디찬

แนะนำโรงแรมอื่นให้ไหมครับ/คะ

내남 롱램 은 하이 마이 크랍/카

• 다시 한 번 더 체크해주세요.

ช่วยเช็คให้อีกทีหนึ่งนะครับ/คะ

추아이 첵 하이 익 티능 나 크랍/카

• 3일쯤 있을 건데 빈방 있나요?

จะพักสัก ๓ วัน มีห้องว่างไหมครับ/คะ

짜 팍 싹 쌈 완 미 헝왕 마이 크랍/카

• 바다를 볼 수 있는 방을 주세요.

ขอห้องที่เห็นทะเลด้วยครับ/ค่ะ

커 헝 티 헨 탈레 두아이 크랍/카

• 어떤 방을 원하시나요?

ต้องการห้องแบบไหนครับ/คะ

떵깐 헝 뱁나이 크랍/카

• 싱글(트윈, 더블), 2개를 원합니다.

ต้องการห้องเตียงเดี่ยว(ห้องเตียงคู่, เตียงดับเบิล)

떵깐 헝 띠앙 디아우(헝띠앙쿠, 띠앙더블)

๒ ห้องครับ/ค่ะ

썽 헝 크랍/카

• 싱글은 방이 2층과 4층에 하나씩 있는데 어쩌시겠어요?

ห้องเตียงเดี่ยวนั้นมีชั้น ๒ และชั้น ๔ ชั้นละห้อง

헝 띠앙 디아우 난 미 찬 썽 래 찬 씨 찬 라 헝

คุณจะเอาอย่างไรครับ/คะ

쿤 짜 아오 양라이 크랍/카

• 2분이 트윈을 사용하시면 어떨까요?

สองคนใช้ห้องเตียงคู่เป็นอย่างไรครับ/คะ

썽콘 차이 헝띠앙쿠 뻰양라이 크랍/카

• 죄송합니다. 빈방이 없어요. 다 찼습니다.

ขอโทษครับ/ค่ะ ไม่มีห้องว่างครับ/ค่ะ ห้องเต็มหมดแล้วครับค่ะ

커톳 크랍/카 마이미 헝왕 크랍/카 헝 뗌못 래우 크랍/카

• 더운 물이 나오는 방을 원합니다.

ต้องการห้องที่มีน้ำอุ่นครับ/ค่ะ

떵깐 헝 티 미 남운 크랍/카

• 며칠간 여기 계실 것인가요?

จะพักกี่วันครับ/คะ

짜 팍 끼완 크랍/카

• 2주일쯤 있을 예정인데, 요금 할인이 되나요?

จะพักประมาณสองสัปดาห์ ลดให้ได้ไหมครับ/คะ

짜 팍 쁘라만 썽 쌉다 롯 하이 다이마이 크랍/카

• 체크아웃을 2시쯤 할 수 있을까요?

เช็คเอาท์ประมาณบ่ายสองได้หรือเปล่าครับ/คะ

첵아웃 쁘라만 바이 썽 다이 르 쁠라오 크랍/카

• 11시경에 체크아웃을 하시고 짐은 호텔에 맡기시지요.

เช็คเอาท์ตอน ๑๑ โมงแล้วฝากสัมภาระไว้ที่โรงแรมได้ครับ/ค่ะ

첵아웃 떤 씹엣 몽 래우 확 쌈파라 와이 티 롱램 다이 크랍/카

• 요금에 조식(아침식사)이 포함되어 있나요?

ค่าที่พักรวมอาหารเช้าด้วยหรือเปล่าครับ/คะ

카 티팍 루암 아한차오 두아이 르 쁠라오 크랍/카

• 아침식사는 2층 카페테리아에 마련되어 있습니다.

อาหารเช้าสามารถใช้บริการได้ที่ห้องอาหารชั้นสองครับ/ค่ะ

아한차오 싸맛 차이 버리깐 다이 티 헝아한 찬썽 크랍/카

• 아침식사 시간은 새벽 5시부터 10시까지 입니다.

บริการอาหารเช้าตั้งแต่ตีห้าถึงสิบโมงครับ/ค่ะ

버리깐 아한차오 땅때 띠하 틍 씹 몽 크랍/카

• 여기 이 서류를 작성해주세요.

ช่วยกรอกเอกสารนี้ด้วยครับ/ค่ะ

추아이 끄럭 엑까싼니 두아이 크랍/카

• 여기에 서명만 하시면 됩니다.

แค่เซ็นชื่อตรงนี้ก็พอครับ/ค่ะ

캐 쎈츠 뜨롱니 꺼 퍼 크랍/카

• 여권이나 신분증 좀 주십시오.

ขอหนังสือเดินทางหรือบัตรประชาชนหน่อยครับ/ค่ะ

커 낭쓰든탕 르 밧 쁘라차촌 너이 크랍/카

• 한국어하는 직원이 있는데, 불러드릴까요?

มีเจ้าหน้าที่ที่พูดภาษาเกาหลีได้ ให้เรียกไหมครับ/คะ

미 짜오나티 티 풋 파싸까올리 다이 하이 리악 마이 크랍/카

• 이것이 방 열쇠입니다. 1457호입니다.

นี่กุญแจห้องครับ/ค่ะ ห้อง1457 ครับ/ค่ะ

니 꾼째 헝 크랍/카 헝 능씨하쩻 크랍/카

• 짐은 방으로 올려다 드립니다.

เบลบอยจะช่วยเอาสัมภาระของคุณขึ้นไปให้ที่ห้องครับ/ค่ะ

벨보이 짜 추아이 아오 쌈파라 컹 쿤 큰 빠이 하이 티헝 크랍/카

PART VII 호텔이나 숙박 장소

• 인터넷 사용은 어떻게 하나요?

จะใช้อินเตอร์เน็ทต้องทำอย่างไรครับ/คะ

짜 차이 인터넷 떵 탐 양라이 크랍/카

• 이것은 호텔 ID이고, 아래 번호는 호텔 password 입니다.

นี่คือไอดีของโรงแรมและข้างล่างคือพาสเวิร์ดครับ/ค่ะ

니 크 아이디 컹 롱램 래 캉랑 크 파스윗 크랍/카

• 컴퓨터룸이 3층에 있어요. 시간당 50바트입니다.

ห้องคอมพิวเตอร์อยู่ที่ชั้น 3 ครับ/ค่ะ คิดค่าบริการ 50

헝 컴퓨터 유 티 찬 쌈 크랍/카 킷 카버리깐 하씹

บาทต่อชั่วโมงครับ/ค่ะ

밧 떠 추아몽 크랍/카

• 옷을 직접 다림질할 수 있나요?

รีดผ้าเองได้ไหมครับ/คะ

릿 파 엥 다이마이 크랍/카

• 세탁시설에 맡기시면 됩니다.

เสื้อที่จะซักนั้นฝากซักที่แผนกซักรีดของโรงแรมก็ได้ครับ/ค่ะ

쓰아 티 짜 싹 난 확싹 티 파낵싹릿 컹 롱램 꺼다이 크랍/카

• 아침 6시에 깨워줄 수 있나요?

ช่วยปลุกตอน 6 โมงเช้าได้ไหมครับ/คะ

추아이 쁠룩 떤 혹 몽차오 다이마이 크랍/카

• 침대 옆 탁자에서 직접 조정하시면 됩니다.

ตั้งเวลาตรงโต๊ะข้างเตียงเองได้ครับ/ค่ะ

땅 웰라 뜨롱 또 캉띠앙 엥 다이 크랍/카

• 물건을 좀 맡겨도 될까요?

ฝากของไว้ได้ไหมครับ/คะ

확 컹 와이 다이마이 크랍/카

• 방에 작은 금고가 있어요. 중요한 것은 거기 넣으시지요.

ที่ห้องมีตู้เซฟครับ/ค่ะ ของสำคัญเก็บไว้ในนั้นได้นะ
티헝 미 뚜셉 크립/카 컹쌈칸 껩 와이 나이난 다이 나

ครับ/ค่ะ
크랍/카

• 이 트렁크를 오후 4시까지 보관해 주시겠어요?

ฝากกระเป๋าใบนี้ไว้ถึง 4 โมงได้ไหมครับ/คะ
확 끄라빠오 바이니 와이 틍 씨 몽 다이마이 크랍/카

• 네 그러지요./ 물론이지요./ 그럼요./ 걱정마세요./

ครับ/ค่ะ / ได้ครับ/ค่ะ / แน่นอนครับ/ค่ะ / ไม่มีปัญหา
크랍/카 / 다이 크랍/카 / 내넌 크랍/카 / 마이미 빤하

ครับ/ค่ะ
크랍/카

• 손님의 방 번호와 성함이 어떻게 됩니까?

ขอเบอร์ห้องและชื่อของคุณด้วยครับ/ค่ะ
커 버 헝 래 츠 컹 쿤 두아이 크랍/카

• 또 궁금한 것이 있으면 언제든지 제게 문의하세요.

ถ้ามีอะไรสงสัย(อยากรู้เพิ่มเติม)ก็ถามผม/ดิฉันได้
타 미 아라이 쏭싸이(약루 픔뜸) 꺼 탐 폼/ 디찬 다이

ตลอดนะครับ/คะ
딸럿 나 크랍/카

• 저희 호텔에서 편안히 쉬셨는지요?

พักผ่อนที่โรงแรมของเราสบายดีไหมครับ/คะ
팍펀 티 롱램 컹 라오 싸바이디 마이 크랍/카

• 밤 2시에 공항에 갈 택시를 불러주시겠어요?

ช่วยเรียกแท็กซี่ไปสนามบินตอนตีสองให้ด้วยนะครับ/คะ

추아이 리악 택씨 빠이 싸남빈 떤 띠 썽 하이 두아이 나 크랍/카

• 호텔비를 신용카드로 계산해도 되나요?

จ่ายค่าโรงแรมด้วยบัตรเครดิตได้ไหมครับ/คะ

짜이 카롱램 두아이 밧크레딧 다이마이 크랍/카

• 여행자수표도 사용할 수 있나요?

ใช้เช็คเดินทางได้ไหมครับ/คะ

차이 첵든탕 다이마이 크랍/카

• 어제는 방에서 전화를 사용하지 않았는데요.

เมื่อวานผม/ดิฉันไม่ได้ใช้โทรศัพท์ที่ห้องนะครับ/คะ

므아완 폼/디찬 마이다이 차이 토라쌉 티헝 나 크랍/카

• 지하에 슈퍼마켓이 있습니다.

มีซุปเปอร์มาร์เกตอยู่ที่ชั้นใต้ดินครับ/ค่ะ

미 쑤퍼마켓 유 티 찬따이딘 크랍/카

• 방에서 음식을 주문하실 수 있습니다.

สั่งอาหารทานได้ที่ห้องครับ/ค่ะ

쌍 아한 탄 다이 티헝 크랍/카

• 호텔 전용 해변에 텐트를 칠 수 있습니다.

กางเต๊นท์ตรงชายหาดของโรงแรมได้ครับ/ค่ะ

깡 텐 뜨롱 차이핫 컹 롱램 다이 크랍/카

숙박시설 이용에 문제가 있을 때

• 이 방은 담배 냄새가 많이 납니다. 바꿔주실 수 있어요?

ห้องนี้เหม็นบุหรี่มาก ขอเปลี่ยนห้องได้ไหมครับ/คะ

헝니 멘 부리 막 커 쁠리안 헝 다이마이 크랍/카

• 바다가 보이는 방이라고 했는데, 바다가 어느 쪽에 있지요?

ได้บอกว่านี่เป็นห้องที่เห็นทะเล ทะเลอยู่ด้านไหนครับ/คะ

다이 벅 와 니 뻰 헝 티 헨 탈레 탈레 유 단 나이 크랍/카

• 짐이 아직 안 왔는데, 한 번 더 체크해 주시겠어요?

กระเป๋ายังไม่มาเลย ช่วยเช็คให้อีกทีหน่อยนะครับ/คะ

끄라빠오 양 마이마 르이 추아이 첵 하이 익티 너니 나 크랍/카

• 가방이 두 갠데 하나가 아직 안 왔네요(하나가 없어졌어요).

มีกระเป๋าสองใบแต่อีกใบยังไม่มาเลยครับ/ค่ะ

미 끄라빠오 썽 바이 때 익바이능 양 마이마 르이 크랍/카

(หายไปใบนึงครับ/ค่ะ)

(하이빠이 바이능 크랍/카)

• 열쇠를 분실했는데 어떻게 하죠?

ทำกุญแจหายต้องทำอย่างไรครับ/คะ

탐 꾼째 하이 떵 탐 양라이 크랍/카

• 열쇠를 방에 두고 나왔는데 도와주시겠어요?

ลืมกุญแจไว้ที่ห้อง ช่วยหน่อยได้ไหมครับ/คะ

름 꾼째 와이 티헝 추아이 너이 다이마이 크랍/카

• 욕조 물이 빠지지 않아요.

อ่างอาบน้ำตันครับ/ค่ะ

앙압남 딴 크랍/카

• 옆 방이 매우 시끄러워서 잠을 잘 수 없어요.

ห้องข้าง ๆ เสียงดังมากจนนอนไม่หลับครับ/ค่ะ

헝 캉캉 씨앙당 막 쫀 넌 마이 랍 크랍/카

PART Ⅶ 호텔이나 숙박 장소

11 관광

관광할 때 여러 방법을 이용한다. 직접 현지 대중교통을 이용하여 필요하거나 가고 싶은 곳을 가는 방법, 투어를 이용하는 방법, 또는 지인의 안내를 받는 경우 등이 있을 것이다. 공항에 도착하면서 우리는 그 지역의 지도를 필요로 하고 숙소에 투숙한 다음에는 그 부근의 지도나 숙소를 찾아가는데 필요한 방법 등에 대해 미리 알고 있어야 할 것이다. 특히 시내에서는 곳곳에 있는 관광안내소를 이용하는 방법도 있다.

관광안내소에서 문의할 때

• 여기 푸껫 지도가 있나요?

ที่นี่มีแผนที่จังหวัดภูเก็ตไหมครับ/คะ

티니 미 팬티 짱왓 푸껫 마이 크랍/카

• 자세한 시내 지도를 원하는데, 있나요?

ผม/ดิฉันอยากได้แผนที่ตัวเมืองแบบละเอียด มีไหมครับ/คะ

폼/디찬 약 다이 팬티 뚜아므앙 뱁 라이얏 미 마이 크랍/카

• 무료지도도 있나요?

มีแผนที่แจกฟรีไหมครับ/คะ

미 팬티 째 후리 마이 크랍/카

• 보통 사원을 방문할 때도 긴치마를 입어야 되나요?

ปกติเวลาไปเที่ยววัดก็ต้องนุ่งกระโปรงยาวด้วยหรือครับ/คะ

빠까띠 웰라 빠이티아우 왓 꺼 떵 눙 끄라쁘롱 야우 두아이 르 크랍/카

• 중요한 사원이나 왕궁에는 단정한 복장을 해야 합니다.

ต้องแต่งตัวเรียบร้อยเวลาไปวัดที่สำคัญหรือ

떵 땡뚜아 리압러이 웰라 빠이 왓 티 쌈칸 르

พระบรมมหาราชวังครับ/ค่ะ

프라버롬마하라차왕 크랍/카

• 박물관은 월요일에 문을 여나요?

พิพิธภัณฑ์เปิดวันจันทร์หรือเปล่าครับ/คะ

피핏타판 뻣 완짠 르쁠라오 크랍/카

• 에메랄드 사원은 매일 관람할 수 있습니다.

วัดพระแก้วเข้าชมได้ทุกวันครับ/ค่ะ

왓프라깨우 카오촘 다이 툭완 크랍/카

• 여기서 가장 가까운 공원은 어디 있나요?

สวนสาธารณะที่ใกล้ที่สุดจากที่นี่อยู่ไหนครับ/คะ

쑤안 싸타라나 티 끌라이 티씃 짝 티니 유 나이 크랍/카

• 배를 타고 아유타야에 갈 수 있나요?

นั่งเรือไปอยุธยาได้ไหมครับ/คะ

낭 르아 빠이 아유타야 다이마이 크랍/카

투어를 이용할 때

• 여기서 깐짜나부리 투어를 살 수 있나요?

ที่นี่ซื้อทัวร์ไปกาญจนาบุรีได้ไหมครับ/คะ

티니 쓰 투아 빠이 깐짜나부리 다이마이 크랍/카

• 버스로 왕복하는 방빠인 투어가 있나요?
มีทัวร์ที่ไปบางปะอินด้วยรถบัสไหมครับ/คะ
미 투어 티 빠이 방빠인 두아이 롯바스 마이 크랍/카

• 있어요. 새벽에 출발해서 초저녁에 호텔에 도착합니다.
มีครับ/ค่ะ ออกเดินทางตอนเช้ามืดและกลับถึงโรงแรม
미 크랍/카 억든탕 떤차오 뭇 래 끌랍 틍 롱램
ตอนค่ำ ๆ ครับ/ค่ะ
떤캄캄 크랍/카

• 리버씨티 호텔 앞에서 버스를 타시면 됩니다.
ขึ้นรถบัสหน้าโรงแรมริเวอร์ซิตี้ได้ครับ/ค่ะ
큰 롯바스 나 롱램 리버씨띠 다이 크랍/카

• 태국인의 일상생활을 직접 체험할 수 있는 투어가 있나요?
มีทัวร์ที่พาไปสัมผัสชีวิตปกติของคนไทยไหมครับ/คะ
미 투어 티 파빠이 쌈팟 치윗 빠까띠 컹 콘타이 마이 크랍/카

• 코끼리를 타고 래프팅을 할 수 있는 투어가 있는데 관심이 있으세요?
มีทัวร์ที่พาไปขี่ช้างและล่องแพ สนใจไหมครับ/คะ
미 투아 티 파빠이 키창 래 렁패 쏜짜이 마이 크랍/카

• 시내관광 버스는 어디서 출발하나요?
รถบัสที่พาทัวร์ในเมืองออกที่ไหนครับ/คะ
롯바스 티 파 투아 나이므앙 억 티나이 크랍/카

• 우리가 탈 버스는 어떤 것인지요?
รถบัสที่เราจะนั่งนี่คันไหนครับ/คะ
롯바스 티 라오 짜 낭 니 칸 나이 크랍/카

• 몇 명부터 단체인가요?

ต้องกี่คนขึ้นไปถึงจะเป็นกรุ๊ปได้ครับ/คะ

떵 끼콘 큰빠이 틍짜 뻰 그룹 다이 크랍/카

• 단체 할인도 있나요?

มีส่วนลดสำหรับกรุ๊ปไหมครับ/คะ

미 쑤안 롯 쌈랍 그룹 마이 크랍/카

• 외국인은 500바트, 태국인은 무료입니다.

คนต่างชาติ 500 บาทแต่คนไทยเข้าชมฟรีครับ/ค่ะ

콘땅찻 하러이 밧 때 콘타이 카오촘 후리 크랍/카

• 저녁식사를 포함한 가격이 1,000바트입니다.

ราคารวมค่าอาหารเย็นแล้วราคาหนึ่งพันบาทครับ/ค่ะ

라카 루암 카아한옌 래우 라카 능판 밧 크랍/카

• 이곳에서 특히 볼만한 곳은 어디인가요?

ที่นี่มีที่ไหนที่ต้องน่าชมเป็นพิเศษไหมครับ/คะ

티니 미 티나이 티 떵 나촘 뻰피쎗 마이 크랍/카

관광할 때

• 공항에서 버스로 마하싸라캄에 갈 수 있나요?

จากสนามบินนั่งรถทัวร์ไปมหาสารคามได้ไหมครับ/คะ

짝 싸남빈 낭 롯투아 빠이 마하싸라캄 다이마이 크랍/카

• 이 사원은 무엇으로 유명한가요?

วัดนี้มีชื่อเสียงด้านไหนครับ/คะ

왓니 미츠씨앙 단나이 크랍/카

• 층계를 오르는 대신 저 케이블을 타고 갈 수 있어요.
ขึ้นกระเช้าแทนเดินขึ้นบันไดก็ได้ครับ/ค่ะ
큰 끄라차오 탠 든큰 반다이 꺼다이 크랍/카

• 여기가 사진을 찍는 곳입니다.
ที่นี่เป็นจุดถ่ายรูปครับ/ค่ะ
티니 뻰 쭛 타이룹 크랍/카

• 이 장롱은 정말 정교하고 아름답습니다.
ตู้เสื้อผ้านี้ทั้งสวยและประณีตจริง ๆ ครับ/ค่ะ
뚜쓰아파 니 탕 쑤아이 래 쁘라닛 찡찡 크랍/카

• 이 티켓으로 위만멕궁을 관람할 수 있나요?
ใช้ตั๋วนี้เข้าชมพระที่นั่งวิมานเมฆได้ไหมครับ/คะ
차이 뚜아니 카오촘 프라티낭 위만멕 다이마이 크랍/카

• 아난따싸마콤궁은 과거에 국회의사당이었습니다.
พระที่นั่งอนันตสมาคมเคยเป็นตึกรัฐสภามาก่อนครับ/ค่ะ
프라티낭 아난따싸마콤 크이 뻰 뜩 랏타싸파 마 껀 크랍/카

• 이 공예품들은 일 년 내내 전시합니다.
พวกของหัตถกรรมนี้จัดแสดงตลอดปีครับ/ค่ะ
푸악 컹 핫타깜 니 짯 싸댕 딸럿삐 크랍/카

• 한국어를 하는 안내인이 필요합니다.
ต้องการไกด์ที่พูดภาษาเกาหลีได้ครับ/ค่ะ
떵깐 가이드 티 풋 파싸까올리 다이 크랍/카

• 입장료환불은 절대로 안 됩니다.
ค่าเข้าชมไม่สามารถคืนเงินได้โดยเด็ดขาดครับ/ค่ะ
카카오촘 마이 싸맛 큰 응언 다이 도이덴캇 크랍/카

• 사진 좀 찍어주시겠어요?

ช่วยถ่ายรูปให้หน่อยได้ไหมครับ/คะ

추아이 타이룹 하이 너이 다이마이 크랍/카

• 이멜 주소를 주시면 사진을 보내드리겠습니다.

ช่วยบอกที่อยู่อีเมล์หน่อย จะส่งรูปให้ครับ/ค่ะ

추아이 벅 티유 이멜 너이 짜 쏭 룹 하이 크랍/카

• 카메라가 물에 빠졌는데 수리할 수 있나요?

ทำกล้องถ่ายรูปตกน้ำ จะซ่อมได้ไหมครับ/คะ

탐 끌렁타이룹 똑 남 짜 썸 다이마이 크랍/카

PART VIII

긴급상황에 대한 대처 표현

01 난처하거나 위급한 상황

난처한 상황에 놓이면 어떻게 할까? 주변에 있는 사람이나 경찰을 찾아 도움을 청해야 한다. 도움을 청할 때 "좀 도와주세요." 라며 처지를 설명하면 될 것이다. 태국사람들은 대부분이 친절해서 잘 도와주지만 경우에 따라서는 적당히 조심을 해야 한다.

난처할 때

• 문제가 생겼어요.

เกิดปัญหาขึ้นแล้วครับ/ค่ะ

긋 빤하 큰 래우 크랍/카

• 저는 무척 난처한 입장에 있습니다.

ผม/ดิฉันสับสนไปหมดแล้วครับ/ค่ะ

폼/디찬 쌉쏜 빠이 못 래우 크랍/카

• 친구가 곤경에 처해 있어요.

เพื่อนประสบปัญหาครับ/ค่ะ

프안 쁘라쏩 빤하 크랍/카

• 지갑을 잃어버렸는데 어떻게 하면 되지요?

ทำกระเป๋าสตางค์หาย ต้องทำยังไงครับ/คะ

탐 끄라빠오싸땅 하이 떵 탐 양아이 크랍/카

• 어디로 가서 누구에게 얘기해야 할까요?

ต้องไปที่ไหนและต้องบอกใครดีครับ/คะ

떵 빠이 티나 래 떵 벅 크라이 디 크랍/카

• 갑자기 동생이 아파요.

จู่ ๆ น้องป่วยครับ/ค่ะ

쭈쭈 넝 뿌아이 크랍/카

• 교통사고가 났어요.

เกิดอุบัติเหตุขึ้นครับ/ค่ะ

끗 우밧띠헷 큰 크랍/카

• 부상을 당했어요.

ได้รับบาดเจ็บครับ/ค่ะ

다이랍 밧쩹 크랍/카

• 코피가 계속해서 나는데 어떻게 하지요?

เลือดกำเดาไม่หยุด ควรทำยังไงดีครับ/คะ

르앗깜다오 마이윳 쿠안 탐 양아이 디 크랍/카

• 그 질문이 날 난처하게 만들었어.

คำถามนั้นทำให้ฉันลำบาก

캄탐난 탐하이 찬 람박

• 급히 병원에 가야 하는데 차가 고장 났어요.

ต้องรีบไปโรงพยาบาลแต่รถเสียครับ/ค่ะ

떵 립 빠이 롱파야반 때 롯 씨아 크랍/카

• 차가 진흙에 빠졌어요.

รถติดโคลนครับ/ค่ะ

롯 띳 클론 크랍/카

위급할 때

• 비키세요.

ขอทางหน่อยครับ/ค่ะ

커 탕 너이 크랍/카

• 더 가지 말고 멈추세요.

ไม่ต้องไปต่อแล้ว จอดที่นี่ครับ/ค่ะ

마이 떵 빠이 떠 래우 쩟 티니 크랍/카

• 거기서 물러나요.

ถอยไปจากตรงนั้นครับ/ค่ะ

터이 빠이 짝 뜨롱난 크랍/카

• 만지지 마!

อย่าแตะ // อย่าไปโดน

야 때 // 야 빠이 돈

• 손 대지 마!

อย่าแตะ // อย่าเอามือไปถูก

야 때 // 야 아오 므 빠이 툭

• 거기 뭐 하는 거요?

ทำอะไรอยู่ที่นั่นครับ/คะ

탐 아라이 유 티난 크랍/카

• 건드리면 위험해요.

อันตรายถ้าไปยุ่งครับ/ค่ะ

안따라이 타 빠이 융 크랍/카

• 그만 둬!

หยุด // หยุดได้แล้ว // พอ // พอได้แล้ว // พอที

윳 // 윳 다이 래우 // 퍼 // 퍼 다이 래우 // 퍼 티

• 어서 경찰을 불러요!

รีบเรียกตำรวจเร็วครับ/ค่ะ

립 리악 땀루앗 레우 크랍/카

도움을 요청할 때

• 도와줘요! / 살려 줘요!

ช่วยด้วยครับ/ค่ะ

추아이 두아이 크랍/카

• 경찰 좀 불러주세요.

ช่วยเรียกตำรวจหน่อยครับ/ค่ะ

추아이 리악 땀루앗 너이 크랍/카

• 191에 전화 좀 해요! (한국은 119)

ช่วยโทรไปที่ 191 หน่อยครับ/ค่ะ

추아이 토 빠이 티 능까오능 너이 크랍/카

• 도둑이야!

ขโมย!

카모이!

• 불이야!

ไฟไหม้!

화이마이!

02 분실과 도난

여행 중에 물건을 분실하거나 도난 당했을 때 관할 경찰서에 가서 신고하는 것이 우선하다. 경찰서에서는 분실한 장소와 경위를 설명하고 기록한다. 지하철 등 대중교통에서 분실하거나 두고 왔을 때는 시간과 어디쯤인가를 기억해 두는 것이 도움이 된다.

분실을 예방하기 위하여 여권은 호텔 금고에 넣어두고 따로 복사본을 준비해 가지고 다니는 것도 지혜의 하나이다. 또 이런 때를 대비하여 보험을 들어두는 것도 현명한 방법의 하나이다.

분실물 취급소에서 나누는 대화

- 이 근처에 분실물센터가 어디 있나요?

  แถวนี้มีศูนย์รับแจ้งของหายที่ไหนไหมครับ/คะ

  태우니 미 쑨 랍쨍컹하이 티나이 마이 크랍/카

- 지하철에 가방을 두고 왔어요.

  ลืมกระเป๋าไว้บนรถไฟใต้ดินครับ/ค่ะ

  름 끄라빠오 와이 본 롯화이따이딘 크랍/카

- 차량 번호는 기억을 못 해요.

  จำเลขทะเบียนรถไม่ได้ครับ/ค่ะ

  짬 렉 타비안 롯 마이다이 크랍/카

• 아쏙역에 12시에 도착한 지상철이에요.

รถไฟฟ้าที่ถึงสถานีอโศกตอนเที่ยงครับ/ค่ะ

롯화이화 티 틍 싸타니 아쏙 떤 티앙 크랍/카

• 몇 째 칸에 타셨나요?

ขึ้นขบวนที่เท่าไรครับ/คะ

큰 카부안 티 타오라이 크랍/카

• 싸얌에서 아쏙 가는 차 첫째 칸이에요.

นั่งขบวนแรกจากสยามไปอโศกครับ/ค่ะ

낭 카부안 랙 짝 싸얌 빠이 아쏙 크랍/카

• 무엇을 신고하려고 합니까?

จะแจ้งอะไรครับ/คะ

짜 쨍 아라이 크랍/카

• 경찰서가 근처에 있습니까?

แถวนี้มีสถานีตำรวจไหมครับ/คะ

태우니 미 싸타니 땀루앗 마이 크랍/카

• 어떻게 생긴 가방인가요?

กระเป๋ามีลักษณะเป็นยังไงครับ/คะ

끄라빠오 미 락싸나 뻰 양아이 크랍/카

• 분실한 물건의 모양을 자세히 쓰세요.

เขียนลักษณะของที่ทำหายอย่างละเอียดด้วยครับ/ค่ะ

키안 락싸나 컹 티 탐하이 양라이앗 두아이 크랍/카

• 인천에서는 분명히 부쳤어요.

โหลดกระเป๋าที่อินชอนแน่นอนครับ/ค่ะ

롯 끄라빠오 티 인천 내넌 크랍/카

• 짐표 좀 보여주세요.

ขอดูใบรับกระเป๋าหน่อยครับ/ค่ะ
커 두 바이랍끄라빠오 너이 크랍/카

• 어느 비행기로 오셨지요?

นั่งเครื่องบินเที่ยวบินอะไรมาครับ/คะ
낭 크르앙빈 티아우빈 아라이 크랍/카

• KE602편으로 왔어요.

มา KE 602 ครับ/ค่ะ
마 케 이 혹쑨썽 크랍/카

• 혹시 여행 가방 하나 들어온 거 있나요?

อยากทราบว่ามีกระเป๋าเดินทางหนึ่งใบเข้ามาบ้างไหม
약 쌉 와 미 끄라빠오든탕 능 바이 카오마 방 마이

ครับ/คะ
크랍/카

• 이 박스가 당신 것인가요?

กล่องนี้ของคุณใช่ไหมครับ/คะ
끌렁니 컹 쿤 차이마이 크랍/카

• 제가 더 적을 것이 있나요?

มีอะไรผม/ดิฉันต้องเขียนเพิ่มอีกไหมครับ/คะ
미 아라이 폼/디찬 떵 키안 픔 익 마이 크랍/카

• 아니요. 우리가 곧 조사해서 알려드리겠어요.

ไม่มีครับ/ค่ะ เราจะตรวจสอบแล้วแจ้งให้ทราบครับ/ค่ะ
마이미 크랍/카 라오 짜 뜨루앗썹 래우 쨍 하이 쌉 크랍/카

PART VIII 분실과 도난

• 이 서류를 가지고 영사관으로 가세요.

เอาเอกสารนี้ไปยื่นที่สถานกงสุลครับ/ค่ะ

아오 엑까싼니 빠이yeun 티 싸탄꽁쑨 크랍/카

• 태국에서 어디 묵으실 것입니까?

ในประเทศไทยคุณจะพักที่ไหนครับ/คะ

나이 쁘라텟타이 쿤 짜 팍 티나이 크랍/카

• 치앙마이에서 한 달 간 머물 것입니다.

จะพักที่เชียงใหม่ประมาณหนึ่งเดือนครับ/ค่ะ

짜 팍 티 치앙마이 쁘라만 능 드안 크랍/카

분실했을 때

• 여기서 회색 USB 못 보셨어요?

เห็นยูเอสบีสีเทาตรงนี้ไหมครับ/คะ

헨 유에스비 씨타오 뜨롱니 마이 크랍/카

• 어디서 잃어버렸나요?

ทำหายที่ไหนครับ/คะ

탐하이 티나이 크랍/카

• 무엇을 잃어버렸나요?

ทำอะไรหายครับ/คะ

탐 아라이 하이 크랍/카

• 분실한 경위를 말씀해 주세요.

ช่วยเล่ารายละเอียดด้วยครับ/ค่ะ

추아이 라오 라이라이얏 두아이 크랍/카

• 지갑의 색깔과 크기는 어떤가요?

สีและขนาดของกระเป๋าเป็นยังไงครับ/คะ

씨 래 카낫 컹 끄라빠오 뻰 양아이 크랍/카

• 택시 안에 카메라를 두고 내렸어요.

ลืมกล้องถ่ายรูปไว้บนรถแท็กซี่ครับ/ค่ะ

릅 끌렁타이룹 와이 본 롯택씨 크랍/카

• 택시회사를 기억하세요?

จำชื่อบริษัทแท็กซี่ไหมครับ/คะ

짬 츠 버리쌋 택씨 마이 크랍/카

• 카메라 신고가 들어온 게 있어요.

มีการแจ้งว่าพบกล้องครับ/ค่ะ

미 깐 쨍 와 폽 끌렁 크랍/카

• 은행(음식점)에다 두고 나온 것 같아요.

คิดว่าลืมไว้ที่ธนาคาร(ร้านอาหาร)ครับ/ค่ะ

킷와 름 와이 티 타나칸 (란아한) 크랍/카

• 조금 전에 여기 핸드폰을 놓았는데, 보셨어요?

เมื่อกี้วางโทรศัพท์มือถือไว้ตรงนี้ คุณเห็นไหมครับ/คะ

므아끼 왕 토라쌉므트 와이 뜨롱니 쿤 헨 마이 크랍/카

• 여기 있어요. 이것인가요? 제가 집어 두었어요.

อยู่นี่ครับ/ค่ะ นี่ใช่ไหมครับ/คะ ผม/ดิฉันเก็บไว้ครับ/ค่ะ

유 니 크랍/카 니 차이마이 크랍/카 폼/디찬 껩 와이 크랍/카

• 얼른 경찰서와 대사관에 가서 신고하세요.

รีบไปแจ้งที่สถานีตำรวจและสถานทูตครับ/ค่ะ

립 빠이 쨍 티 싸타니 땀루앗 래 싸탄툿 크랍/카

PART VIII 분실과 도난

도난 당했을 때

• 여행가방을 도난 당했어요.

กระเป๋าเดินทางถูกขโมยครับ/ค่ะ

끄라빠오든탕 툭 카모이 크랍/카

• 언제 어디서 도난 당했나요?

ถูกขโมยที่ไหนและเมื่อไรครับ/คะ

툭 카모이 티나이 래 므아라이 크랍/카

• 호텔방에서요.

ที่ห้องโรงแรมครับ/ค่ะ

티 헝 롱램 크랍/카

• 문을 잠그지 않고 나갔나요?

คุณออกไปโดยที่ไม่ล็อคประตูหรือเปล่าครับ/คะ

쿤 억빠이 도이 티 마이 럭 쁘라뚜 르 쁠라오 크랍/카

• 잠깐 로비에 갔다 온 사이에 없어졌어요.

แค่ไปล็อบบี้แป๊บเดียวกลับมาก็ไม่เห็นแล้วครับ/ค่ะ

캐 빠이 로비 뺍디아우 끌랍 마 꺼 마이 헨 래우 크랍/카

• 무엇을 도난 당하셨나요?

ถูกขโมยอะไรไปครับ/คะ

툭 카모이 아라이 빠이 크랍/카

• 가방 안에 무엇이 들어있나요?

ในกระเป๋ามีอะไรบ้างครับ/คะ

나이 끄라빠오 미 아라이 방 크랍/카

PART Ⅷ 분실과 도난

• 여권과 지갑, 카드 4장 그리고 화장품이 있습니다.

หนังสือเดินทาง กระเป๋าสตางค์ การ์ด 4 ใบและ
낭쓰든탕 끄라빠오싸땅 깟 씨 바이 래

เครื่องสำอางครับ/ค่ะ
크르앙쌈앙 크랍/카

• 지갑에는 돈이 얼마나 있었나요?

ในกระเป๋าสตางค์มีเงินเท่าไรครับ/คะ
나이 끄라빠오싸땅 미 응언 타오라이 크랍/카

• 줄을 서 있는데 갑자기 제 가방을 채갔습니다.

กำลังยืนต่อคิวอยู่ก็มีคนมากระชากกระเป๋าไปครับ/ค่ะ
깜랑 yeun 떠 키우 유 꺼 미 콘 마 끄라착 끄라빠오 빠이 크랍/카

• 집에 도둑이 들었습니다.

ขโมยขึ้นบ้านแล้วครับ/ค่ะ
카모이 큰 반 래우 크랍/카

• 현관문을 강제로 열려는 흔적이 있어요.

มีร่องรอยงัดประตูครับ/ค่ะ
미 렁러이 응앗 쁘라뚜 크랍/카

• 집 앞에 세워둔 자동차를 도난 당했습니다.

รถยนตร์ที่จอดไว้หน้าบ้านถูกขโมยไปครับ/ค่ะ
롯욘 티 쩟 와이 나반 툭 카모이 빠이 크랍/카

• 길가 주차장에서요.

ที่ที่จอดรถริมถนนครับ/ค่ะ
티 티쩟롯 림 타논 크랍/카

PART VIII 분실과 도난

• 증인이 있나요?

มีพยานไหมครับ/คะ

미 파얀 마이 크랍/카

• 친구들이 있습니다.

มีเพื่อนเห็นครับ/ค่ะ

미 프안 헨 크랍/카

• 이 서류를 보험사에 제출하세요.

เอาเอกสารนี้ไปยื่นที่บริษัทประกันครับ/ค่ะ

아오 엑까싼 니 빠이 yeun 티 버리쌋쁘라깐 크랍/카

PART Ⅷ 분실과 도난

03 교통 사고

교통사고가 나거나 교통사고를 냈을 경우 즉시 경찰서에 신고를 하고 보험사나 렌터카에 연락을 한다. 부상자가 있을 때에는 차에서 내려 부상자를 안위를 살피고 병원에 데리고 가야 한다.

교통 사고가 났을 때

• 저 네거리에서 승용차끼리 충돌했어요.

มีรถชนกันตรงสี่แยกโน้นครับ/ค่ะ

미 롯 촌깐 뜨롱 씨액 논 크랍/카

• 자동차 사고가 났어요.

มีรถเกิดอุบัติเหตุครับ/ค่ะ

미 롯 끗 우밧띠헷 크랍/카

• 가벼운 접촉사고입니다.

เป็นอุบัติเหตุแค่เฉี่ยวเล็กน้อยครับ/ค่ะ

뻰 우밧띠헷 캐 치아우 렉너이 크랍/카

• 사람도 다쳤나 봐요.

ท่าจะมีคนบาดเจ็บนะครับ/คะ

타 짜 미 콘 밧쩹 나 크랍/카

• 운전하는 사람도 죽은 것 같아요.

เหมือนคนขับรถก็จะเสียชีวิตนะครับ/คะ

므안 콘캅롯 꺼 짜 씨아치윗 나 크랍/카

• 보행자가 차에 치었어요.

คนที่เดินอยู่ถูกรถชนครับ/ค่ะ

콘 티 든 유 툭 롯 촌 크랍/카

• 다친 사람이 있어요.

มีคนได้รับบาดเจ็บครับ/ค่ะ

미 콘 다이랍 밧쩹 크랍/카

• 증인이 되어주실 수 있으세요?

จะเป็นพยานให้ได้ไหมครับ/คะ

짜 뻰 파얀 하이 다이마이 크랍/카

• 여기는 일방통행인 거 모르세요?

ไม่รู้หรือครับ/คะว่าที่นี่เดินรถทางเดียว/วันเวย์

마이 루 르 크랍/카 와 티니 든롯 탕디아우 /완웨이

• 여기는 진입금지지역입니다.

ที่นี่เป็นเขตหวงห้ามครับ/ค่ะ

티니 뻰 켓 후앙함 크랍/카

• 못 봤어요.

ไม่เห็นครับ/ค่ะ

마이헨 크랍/카

• 왜 내 책임입니까?

ทำไมผม/ดิฉันต้องรับผิดชอบครับ/คะ

탐마이 폼/디찬 떵 랍핏첩 크랍/카

PART VIII 교통 사고

교통사고를 냈을 때

• 제가 사고를 냈습니다.

ผม/ดิฉันทำให้เกิดอุบัติเหตุครับ/ค่ะ

폼/디찬 탐하이 끗 우밧띠헷 크랍/카

• 보험은 들으셨나요?

ทำประกันภัยหรือเปล่าครับ/คะ

탐 쁘라깐파이 르 쁠라오 크랍/카

• 보험회사가 처리해 줄 것입니다.

บริษัทประกันจะจัดการให้ครับ/ค่ะ

버리쌋쁘라깐 짜 짯깐 하이 크랍/카

• 경찰서에 신고했어요.

แจ้งตำรวจแล้วครับ/ค่ะ

쨍 땀루앗 래우 크랍/카

• 랜터카에서 올 것입니다.

บริษัทเช่ารถจะมาครับ/ค่ะ

버리쌋 차오롯 짜 마 크랍/카

• 구급차가 올 것입니다.

รถพยาบาลจะมาครับ/ค่ะ

롯파야반 짜 마 크랍/카

교통사고 경위를 설명할 때

• 오토바이를 미쳐 못 봤습니다.

ไม่ทันสังเกตรถมอเตอร์ไซค์ครับ/ค่ะ

마이 탄 쌍껫 롯모터싸이크 크랍/카

• 저 차가 굽은 도로에서 끼어들기를 할 줄은 몰랐어요.

ไม่คิดว่ารถคันนั้นจะแซงเข้ามาตรงทางโค้งครับ/ค่ะ

마이킷 와 롯칸난 짜 쌩 카오마 뜨롱 탕콩 크랍/카

• 저 차가 제 차를 추월하려고 했어요.

รถคันนั้นพยายามจะแซงรถผม/ดิฉันครับ/ค่ะ

롯칸난 파야얌 짜 쌩 롯폼/디찬 크랍/카

• 뒤에서 그 차가 추돌했어요.

รถคันนั้นมาชนเราจากด้านหลังครับ/ค่ะ

롯칸난 마 촌 라오 짝 단랑 크랍/카

• 제 차가 긁혔어요.

รถผม/ดิฉันถูกขูดครับ/ค่ะ

롯 폼/디찬 툭 쿳 크랍/카

• 음주운전을 했어요.

เมาแล้วขับครับ/ค่ะ

마오 래우 캅 크랍/카

• 교통표지판을 미처 못 보았어요.

ไม่ทันเห็นป้ายจราจรครับ/ค่ะ

마이탄 헨 빠이 짜라쩐 크랍/카

• 저는 적색등일 때 정차했어요.

ผม/ดิฉันหยุดรถตอนไฟแดงครับ/ค่ะ

폼/디찬 윳 롯 떤 화이댕 크랍/카

• 상황이 잘 기억나지 않아요.

จำสถานการณ์ไม่ค่อยได้ครับ/ค่ะ

짬 싸타나깐 마이 커이 다이 크랍/카

PART VIII 교통 사고

• 조름운전을 한 거 아니에요?

ไม่ได้หลับในเหรอครับ/คะ

마이다이 랍나이 러 크랍/카

• 사고를 목격하셨어요?

เห็นอุบัติเหตุกับตาหรือเปล่าครับ/คะ

헨 우바띠헷 깝 따 르 쁠라오 크랍/카

• 제가 사고현장에 있었어요.

ผม/ดิฉันอยู่ในสถานที่เกิดเหตุครับ/ค่ะ

폼/디찬 유 나이 싸탄티 끗 헷 크랍/카

• (집에) 가도 되나요?

กลับบ้านได้ไหมครับ/คะ // ไปได้หรือยังครับ/คะ

끌랍 반 다이마이 크랍/카 // 빠이 다이 르 양 크랍/카

• 사고가 났을 때 어디에 있었습니까?

ตอนเกิดอุบัติเหตุ คุณอยู่ที่ไหนครับ/คะ

떤 끗 우바띠헷 쿤 유 티나이 크랍/카

• 보도에 서서 신호를 기다리고 있었어요.

ยืนที่ถนนรอสัญญาณไฟจราจรอยู่ครับ/ค่ะ

yeun티 타논 러 싼얀 화이 짜라쩐 유 크랍/카

• 운전자의 부주의가 원인이지요.

สาเหตุเกิดมาจากความไม่ระวัง(สะเพร่า)ของคนขับรถ

싸헷 끗 마짝 쾀마이라왕 (싸프라오) 컹 콘캅롯

ครับ/ค่ะ

크랍/카

• 그 아이가 무조건 차도로 뛰어들었어요.

เด็กคนนั้นโดดลงไปในถนนครับ/ค่ะ

덱콘난 돗 롱 빠이 나이 타논 크랍/카

• 장난하다가 친구를 차도로 밀었어요.

เรากำลังเล่นกันอยู่และผม/ดิฉันก็ผลักเพื่อนลงไปบนถนนครับ/ค่ะ

라오 깜랑 렌 깐 유 래 폼/ 디찬 꺼 플락 프안 롱 빠이 본 타논 크랍/카

교통법규를 위반했을 때

• 주차위반입니다.

จอดรถผิดกฎจราจรครับ/ค่ะ

쩟 롯 핏 꿋 짜라쩐 크랍/카

• 정차금지구역에 차를 세우셨어요.

คุณจอดรถไว้ที่เขตห้ามจอดครับ/ค่ะ

쿤 쩟 롯 와이 티 켓함쩟 크랍/카

• 속도위반입니다. / 과속입니다.

คุณขับรถเร็วกว่ากำหนดครับ/ค่ะ

쿤 캅롯 레우꽈 깜놋 크랍/카

• 신호를 무시하고 달리셨어요.

คุณขับโดยไม่ดูสัญญาณจราจรครับ/ค่ะ

쿤 캅 도이 마이 두 싼얀짜라쩐 크랍/카

• 빨간불인데 왜 우회전을 했어요?

ไฟแดงอยู่ทำไมถึงเลี้ยวขวาครับ/คะ

화이댕 유 탐마이 틍 리아우콰 크랍/카

PART VIII 교통 사고

• 추월구간이 아닌데 추월하셨어요.

ที่นี่ไม่ใช่เขตแซงได้ แต่คุณแซงครับ/ค่ะ

티니 마이차이 켓쌩 다이 때 쿤 쌩 크랍/카

• 유턴이 안 되는 거 아시지요?

รู้ใช่ไหมว่าห้ามยูเทิร์นครับ/คะ

루 차이마이 와 함 유턴 크랍/카

• 운전면허증 좀 보여주시겠어요?

ขอดูใบขับขี่หน่อยครับ/คะ

커 두 바이캅키 너이 크랍/카

• 고속도로에서 역주행하셨어요.

คุณขับรถย้อนศรบนทางด่วนครับ/ค่ะ

쿤 캅롯 연 썬 본 탕두안 크랍/카

• 안전벨트를 하지 않으셨어요.

คุณไม่คาดเข็มขัดนิรภัยครับ/ค่ะ

쿤 마이 캇 켐캇니라파이 크랍/카

• 제한속도를 지키지 않았어요.

คุณไม่ใช้ความเร็วตามที่กำหนดครับ/ค่ะ

쿤 마이차이 쾀레우 땀 티 깜놋 크랍/카

04 자동차 수리

자동차가 고장이 나면 카센터나 정비소로 가서 수리를 한다. 수리할 부분을 정확하게 집어서 알려야 한다. 도색을 할 때도 마찬가지이다.

자동차 수리를 문의할 때

• 가까운 곳에 정비소나 정비공장이 있나요?

ใกล้ ๆ นี้มีโรงซ่อมรถหรืออู่ซ่อมรถไหมครับ/คะ

끌라이끌라이니 미 롱썸롯 르 우썸롯 마이 크랍/카

• 자동차가 고장이 났는데 좀 봐 주세요.

รถเสีย ช่วยเช็คให้หน่อยครับ/ค่ะ

롯씨아 추아이 첵 하이 너이 크랍/카

• 며칠 걸릴 것 같아요. 끝나면 연락드릴 게요.

คงใช้เวลาหลายวันครับ/ค่ะ ถ้าซ่อมเสร็จจะติดต่อไป ครับ/ค่ะ

콩차이 웰라 라이완 크랍/카 타 썸 쎗 짜 띳떠 빠이 크랍/카

• 수리비가 많이 들까요?

ค่าซ่อมจะแพงไหมครับ/คะ

카썸 짜 팽 마이 크랍/카

PART VIII 자동차 수리

• 보험으로 처리하시지요. 꽤 나올 것 같아요.
ให้บริษัทจัดการสิครับ/คะ ค่าซ่อมดูว่าแพงครับ/ค่ะ
하이 버리쌋 짯깐 씨 크랍/카 카썸 두와 팽 크랍/카

• 배기가스 검사를 부탁합니다.
ช่วยเช็คท่อไอเสียให้หน่อยครับ/ค่ะ
추아이 첵 터아이씨아 하이 너이 크랍/카

• 엔진오일 좀 바꿔주세요.
เปลี่ยนน้ำมันเครื่องให้ด้วยครับ/ค่ะ
쁠리안 남만크르앙 하이 두아이 크랍/카

• 바퀴 좀 봐주세요.
ช่วยเช็คล้อรถให้หน่อยครับ/ค่ะ
추아이 첵 러롯 하이 너이 크랍/카

• 차가 운행 중에 흔들리는 것 같아요.
รู้สึกว่ารถสั่นเวลาขับครับ/ค่ะ
루쓱 와 롯 싼 웰라캅 크랍/카

• 자동차등록증을 보여주세요.
ขอดูสมุดทะเบียนรถหน่อยครับ/ค่ะ
커 두 싸뭇타비안롯 너이 크랍/카

• (자동차) 정기검진을 하려고 왔어요.
มาเช็คสภาพรถตามที่กำหนดครับ/ค่ะ
마 첵 싸팝롯 땀티깜놋 크랍/카

• 무엇이 고장인가요?
อะไรเสียครับ/คะ
아라이 씨아 크랍/카

• 에어컨이 잘 나오지 않아요.

แอร์ไม่ค่อยเย็นครับ/ค่ะ

에 마이커이 옌 크랍/카

• 시동이 안 걸려요.

สตาร์ทเครื่องไม่ค่อยติด

스탓 크르앙 마이커이 띳

• 브레이크 라이트를 좀 조사해 주세요.

ช่วยเช็คไฟเบรคหน่อยครับ/ค่ะ

추아이 첵 화이브렉 너이 크랍/카

• 아직까지 오일이 샌 적이 없는데요.

น้ำมันยังไม่เคยรั่วครับ/ค่ะ

남만 양 마이 크이 루아 크랍/카

• 타이어가 펑크 났어요.

ยางแบนครับ/ค่ะ

양 밴 크랍/카

• 앞 뒤 타이어를 바꿔야 합니다.

ต้องเปลี่ยนล้อหน้าและล้อหลังครับ/ค่ะ

떵 쁠리안 러나 래 러랑 크랍/카

• 타이어에 공기를 주입하고 있어요.

กำลังเติมลมยางอยู่ครับ/ค่ะ

깜랑 뜸 롬 양 유 크랍/카

• 엔진을 꺼 보세요.

ลองดับเครื่องหน่อยครับ/ค่ะ

렁 답 크르앙 너이 크랍/카

• 냉각수를 보충해야 되겠어요.

ต้องเติมน้ำหม้อน้ำสักหน่อยครับ/ค่ะ

떵 뜸남 머남 싹너이 크랍/카

• 우측 뒷문이 찌그러졌네요.

ประตูหลังด้านขวาบุบครับ/ค่ะ

쁘라뚜랑 단콰 붑 크랍/카

• 제 차 견인 좀 부탁합니다.

ช่วยลากรถของผม/ดิฉันหน่อยครับ/ค่ะ

추아이 락 롯 컹 폼/디찬 너이 크랍/카

• 꼭 필요한 부분만 수리해 주세요.

ขอซ่อมเฉพาะส่วนที่จำเป็นครับ/ค่ะ

커 썸 차퍼 쑤안 티 짬뻰 크랍/카

• 정품부속을 사용해 주세요.

ช่วยใช้อะไหล่แท้ครับ/ค่ะ

추아이 차이 아라이 태 크랍/카

Tip

가속기 คันเร่ง

클러치 คลัชท์

변속기 เกียร์

브레이크 เบรค

밧테리 แบตเตอรี่

전조등 ไฟหน้า

후미등 ไฟท้าย

범퍼 กันชน

알루미늄 휠캡 ฝากระทะอลูมิเนียม

05 안경점

안경은 여러 가지가 있다. 근시, 원시, 다초점 등등… 안경도 있고 콘텍트 렌즈도 있다. 안경테 또한 고르는 게 쉽지 않다. 안경을 맞출 때는 보통 의사의 처방을 가지고 간다. 안경을 처음 맞추거나 사용하고 있는 안경을 수리하고자 할 때 사용되는 표현을 보자.

안경을 맞출 때

• 안경을 맞추러 왔어요.

มาทำแว่นตาครับ/ค่ะ

마 탐 왠따 크랍/카

• 이 가게에는 처음입니다.

มาร้านนี้เป็นครั้งแรกครับ/ค่ะ

마 란니 뻰크랑랙 크랍/카

• 여기 앉으셔서 시력측정부터 하시지요.

เชิญนั่งที่นี่และวัดสายตาก่อนครับ/ค่ะ

츤 낭 티니 래 왓 싸이따 껀 크랍/카

• 안경알이 하나 깨졌어요.

เลนส์แตกไปข้างนึงครับ/ค่ะ

렌 땍빠이 캉능 크랍/카

• 안경테를 바꾸고 싶어요.

อยากเปลี่ยนกรอบแว่นครับ/ค่ะ

약 쁠리안 끄럽 왠 크랍/카

• 안경테가 부러졌어요.

กรอบแว่นหักครับ/ค่ะ

끄럽 왠 학 크랍/카

• 콘텍트 렌즈를 맞추러 왔어요.

มาตัดคอนแทคเลนส์ครับ/ค่ะ

마 땃 컨택렌 크랍/카

• 안경 없이는 생활하기가 곤란해요.

ใช้ชีวิตลำบากถ้าไม่มีแว่นครับ/ค่ะ

차이 치윗 람박 타 마이미 왠 크랍/카

• 안경알이 빠져서 사라졌어요.

เลนส์หลุดหายไปครับ/ค่ะ

렌 룻 하이빠이 크랍/카

• 선글라스를 사고 싶은데요.

อยากซื้อแว่นตากันแดดครับ/ค่ะ

약 쓰 왠따깐댓 크랍/카

• 근시예요? 아니면 원시예요?

สายตาสั้นหรือสายตายาวครับ/คะ

싸이따싼 르 싸이따야우 크랍/카